KB174753

지역공동체 회복 정책수단

마을기업

COMMUNITY BUSINESS

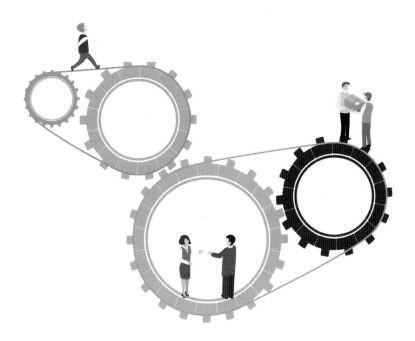

지역공동체 회복 정책수단

마을기업

COMMUNITY BUSINESS

양세훈 지음

이담
Books

▮ 머리말

정부의 사회적일자리 창출 일환으로 시행된 마을기업 육성사업이 기로에 서 있다. 2010년 9월부터 2011년 2월까지 시범사업 기간을 거쳐 8년째 시행 중에 있다. 2010년에 '자립형 지역공동체사업'이라는 명칭으로 시작되어 2011년부터 '마을기업' 명으로 변경되었다. 이때부터 「마을기업 육성사업 시행지침」도 등장했다. 마을기업은 지난 정부에서 지역발전 5개년 계획에 맞물려 시작되었다. 따라서 정책의 지속가능성에 대해서는 항상 불안함이 존재하고 있다.

마을기업, 사회적기업, 협동조합은 사회적경제 3대기업이라 불린다. 여기에 자활기업과 농촌공동체회사를 포함하면 사회적경제기업 독수리 5형제라 지칭한다. 마을기업을 제외한 4개 정책사업 프로그램은 개별 근거법을 가지고 있다. 마을기업은 행정안전부의 시행지침을 토대로 운영된다. 2013년 6월에 제정된 「도시재생 활성화 및 지원에 관한 특별법」에 따른 마을기업은 극히 일부 한정된 지역과 사례에만 적용된다. 마을기업의 활성화를 도모할 기본법이 없다고 보면 된다. 법령, 시행령, 행정규칙도 아닌 시행지침에 근거하고 있다. 따라서 미래에 대한 불안감이 상존한다.

근거법의 부재는 사업의 성장조건에 걸림돌로 작용한다. 향후를 예측하기 쉽지 않다. 따라서 현재 진행형 과정에서 다양한 한계를 보여준다. 마을기업의 미래에 희망을 가지는 것은 사치일지 모른다. 그럼에도 불구하고 마을기업 육성법 제정을 위한 노력이 없었던 것이 아니다. 2010년 자립형 지역공동체사업명으로 시범사업을 할 때부터 법률제정을 시도했다. 필자의 기억으로는 매년 시도했고, 현재도 법안 상정하고 대기 중이다. 다만 2014년과 2016년에는 지역공동체 활성화 지원법안 또는 기본법안 내용에 소위 '끼워 넣기'를 하였다. 2013년까지는 타 부처의 반대로, 2016년까지는 주무부처의 소극적인 태도와 지역공동체를 우선하는 타 법률안의 우선순위에 밀려났다.

정책의 지속가능성은 법률을 근간으로 하고 있느냐에 달려 있다. 예산편성의 확장성과 조직의 위상 등에 따라 차이가 크다. 마을기업이 근거 법령 없이 지침으로 운영되다 보니 내·외부적으로 위축되는 양상을 보인다. 협동조합은 국 단위, 사회적기업은 과 단위 조직이 편제되어 있는 반면, 마을기업은 팀 단위조직이다. 일자리추진단의 업무로 출발하여 지역경제과를 거쳐 2017년에는 지역공동체과로 옮겨졌다. 내부적으로 중심이 서지 못하는 모습으로 비쳐진다. 사회적경제 3대기업이라 인식되고 있는 반면 공공기관 우선구매의 배제, 협회의 위상 등에서 약세를 면치 못하고 있다. 마을기업 종사자들은 몸부림치고 있지만 안팎으로 우호적인 환경에 처해 있지 않다.

2014년 사회적경제 기본법안이 첫 발의되었고 3년이 흘렀다. 19대 국회에 이어 20대 국회에서도 여야 국회의원들이 발의를 했다. 그동안 사회적경제기본법 제정 관련 논란이 많았다. 법률안을 바라보는 정치적 시각과 이해도에 따라 극을 달리했다. 이러한 정치적 논란은 사회적경제기업 당사자 조직에서도 존재했다.

사회적경제 기본법안이 통과되면 공공기관 우선구매 등 직접적 수

혜를 보는 곳은 사회적기업과 사회적협동조합이다. 나머지 사회적경제기업들의 처지는 다르다. 마을기업, 자활기업, 협동조합, 예비사회적기업, 농촌공동체회사는 구색을 맞추는 데 동원되었다는 느낌이다. 이미 거대한 자본과 조직으로 성장해 있는 8개 개별법에 의한 협동조합을 포함한 것은 양적 규모에 무게를 두고 있다는 판단이다. 기존 독수리 5형제의 숫자와 규모, 영향력의 한계를 극복하려는 전략으로 비쳐진다. 더 나아가서는 편중된 정치적 이해관계로 비쳐지는 모양새다.

사회적경제 기본법안에 열거된 해당 기업들은 모두 근거 법률을 갖추고 있다. 마을기업도 외견상으로는 법률을 토대로 하고 있는 것처럼 되어 있다. 하지만 그 근거법률이라는 것이 마을기업 전체를 대상으로 하지 않고 있다. 사업을 하는 대상과 장소도 특정적이다. 따라서 기본적인 법률이 없다고 해도 과언이 아니다. 주관 부처의 기본 법률이 없으니 정책이 갈지자 행보를 걷는 것처럼 보인다.

행정의 불안정한 시스템은 외부환경에서도 소외감을 갖게 만든다. 사회적경제기업 관련 박람회, 장터, 공청회, 토론회, 연구모임, 당사자 연합체는 물론 정치권 관계망에 이르기까지 상대적으로 취약하다. 모양새는 갖추었는데 존재감은 부족하다. 3대 사회적경제기업의 한 축처럼 설명은 하는데 부족함이 많다. 기본법도 없고, 공공기관 우선구매 대상기업에 들어가기도 못한다. 사상누각(沙上樓閣)이라는 생각이 들 때가 많다. 행정은 물론 사회적경제 영역에서조차 들러리를 서고 있다는 느낌을 지우기 어렵다.

마을기업은 지역사회의 공동체를 회복하는 촉매수단으로 인정받고 있다. 현장에서의 우호적 평가와는 달리 행정 등 공급자적 입장에서는 주요 정책으로 인식하지 못하고 있다. 변방에 있는 일자리 정책이지만 버리기는 아깝고 나름 활용도가 높은 정책수단으로 치부하고 있는지도 모른다. 지역을 토대로 하는 마을기업의 위치가 왜 이렇게 전락했을까?

담당부처의 주요 업무기능과 조직도를 보면 답이 보인다. 행정안전부에서의 마을기업 업무는 핵심이 아니다. 과 단위의 조직도 갖추지 못했다. 팀 단위의 조직 또한 지자체 지원인력이 있어야 가능하다. 선호하는 부서도 아니다. 마을기업팀에서 근무하고 싶어 하는 공무원이 많지 않다. 기존 담당자가 인사이동으로 다른 부서 또는 타 기관으로 떠나가도 바로 연결되지 못하는 모습이 반복적이다. 오랜 시간이 흘러도 후임자 결정되는 시간이 길다. 현장은 바쁘게 돌아가는데 컨트롤타워(control tower)는 여유가 있다.

정책이 결정되고 집행되는 과정에서 이해관계자들의 적극적인 참여는 정책의 선명성에 효과적으로 작용한다. 마을기업은 자활기업, 사회적기업, 협동조합을 이끌어 가는 활동가들의 영향력에 비해 그 세력이 약한 편이다. 마을기업 참여자들의 인적구조는 다른 특징이 있다. 마을기업의 활동뿌리가 깊지 않다는 데 원인을 들 수 있다. 비슷한 유형의 활동은 있었지만 실질적인 역사는 깊지 않은 편이다. 마을기업은 2010년 커뮤니티비즈니스의 한 형태로 출발했다. 정부 주도의 사업으로 중앙부처의 사회적일자리 창출사업 프로그램이다.

민간 단위의 협회 및 지원기관, 일부 전문가 그룹이 있다고 하지만 여전히 정부 주도형으로 이끌어가고 있다. 민관 거버넌스 형태의 모습을 취하고 있지만 내부적으로는 구색을 맞추고 있다는 비판을 면하기 어렵다. 협치 형태의 의사결정도 최종자료에서 변경되는 경우가 부지기수(不知其數) 다. 이러한 현상은 민간의 전문성과 주도적 추진세력의 열악한 환경에 있다고 본다. 마을기업으로 지원되는 직접 사업비 이외는 관련 학자, 활동가, 전문가 등 옹호그룹을 받쳐주지 못하는 사업구조가 있다. 두 번째로는 사업비 지원과 각종 경연 대회 상금, 우수마을기업 선정, 장터 및 각종 박람회에서의 판매, 협회의 갈등구조, 현장에서의 불협화음 등 관계자들의 취약한 환경을 들 수 있다.

법과 제도의 부족, 추진주체의 미약, 행정주도의 사업시행, 지속가능을 보장하기 어려운 현실 등 낙관적이지 않다. 그럼에도 불구하고 마을기업은 우리 지역사회의 공동체 회복을 위한 정책수단으로 자리를 매김하고 있다는 평가를 받고 있다. 사회적경제 5대기업 중 하나인 마을기업은 지역사회에서 '선한 기업, 바보스러운 동네기업'으로 이미지를 구축해 나가고 있다.

마을기업은 사업초기부터 지역사회를 토대로 함께 성장하는 것을 기본으로 정했다. 해당 지역에서 뿌리를 함께한 지역주민과 공동으로 추진하는 방식을 선택했다. 단순히 사업만 하는 것이 아니라 사업을 통해 지역사회의 잊혀진 공동체를 회복하는 촉매역할을 하고자 했다. 이러한 정책목표의 신호가 명확했기 때문에 기본법이 없어도 추진주체의 흔들림이 많아도 예산이 부족해도 지속적인 성장세를 이어갈 수 있었던 것이다.

마을기업이 지역사회에 가져다준 효과는 다양하다. 큰 틀에서는 지역공동체 회복이라는 목표가 가능하다는 것을 보여줬다. 지역사회의 지역주민 중심의 고용창출이라는 성과를 보여주고 있다. 생산적인 활동과 소비적 순환구조는 물론 지역사회 공헌이라는 공공서비스 실현을 이루고 있다. 상대적 열세에 처해 있는 지역주민들에게 일자리를 통한 희망이라는 두 글자를 각인시켰다. "뭉치면 살고 흩어지면 죽는다"는 대동단결(大同團結)의 이치를 실천하고 있다. 조그마한 마을 단위에서 지역주민들의 공동체 회복을 위한 꿈틀거림은 정량적 평가를 넘어 정성적인 효과의 다양성으로 드러난다.

이렇듯 지역주민과 함께하며 지역사회 발전을 선도하는 마을기업의 역할은 무궁무진(無窮無盡)하다. 지역주민이 지역의 다양한 문제를 주도적으로 비즈니스 방식으로 풀어나가는 마을기업을 바라보는 현장의 시각은 '맑음'이다.

필자는 2010년부터 현재까지 마을기업과 동거동락(同居同樂)을 했다. 오랜 시간을 함께 호흡하며 성장했다. 법률안 추진을 기본으로 정책의 수립과 결정, 마을기업 육성사업 시행지침, 중앙과 지방자치단체의 심사, 설립 전 교육, 보수교육, 박람회, 장터, 토론회, 공청회, 협회, 현장실사, 우수마을기업 선정, 지원기관, 연수원, 개발원 등에서 공무원 직무교육, 외국인교육 등 마을기업과 관련된 일이라면 빠지지 않고 참여했다. 마을기업 활성화 관련 연구는 매년 지속적으로 진행했다. 행정안전부에서 제주도까지 기초지방자치단체의 교육 및 심사, 조사에 이르기까지 전국을 돌아다녔다.

지난 8년간 다양한 방법의 참여와 활동이 개인적으로는 마을기업의 몇 되지 않는 산증인이라 해도 과언이 아니다. 서울에서 제주까지 행정, 지원기관, 마을기업 현장에서 발생하는 수없이 많은 내용을 접했다. 타 부처의 사업과 중복논란, 지자체 단위의 마을기업 육성사업, 마을기업 협회 회원들의 갈등, 지역단위의 지원기관의 고민, 사업 아이템의 빈곤, 자립형 마을기업의 현실 등의 경험은 차고도 넘친다.

그동안 마을기업 분야에서 정보를 독점하다시피 했던 필자의 입장에서는 책임과 의무라는 짐에 눌려 있었다. 마을기업의 지속가능성을 위해서라도 역사의 현장을 기록할 필요성을 느꼈기 때문이다. 마을기업 육성사업 시행지침에 의해 운영되는 사업이지만 체계적인 모습에서는 상대적 빈곤이 있다. 순환보직으로 바뀌는 행정의 시스템의 한계가 있다. 매년 변경되는 지원조직의 구조와 현실 등으로 지난 과거를 확인하는 일이 쉽지 않다. 그러한 맥락에서 독점적 우위에 있었던 필자는 나름 영향력 있는 마을기업 학자, 컨설턴트, 마을기업인으로 활동할 수 있었다.

자활기업, 사회적기업, 협동조합 관련 학자와 활동가 등이 다수인 반면 마을기업의 관련 전문가는 부족하다. 폐쇄적 구조가 신비로움을 주는 경우도 있지만 외발적 발전에는 도움이 되지 못한다. 과거의 기록이 분명해야 현재의 상태를 점검하고 향후 미래를 가늠할 수 있다. 그래서 필자는 마을기업의 지난 8년을 기록하는 마음으로 집필을 시작했다. 전국의 상황을 그 누구보다도 더 많이 알고 있다고 자부하기에 펜을 들었다. 마을기업의 정책을 되돌아보고 평가하고 아쉬움을 극복하기 위한 미래적 대안을 제시하고자 한다. 그것이 필자가 마을기업인으로 살아온 지난 세월에 대한 책무라 생각한다.

2017년 8월
한국정책분석평가원장
행정학박사 양세훈

목차

머리말 ▶ 5

제장 마을기업의 배경

   1. 사회적일자리사업의 등장 / 21

   2. 자립형 지역공동체사업 시범실시 / 26

   3. 사회적경제 기본법안 제정발의 / 31

   4. 사회적경제분야의 마을기업 위치 / 42

제2장 마을기업의 제도

   1. 커뮤니티비즈니스(마을기업) / 51

   2. 마을기업 육성사업 시행지침 / 57

   3. 연도별 시행지침 내용변경 / 63

   4. 마을기업 기본법 부재 / 92

   5. 지역공동체 활성화 기본법안 / 103

제3장 마을기업의 유형

1. 1차년도와 2차년도 지정 / 131

2. 우수마을기업의 기준 / 138

3. 기술기반형 마을기업 / 146

4. 자활형 마을기업 / 149

5. 유통형 마을기업 / 151

6. 신(新)유형 마을기업 / 171

7. 예비(豫備) 마을기업 / 180

제4장 마을기업의 심사

1. 17개 광역자치단체 할당제 / 193

2. 기초-광역-중앙 심사구조 / 200

3. 현장 실사 및 조사 보고서 / 209

4. 중앙심사위 위원의 시각차이 / 216

5. 마을기업 지정서 / 223

제5장 우수마을기업 사례

1. 연도별 우수마을기업 현황 / 229
2. 우수마을기업의 명암(明暗) / 241
3. 재화형과 서비스형 차이 / 246
4. 우수마을기업 성공 유형 / 252
5. 독특한 우수마을기업 / 256

제6장 마을기업 참여자 자세

1. 마을기업 설립 전 교육 / 277
2. 마을기업 참여자의 의지 / 284
3. 자부담 참여방식의 고민 / 288
4. 사업 아이템 부족한 참여자 / 295
5. 사업계획서 작성 방법 / 304

제7장 마을기업박람회

1. 대한민국 마을기업박람회 현황 / 315
2. 마을기업박람회 주체와 객체 / 322
3. 전시행정과 홍보전략 한계 / 327
4. 마을기업 참여자의 고민 / 332

제8장 한국마을기업협회

1. 마을기업 전국조직 태동 / 339

2. 지역조직과 대표성 논란 / 344

3. 사단법인 등록과 협회비 지침 / 351

4. 협회장 선거와 자격유무 / 357

5. 사회적경제조직과 마을기업협회 / 364

제9장 마을기업 지원기관

1. 마을기업과 행정의 중간역할 / 371

2. 마을기업 지원기관 전문성 / 377

3. 지원기관 불균형과 미래 / 382

제10장 행정과 마을기업

1. 중앙행정기관과 마을기업 조직 / 391

2. 마을기업 전담부서 확대 / 398

3. 지속가능성을 위한 법제정 / 402

맺음말 ▶ 409

‖ 표 목차 ‖

<표 1-1> 사회적경제 기본법안 발의 현황 / 33

<표 1-2> 사회적경제조직 및 사회적경제기업의 정의 / 35

<표 1-3> 윤호중 의원의 사회적경제조직 정의 / 36

<표 1-4> 사회적경제기본법 제정안의 구성 / 37

<표 2-1> 마을기업의 개념 정의 / 63

<표 2-2> 자립형 마을기업의 개념 정의 / 64

<표 2-3> 예비마을기업의 개념 정의 / 64

<표 2-4> 마을기업 사업규모와 예산 / 65

<표 2-5> 마을기업 지원기관에 대한 용어 / 66

<표 2-6> 마을기업 심사 항목 구성 / 66

<표 2-7> 마을기업 조직형태 / 67

<표 2-8> 마을기업 지정 제외대상 사업 및 단체 / 68

<표 2-9> 마을기업 중복지원 제한 / 70

<표 2-10> 마을기업 사업비 지원 한도 / 71

<표 2-11> 마을기업 자부담과 총사업비 개념 / 72

<표 2-12> 마을기업 2차년도 지원 규정 / 73

<표 2-13> 우수마을기업과 스타마을기업 지원 / 74

<표 2-14> 마을기업 지원기관 역할 / 75

<표 2-15> 마을기업 육성사업 추진절차 / 76

<표 2-16> 마을기업 지원기관 공고·선정 / 77

<표 2-17> 마을기업 교육 구성 및 권장 내용 / 78

<표 2-18> 마을기업 전문교육과정 / 79

<표 2-19> 마을기업 교육 이수와 각종 신청 자격 / 80

<표 2-20> 마을기업 신청 제출서류 / 81

<표 2-21> 법인 기금 활용한 자부담 처리방법 / 81

<표 2-22> 마을기업 심사위원회 위원 구성 / 82

<표 2-23> 마을기업 가점부여 분야 / 84

<표 2-24> 마을기업 인건비와 기타 운영비 / 85

<표 2-25> 제품구매 견적서 첨부 기준 / 86

<표 2-26> 마을기업 사업비 지원을 위한 서류 / 87

<표 2-27> 마을기업 사업비 정산서류 제출 / 88

<표 2-28> 마을기업 재무제표 제출 / 89

<표 2-29> 마을기업 사업비 지급물품 관리 / 90

<표 2-30> 마을기업 지정취소 및 약정해지 사유 / 91

<표 2-31> 마을기업 관련 법안 발의 내용 / 96

<표 2-32> 공동체 개념 / 118

<표 2-33> 지역공동체 활성화 사업 실시 현황 / 120

<표 2-34> 지방자치단체의 지역공동체사업 실시 사례 / 120

<표 2-35> 지역공동체 활성화 기본법안과 유사 법률안의 비교 / 121

<표 2-36> 중앙부처에서 운영하고 있는 지원조직 / 124

<표 2-37> 공공기관 가산점 해당기업 현황 / 126

<표 3-1> 우수마을기업 선정 현황 / 141

<표 3-2> 마을기업 대상사업 예시 / 149

<표 5-1> 연도별 우수마을기업 현황 / 230

<표 5-2> 우수한 마을기업의 성공조건 제시 / 253

<표 6-1> 자부담 분담률 계산 방식 / 290

<표 7-1> 마을기업박람회 진행 현황 / 316

<표 9-1> 마을기업과 사회적기업 지원기관 현황(2011년) / 372

‖ 그림 목차 ‖

[그림 1-1] 국회 법률안 심사진행단계 / 33

[그림 3-1] 17개 광역시도별 우수마을기업 선정 현황 / 145

[그림 5-1] 마을기업 유형별 성공모델 수립방향 / 254

제1장

마을기업의 배경

1. 사회적일자리사업의 등장

1997년 12월 18일은 제15대 대통령선거가 있었던 날이다. 문민정부 끝자락에 찾아온 외환위기는 국가 파산을 예고할 정도였다. 불과 1년 전인 1996년에 경제개발협력기구(OECD)[1] 29번째 회원국이 되었던 우리나라 입장에서는 상상조차 하기 어려운 사건이었다. 대통령 선거일을 1달여 정도 남겨 놓은 1997년 11월 21일, 정부는 국제통화기금(IMF)[2]에 구제 금융을 신청한다고 발표했다. 외환보유고는 40억 달러에 미치지 못하는데 갚아야 할 부채액은 1,500억 달러를 상회했다. 무리한 사업 확장의 여파로 은행 빚을 갚지 못한 기업들이 도미노처럼 무너지면서 발생한 것이다.

국제통화기금은 우리나라 정부에 580억 달러를 지원하면서 정부 예산 축소와 은행이자 인상을 조건으로 걸었다. 또한 은행과 기업의 구조조정 요구가 있었다. 외환 채무를 갚기 위한 다양한 고통이 있었다. 외환위기 파동에 탄생한 국민의 정부는 공무원 등 공공부문의

---

1) OECD(Organization for Economic Cooperation and Development) 경제협력개발기구, OECD는 상호 정책조정 및 정책협력을 통해 회원각국의 경제사회발전을 공동으로 모색하고 나아가 세계 경제문제에 공동으로 대처하기 위한 정부 간 정책연구 및 협력기구.

2) IMF(International Monetary Fund), 국제통화기금은 세계무역 안정을 목적으로 설립한 국제금융기구.

구조조정을 진행하면서 민간부문의 참여를 독려했다. 부족한 외화 확보를 위해 국민들의 '금 모으기 운동' 등 민관 합동의 노력으로 2000년 8월에 국제통화기금으로부터 빌린 자금은 모두 변제할 수 있게 되었다. 하지만 이러한 진행 과정의 후유증으로 현재까지 고통을 받고 있는 국민이 많다. 실업자와 비정규직 노동자가 증가함으로써 빈부격차가 더 심해졌다.

1998년 국민의 정부가 출범하면서 실업자 대책의 일환으로 실시된 공공근로사업3)의 형태는 다양했다. 필자가 기억하고 있는 공공근로사업의 한 장면이다. 1999년 봄에 경험한 내용이다. 지하철 1호선 제기동역에서 신설동 방향으로 가려면 정릉천 위를 건너야 한다. 한솔동의보감(구 미도파백화점)에서 용두동 사거리로 걸어가면서 다리 밑을 바라보게 되었다. 100명에 가까운 사람들이 삽 또는 곡괭이를 들고 땅을 파는 모습이 신기했던 모양이다. 열심히 일하는 사람도 있었지만 대부분 쉬고 있는 듯이 보였다. 많은 사람들이 삼삼오오 모여 이야기를 하거나 담배를 피어대는 풍경이 낯설었다.

한참을 다리 위에 서서 지켜보았다. 정릉천 바닥에 쌓여 있는 토사를 걷어내는 작업을 하고 있었다. 이른바 '준설(浚渫)'4)을 통해 물길을 원활히 흐르게 만드는 작업에 동원된 사람들이었다. 그런데 필

---

3) 공공근로사업은 경제위기 등으로 인한 고실업 시기에 대량으로 발생한 저소득 실업자들에게 국가 및 정부가 한시적으로 공공분야에서의 일자리를 마련하여 사회안전망 밖에 있는 저소득 근로자들에게 최소한의 생계를 보장해 줌으로써 실업자를 구제하고자 하는 실업대책 사업의 하나이다. 우리나라에서는 특히 1998년 경제위기 이후 대량실업사태가 발생하자 정부 중앙부처와 지방자치단체에서 공공근로사업을 시행하여 저소득 실업자의 생계를 보호하게 되었다. (시사상식사전, 박문각).

4) 준설(dredging), 하천이나 해안의 바닥에 쌓인 흙이나 암석을 파헤쳐 바닥을 깊게 하는 일(두산백과), 물속의 흙 또는 모래, 자갈을 파내는 작업을 말하는 것으로, 준설의 목적은 수로, 하천, 항만공사에서 수심의 증가 및 수심을 유지하기 위하여 실시한다. (산업안전대사전).

자의 눈에는 이해하기 어려운 부분이 있었다. "하천이 그리 깊지도 넓지도 않은데, 저 많은 사람들이 다 필요할까?"라는 생각이 들었기 때문이다. 굴착기[5] 같은 것을 이용하면 순식간에 준설작업이 이루어질 것이다. 기계가 아닌 사람들이 직접 수작업으로 땅을 파고 있는 것에 대한 의문점이 들었다. 그때만 해도 실업대책의 일환으로 시행되고 있는 공공근로의 의미는 물론 해당 정책 자체를 몰랐다.

필자는 지방출장길이 많은 편이다. 충청권까지는 자가용 또는 버스를 이용하지만 그 이하로는 고속철도를 탄다. 서울역과 용산역을 가면 꼭 보게 되는 풍경이 있다. 노숙자들의 다양한 모습을 보게 된다. 노숙자들은 용산역보다는 서울역 광장에 더 많이 몰려 있다. 구걸하는 모습에서부터 담배꽁초 주워 피거나 술에 취해 흐느적거리는 모습 등 매번 비슷하다. 필자가 그들의 입장이 되어보지 않는 상황에서 쉽사리 판단할 문제는 아니지만 많이 안타까운 것이 사실이다. 지하철 입구에서 노숙자 출신으로 '빅이슈' 잡지를 팔면서 재기를 꿈꾸는 사람과 비교되는 풍경을 자주 접한다.

필자가 20년 넘게 살고 있는 동대문구 청량리역 근처에 다일공동체에서 운영하는 '밥퍼'라는 곳이 있다. 1989년 노숙자들을 위한 무료급식과 무료진료를 해오고 있다. 1996년부터는 현재의 전농동 굴다리 옆에서 무료급식소를 운영하고 있다. 필자 또한 1995년부터 지역의 활동을 하면서 무료급식소 옆을 지나다녔다. 청량리 방향에서 동대문구청을 가기 위한 빠른 길 중의 한 곳이라 현장의 모습을 자주 볼 수 있었다. 20년 전의 모습과 현재의 모습을 비교한다면 크게

---

5) 굴착기(excavator, 掘鑿機), 땅을 파거나 깎을 때 사용되는 건설기계로 일반적으로 포클레인이라고도 한다. (두산백과).

3가지 정도다.

첫째, 우중충한 급식소 분위기가 화려해졌고 자원봉사를 하는 사람이 많아졌다. 대통령 선거, 국회의원 선거, 지방자치단체 선거 등 정치인들이 단골로 출연하는 곳이다. 급식 무료봉사를 하는 모습을 카메라에 담기 위한 필수코스로 알려져 있다. 둘째, 점심을 먹기 위한 줄서기 시간이 앞당겨졌다. 아침 일찍부터 와서 줄서는 사람이 등장한 것이다. 셋째, 고령화 인구 중심의 노숙자에서 젊은 노숙자의 증가다. 외모로만 판단해도 고령이라고 느끼는 사람에서 중년의 나이까지 다양해진 것이다. 공통된 모습은 근로의욕을 상실한 집단으로 비쳐진다. 마땅한 일자리도 마련하기 어렵겠지만 설사 일자리를 구했어도 오래 버티지 못한다. 세상의 잔소리도 귀찮고 통제받는 것도 싫은 사람이 많아졌다. 이들에게는 그저 하루 한 끼 무상급식이 유일한 세상과의 통로라 생각하고 있는지도 모른다.

몇 년 전 서울시 관계자에게 들은 이야기가 생각난다. 경기도 양평군에는 서울특별시립양평쉼터라는 곳이 있다. 이곳은 노숙인 보호시설로 장애인, 무의탁 노인 등 약 150명을 수용하고 있다. 서울역에서 방황하는 노숙자들을 데려와 채소 등 농사일을 공동으로 하게 했더니 대부분 며칠을 버티지 못하고 다시 서울역으로 돌아가더란다. 근로의욕 상실은 물론 세상에 대한 단절과 자포자기가 심하다보니 자연스럽게 나타나는 현상이었다고 한다. 그럼에도 불구하고 서울시, 자활단체 등 관계자들이 노력한 결과, 2016년에는 15명의 노숙자들이 만든 협동조합이 출발했다. 양봉, 감자, 배추농사를 기본으로 아로니아, 참깨 등 다양한 농작물로 수익창출을 올리고 있다고 한다.

노숙자들의 자활을 돕기 위한 잡지판매를 하는 사회적기업 「빅이슈」, 농산물 재배로 재활을 꿈꾸는 노숙자들이 모여 만든 협동조합 「꿈을 꾸는 우리영농협동조합」, 이동식 세차로 수익을 올리는 노숙자 중심의 마을기업 「희망나눔세차」 등 노숙자들이 참여하는 사회적경제기업 사례는 있다. 그러나 극소수의 사례에 지나지 않는다. 감동을 전달하는 모델이지만 확장성 측면에서는 한계를 보이고 있다. 대다수의 노숙자들이 활기를 잃어버렸고, 회복하려는 노력도 약하다. 이들에게는 근로의욕을 북돋아주는 무엇인가가 필요한 시점이다.

　공공근로사업은 경제적 취약계층 또는 실업자 극복을 위한 일환으로 시행되고 있다. 1일 정해진 짧은 시간에 할 수 있고 단순반복적인 일 중심의 사업이다. 노동의 강도가 크지 않고 고령화 인력이 참여 가능한 수준의 일이다. 길거리 쓰레기를 줍거나, 전봇대 불법 부착물이나 바닥의 불순물을 떼어 내는 정도의 업무량이다. 생산적인 일이라기보다는 돈을 주기 위한 방편으로 활용한다는 느낌을 받을 정도다. 참여하는 분들의 의욕도 높은 편은 아닌 것 같다. 공공근로를 할 수 있는 자리도 부족하다. 때로는 관계자들에게 부탁을 해야만 간신히 참여할 수 있다.

　최소의 비용을 지급하기 위한 수단으로 활용하는 공공근로사업의 한계는 명확하다. 참여자의 근로의욕이 필요하다. 노력하는 만큼 수익을 분배하는 방식이 필요했다. 매년 단기간에 걸쳐 반복적으로 하는 일은 미래가 보장되지 않는다. 단순한 일이라도 생산적이고 미래지향적인 계획을 토대로 이루어진다면 해볼 만하다. 정부의 사업에 단순 참여가 아닌 주도적이고 주체적인 입장에서 할 수 있는 방법이 필요했다. 취약계층뿐만 아니라 일반인도 참여하여 동기부여를 할 수 있어야 한다. 복지 서비스 전달체계에 그치지 않고 생산적 활동을 통해 지속성이 유지되어야 하는 시스템을 구상하기 시작했다.

정부의 지원금과 참여자 자부담 방식의 결합된 형태로 책임성을 부여했다. 사업 진행 방식의 차이는 있지만 공동의 목표는 동일하다. 지역사회의 일자리 창출과 지역경제 활성화, 상대적 약자의 고용창출을 통한 사회생활 회복 등을 통한 삶의 질 향상이다. 이러한 목적을 배경으로 시작된 프로그램이 중앙부처의 사회적일자리 창출사업이다. 행정안전부의 사회적일자리 육성사업의 일환으로 시작된 프로그램이 마을기업의 형태로 나타난 것이다. 마을기업의 시작은 그렇게 출발했다.

2. 자립형 지역공동체사업 시범실시

마을기업의 시작은 지역공동체 회복과 취약계층의 실업률을 감소시키겠다는 정책의 일환으로 지자체와 5대5 매칭으로 시작되었다. 지역민에게 일자리를 제공하여 마을만들기 사업과 유기적으로 연계시키려는 의도가 있었다. 동시에 마을기업 육성을 통하여 지역의 리더와 인적 자원을 육성하겠다는 방침이었다. 그러나 초기에 기초지자체 1곳에 마을기업 1개 이상을 설립하려는 성급한 실행으로 준비되지 못한 단체를 마을기업에 편입시키는 우려를 범했다. 지역주민이 주도적으로 사업을 계획하고 준비한 마을기업이 아니라 정부의 숫자 맞추기에 동원된 마을기업도 있었음은 부인할 수 없는 사실이다.

마을기업의 전신인 2010년도 '자립형 지역공동체사업'은 행정안전부 공모사업으로 시작되었다. '자립형 지역공동체사업' 명도 초기 계획단계에서는 '지역커뮤니티비즈니스'로 불리다, 제6차 지역일자리 창출 전략회의에서 자립형 지역공동체사업으로 변경되었다. 서민을 위한 일자리사업 명칭으로 영문명이 부적절하다는 의견이 받아들여진 결과다. 시범사업 기간이 끝나기 전에 '자립형 지역공동체사업'은 현재의 '마을기업' 이름을 갖게 되었다. 기존 취약계층을 위한 직접 일자리사업인 '지역공동체 일자리사업'과의 차별화를 꾀한 것이다. 동시에 마을공동체 단위의 소규모 단체를 비즈니스를 하는 기업으로 육성하기 위함이었다.

이처럼 마을기업 시범사업 기간에 지자체에 따라서는 국비와 지방비를 매칭하여 7,600만 원에서 8,300만 원까지 지급하였다. 이후 2011년 마을기업 2차년도 진입하게 된 대상단체는 2차년도 보조금 3천만 원을 받게 되면서 총 1억 원이 넘는 지원금을 받게 된 것이다. 초기 184개 단체가 시범사업의 혜택을 받았다. 2011년 마을기업 육성사업 시행지침에 의해 선정된 마을기업은 현재처럼 1차년도 5천만 원 한도, 2차년도 3천만 원 한도에서 보조금을 받고 있다.

2010년과 2011년 자립형 지역공동체사업이 실시되면서 사업성과를 판단하여 예비사회적기업으로 진입하는 것이 당연한 수순처럼 진행된 측면이 있다. 마을기업과 사회적기업이 현장에서 정확한 구분을 하지 못하고 진행되었다. 공급자는 물론 수요자 입장에서는 비슷한 정부보조금 사업으로 인식했을 것이다.

자립형 지역공동체사업은 2010년 9월부터 2011년 2월까지 약 6개월간 시범적으로 시행한 사업이었다. 지역 인재와 자원을 활용하여 안정적 소득 및 장기 일자리를 창출하기 위한 목적으로 진행되었다. 인건비 등을 제외한 자생적 공동체의 자립기반을 조성하기 위한 재료비에 한해서 지원되었다. 사업 유형으로는 지역자원 활용형(지역 특산품, 문화, 자연자원 활용, 상가 활성화, 지역축제, 공원관리 등), 친환경 녹색에너지형(음식쓰레기, 폐자원 재활용, 태양열·자전거 활용, 외래동식물 퇴치 등 생태계 보전), 생활지원 복지형(복지간병, 방과후 아이돌보미, 다문화가족 지원) 등이 있다. 위 유형 중 생활지원 복지형이 사회적기업 사업유형과 겹치는 사례가 많았다. 2012년 지침까지 대상사업(예시)에 포함되었다가, 2013년 지침에서 제외시 켰다. 마을기업이 본격적으로 시행된 지 만 2년 만에 사회적기업과 의 차별화에 적극적으로 나선 결과다. 취약계층 고용창출의 목적이 분명한 사회적기업과의 선명한 차별성을 이루지 못함으로 인해 유 사사업 논란이 끊이지 않았던 것이다.

시범사업 기간에는 마을주민회, 부녀회, 노인회, 기타 비영리단체 (NPO)를 중심으로 사업 신청이 이루어졌다. 현재처럼 법인이 아니 더라도 신청이 가능하였다. 이 때문에 현재 개인기업 또는 임의 단 체명으로 운영하는 마을기업도 남아 있다.

2010년 자립형 지역공동체사업을 실시하면서 행정안전부는 '지역 풀뿌리형 사회적기업'이란 단어를 사용했다. 기존 고용노동부 인증 사회적기업과 차별화를 꾀한다는 차원에서 지역중심과 풀뿌리를 강 조한 것이다. 하지만 정책의 목표와 내용이 정확히 구별되지 않는 상황에서 유사 브랜드는 현장의 혼란을 불러왔다. 마을기업이 시작 된 2010년 이후 2012년까지도 마을기업은 사회적기업의 한 유형으 로 인식되어 왔던 것이 사실이다. 정책 공급자 집단의 의도와는 다 르게 현장에서 받아들이는 수요자의 입장은 비슷했다. "그것이 그것이고 인건비 주는 사회적기업이나, 사업비 주는 마을기업이나 같은 종류로 인식"할 수밖에 없었던 시절이 있었다.

취약계층 뽑는 지역기반기업 232곳 첫 육성
매경·행안부 일자리만들기 프로젝트 진행

행정안전부는 2010년도 6월 17일 지역 일자리 창출 전략회의 및 시·도 부단체장 회의를 열고 일자리 창출을 위해 내년까지 전국에 232개 사회적기업을 육성하는 대책도 이날 발표됐다.[6]
행정안전부는 총 208억 원을 올해 하반기에 투입해 주민 주도의 '자립형 지역공동체 사업'을 벌여 내년까지 232개 기업을 지역 풀뿌리형 사회적기업으로 처음 인증하기로 했다. (중략)

<용어설명>
풀뿌리형 사회적기업: 취약계층에 사회 서비스 또는 일자리를 제공해 사회적 목적을 추구한다는 점에서 노동부가 주도하는 기존 사회적 기업과 유사하지만 전국 단위가 아닌 지역에 기반을 두고 사업도 주민이 주도해 차별된다. (매일경제, 2010.6.17)

당시 행정안전부가 지역 풀뿌리형 사회적기업의 예시라고 제시한 내용들은 현재의 마을기업들이었다. 로컬푸드 레스토랑, 농특산물 판매 등 주민출자 사업을 추진하고 있는 전북 완주군의 '파워빌리지' 사업, 지역자원인 '김'을 활용해 지역어민 110명이 출자한 전남 장흥의 '무산김 주민주식회사', 태양에너지 발전사업에 투자해 마을주민회 소유 주식회사 설립한 제주 화순리 '번내태양광발전주식회사', 경남 김해 '다문화가족 통역 및 육아방 운영' 등을 사례로 들었다.
이명박 정부에서 사회적기업 육성은 부족한 일자리를 창출한다는

---

6) 매일경제(2010.6.17), http://news.mk.co.kr/newsRead.php?year=2010&no=316170

목표하에 급속도록 확대되었다. 청와대 고용노동 관련 부서에서의 사회적기업을 통한 취약계층 고용창출은 목말라하는 정치권의 입맛을 충족시켜 주었다고 해도 과언이 아니다. 2012년에는 마을기업 등 사회적경제 관련 프로그램은 모두 사회적기업으로 일원화시키고자 밀어붙였다. 해당 정부에서는 고용노동부 장관의 권력이 타 부처를 누르고도 남을 정도의 힘이 있었다. 소위 '실세장관'들의 파워를 보여 주는 사례는 다양했다. 당시 행정안전부의 마을기업은 독자 목소리를 내기가 쉽지 않은 상황이었다. 행정의 권력에서도 밀려 있고, 옹호그룹 학자도 거의 없고, 마을기업이 뿌리를 내리지 못한 상태였기 때문이었다. 사회적기업으로의 통합논리에 이리 밀리고 저리 밀리는 현상을 벗어나지 못하는 시기가 있었다.

행정안전부가 최근 16개 시·도 부단체장, 사회적 기업가 160명, 지자체 사회적기업 담당자가 참석한 가운데 제7차 지역일자리 창출 전략회의를 열었다. 특히 이 자리에서 행정안전부 차원의 지역풀뿌리형 사회적기업 육성 대책이 집중 논의하면서 사회적기업 육성 방안에 대한 관심이 집중되고 있다.
17일 행정안전부에 따르면 지역풀뿌리형 사회적기업은 지역형 예비사회적기업 육성과, 자립형 지역공동체 사업(Community Business) 등 크게 두 가지로 나눠진다.[7] (중략)
따라서 지역에 산재해 있는 각종 자원(향토·관광·문화·자연자원 등)을 활용한 다양한 비즈니스를 주민 필요에 의해 주민주도로 개발이 이뤄져야 한다. 지역활성화의 견인차 역할을 할 수 있는 '1마을 1공동체기업' 육성이 대표적인 예다. (아시아경제, 2010.7.17)

제6차 지역일자리 창출 전략회의에서 자립형 지역공동체사업으로

---

7) 아시아경제(2010.7.17), http://www.asiae.co.kr/news/view.htm?idxno=2010071709063555244

불렸던 마을기업이 제7차 회의에서는 지역 풀뿌리형 사회적기업의 일환으로 분류되었다. 제7차 전략회의에서부터 7가지 조건으로 인증받는 사회적기업의 인증조건을 완화시킨 지역형 예비사회적기업 육성이 논의된 것이다. 이처럼 마을기업은 2010년 혼란기를 겪고 난 이후 2011년부터 본격적인 출발을 하게 되었다. 지역 풀뿌리형 사회적기업 형태로 출발하면서 시범사업 기간에는 자립형 지역공동체사업으로 불렸다. 2011년부터 '마을'과 '기업'의 결합이라는 '마을기업' 명으로 시작된 것이다.

3. 사회적경제 기본법안 제정발의

장애인을 고용하는 미국의 사회적기업 루비콘사의 모토[8]는 "빵을 팔기 위해 고용하는 게 아니라 당신과 함께 일하기 위해 빵을 판다"로 알려져 있다. 국내에서 사회적기업을 설명할 때 자주 이용되는 표현 중 하나다. 사회적기업을 처음 접하는 사람들에게는 감동적인 문구로 전달된다. 자본 중심이 아닌 사람 중심의 기업이 운영되고 소외계층과 함께하려는 기업정신은 감동 그 이상이다. 매력적이며 누구나가 공감할 수 있는 혁신적인 시스템이다. 이렇게 사회적으로 소외된 계층에게 안정적 일자리와 사회서비스를 제공하는 역할을 하는 것이 사회적기업이다.

2007년 7월 1일 본격 시행된 사회적기업은 참여정부에서 출발했

---

8) http://news.donga.com/3/all/20090605/8740901/1#csidx6a6e4043ebce94dad153c40397e0e83

다. 사회적기업 육성법 제정은 참여정부 시절이었으나, 이명박 정부가 본격 활용을 했다. 협동조합 기본법은 이명박 정부 시절 제정되었으나, 박근혜 정부에서 성장했다. 사회적경제기업들이 유럽식 정치체제와 진보적 성향을 보이는 정부에서 성장을 해왔다고 인식되고 있다. 따라서 보수적 성향을 보였던 정부에서의 성장정책의 일환으로 사용된 것에 대한 진정성 논란이 있었다. 양적 성장을 이루었으나 질적 성장을 담보하지 못했다는 비판이다.

보조금 중복 논란, 보조금 사냥꾼 양성, 공공지원 의존성 심화, 참여자들의 갈등, 이념적 편향성, 단기적 일회성 지원의 한계 등 다양한 논란거리가 많다. 그럼에도 불구하고 지난 10년 사이에 꾸준히 성장을 하고 있는 분야가 사회적경제 분야이다.

2010년 초 정부의 사회적일자리 사업으로 급속히 확대된 사회적경제 분야는 신규 일자리와 고용창출이 핵심이었다. 사회적가치를 실현한다든지 잊혀진 공동체를 회복하려는 목표는 명확했다. 큰 틀에서는 정부 및 시장이 해결하지 못하는 공공영역의 취약한 부분을 사회적경제가 보완해주고 있다. 상대적으로 경쟁력을 상실하였거나 급격한 도시화로 나타난 공동체 붕괴를 회복시키는 수단으로 활용하고 있다.

사회적경제 관련 기업과 조직은 이명박 정부와 박근혜 정부에서 지속적인 성장을 했다. 일반적으로 보수적 성격을 보이는 두 정부에서 사회적경제 분야의 확대는 의외란 평가도 있다. 위축될 것이라는 예측을 한 전문가들이 무색할 정도로 양적 성장은 이루어졌다.

각 부처별 사업이 쏟아지고 부처 칸막이로 인하여 관리가 되지 못한다는 지적이 나오기 시작했다. 개별 사회적경제기업의 중복사업

논란 등으로 통합적으로 관리해야 된다는 주장은 사회적경제기본법 발의로 이어졌다. 19대 국회에서 3명의 국회의원이 동일한 법안을 발의했다. 당시 여당과 야당의 핵심정책 브레인들이 발의를 했다는 측면에서 법안 통과가능성을 높게 보았다. 하지만 법안의 정체성을 놓고 갑론을박(甲論乙駁)하면서 결국 임기만료에 따라 폐기되었다.

<표 1-1> 사회적경제 기본법안 발의 현황

의안번호	의안명	제안일자	의결일자	의결결과	심사진행상태
2002616	사회적경제 기본법안 (유승민 의원 등 15인)	2016.10.11	-	-	소관위 접수
2001614	사회적경제 기본법안 (윤호중 의원 등 27인)	2016.8.17	-	-	소관위 접수
1912395	사회적경제 기본법안 (박원석 의원 등 10인)	2014.11.11	2016.5.29	임기만료 폐기	-
1912030	사회적경제 기본법안 (신계륜 의원 등 65인)	2014.10.13	2016.5.29	임기만료 폐기	-
1910422	사회적경제 기본법안 (유승민 의원 등 67인)	2014.4.30	2016.5.29	임기만료 폐기	-

자료: 대한민국국회 의안정보시스템

20대 국회에 들어서 다시 여당과 제1야당에서 법안을 발의했고, 해당 상임위에 접수되어 있는 상태다. 2016년 말부터 2017년 봄까지 탄핵정국과 제19대 대통령선거 일정 사이에서 한 걸음도 나아가지 못했다. [그림 1-1]과 같이 위원회 심사에 머물러 있다.

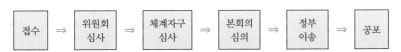

[그림 1-1] 국회 법률안 심사진행단계

더불어민주당 윤호중 의원이 대표발의한 의안번호 2001614 사회적경제 기본법안(2016.8.17. 발의)은 국회의원 27명이 참여했다. 유승민 의원이 대표발의한 의안번호 2002616 사회적경제 기본법안(2016.10.11. 발의)은 국회의원 15명이 참여했다.

윤호중 의원은 제3조(정의) 제3항에서 사회적기업, 마을기업 등을 「사회적경제기업」으로 규정한 반면, 유승민 의원은 제2조(정의) 제3항에서 「사회적경제조직」으로 지칭하였다. 두 법안 공통적인 것은 개별법 8개 협동조합도 포함되어 있다는 것이다.

그런데 두 법안 모두 마을기업 근거를 국토교통부의 「도시재생 활성화 및 지원에 관한 특별법」 제2조제1항제9호에 따른 마을기업[9]으로 규정하고 있다. 마을기업의 정의만 보면 행정안전부가 시행하고 있는 마을기업의 정의와 유사하게 보인다. 하지만 위 법에서 말하는 마을기업의 활동범위는 도시재생지역으로 지정된 곳에서 도시재생과 직접적 관련 행위를 하는 마을기업에 국한하고 있다. 전국 어느 곳에서나 사업품목에 제한을 받지 않고 있는 행정안전부의 마을기업과는 상당히 거리가 먼 제한적 마을기업이다. 2016년 말 기준으로 약 1,400여 개의 마을기업 중 「도시재생 활성화 및 지원에 관한 특별법」에 해당되는 마을기업은 10개도 미치지 못한다. 그마저도 이미 지역형 예비사회적기업 또는 사회적기업으로 전환되어 있는 마을기업이 대다수다. 순수 마을기업으로 남아 있는 경우가 거의 없다.

---

9) "마을기업"이란 지역주민 또는 단체가 해당 지역의 인력, 향토, 문화, 자연자원 등 각종 자원을 활용하여 생활환경을 개선하고 지역공동체를 활성화하며 소득 및 일자리를 창출하기 위하여 운영하는 기업을 말한다.

<표 1-2> 사회적경제조직 및 사회적경제기업의 정의

윤호중 발의 의안	유승민 발의 의안
제3조(정의) 3. "사회적경제기업"이란 제3조제2호의 사회적가치를 추구하면서 재화 및 용역의 구매·생산·판매·소비 등 영업활동을 하는 사업조직으로 다음 각 목의 어느 하나에 해당하는 조직을 말한다. 가. 「사회적기업 육성법」 제2조제1호에 따른 사회적기업 나. 「협동조합 기본법」 제2조에 따른 협동조합, 협동조합연합회, 사회적협동조합 및 사회적협동조합연합회 **다. 「도시재생 활성화 및 지원에 관한 특별법」 제2조제1항제9호에 따른 마을기업** 라. 「국민기초생활 보장법」 제18조에 따른 자활기업 마. 「농어업인의 삶의 질 향상 및 농어촌지역 개발촉진에 관한 특별법」 제19조의3에 따라 재정지원 등을 받는 법인·조합·회사·농어업법인·단체 바. 「소비자생활협동조합법」에 따른 조합과 연합회 및 전국연합회 사. 「농업협동조합법」에 따른 지역농업협동조합과 지역축산업협동조합 및 품목별·업종별 협동조합과 농업협동조합중앙회. 다만, 「농업협동조합법」 제134조의2(농협경제지주회사) 및 제134조의3(농협금융지주회사)에 따른 사업조직은 제외한다. 아. 「수산업협동조합법」에 따른 지구별 수산업협동조합, 업종별 수산업협동조합 및 수산물가공 수산업협동조합과 수산업협동조합중앙회. 다만, 「수산업협동조합법」 제138조제1항제2호다목(중앙회 출자회사) 및 제141조의9제1항제5호(은행법에 따른 은행업무)는 제외한다. 자. 「산림조합법」에 따른 지역산림조합, 품목별·업종별 산림조합, 조합공동사업법인 및 산림조합중앙회 차. 「엽연초생산협동조합법」에 따른 엽연초생산협동조합과 엽연초생산협동조합중앙회 카. 「신용협동조합법」에 따른 신용협동조합 및 신용협동조합중앙회	제2조(정의) 3. "사회적경제조직"이란 다음 각 목의 어느 하나에 해당하는 조직을 말한다. 가. 「사회적기업 육성법」 제2조제1호에 따른 사회적기업 나. 「협동조합 기본법」 제2조에 따른 협동조합, 협동조합연합회, 사회적협동조합 및 사회적협동조합연합회 다. 「국민기초생활 보장법」 제15조의3에 따른 광역자활센터, 제16조에 따른 지역자활센터 및 제18조에 따른 자활기업 **라. 「도시재생 활성화 및 지원에 관한 특별법」 제2조제1항제9호에 따른 마을기업** 마. 「농어업인의 삶의 질 향상 및 농어촌지역 개발촉진에 관한 특별법」 제19조의3에 따라 재정 지원 등을 받는 법인·조합·회사·농어업법인·단체 바. 「농업협동조합법」에 따른 조합 및 중앙회 사. 「수산업협동조합법」에 따른 조합 및 중앙회 아. 「산림조합법」에 따른 조합, 중앙회 및 조합공동사업법인 자. 「엽연초생산협동조합법」에 따른 조합과 중앙회 차. 「신용협동조합법」에 따른 신용협동조합 및 신용협동조합중앙회 카. 「새마을금고법」에 따른 금고 및 중앙회 타. 「소비자생활협동조합법」에 따른 조합, 연합회 및 전국연합회 파. 「중소기업협동조합법」에 따른 중소기업협동조합 하. 「장애인고용촉진 및 직업재활법」 제2조제8호에 따른 장애인 표준사업장 거. 「장애인복지법」 제58조제1항제3호에 따른 장애인 직업재활시설 너. 「사회복지사업법」에 따른 사회복지법인 더. 그 밖에 사회적경제를 실현하거나 사회적경제조직을 지원하기 위하여 설립된 법인 또는 단체

타. 「새마을금고법」에 따른 새마을금고 및 새마을금고중앙회
파. 「중소기업협동조합법」에 따른 협동조합, 사업협동조합, 협동조합연합회, 중소기업 중앙회
하. 「고용정책 기본법」 제28조 또는 「사회 적기업 육성법」 제5조의2에 따라 지방 자치단체장이나 중앙행정부처의 장에 의해 지정되는 예비사회적기업
거. 그 밖에 기업·법인·단체 중 관계법령 과 대통령령이 정하는 바에 따라 사회 적경제기업으로 등록된 사업조직

윤호중 의원의 사회적경제조직의 정의는 유승민 의원이 발의한 사회적경제기업의 범위보다 더 넓은 의미를 가지고 있다. 기존 사회 적경제기업은 물론 지원기관 및 연대조직 등 포괄적이다.

<표 1-3> 윤호중 의원의 사회적경제조직 정의

윤호중 의원 대표발의 「사회적경제 기본법안」
제3조 제6항 "사회적경제조직"이란 다음 각 목의 어느 하나에 해당하는 기업·법인·단 체 또는 이에 준하는 형태의 조직 또는 사업범위를 수행하는 자를 말한다.
가. 제3조제3호에서 정한 사회적경제기업
나. 제3조제4호에서 사회적경제 지원기관
다. 제3조제5호의 지역·업종·부문·분야·전국단위 사회적경제연대조직
라. 그 밖에 사회적경제활동을 지속적으로 영위하는 것으로 인정되거나 사회적경제조직 을 지원하는 활동을 주목적으로 하는 조직 중 대통령령과 관계 조례에 정한 바에 따 라 등록을 필한 기업·법인·단체

윤호중 의원과 유승민 의원의 사회적경제기본법 제정안을 살펴보 면 기본계획 수립, 추진체계, 발전기금, 지원 및 육성, 운영 등 유사 한 점이 많다. 유승민 의원의 법안이 제한적 내용을 중심에 두고 있 다면 윤호중 의원의 법안은 규모적이고 포괄적 내용이다.

윤호중 의원안	유승민 의원안
제1장 총칙(제1조~ 제7조)	제1장 총칙(제1조~ 제5조)
제2장 사회적경제 발전 기본계획 수립 등 (제8조~ 제14조)	제2장 사회적경제 발전 정책의 수립 및 추진체계 (제6조~ 제16조)
제3장 사회적경제발전위원회 및 추진체계 (제15조~ 제25조)	
제4장 사회적금융과 사회적경제 발전기금 (제26조~ 제32조)	제3장 사회적경제 발전기금 (제17조~ 제20조)
제5장 사회적경제조직의 지원 및 육성 (제33조~ 제41조)	제4장 사회적경제조직의 지원 및 육성 (제21조~ 제29조)
제6장 사회적경제조직의 운영 (제42조~ 제43조)	제5장 사회적경제조직의 운영 (제30조~ 제31조)
제7장 보칙(제44조~ 제47조)	제6장 벌칙(제32조~ 제33조)

사회적경제 기본법안[10]은 사회적경제 발전을 위한 정책의 수립·총괄·조정 및 사회적경제조직의 설립·운영·지원 등에 필요한 사항을 정함으로써 사회적경제 관련 정책을 통합적으로 추진하고 효율적인 사회적경제 지원 환경을 조성하려는 목적으로 발의되었다.

다음은 국회 기획재정위원회에서 두 법안에 대한 검토를 한 보고서(2016년 11월 3일자)를 토대로 작성하였다.

법안 제정의 필요성에 의문을 제기하는 견해가 있음을 밝혔다.

첫째, 우리나라의 현실에 부합하지 않는 측면이 있다. 사회적경제 기본법을 제정한 다른 나라의 경우 사회적경제조직이 자생적으로 조직되어 성장해 왔다. 반면, 우리나라의 사회적경제조직은 자율성·자립성이 낮으며 사회적경제에 대한 국민들의 인식 및 공감대도 부족한 측면이 있다.

---

10) 사회적경제 기본법안 검토보고(윤호중, 유승민 의원 대표발의), 국회 기획재정위원회 (2016.11.3).

둘째, 사회적경제조직에 대한 정부 지원은 자유시장경제 원칙에 부합하지 않는 측면이 있다. 다른 기업에 대한 역차별 우려 등을 감안할 필요가 있다.[11] 자생력이 부족한 사회적경제조직에 대한 정부 지원은 한정된 국가 재원을 고려할 때 사회적경제를 위해 시장경제를 축소할 우려가 있다는 지적이 있다. 또한 사회적경제 발전기금 설치, 공공기관 우선구매의무 부여 등의 지원은 사회적경제조직이 아닌 기업들에 대한 역차별에 해당할 수 있음을 지적하고 있다.

셋째, 두 법안이 추구하고 있는 '사회적경제', '사회적가치' 등의 정의가 모호하고 지나치게 포괄적인 측면이 있다. 따라서 이를 별도의 법률로 제정할 필요성이나 실익이 크지 않다는 지적이 있다.[12]

---

11) 헌법 제119조 ① 대한민국의 경제질서는 개인과 기업의 경제상의 자유와 창의를 존중함을 기본으로 한다.

12) 윤호중 의원안 제3조(정의)
  1. "사회적경제"란 양극화 해소, 양질의 일자리 창출과 사회서비스 제공, 지역공동체 재생과 지역순환경제, 국민의 삶의 질 향상과 사회통합등 공동체 구성원의 공동이익과 사회적가치의 실현을 위하여 사회적경제조직이 호혜협력과 사회연대를 바탕으로 사업체를 통해 수행하는 모든 경제적 활동을 말한다.
  2. "사회적가치"란 사회적경제활동을 통하여 사회적·경제적·환경적·문화적 영역에서 공공의 이익과 공동체 발전에 기여하는 사회 공익적 성과로서 다음 각 목의 내용을 포괄하는 가치를 말한다.
    가. 인간의 존엄성을 유지하는 기본 권리로서의 인권의 신장
    나. 재난과 사고 등 위험으로부터 안전한 근로·생활환경 유지와 국민안전 확보
    다. 사회적 배제 및 취약계층에 대한 노동통합과 평등한 고용기회의 확대
    라. 건강한 생활이 가능한 보건복지의 제공과 국민건강의 증진
    마. 지역사회와 공동체에서 충족되지 못하는 다양한 사회서비스 제공
    바. 지역공동체 재생과 지역순환경제 활성화
    사. 사회적 약자에 대한 기회제공과 불평등 해소를 통한 사회통합
    아. 양질의 일자리 창출과 차별 없는 노동권의 보장
    자. 윤리적 생산과 유통을 포함한 기업의 자발적인 사회적 책임 이행
    차. 자원의 재활용과 환경의 지속가능성 보전
    카. 시민적 권리로서 민주적 의사결정과 참여의 실현
    타. 그 밖에 공동체의 이익실현과 공익성 강화
  유승민 의원안 제2조(정의)
  1. "사회적경제"란 구성원 상호간의 협력과 연대, 적극적인 자기혁신과 자발적인 참여를 바탕으로 사회서비스 확충, 복지의 증진, 일자리 창출, 지역공동체의 발전, 기타 공익에 대한 기여 등 사회적가치를 창출하는 모든 경제적 활동을 말한다.
  ※ "사회적가치"에 대한 별도 정의 없음.

위와 같이 3가지 측면에서 법안 제정에 대한 부정적 내용이 있었다.

반면, 긍정적 측면에서의 사회적경제 기본법안 제정의 검토내용은 다음과 같다.

첫째, 글로벌 경제위기 이후 각국이 직면한 사회적·경제적 문제를 해결할 수 있는 대안으로 '포용적 성장'의 개념이 주목받고 있다. 이런 상황에서 두 법안은 '사회적경제'를 통해 포용적 성장을 실현하고 우리 사회가 당면한 여러 가지 문제점을 해결하려는 것이다. 포용적 성장(inclusive growth)의 개념은 아직 명확하게 합의되지는 않았으나 사회 구성원 모두에게 성장의 혜택이 고르게 분배되는 것을 핵심으로 하고 있다.[13)

우리나라는 최근 양극화와 빈부격차 심화 등으로 사회적 갈등 요인이 증폭됨에 따라 포용적 성장을 위한 새로운 경제사회 발전모델의 하나인 사회적경제에 대한 관심이 높아지고 있다. OECD는 사회적경제를 "국가와 시장 사이에 존재하는 모든 조직들로 사회적 요소와 경제적 요소를 동시에 가진 조직"으로 정의하고 있다. 사회적경제에 대한 법률은 2011년 이후 스페인, 멕시코, 캐나다, 프랑스 등에서 제정되었다.[14)

---

13) 포용적 성장에 대해 주요 국제기구에서 논의된 내용을 살펴보면, 유럽연합(EU)은 지역적으로 가장 소외된 계층까지 포함하여 공동체 모두에게 성장의 이익이 고르게 나누어지도록 하는 것을 포용적 성장의 핵심으로 보고 있음. 경제협력개발기구(OECD)는 포용적 성장을 경제성장으로부터의 물질적·비물질적 혜택이 모든 사회 구성원에 걸쳐 공평하게 분배되는 경제성장으로 정의하고 있음. UN은 2015년 9월 발표된 '2030 지속가능개발의제'의 핵심원칙 중 하나로 "누구도 뒤처지지 않는 발전(No one left behind)"을 제시하여 개발의 포용성(inclusiveness)을 번영의 필수적인 요소로 보고 있음.

14) 1. OECD는 '사회적경제'를 '국가와 시장 사이에 존재하는 모든 조직들로 사회적 요소와 경제적 요소를 동시에 가진 조직'으로 정의하고 있음. 그 외에도 사회적경제는 제3부문(the third sector), 비영리섹터(non-profit sector), 자활조직(voluntary organizations), 연대경제(solidarity economy), 시민경제(civil economy), 독립부문(Independent sector) 등으로 다양하게 정의됨.

2. 사회적경제의 특징은 시민적 가치 및 형평성을 중심으로 사회 재분배에 초점을 두고 있으

둘째, 사회적경제에 대한 기본법 제정을 통해 사회적경제 관련 정책을 통합적·효율적으로 추진할 수 있다. 현재 사회적기업(고용노동부), 협동조합(기획재정부), 마을기업(행정안전부) 등 다양한 사회적경제조직이 있다. 하지만 부처 및 제도 간의 칸막이로 인해 행정력 낭비, 중복 규제 등의 문제가 발생하고 있다.15) 따라서 통합적인 정책총괄 조정체계를 구축하여 이러한 문제를 해소하고 관련 정책을 효율적으로 추진할 필요가 있다.

셋째, 사회적경제의 활성화에 따라 일자리 창출 등 경제적 효과를 기대할 수 있다. 고용노동부는 「사회적기업 활성화 추진계획('13.7)」에서 사회적경제 규모를 OECD 평균수준(4%)으로 끌어올릴 경우 최대 100만 명의 일자리 창출이 가능하다고 분석한 바 있다.

넷째, 사회적경제가 표방하는 협동 및 연대의 정신에 기반한 기업문화 활성화 등을 통해 균형 있는 성장과 적정한 소득 분배를 도모함으로써 헌법 제119조제2항의 경제민주화 정신을 실현할 수 있다.16) 이렇게 4가지 측면에서 순기능을 이야기하고 있다.

며, 조직운영 측면에서는 민주적 참여와 수익배분 제한을 통한 사회적 소유를 강조하고, 경제활동 측면에서는 국가와 시장에서 미충족된 사회서비스 제공과 일자리 창출을 중시하고 있음.

3. 사회적경제에 대한 법률을 제정한 국가로는 스페인(사회적경제법, 2011), 에콰도르(서민연대경제금융법안, 2011), 멕시코(사회연대적경제법, 2012), 캐나다 퀘벡(사회경제법, 2013), 포르투갈(사회적경제에 관한 기본법, 2013), 프랑스(사회연대적경제법안, 2014) 등이 있음.

15) '사회적기업'은 취약계층에게 사회서비스 또는 일자리를 제공하여 지역주민의 삶의 질을 높이는 등의 사회적 목적을 추구하면서 재화 및 서비스의 생산·판매 등 영업활동을 수행하는 기업을 의미하고, '협동조합'은 재화 또는 용역의 구매·생산·판매·제공 등을 협동으로 영위함으로써 조합원의 권익을 향상하고 지역사회에 공헌하고자 하는 사업조직을 의미함. '마을기업'은 지역주민이 지역자원을 활용한 수익사업 등을 통해 지역공동체를 활성화하고 일자리와 소득을 창출하는 기업을 의미함.

16) 헌법 제119조 ② 국가는 균형 있는 국민경제의 성장 및 안정과 적정한 소득의 분배를 유지하고, 시장의 지배와 경제력의 남용을 방지하며, 경제주체 간의 조화를 통한 경제의 민주화를 위하여 경제에 관한 규제와 조정을 할 수 있다.

국회 기획재정위원회에서는 두 법안에 따른 사회적경제조직의 범위와 관련하여 다음과 같은 사항을 검토할 필요성을 제기하였다.[17]

첫째, 유승민 의원안은 모든 사회적경제조직을 망라하여 포함하고 있는 반면, 윤호중 의원안은 농·수협의 일부 조직(농협경제지주회사와 농협금융지주회사, 수협의 중앙회 출자회사와 은행업무) 및 복지시설을 제외하고 있다. 농협금융지주회사와 수협은행은 사실상 금융회사이고, 농협경제지주회사 및 수협중앙회 출자회사는 일반 기업원리로 운영된다는 점에서 사회적경제조직에서 제외할 필요가 있을 것으로 봤다. 복지시설의 경우에도 국가서비스를 대행하는 공공적인 성격이 강하다는 점에서 사회적경제조직의 일반적인 특징에 맞지 않는 측면이 있으므로 제외할 필요가 있을 것으로 판단했다.

둘째, 두 법안은 사회적경제조직의 범위에 신협과 새마을금고를 포함하고 있으나, 이를 제외할 필요가 있다는 의견이 있다. 신협과 새마을금고는 각각 출자자인 조합원과 회원의 이익을 추구하는 조직이므로 사회전체의 이익을 추구하는 사회적경제조직에서 제외할 필요가 있고, 동법 적용 대상에 포함시킬 경우 예금 이탈 등의 부작용이 우려된다는 점을 감안해야 한다는 것이다.

셋째, 두 법안은 사회적경제조직의 범위에 「농어업인의 삶의 질 향상 및 농어촌지역 개발촉진에 관한 특별법」 제19조의3에 따라 재정지원 등을 받는 법인·조합·회사·농어업법인·단체를 포함하고

---

17) 정부는 사회적경제조직을 크게 ① 일반 사회적경제조직, ② 개별법상 협동조합, ③ 복지시설로 구분하고 있음. 일반 사회적경제조직에는 사회적기업, 협동조합, 마을기업, 자활기업 및 농어업법인·단체가 있고, 개별법상 협동조합에는 농업협동조합, 수산업협동조합, 산림조합, 신용협동조합, 새마을금고, 소비자생활협동조합, 중소기업협동조합 및 엽연초생산협동조합이 있음. 복지시설에는 사회복지법인, 장애인직업재활시설, 장애인표준사업장 및 광역·지역자활센터가 있음.

있으나, 이 중 농업회사법인은 제외해야 한다는 지적이 있다. 농업
회사법인은 '기업적 농업경영체'로서 상법상 회사에 관한 규정이 준
용되는 등 영리를 추구하는 조직이므로, 공동체 구성원의 공동이익
과 사회적 목적을 우선시하는 사회적경제기업과는 성격이 상이하다
는 점을 감안해야 한다는 것이다.[18]

넷째, 「산림조합법」에 따른 조합공동사업법인의 경우 현재 산림
관련 조합공동사업법인이 없으므로 해당 규정에서 삭제할 필요가
있다는 의견이 있다.[19]

이렇게 부처 간 다양한 의견제시가 있는 상황에서 사회적경제 기
본법안은 멈춰 있는 상황이다. 문재인 정부에서 법안통과를 낙관적
으로 보는 견해가 많은 편이다. 반면 현재 법률안의 내용을 수정 또
는 보완하는 과정에서 지체될 것으로 보는 시각도 적지 않다.

4. 사회적경제분야의 마을기업 위치

사회적경제조직 또는 사회적경제기업이라는 단어는 사회주의를
배경으로 하고 있다는 편견이 존재함에도 불구하고 꾸준히 확장되

---

18) 농림축산식품부의 의견임.

<농업법인의 종류 및 성격>

구분	영농조합법인	농업회사법인(합명, 합자, 유한, 주식)
관련 규정	농어업경영체 육성 및 지원에 관한 법률 제16조	농어업경영체 육성 및 지원에 관한 법률 제19조
법인 성격	'협업적 경영체'로 민법상 조합에 관한 규정 준용	'기업적 농업경영체'로 상법상 회사에 관한 규정 준용

19) 산림청의 의견임.

고 있다. 기존 자본주의 시장질서에 위배된다는 주장도 존재한다. 정치적 입장에서 상반된 의견대립도 나타났다. 국회에서 사회적경제 기본법안을 제정하기 위한 노력은 19대에 이어 20대 국회에서도 꾸준히 논의되고 있다.

사회적경제기업이라 불리는 사회적기업, 마을기업, 협동조합, 자활기업, 농촌공동체회사 등은 새로운 대안경제 시스템이라고도 보는 견해가 많다. 기존 정부실패와 시장실패에 대한 반성의 모토에서 시작되었다고 판단해도 무방할 정도다. 그만큼 새로운 시장재편 시스템에 대한 욕구의 분출이 낳은 보완재적 제도일 것이다.

사회적경제 기본법안 제정이 국회에서 표류하고 있다. 2014년 4월에 첫 발의된 이후 2017년 8월 기준으로 3년 이상의 세월이 흘렀다. 일부에서는 사회적경제기업이 갖고 있는 개별법을 보완하는 차원에서 진행하자는 의견도 나오기 시작했다. 각각 개별법에 근거하여 운영되고 있는 상황에서 굳이 통합법 체계를 고집할 이유가 없다는 것이다. 통합적 논의가 자칫 해당 분야의 정체성에 대한 논란을 불러오면서 법안이 제정되지 못하고 있다고 보는 견해다.

또 하나는 사회적경제 기본법안이 제정된다 해서 실효성 있는 정책의 혜택을 받을 수 있는 기업이 한정되어 있다는 것이다. "포장은 그럴싸하지만 알맹이는 부실하다"는 지적이 많다. 사회적경제 독수리 5형제와 협동조합 개별법에 근거한 조직까지 포함되어 있지만 실제로 혜택을 볼 수 있는 단위는 2개 유형이다. 사회적기업과 사회적협동조합 법인을 갖고 있는 기업뿐이다. 특히 법인격을 부여하는 정책으로 출발한 사회적협동조합의 경우 해당 법인격만 취득하면 법인이 존재하는 상황에서 '공공기관 우선구매 조항' 혜택은 영원하다.

이런 상황에서 유일하게 기본법 제정도 없이 이름만 올려놓고 있는 사회적경제기업이 마을기업이다. 국토교통부의 「도시재생 활성화 및 지원에 관한 특별법」제2조제1항제9호에 따른 마을기업에 기대어 구색을 맞추고 있다. 행정안전부와 지자체가 공동으로 지정한 1,400여 개의 마을기업 중 도시재생법 기준에 의한 마을기업이 10개도 되지 못한다. 구도심지역에 해당되며 도시재생 관련 마을기업만이 사회적경제 기본법안에 해당될 뿐이다. 그들에게는 「마을기업 육성사업 시행지침」으로 운영되는 마을기업보다는 법률에 의해 보장되는 법률 근거가 필요했을지도 모른다. 껍질 한 개만 벗겨내면 문제의 심각성을 알 수 있을 것인데 아쉽기만 하다.

　마을기업 관련 모든 관계자 입장에서는 이러한 사실을 정확히 인지하고 적극적인 대응에 나서야 한다. 해당 부처는 물론이고 지자체, 관련 협회, 지원기관, 학자, 활동가 등이 협력하여 해결해야 할 일이다. 기본법률이 제정되지 못하는 상황에서 지속적인 정책구현은 장담하기 어렵다. 사회적경제 3대기업으로 부각되고 있는 마을기업의 씁쓸한 모습이다.

　사회적경제기업에 참여하는 주체를 기준으로 보면 도시와 농촌지역이 구별된다. 자활기업, 사회적기업, 협동조합의 경우 도시를 중심으로 분포되어 있다. 농촌공동체회사의 경우는 도 단위사업으로 농촌을 배경으로 형성되어 있다. 반면 마을기업은 도시지역과 농촌지역을 불문하고 광범위하게 활동하는 모습을 보이고 있다. 이는 정부와 지방자치단체의 매칭사업으로 진행한 결과다. 모든 지자체에 균등하게 마을기업 숫자를 정하는 과정에서 나타난 현상이다. 지역마다 다소 차이는 있지만 지자체 예산과 매칭하려는 노력의 산물이다.

사업초기에 마을기업이 도시지역에서 고전을 면치 못한 것은 사실이다. 우선적으로 마을기업이란 단어가 도시민들에게 어필되지 못했다. 도시 지역에서 '마을'이란 단어가 생소하였기 때문이다. '지역' 또는 '동네'라는 어휘가 더 친근했을 것이다. 단어가 주는 첫 이미지가 도시에 뿌리를 내리기 쉽지 않은 분위기를 형성했다. "마을기업은 시골에 있는 것 아닙니까?" 또는 "도시에 무슨 마을기업" 등과 같은 냉소적 분위기도 한몫했다.

사업에 대한 내용이 도시민들에게 폭넓게 확산되어 전달되기보다는 일부 정보를 접한 사람들에 한정된 사업처럼 전개되었다. 행정과 관련된 단체 내지는 지원기관과 연계된 다양한 형태의 조직들이 참여하는 구조였다. 2010년 시범사업 또는 2011년부터 본격 시행된 시기의 참여자의 상당수가 앞에서 말한 관계형성의 토대 위에 나타난 마을기업이 많았다. 이러한 경우 사업동원을 위한 참여자 확보가 가능한 반면 내부적 동기유발이란 차원은 상당히 부족해 보이는 결과로 나타났다.

마을기업은 사회적경제기업 5개 프로그램 중 유일하게 전국 방방곡곡에서 성장하고 있지만 해결해야 될 문제가 많다. 가장 중요한 법률제정을 마련하는 것을 제외하고 나열해보면 다음과 같은 문제를 생각할 수 있다.

첫째, 국비와 지방비의 매칭사업으로 진행하다 보니 사업성과는 별도로 지역할당에 따른 마을기업이 형성되는 문제가 있다. 이런 경우는 양적 성장이라는 목표달성에는 부합하지만 질적 발전을 도모하기에는 한계가 드러난다. 비슷한 유형의 마을기업들이 지역에 산재하게 되면서 내부적 경쟁이라는 직면에 부딪치게 되는 결과도 초래한다. 행정안전부에서 3차 심사를 하다 보니 탈락한 마을기업 지원 단체만큼 정부 및 지자체의 여유자금 활용에 대한 고민이 생긴다. 차기년도를 넘길 수 없는 구조적 한계로 추가공모를 하고 당해연도 마지막까지 지정을 하는 악순환이 반복되었다. 이 과정에서 상반기에는 통과될 수 없는 단체가 하반기 완화된 심사환경으로 인해 지정되는 일도 나타났다. 사업심사의 일관성이 없다는 지적이 나오는 것도 이러한 배경이 원인이 되고 있다.

둘째, 지역의 환경을 고려하지 않은 동일한 사업비 지급방식의 문제가 있다. 1차년도 사업보조금은 5천만 원 한도 이내로 지원한다. 여기에 보조금의 20%[20]인 1천만 원 이상을 자부담으로 매칭해야 한다. 사업비는 총 6천만 원 이상이 된다. 6천만 원 규모의 자금은 농촌 등 일부 지역에서는 유용한 사업비로 활용될 수 있다. 하지만 서울특별시 등 대도시에서는 6천만 원으로 할 수 있는 아이템이 많지 않다. 사업을 할 수 있는 사무 및 작업 공간 얻는 데에도 한계를 가질 수밖에 없다. 상황이 이렇다 보니 농촌지역은 재화 중심의 사업이 진행되고 도시지역은 서비스 중심의 마을기업이 운영되는 경향을 보였다. 제품이 분명한 것과 공공서비스 성향이 보이는 사업의 차이는 크다. 사업의 환경뿐만 아니라 사업 아이템에 따른 격차도 나타났다.

셋째, 정책의 일관성이 부족한 「마을기업 육성사업 시행지침」의 수립과 정책집행의 문제다. 법률 자체도 정책집행 과정에서 수많은

---

20) 2016년 마을기업 육성사업 시행지침부터 적용하였다. 2015년까지는 1차년도 보조금 5,000만 원에 자부담 10%인 500만 원을 합하면 5,500만 원이 된다. 5,500만 원이 총사업비가 되는 것이고, 자부담은 총사업의 10% 이상으로 556만 원 이상을 부담해야 하는 계산이 된다. 2차년도 3,000만 원을 보조받기 위해서는 334만 원 이상을 부담했었다.

개선을 요구하며, 일부개정 등을 통하여 보다 올바른 법률로써 활용된다. 마을기업은 행정안전부의 지침에 의해 시행되고 있다. 전년도 사업진행 과정에 보완하고 수정하고 개선해야 할 내용들의 의견이 모아지고 의사결정 과정을 통해 새로운 지침으로 거듭난다. 문제는 핵심적인 정체성이 흔들리지 않아야 된다. 상황에 따라서 지침내용이 수시로 변경된다면 현장의 혼란은 어떻게 감당할 것인가? 마을기업과 중복되는 사업의 내용이 어떤 해에는 가능하고 다른 해에는 불가능하다면 정책 수요자들이 쉽게 동의하지 못할 것이다. 특히 2017년 마을기업 사업 종료 후 사회적기업으로 이동할 수 있게 하는 것은 마을기업 본질을 훼손하는 본질을 저해하는 문제라 할 수 있다.

이 밖에도 행정안전부의 조직, 지방자치단체와의 협치, 일원화되지 못하는 지원기관, 현장실사, 심사위원회 구성, 박람회, 마을기업 협회 등 다양한 문제를 거론할 수 있다. 전국 단위의 사업을 지향하고 있지만 '속빈 강정'의 모습이 나타나는 것은 근거법률이 명확하지 않은데서 원인을 찾을 수 있다. 행정의 편의성에 기초한 지침으로는 한계가 있다.

이처럼 마을기업이 열악한 행정지원 체계에서도 지역밀착형 사업 전개로 성장하고 있다. 사업지침만으로 한계가 있는 사업비를 가지고서도 지역에서 꾸준한 확대를 하고 있다. 이러한 동력은 어디에서 나오는 것일까? 마을기업은 초기부터 지역주민과 지역의 인재 및 자원을 묶어내는 결합방식을 채택했다. 지역의 주민들이 중심이 되고 해당 지역의 고민들을 지역의 인적·물적 자원을 활용하는 모델을 지향했다. 사업성이 다소 부족하고 사업비가 모자라도 이를 보완해주는 것이 지역주민의 끈끈한 신뢰와 협력이었다.

수익성만을 강요하지 않고, 마을의 공동체성을 유지하면서 함께 할 수 있는 시스템이다. 적절한 공동이익의 기준은 천태만상(千態萬象)이다. 지역 환경의 상이함으로 그 기준을 정하기 어렵다. 공동체 회복의 판단도 평가하기 애매하다. 참여하는 마을기업의 회원 및 주변 관계자들이 공감하는 정도라면 받아들여야 한다. 과하지도 않고 조금 부족하더라도 상호간의 협력으로 헤쳐 나가는 마을기업이 성공의 비결이라 할 수 있다.

제2장

마을기업의 제도

1. 커뮤니티비즈니스(마을기업)

커뮤니티비즈니스의 형태는 국가별로 다양한 사업형태로 나타났다. 영국의 경우는 사회적기업과 커뮤니티 이익회사인 CIC 형태로 발전했다. 일본의 경우는 NPO법에 기반한 NPO 중심의 단체활동으로 성장했다. 우리나라의 경우는 마을기업과 농촌공동체회사의 형태로 진행되고 있다. 이와 같이 국가마다 다른 형태의 프로그램 방식으로 성장하고 발전해 나가고 있다.

커뮤니티비즈니스(Community Business)와 소셜비즈니스(Social Business)에 대한 이론적 정의는 필자의 2012년 9월에 출간한 『마을기업과 사회적기업의 거버넌스』에 충분히 다루었다. 따라서 금번 작업에서는 마을기업 관련내용만 일부 발췌하거나 내용을 보완하는 차원에서 다루기로 한다.

커뮤니티(community)에는 다양한 개념이 포함되어 있어 본질은 같으나 조금씩 다른 해석을 하기도 한다. Warren(1963)은 주요한 사회적 기능을 수행하는 사회집단과 시스템의 조합, 그리고 사회적 활동을 수행하는 조직으로 이해했다. National Research Council(1975)에서는 서로 가까운 곳에 살면서 공통의 이해와 상호부조로 연결되어 있는 사람들의 집합으로 정의했다. Wilkinson(1991)은 영토(장소), 주민들 간의 정규적인 상호작용을 제공하는 사회적 조직(기관), 공동의 이익을 고려하는 문제에 대한 상호작용의 요소를 포함한다고 말했다. Mattessich and Monsey(2004)는 지리적으로 한정된 지역에 거주하면서 사회적, 정신적으로 그들이 사는 지역에서 서로 연결된 사람들을 커뮤니티라고 주장했다. 이렇듯 커뮤니티는 일반적으로 지역을 의미하기도 하고(communities of place), 공통의 이해나 서로 다른 이해를 가진 개인들이 모인 집합(communities of interest)으로 구분할 수 있다. 따라서 커뮤니티는 지리적으로 한정된 지역에서 공동의 이익을 고려하는 상호작용을 나누는 주민들, 또한 그들 간의 정규적인 상호작용을 제공하는 주민조직, 사회적 조직(기관)들의 집합체라고 이해할 수 있다.[1]

커뮤니티비즈니스는 영국 스코틀랜드 지방의 'Community Business Scotland(CBS)'라는 중간적인 지원조직의 형태인 유한회사에서 시작되었다. 1970년대 중반으로 알려져 있다. Hayton(1984)은 영국의 커뮤니티비즈니스는 지역커뮤니티가 주체(설립·운영·소유)가 되어 지역주민의 고용과 지역의 발전에 초점을 두고 운영하는 사업조직이라 하였다.[2]

또한 영국의 글래스고(Glasgow)에서 경제의 서비스화를 추구하는 탈공업사회의 실업문제를 해결하고자 했다. 인력수급의 부조화(mis-match)에 주목해서 장기실업 중인 기존 공장노동자에게 새로운 기술과 커뮤니케이션 능력을 배양시키고자 한 것이다. 주로 서비스

---

1) 양세훈(2012), 마을기업과 사회적기업의 거버넌스, 한국학술정보(주), pp.55~56.
2) 양세훈(2012), 마을기업과 사회적기업의 거버넌스, 한국학술정보(주), p.57.

산업분야의 노동시장으로 복귀하게 하려는 목적으로 하는 매개적 노동시장(intermediate labor market) 정책의 실시과정으로서 그것을 책임지는 비영리사업을 지향하여 이용한 것이 시작이었다. 글래스고는 영국 북부에 위치한 스코틀랜드 최대의 도시이다. 클라이드 강에 독(dock)을 잇따라 세운 조선소를 비롯하여, 공업이 발달한 도시이며, 위스키 생산지로서도 유명하다.

이처럼 영국에서의 커뮤니티비즈니스는 지역과제를 해결하고 무엇보다도 실업대책, 고용창출의 수단으로서 기대되었다. 그러나 대량의 공적자금이 투입되면서 대부분의 커뮤니티비즈니스는 공적자금에 쉽게 의존하는 경향이 강해졌다. 의존성 심화, 자립심 약화 등이 문제가 되면서 현재는 그다지 좋은 의미에서 사용되지 않고 바꿔서 사회적기업이라고 하는 용어가 일반적으로 사용되고 있다.[3]

일본의 경우는 1990년대 중반부터 커뮤니티비즈니스라는 용어를 사용하기 시작했다. 호소우치 노부타카(2007)는 자신이 살고 있는 지역을 건강하게 만드는 주민주체의 지역사업이라고 전제하였다. 그는 정부나 기업이 제공하는 상품·서비스와 달리 주민 스스로가 지역의 어려움을 해결하고 삶의 질을 높이기 위한 활동을 비즈니스로 전개하려는 행위를 커뮤니티비즈니스를 통해 설명하고 있다. 일본에서 커뮤니티비즈니스란 마을 만들기 경험의 축적이 비즈니스의 차원으로 전개된 것이다. 지역주민이 자발적으로 지역문제 해결에 착수하고자 지역자원을 활용하여 지역 활성화를 도모하였다. 이러한 커뮤니티를 기반으로 한 지역주민 간 공동체 활성화를 중요한 목표

---

3) 양세훈(2012), 마을기업과 사회적기업의 거버넌스, 한국학술정보(주), pp.59~60.

로 두고 있다.

일본의 고베도시문제연구소(神戸都市問題研究所, 2002)는 커뮤니티비즈니스를 사업성, 지역성, 혁신성, 시민성, 지역공헌성의 5가지 조건으로 설명하고 있다. 첫째, 독자적인 사업을 통해 수익을 얻어 자율성을 확보(사업성)한다. 둘째, 일정한 지역을 대상으로 사업을 전개(지역성)한다. 셋째, 사업내용·목적으로서 사익을 확보할 뿐만 아니라 지역사회의 과제를 해결(혁신성)한다. 넷째, 지역주민 등 시민센터가 자본·운영상의 주도권을 확보(시민성)한다. 다섯째, 수익의 일부를 지역에 환원하거나 일자리를 창출하는 등을 통해 지역에 공헌(지역공헌성)하는 사업이라고 정의하였다.[4]

일본에서는 지역기반의 주민주도 사업을 커뮤니티비즈니스(CB: Community Business)와 소셜비즈니스(SB: Social Business)로 구분하여 사용하고 있다. 일본의 정부기관인 통상산업성 보고서에서 CB와 SB는 명확히 구분하고 있다. 일본 지역별로 CB협의회가 있고, SB협의회가 존재한다. 일부 지역은 같은 지역에서 CB와 SB협의회를 동시에 운영하기도 한다.

2012년에 필자가 저술한『마을기업과 사회적기업의 거버넌스』에서 필자는 "마을기업은 CB(Community Business)가 아닌 CE(Community Enterprise), 사회적기업은 SB(Social Business)가 아닌 SE(Social Enterprise)라고 표현하는 것이 바람직하다"[5]는 주장을 하였다. 당시 사회적기업이 SE라는 영문을 채택하고 있는 상태에서 마을기업과의 차별성을 주장하기 위함이었다. 필자의 시각에서는 마을기업이 주민

---

4) 양세훈(2012), 마을기업과 사회적기업의 거버넌스, 한국학술정보(주), pp.57~58.
5) 양세훈(2012), 마을기업과 사회적기업의 거버넌스, 한국학술정보(주), p.85.

들 스스로 중심이 되어 사업을 하는 방식으로 진행되는 새로운 유형의 기업이라 판단한 것이다.

마을기업의 영문명에 대해 CE가 맞는지 CB가 올바른 사용인지에 대한 논란이 많다. 농촌공동체회사도 커뮤니티비즈니스의 한 유형이며, 기존 이명박 정부에서 커뮤니티비즈니스 시범사업도 진행되다가 중단되기도 했다. 사업의 방식과 평가방식은 CE을 취하고 있으나, 마을기업의 취지 및 지향하는 목적은 CB에 적합하다. 필자의 책이 나온 이후에 처음 개최된 2012년 10월에 제1회 대한민국 마을기업 박람회의 영문명을 CB라고 정한 이후 현재까지 7년 동안 지속적으로 CB를 공식적으로 사용하고 있다.

커뮤니티비즈니스는 공익성과 수익성을 동시에 추구한다는 점에서 사회적기업과 유사성을 가지고 있다. 하지만 사회적기업은 취약계층에게 일자리 제공과 사회서비스 제공이라는 사회적 목적 추구에 주력하고 있다, 반면 커뮤니티비즈니스인 마을기업은 지역주민이 지역자원을 활용해 비즈니스적인 방법으로 지역사회 문제를 해결하는 방식이다.

마을을 벗어나지 못하고 있는 마을기업과 지역에 뿌리를 내리지 못하는 사회적기업이 상호 연계망을 가지고 활동한다면 시너지가 날 수 있다. 지역에 한정된 사업이 성장하여 지역을 벗어나 전국적으로 확장되어 고객중심으로 나아가야 한다. 이로 인해 마을기업과 사회적 기업은 단절적인 것이 아닌 연속성을 갖게 될 수 있다.

중앙정부 주도의 하향식 지역 활성화 사업은 지역주민의 자발적 참여를 이끌어내는 데 한계를 보인다. 정부지원이 중단될 경우에는 사업자체가 중단되는 경향이 많아 지역경제의 지속적인 선순환 구

조를 갖추기가 어렵다. 중앙정부 위주로 기획, 운영되는 지역개발
사업의 한계를 벗어나 지역주민이 적극적으로 참여하여 지역문제를
지역주민 스스로 해결하고자 하는 마을기업이 하나의 대안이 된다.

이처럼 마을기업이 활성화되는 경우 지역의 변화는 다양한 형태로
나타날 수 있다. 첫째, 지역주민이 마을기업 사업을 통해 지역문제
해결자로 나설 수 있다. 둘째, 지역주민에게 지역사회 서비스 제공을
확대할 수 있다. 셋째, 지역주민에게 새로운 일자리를 제공함으로써
지역사회 참여의 기회를 확대시킬 수 있다. 넷째, 급속한 지역개발이
나 산업화로 파괴된 환경 복구에 기여할 수 있다. 다섯째, 지역의 다
양한 역사, 문화, 사회, 인적 자원 등 각종 자원들을 활용하여 가치
중심의 복합적 지역재생을 위한 중요한 도구로 활용될 수 있다.

커뮤니티비즈니스(Community Business)는 몇 가지 특성으로 집약
할 수 있다. 첫째, 지역의 문제발생을 막거나 문제 발생 시에 자연스
럽게 해결의 방향을 향해 가거나 하는 커뮤니티를 만드는 것을 목적
으로 하고 있다. 둘째, 지역의 문제를 스스로 해결하려고 하는 특징이
있다. 예전부터 지역사회에 있었던 당면한 문제에 대한 해결력을 향
상시키는 것이며, 사업으로서 활동의 계속성을 담보하고 있다. 셋째,
지역주민들의 내발적 발전을 촉진시키는 것을 목표로 하고 있다.[6]

커뮤니티비즈니스를 실행함에 따라 나타나는 기대효과는 다음과
같다. 첫째, 활력을 잃은 지역사회 환경에 변화를 주고 삶의 질 향상
을 위한 생활수준을 끌어 올려주는 효과가 기대된다. 둘째, 사회경
제적 경쟁력이 취약한 지역주민들을 대상으로 행정의 협조에 의해

---

6) 양세훈(2012), 마을기업과 사회적기업의 거버넌스, 한국학술정보(주), pp.64~65.

창업기회를 제공하고 전체적으로 지역의 고용을 확대하는 효과를 거둘 수 있다. 셋째, 숨겨져 있던 지역의 인적 자원과 물적 자원을 발굴하여 재생하게 함으로써 지역의 활력을 도모하고 거시적으로는 사회 전반의 활성화를 꾀하는 역할이 기대된다. 넷째, 커뮤니티비즈니스를 통하여 주민 스스로 자립성을 강화하는 유인효과가 있으며, 지역공동체 복원 내지는 번영을 도모하게 되는 기대효과를 예상할 수 있다.[7]

2. 마을기업 육성사업 시행지침

사회적기업이나 협동조합 등은 각각 개별 근거법률과 시행령에 의해 적용되고 운영을 하고 있다. 마을기업은 근거법률이 마련되지 못한 상태에서 '마을기업 육성사업 시행지침(이하 지침이라 칭함)'을 기준으로 사업을 전개하고 있다. 마을기업 육성사업을 진행함에 있어 일종의 법률 역할을 하고 있다. 이 지침에 의해 사업시행의 기준을 정하고 있다.

2012년까지의 지침의 내용은 많지 않았다. 2013년부터 사업이 확대되고 새로운 유형이 나타났다. 사업 보고서 작성과 회계정산 등의 사례까지 기재되면서 두꺼워지기 시작했다. 그럼에도 불구하고 지침의 내용이 아주 세세한 경우 또는 사례에 대해 판단을 할 수 있을 정도까지 구체적으로 작성되기에는 한계가 있다. 원칙과 기본을 중심으로 내용이 작성되기 때문에 생각지도 못한 경우가 발생하면 신

---

7) 양세훈(2012), 마을기업과 사회적기업의 거버넌스, 한국학술정보(주), pp.67~68.

속히 대처하지 못하는 경우가 많았다. 이런 경우에는 마을기업팀에서 내부적으로 의견을 모아서 결정을 하고 지자체에 통보를 해주게 된다. 이 과정에서 지침작성에 참여했던 외부 전문가들의 의견을 수렴하는 절차를 진행하게 된다. 지침을 작성할 당시에 해당 문건에 대한 논의가 어떠한 의도에서 비롯되었는지를 기억해내어 작성하는 경우도 있다. 지침에 나와 있는 내용으로만 판단하기 어려운 경우에는 과거 사례 또는 타 법의 적용을 하는 경우도 있다. 이런 경우 정부의 보조금 지원금에 관한 법률을 기초로 한다.

심사를 하는 과정에서 해석의 차이 또는 잘못 적용하는 사례 몇 가지를 나열해보고자 한다. 2014년까지 가장 많이 문제가 된 것은 사업비 대비 자부담 금액의 산출방법이었다. 자부담은 사업비의 10% 이상이다. 그래서 많은 참여자들이 10%만을 기억하고 있다. 마을기업 1차년도를 기준으로 하면 정부로부터 지원금은 최대 5천만 원이다. 이 금액의 10%만을 적용하면 5백만 원이다. 따라서 자부담 통장에 5백만 원의 입금내역을 제출한다. 총사업비 5천5백만 원으로 사업예산을 편성하여 작성된 제안서가 심사위원 앞에 놓이게 된다. 사업비의 10%란 표현이 애매하다. 보조금의 10%라면 정확히 맞아 떨어지는데 사업비의 10%는 보조금과 자부담을 다 합한 금액이어야 한다. 두 금액을 합하면 5천5백만 원이고 이 금액이 총사업비가 되고 이 비용의 10% 이상인 금액을 자부담 통장으로 입금해야 한다. 그래서 자부담 금액을 556만 원 이상으로 숫자까지 명시하여 혼란을 방지하고자 했다.

두 번째로 많이 지적을 받은 경우는 마을기업의 실무를 보는 종사자의 인건비 산정내용이다. 보조금의 20% 내에서 인건비를 사용할 수 있도록 했다. 보조금 5천만 원의 20%는 1천만 원이다. 대부분 여기까지는 인건비를 잘 계산하여 적용하고 있다. 문제는 자부담으로 부담하는 556만 원 금액의 상당부분을 인건비 항목을 정하여 지출계획으로 잡았다는 점이다. 또는 보조금에서 일정 금액을 빼고 자부담에서 일정 금액을 정하여 총액 1천만 원을 맞추는 경우도 있다. 이 경우에도 사업비의 20%가 아닌 보조금의 20%라는 점을 망각한 사례다. 정부로부터 지원받는 보조금 내에서만 인건비를 산정해야 한다. 2017년은 사업비의 20%로 변경되면서 현장의 혼란이 있다.

세 번째로는 법인 설립 시 출자금과 마을기업의 자부담 금액을 달리하거나 별도로 마련하면서 구성원의 지분비중의 차이가 나는 문제다. 예를 들자면 5명의 사람이 각각 2백만 원씩 1천만 원으로 마을기업 자부담을 납입했다면 표면적으로는 각 20%씩 공평한 지분구조를 갖고 있는 것으로 보인다. 그런데 내부를 들여다보면 법인 설립 시 2명의 비중이 60%를 초과하였고, 나머지 3명의 비중은 40% 미만이었다. 실제 법인에 대한 출자금 비중이다. 법인 설립 시 출자내용은 뒤로 숨기고 마을기업 자부담 통장에 같은 비용으로 납입을 하는 경우다. 이 경우에는 법인 출자금을 기준으로 판단하게 된다.

네 번째로는 마을기업 구성원들의 지역주민 70% 이상의 기준에 부합되지 못하는 경우가 많다. 2013년과 2014년에는 참여인원의 70%를 기준으로 하였지만 이후에는 기본 5명은 무조건 해당 지역에 거주하는 주민으로 정하였다. 그 이상 되는 인력이 되면 5명은 기본으로 하고 전체 인력의 70%를 해당 주민으로 구성했는지를 판단한다. 이 과정에 시골지역의 읍·면·동의 경우는 판단하기 쉽다. 반면 도시지역은 마을기업의 법인 소재지와 실제 주거지가 같은 지역으로 맞추기가 어려운 현실이 있다. 그래서 직장주소지까지 인정하고 있다.

그런데 심사를 하다보면 대표의 실 거주지가 다른 회원들과 다른 경우가 종종 나타난다. 또한 구성원의 일부분이 회사 주소로 되어 있지만 실제 거주지는 다른 지역이다. 마을기업의 사무실 또는 사업장에 기재되어 있는 주소와 같게 기재하고 행정적으로 문제없다고 주장하는 경우가 있다. 이런 경우는 대표와 구성원 모두 해당 법인에서 4대보험을 처리하고 있는지 판단하고 그 내역서를 제출해달라고 요청한다. 회사주소지를 인정한 것은 해당 주소지에서 4대보험 처리를 하고 실제로 근무하는 경우에만 인정하는 차원에서 지침에 적용한 것이다.

다섯 번째는 자부담을 대표 또는 법인통장으로 한꺼번에 현금 또는 대체금액으로 입금하는 경우가 많다. 이 경우는 2017년 중앙심사 과정에서도 계속해서 나타난 사례. 자부담 통장에 참여하는 구성원이 각 개별 이름으로 송금하거나 납입한 흔적을 기준으로 통장사본을 제출하게 되어 있다. 그런데 기존 법인의 다른 통장에서 일시불로 1천만 원이 대체되어 들어오는 경우가 있다. 마을기업을 구성하고 있는 사람들이 만든 회사의 법인통장에서 나온 돈이므로 문제없다고 항변한다.

이런 경우를 대비하여 마을기업에 진입하기 전 해당 법인이 순이익을 냈거나 법인의 순수한 출자금이어야 한다. 이 금액을 마을기업 자부담 금액으로 충당하려면 임시총회를 거친 근거자료를 제출해야 한다. 기존법인에 출자한 사람과 현재 마을기업에 참여하려는 사람이 일치되는가를 본다. 같은 사람이라고 판단이 되면 임시총회에서 해당 금액을 자부담으로 전환한다는 결의내용이 있는 의사록을 확인한다. 날자와 개인별 사인 또는 도장날인이 정상적인지 체크한다. 이런 경우에만 자부담을 인정하고 있다.

이외에도 많은 경우가 지침을 잘못 이해하고 있거나 오해를 하는 데서 비롯되는 문제가 발생하고 있다. 매년 반복되는 지침의 잘못된 적용에 대한 책임은 누가 져야 하는가에 대한 문제제기를 하고 싶다. 2014년부터 2016년까지 3년 동안 중앙심사 과정에서 위에서 언급한 주요 내용들의 잘못을 찾아내고 시정을 요구했다. 하지만 2017년 중앙심사 과정에서도 이러한 오류가 어김없이 나타나고 있다는 것은 심각한 일이라 판단된다.

가장 책임을 져야 할 당사자들은 17개 광역시도의 지원기관이다. 지원기관이 변경되는 지역일수록 그러한 경우의 수가 많아진다. 그럼에도 불구하고 지원기관의 담당자라면 지침에 대한 내용은 충분히 숙지하고 있어야 되는 것이 순리다. 마을기업 후보자들만 지침변경에 대한 교육을 할 것이 아니라, 활동가들을 대상으로도 필수적인 교육이 선행되어야 한다. 두 번째는 기초와 광역심사 과정에서 걸러내지 못하고 중앙심사까지 올라왔다는 점이다. 중앙심사는 사업내용에 대한 판단과 현실적으로 가능성 여부 등을 판단해야 되는 자리다. 그런데 이런 자리에서 가장 기본적인 내용들을 찾아내고 문제를 삼는 것은 대단히 심각한 문제다. 지침에 나와 있는 가장 기초적인 행정의 약속은 현장실사 과정에서 지원기관이 찾아내야 하고 1차와 2차 심사과정에서 발견되어야 한다.

지원기관의 담당자 1~2명이 수많은 서류를 일일이 검토하기에는 시간의 문제 등 현실적인 어려움이 있는 것은 충분히 이해하고 있다. 그럼에도 불구하고 기본적인 책임부분에서 자유스러울 수 없다. 지자체에서 시행하는 1차와 2차 심사과정에서의 문제도 많다. 마을기업 한 곳당 5분의 발표와 5분의 질문을 하는 시간배정에서 수십 페이지에 달하는 서류를 구체적으로 확인하기가 어려운 것도 현장의 모습이다. 참여하는 전문가들도 기본적인 지침의 내용을 모르는 상황이다 보니 사업의 판단이나 실행 가능성에만 초점을 맞추게 된다. 이곳에서도 지침의 기본내용을 걸러내기 어렵다.

이러한 문제에 대해 2016년부터는 행정적 서류상 문제가 없다는 현장조사 확인서를 의무화하고 있지만 여전히 반복되고 있다. 매년 반복되는 이러한 문제에 대해 시스템적으로 역할 분담을 할 필요가 있다. 지원기관과 1차와 2차, 3차 심사과정이 동일한 내용에 대해 같은 질문을 하는 방법에서 벗어나야 한다. 예를 들어 지원기관은 사업제안서 작성에 있어서 기본 양식을 토대로 지침내용을 잘 준수했는지를 판단한다. 1차 심사기관인 기초지자체에서는 3개년의 수입과 지출부분이 적합하게 구성되어 있는지와 사업장 설치 등에 있어 법적 위반사항은 없는지를 확인한다. 2차 심사과정에서는 광역시도에서 같은 유형의 마을기업들의 사례를 바탕으로 중복되지는 않는지, 사업성이 있는지를 분석한다. 그리고 3차 중앙심사에는 종합적인 판단을 할 수 있는 자료를 토대로 광역지자체와 협의를 통한 의사결정을 할 수 있도록 하는 방법이 있을 수 있다. 중앙심사의 기준은 동일한 심사기준과 시각을 가지고 전국 17개 광역시도의 제안서를 공평하게 적용하는 것이다. 지역에 따라서 심사위원이 달라지거나 심사위원의 편향성에 의해 지역마다 차별화된 기준을 적용할 수 없도록 하는 방법을 구상할 수 있다.

3. 연도별 시행지침 내용변경

마을기업에 대한 정의가 매년 조금씩 수정이 되었다. 기본적인 내용은 지역주민이 지역자원을 활용하여 주도적으로 비즈니스를 영위하는 것이다.

<표 2-1> 마을기업의 개념 정의

연도	마을기업 육성사업 시행지침 내용
2011년	지역공동체에 산재한 각종 특화자원(향토·문화·자연자원 등)을 활용, 주민 주도의 비즈니스를 통해 안정적 소득 및 일자리를 창출하는 마을단위의 기업
2012년	마을주민이 주도적으로 지역의 각종 자원을 활용, 안정적 소득 및 일자리를 창출하는 마을단위의 기업
2013년	마을주민이 주도적으로 지역의 각종 자원을 활용한 수익사업을 통해 지역공동체를 활성화하고 지역주민에게 소득 및 일자리를 제공하여 지역발전에 기여하는 마을단위의 기업
2014년	2013년과 동일
2015년	2013년과 동일(지역의 각종 자원을 → 각종 지역자원을)
2016년	지역주민이 각종 지역자원을 활용한 수익사업을 통해 공동의 지역문제를 해결하고, 소득 및 일자리를 창출하여 지역공동체 이익을 효과적으로 실현하기 위해 설립·운영하는 마을단위의 기업
2017년	2016년과 동일

자립형 마을기업에 대한 개념 정의는 2015년이 되어서야 지침에 삽입되었다. 마을기업이 2년 한시적으로 보조금을 지원하는 사업으로 3년차부터는 자립을 해야 하는 상황이다. 따라서 보조금이 종료된 마을기업을 통상 '자립형 마을기업'이라 칭하고 있다.

<표 2-2> 자립형 마을기업의 개념 정의

연도	마을기업 육성사업 시행지침 내용
2011년	-
2012년	-
2013년	○ 보조금 지원 종료 후에도 마을기업이 자립운영 기반을 가질 수 있도록 컨설팅, 판로지원 등을 지속 ○ 전국 마을기업협의회 및 시도 마을기업협의회 등 네트워크를 통해 자구노력 지원
2014년	-
2015년	사업비 지원 종료 후 자생력을 갖고 성장해 나가는 마을기업
2016년	2015년과 동일
2017년	2015년과 동일

예비마을기업은 2013년부터 지방자치단체에서 지방비로 마을기업 진입 전 단계의 공동체를 육성하는 차원에서 시작되었다. 사전에 역량을 키워온 예비마을기업이 마을기업의 지정확률이 높았다. 최근에는 전 지자체로 확대되는 추세를 보이고 있다.

<표 2-3> 예비마을기업의 개념 정의

연도	마을기업 육성사업 시행지침 내용
2011년	-
2012년	-
2013년	-
2014년	-
2015년	지역성, 공공성 등 마을기업의 대체적인 요건을 갖추고, 마을기업으로 발전가능성이 있어 자치단체장에 의해 지정된 기업
2016년	지역성, 공공성 등 마을기업의 대체적인 요건을 갖추고, 마을기업으로 발전가능성이 있어 중앙행정기관의 장 또는 지방자치단체의 장에 의해 지정된 기업
2017년	지역성, 공공성 등 마을기업의 대체적인 요건을 갖추고, 마을기업으로 발전가능성이 있어 광역자치단체의 장에 의해 지정된 기업(광역자치단체로 한정하여 지정)

마을기업은 매년 약 200억 원의 사업비(국비 100억과 지방비 100억)로 운영되었으나, 최근에 감소되는 상황이다. 2013년처럼 일자리 창출 독려를 위하여 추경예산이 편성된 적도 있다. 문제는 추경예산으로 증가한 마을기업을 차기년도에 다 수용하기 어려운 상황이 발생했다. 선정 개수의 한정으로 지정받지 못하는 경우가 나타났다.

<표 2-4> 마을기업 사업규모와 예산

연도	마을기업 육성사업 시행지침 내용(년 계획)
2010년	○ 2010년 9월 자립형 지역공동체 사업단체 선정 - 총 455개 단체지원, 184개 단체선정 사업추진(2010.9 ~ 2011.2) - 1시군구 1개 사업 추진, 총 232개 목표, 208억
2011년	○ 사업규모: 2011년 마을기업 500개 육성 ○ 사업예산: 248억 원(지역공동체 일자리사업비 총 10%)(2011.3 ~ 2012.2)
2012년	○ 사업규모: 480개 마을기업 육성지원(신규선정 180개, 재선정 300개) ○ 사업예산: 200억 원(국비 100억 원, 지방비 100억 원)
2013년	○ 사업규모: 410개 마을기업 육성지원(신규선정 260개, 재선정 150개) ○ 사업예산: 200억 원(국비 100억 원, 지방비 100억 원) ※ 추경편성으로 예산 대폭 확대
2014년	○ 사업규모: 430개 마을기업 육성(신규 150, 재선정 280) ○ 사업예산: 190억 원(국비 95억 원, 지방비 95억 원)
2015년	-
2016년	-
2017년	-

마을기업을 지원하는 조직의 공식 명칭은 '마을기업 지원기관'이다. 하지만 사회적기업 및 협동조합 등 타 사회적경제기업들이 통상 '중간지원조직' 또는 '중간지원기관'이라는 표현을 사용하고 있다. 마을기업 지침에도 명칭이 혼용되어 사용되는 경우가 많다. 마을기업이 시작된 2010년부터 지원업무를 하는 활동가도 있다. 반면 매년 심사를 통해 지원기관이 선정되는 문제로 인해 직원들의 신분이 불안한 구조다. 전문성을 쌓고 노하우를 축적하기 어려운 현실이다.

<표 2-5> 마을기업 지원기관에 대한 용어

연도	마을기업 육성사업 시행지침 내용
2011년	시도별 중간지원조직(중소기업 지원센터 등 활용)을 육성하여 사업을 수행할 리더를 발굴하고 체계적 육성을 통해 지역의 인적 토대 구축
2012년	경영컨설팅 전문기관 또는 전문가로 하여금 사업기간 동안 마을기업 수행기관의 경영컨설팅을 담당케 함
2013년	2012년과 동일
2014년	마을기업의 설립 및 운영에 필요한 사항을 총괄 지원하는 기관
2015년	마을기업의 설립 및 운영에 필요한 사항을 총괄 지원하는 기관 * 광역자치단체가 공모를 통해 선정
2016년	마을기업의 설립 및 운영에 필요한 사항을 총괄 지원하기 위하여 광역자치단체가 공모를 통해 선정한 기관
2017년	2016년과 동일

마을기업의 심사기준은 크게 공동체성과 수익성이다. 2013년에는 공동체를 중시했다. 필자의 생각으로는 공동체성 60%, 수익성 40% 수준이 적당하다고 본다. 그러나 정부의 지원금 구조는 평가를 받기 위한 수익구조를 더 요구하고 있다.

<표 2-6> 마을기업 심사 항목 구성

연도	마을기업 육성사업 시행지침 내용
2011년	공동체 구성 및 사업계획의 적절성(20점), 재정의 건전성 및 자부담(20점), 자립경영 및 지속적인 수익창출 가능성(30점), 안정적인 일자리 창출(30점)
2012년	2011년과 동일
2013년	공동체 구성 및 사업계획의 적절성(30점), 재정의 건전성 및 자부담(20점), 자립경영 및 지속적인 수익창출 가능성(30점), 안정적인 일자리 창출(20점)
2014년	공동체 구성 및 사업계획의 적절성(20점), 재정의 건전성 및 자부담(20점), 자립경영 및 지속적인 수익창출 가능성(40점), 안정적인 일자리 창출(20점)
2015년	2014년과 동일
2016년	공동체성(20점), 공공성 및 지역성(20점), 기업성(40점: 상품의 시장성 10, 실현가능성 10, 지속가능성 10, 판매가능성 5, 차별성 5), 안정적인 일자리 창출(20점)
2017년	2016년과 동일

마을기업 시행 초기단계에서는 개인, 임의단체 등도 사업에 진입할 수 있었다. 중간 단계에서는 사업신청 할 시기는 누구나 할 수 있지만 지정받고 계약을 맺기 전에는 법인을 설립해야 했다. 2016년부터는 법인화가 되어 있지 않으면 마을기업을 신청할 수 없게 되었다.

<표 2-7> 마을기업 조직형태

연도	마을기업 육성사업 시행지침 내용
2011년	- 지역의 문제를 비즈니스적 방법으로 해결하기 위한 마을회, NPO 등 지역단위의 소규모 공동체 - 읍면동주민센터, 농업기술센터가 관여하는 지역거버넌스 형태의 단체 중점지원
2012년	- 민법에 따른 법인, 상법에 따른 회사 등 조직형태가 법인인 자 - 마을회, NPO 등 지역 단위의 소규모 공동체* * '법인으로 보는 단체'로 등록 후 1차 사업비 지원, 법인 전환완료 후 2차 등 사업비 지원
2013년	- 민법에 따른 법인, 영농조합, 협동조합, 상법에 따른 회사 등 조직형태가 법인인 자 * 다만, 법인이 아닌 경우 공모에 신청은 가능하나 약정 체결 전까지 법인 설립을 완료하여야 함 - 지역주민* 5인 이상이 출자하여 참여하여야 하며 지역주민의 비율이 70% 넘어야 함 * 지역의 범위는 군의 경우 거주지가 면을 기준으로, 시구의 경우 거주지 또는 직장주소가 시 또는 구를 기준으로 함
2014년	2013년과 동일 * 지역의 범위는 군의 경우 거주지가 읍·면을 기준으로, 시구의 경우 거주지 또는 직장주소가 시 또는 구(자치구)를 기준으로 함
2015년	○ 민법에 따른 법인, 상법에 따른 회사, 협동조합기본법에 따른 협동조합, 영농조합 등 조직형태가 법인인 자 * 법인이 아닌 경우에도 마을기업을 신청할 수 있으나, 약정 체결 전까지 법인 설립을 완료해야 함
2016년	○ 기업으로서 조직형태는 민법에 따른 법인, 상법에 따른 회사, 협동조합기본법에 따른 협동조합, 농어법 경영체법에 따른 영농조합 등 법인이어야 함 ○ 마을기업의 모든 회원은 마을기업(법인)에 출자하는 것을 원칙으로 하며, 공동체 일원으로서 마을기업의 계획과 운영에 참여하여야 함 ○ 마을기업의 출자자는 5인 이상이어야 함 * 10인 이상이 출자할 것을 권장함 ○ 최대 출자자 1인의 지분은 30% 미만이어야 하며, 특정 1인과 그 특수관계인의 지분의 합이 50% 미만이어야 함 ○ 마을기업은 법인 전체를 지정하는 것을 원칙으로 함 - 법인의 한 사업형태로 운영하는 것은 행정안전부의 승인을 받아야 함
2017년	2016년과 동일

마을기업으로 지정받기 어려운 내용을 적시한 부분이다. 대부분 상식적으로 계약의 주체가 될 수 없는 내용들을 보여주고 있다.

<표 2-8> 마을기업 지정 제외대상 사업 및 단체

연도	마을기업 육성사업 시행지침 내용
2011년	- 아이디어 차원의 아이템으로 사업성이 없는 사업계획 - 사행심을 조장하는 등의 미풍양속을 저해할 우려가 있는 사업계획 - 창업 후 사업을 진행하는 데 결격사유가 있다고 판단되는 단체 - 순수 봉사단체로서 향후 수익구조 창출을 통한 자립기반 조성이 어려울 것으로 판단되는 단체 - 기타 자치단체장이 참여제한의 사유가 있다고 인정하는 단체
2012년	- 아이디어 차원의 아이템으로 사업성이 없는 사업계획 - 사행심을 조장하는 등의 미풍양속을 저해할 우려가 있는 사업계획 - 창업 후 사업을 진행하는 데 결격사유가 있다고 판단되는 단체 - 순수 봉사단체로서 향후 수익구조 창출을 통한 자립기반 조성이 어려울 것으로 판단되는 단체 - 구성원의 합의로 공동체를 구성한 것이 아니라 사업을 주도하는 1인에 의해 사업계획을 신청하여 실질적인 공동체로서의 기능이 취약한 단체 - 대표자가 이행보증보험을 가입할 자격을 상실한 신용거래 불량자인 경우 - 복지법인 등이 모법인으로서 모법인의 한 팀(독립된 법인이 아닌 사업단 성격)에서 사업을 신청하는 경우 - 기타 자치단체장이 참여제한의 사유가 있다고 인정하는 단체
2013년	2012년과 동일 - 창업 후 사업을 진행하는 데 결격사유*가 있다고 판단되는 단체 　* (토지 용도변경, 영업허가 등이 불가한 경우 등)
2014년	2012년과 동일 - 아이디어 차원의 아이템으로 사업성이 없는 사업계획 　→ 구체적인 사업계획이 결여되어 사업화가 곤란한 사업계획 - 창업 후 사업을 진행하는 데 결격사유가 있다고 판단되는 단체 　→ 창업 후 사업을 진행하는 데 결격사유(토지 용도변경, 영업허가 등이 불가한 경 우 등)가 있다고 판단되는 단체

2015년	○ 구체적인 사업계획이 결여되어 사업화가 곤란한 사업계획 ○ 사행심을 조장하는 등 미풍양속을 저해할 우려가 있는 사업계획 ○ 창업 후 사업을 진행하는 데 결격사유*가 있다고 판단되는 사업계획 　* 토지 용도변경, 영업허가 등 관련법령상 사업이 불가한 경우 등 ○ 순수 봉사단체로서 향후 수익구조 창출을 통한 자립기반 조성이 어려울 것 　으로 판단되는 단체 ○ 구성원의 합의로 공동체를 구성한 것이 아니라 사업을 주도하는 1인에 의해 　사업계획을 신청하여 실질적인 공동체로서의 기능이 취약한 단체 ○ 대표자가 이행보증보험 가입 자격을 상실한 신용거래불량자인 경우 ○ 복지법인 등이 모법인으로서 모법인의 한 팀(독립된 법인이 아닌 사업단 성 　격)에서 사업을 신청하는 경우 　※ 지방자치단체는 별도의 모사업 유무에 대해 반드시 확인할 것 ○ 기타 지방자치단체장이 참여제한의 사유가 있다고 인정하는 단체
2016년	2015년과 동일 ○ 타 기관·타 사업과 관련한 민간 자격 부여 및 자격증 발급을 사업 내용으로 　하고 있는 단체 <추가>
2017년	2016년과 동일

2014년까지는 타 사회적경제기업 또는 유사사업을 하고 있는 단체가 마을기업으로 선정이 될 수는 있지만 보조금은 지원불가였다. 2015년과 2016년에는 선정도 지원도 안 되고, 마을기업도 다른 사회적경제기업으로 전환도 되지 못하도록 하였다. 그러나 2017년 지침에 마을기업 지원종료 2년이 경과한 자립형 마을기업에게 타 부처의 사회적경제기업으로 진입이 가능하게 만들었다.

<표 2-9> 마을기업 중복지원 제한

연도	마을기업 육성사업 시행지침 내용
2011년	-
2012년	○ 정보화마을(행안부), 사회적기업(고용부), 농어촌공동체회사(농림부) 등과 중복으로 마을기업 선정 가능함 - 단, 사업비·인건비 등 보조금 중복지원은 불가
2013년	2012년과 동일
2014년	○ 정보화마을(안행부), 사회적기업(고용부), 농어촌공동체회사(농림부) 등과 중복으로 마을기업 선정 가능함 - 단, 사업비·인건비 등 보조금 중복지원은 불가
2015년	○ 정보화 마을(행자부), 예비사회적기업/사회적기업(고용부), 농촌공동체회사(농림부) 등 정부의 유사 지원사업과 보조금 중복지원은 불가함 ○ 지자체는 마을기업 추천 시 기존 지원여부를 사전에 파악하여야 함 ○ 마을기업은 그 정체성 유지를 위해 타 정부지원 보조사업*으로의 전환은 원칙적으로 허용하지 않으며, 불가피한 경우 사전에 기초 및 광역자치단체를 거쳐 행정안전부와 협의하여야 함 * 예비사회적기업, 사회적기업 등 ** 지자체에서는 마을기업 설립 전 교육 신청자 공모 및 사업신청 공모 시 공고 내용에 동 사 항을 반영
2016년	2015년과 동일
2017년	○ 마을기업 육성 사업 보조금이 지원되는 당해년도에는 정보화마을(행자부), 사회적기업(고용부), 농촌공동체회사(농림부) 등 정부의 유사 지원사업과 보조금 중복지원은 불가함 ○ 지자체는 마을기업 추천 시 기존 지원여부를 사전에 파악하여야 함 ○ 마을기업의 정체성, 자립성 강화 등을 위해 보조금 지원 종료 후(1차년 또는 1·2차년 최종지원 종료) 2년 경과 시 타 부처 정부지원 보조사업 등으로 지원신청 가능 ※ 지자체에서는 마을기업 설립 전 교육 신청자 공모 및 사업신청 공모 시 공고내용에 동 사항을 반영, '16년 이전에 지정된 마을기업도 포함됨

※ 2015년부터 농어촌공동체회사는 농촌공동체회사로 변경됨

2010년 9월부터 2011년 2월까지 자립형 지역공동체사업 시범기간에는 7천만 원의 보조금을 지원했다. 2011년부터 마을기업으로 명칭이 변경되고 2011년도에 2차년도까지 지원을 받은 마을기업의 경우는 1억 원이 넘는 보조금을 지원받게 되었다.

현재의 2년 지원 방법을 3개년에 걸쳐서 지원하는 방법, 1차년도

에 3천, 2차년도에 5천만 원을 지급하는 방안 등 다양한 방법론이 모색되었다. 2011년부터 2017년 현재에 이르기까지 마을기업 보조금은 1차년도 5천만 원 한도, 2차년도 3천만 원 한도를 지키고 있다.

<표 2-10> 마을기업 사업비 지원 한도

연도	마을기업 육성사업 시행지침 내용
2011년	- 사업단체에 대한 연차별 차등 지원 ▶ 1차년도: 100%(50백만 원), 2차년도: 60%(30백만 원)
2012년	- 사업운영 등 비즈니스를 위한 사업비 총 80백만 원內 지원 　* 자립능력 제고를 위해 연차별 차등지원(1차년도 5천만 원, 2차년도 3천 　　만 원)
2013년	- 마을기업에 대한 연차별 차등 지원 ▶ 1차년도: 50백만 원 한도, 2차년도: 30백만 원 한도
2014년	2013년과 동일
2015년	○ 마을기업으로 지정된 해부터 최장 2년간(1+1) 사업비 연차별 차등 지원 - (지급금액) 1차년도: 5,000만 원 한도 / 2차년도: 3,000만 원 한도 ※ 유통형 마을기업의 경우, 지급금액 등 사업비 지원에 관한 사항을 별도로 　규정
2016년	○ 마을기업 사업비는 차수별 차등 지원 - (지급금액) 1차년도: 5,000만 원 한도 / 2차년도: 3,000만 원 한도 ※ 유통형 마을기업, 신유형 마을기업 등 행자부 장관이 필요하다고 인정한 　경우, 지급금액 등 사업비 지원에 관한 사항을 별도로 결정
2017년	○ 마을기업 사업비는 유형별 차등 지원 - (지급금액) 1차년: 5천만 원 / 2차년: 3천만 원 / 예비마을기업: 1천만 원 ※ 유통형 마을기업, 신유형 마을기업 등 행자부 장관이 필요하다고 인정한 　경우, 사업비 지원에 관한 사항을 별도로 정할 수 있음

마을기업 자부담 개념은 2012년부터 시행되었다. 항상 문제가 되는 것이 총사업비의 10% 이상인지, 보조금의 10%로 계산해야 되는 것이었다. 2014년부터는 자부담의 최소금액을 지침에 명기하였다. 2016년부터는 보조금의 20%로 확대하여 적용하였다.

<표 2-11> 마을기업 자부담과 총사업비 개념

연도	마을기업 육성사업 시행지침 내용
2011년	-
2012년	- 마을주민 출자가 총사업비의 10% 이상이며, 출자한 주민이 참여하는 의사 결정 구조를 이룰 것
2013년	-
2014년	○ 자부담액: 총사업비의 10% 이상 - 마을주민들이 총사업비(보조금 및 자부담)의 10% 이상을 공동출자 예) 보조금이 5,000만 원의 경우, 자부담액은 556만 원 이상 　　보조금이 3,000만 원의 경우, 자부담액은 334만 원 이상
2015년	- (자부담) 마을기업에서 총사업비(보조금 및 자부담)의 10% 이상을 공동출자 ❖ 총사업비: 보조금 + 자부담 ❖ 보조금: 마을기업 지원을 위하여 정부에서 지급한 금액 ❖ 자부담: 사업 수행을 위하여 마을기업 회원들이 출자한 금액의 합 예) 보조금이 5,000만 원인 경우, 자부담액은 556만 원 이상(이 경우 총사업비 5,556만 원) 　　보조금이 3,000만 원인 경우, 자부담액은 334만 원 이상(이 경우 총사업비 3,334만 원)
2016년	- (자부담) 마을기업에서 보조금의 20% 이상을 공동출자 ❖ 총사업비: 보조금 + 자부담 ❖ 보조금: 마을기업 지원을 위하여 정부에서 지급한 금액 ❖ 자부담: 사업 수행을 위하여 마을기업 회원들이 출자한 금액의 합 예) 보조금이 5,000만 원인 경우, 자부담액은 1,000만 원 이상(이 경우 총사업비 6,000만 원) 　　보조금이 3,000만 원인 경우, 자부담액은 600만 원 이상(이 경우 총사업비 3,600만 원)
2017년	- (자부담) 마을기업, 보조금의 20% 이상 공동출자 　* 자부담 기준은 예비마을기업 포함, 우수마을기업 선정 시 제외 이하 2016년과 동일

　　마을기업 2차년도 지정을 받으려면 1차년도 실적을 토대로 심사를 하게 된다. 문제는 최소한의 영업기간을 보장해 주지 못한 상태에서 평가를 하기가 어렵다는 것이다. 즉, 사업탈락이 많아 하반기까지 추가로 심사가 이어지면서 11월경에 최종 마을기업으로 지정받은 곳은 1~2개월 실적으로 평가를 받아야 되는 문제가 발생했다. 그래서 일정한 시간이 지나서 2차년도를 신청할 수 있도록 개선했다.

<표 2-12> 마을기업 2차년도 지원 규정

연도	마을기업 육성사업 시행지침 내용	비고
2011년	▶ 1차년도 사업목표(매출, 이익, 일자리 등) 달성여부, 자립가능성 등 ▶ 2차년도 사업계획의 타당성 여부 등	
2012년	2011년과 동일	
2013년	2011년과 동일	
2014년	▶ 1차년도 사업목표(매출, 이익, 일자리, 지역사회공헌 등) 달성여부, 자립가능성 등 ▶ 2차년도 사업계획의 타당성 여부 등	
2015년	○ 2차년도 지원은 1차년도 성과 및 2차년도 사업계획 등 당해 마을기업의 지속적인 수익 및 일자리 창출 가능성을 종합적으로 감안하여 결정 - 1차년도 사업개시 후 6개월 이상 경과한 마을기업에 한해서 신청 가능	2014년 11월 지정받은 곳은 2015년 5월 이후에 신청 가능
2016년	○ 2차년도 지원은 1차년도 성과 및 2차년도 사업계획 등 해당 마을기업의 지속적인 수익 및 일자리창출 가능성, 지역사회 공헌 활동 내용 등 마을기업으로서의 요건을 종합 감안하여 결정 - 1차년도 사업개시 후 1년 이상 경과한 마을기업에 한해서 신청 가능 ※ 다만, 2016년도에 2차년도 지원 신청하는 마을기업은 사업개시 6개월 이상 경과하면 가능 - 2차년도 지원심사에서 탈락한 마을기업의 경우, 심사 시 지적 내용에 대한 보완 후 1회에 한하여 2차년도 지원 재신청 가능 - 단, 2차년도 지원심사에서 2번 탈락한 마을기업 중, 탈락 이후 2년간 모범적으로 운영하고 있는 마을기업은 1회에 한해 2차년도 재신청 가능 예) 2014년에 2차 지원심사 2번째 탈락한 마을기업의 경우, 2년간 모범적으로 운영한 후 2016년부터 2차 지원 재신청 가능	2차년도 심사에서 2회 이상 탈락할 경우 다시 지원하지 못하는 문제를 개선
2017년	○ 2차년도 지원은 1차년도 성과 및 2차년도 사업계획 등 해당 마을기업의 지속적인 수익 및 일자리창출 가능성, 지역사회 공헌활동 내용 등 마을기업으로서의 요건을 종합적으로 감안하여 지원 - 1차년도 약정체결일로 부터 1년 이상 경과한 마을기업에 한해서 신청 가능 ※ 2017년도 2차년도 지원 신청하는 마을기업은 약정체결일로부터 6개월 이상 경과하면 가능 - 2차년도 지원심사에서 탈락한 마을기업의 경우, 심사 시 지적 내용에 대한 보완 후 다음해 재신청 가능	2차년도 탈락하면 당해년도가 아닌 차기년도에 신청 가능

1차년도 5천만 원, 2차년도 3천만 원과 별도로 우수한 실적을 보이는 마을기업을 대상으로 우수마을기업 또는 스타마을을 지정하여 추가로 지원하고 있다.

<표 2-13> 우수마을기업과 스타마을기업 지원

연도	마을기업 육성사업 시행지침 내용
2011년	- 지역일자리를 안정적으로 창출하는 우수마을기업 선정, 지원강화
2012년	- 안정적 일자리 창출 및 지역공동체 활성화에 기여하고 향후 발전가능성이 높은 성공사례를 발굴, 집중 육성 * 민간위원 선정심의회의 서류심사 및 현장평가 등 심사를 거쳐, 30개 內 선정 ** 사업개발비(2천만 원), 맞춤형 경영컨설팅 우선지원 등
2013년	○ 지자체의 마을기업 설립지원과 마을기업 육성 ○ 지자체의 마을기업 육성사업을 행정안전부의 인증을 받게 하고 인증을 받은 경우 각종 우대 조치 - 지자체의 육성프로그램을 이수한 마을(단체)에 대해 마을기업 선정 시 가점부여, 신청자 대상 교육 면제 등 지원 ○ 지자체가 자체예산으로 마을기업 선정 육성 시 행정안전부의 승인을 받고 선정 후 마을기업 지정받아야 함
2014년	-
2015년	○ 우수마을기업으로 선정 시, 순위에 따라 최대 5,000만 원의 사업비 지원
2016년	○ 우수마을기업, 스타마을기업 등 행자부장관이 필요하다고 인정하는 경우 별도의 사업비 지원
2017년	○ 우수마을기업, 스타마을기업 등 행자부장관이 필요하다고 인정하는 경우 별도의 사업비 지원 가능

마을기업 지원기관의 역할이 계속 증가하고 있는 추세다. 마을기업의 숫자도 늘어나지만 다양한 정책 실시가 가져온 내용에 대해 적극 대응해야 한다.

연도	마을기업 육성사업 시행지침 내용	비고
2011년	○ 행안부에서는 마을기업 자문단(지역일자리 코칭그룹) 운영 ○ 시도에서는 전문컨설팅 회사 서전활용, 중간지원조직 육성 ○ 시군구에서는 지자체, 대학교수, 회계사, 지역 상공회의소, 지역기업 등이 참여하는 마을기업지원단 운영 ○ 마을기업에 대한 종합 컨설팅 실시	네트워크 활용
2012년	○ 사회적기업 권역별지원기관과 통합운영 ○ 마을기업 종합컨설팅 및 담당공무원 교육 ○ 시군구 사업단체 선정시 자문 및 현지조사	통합운영과 독자운영의 차이
2013년	○ 마을기업 대상 교육 및 컨설팅 ○ 마을기업을 희망하는 마을(단체)에 대한 교육 및 컨설팅 ○ 마을기업 현황 파악 및 모니터링 ○ 마을기업 지원을 위한 지역별 네트워크 구축 및 지원연계 ○ 홍보, 교육 등 기타 필요한 업무	모니터링 실시
2014년	○ 마을기업 설립 전 교육, 컨설팅 실시 ○ 신규 마을기업 모델 발굴·확산 ○ 마을기업 선정을 위한 현장실사, 행정 지원 ○ 마을기업 상시, 경영컨설팅 및 현장지원 ○ 마을기업 제품에 대한 판로지원 ○ 마을기업 지원을 위한 지역별 네트워크 구축 및 지원연계 ○ 홍보, 교육 등 기타 필요한 업무	모델발굴 추가 설립 전 교육
2015년	○ 설립 전 교육 및 신규모델 발굴 확산 ○ 마을기업 지정 지원 ○ 상시 경영컨설팅 및 현장지원 ○ 마을기업 판로지원 및 지역 네트워크 구축 ○ 기타 필요한 업무	설립 전 교육
2016년	○ 마을기업 교육 기획 및 운영 ○ 신유형 마을기업 발굴 ○ 마을기업 지정 및 심사 지원 ○ 상시 경영컨설팅 및 현장지원 ○ 월별 마을기업 지원실적 광역자치단체에 제출(매월 말) ○ 마을기업 교육 계획 광역자치단체에 제출(반기) ○ 마을기업 판로지원 및 지역 네트워크 구축 ○ 기타 필요한 업무	신유형 마을기업 발굴 마을기업 판로지원
2017년	○ 마을기업 교육 기획 및 운영 ○ 신유형 마을기업 발굴 ○ 마을기업 지정 및 심사 지원 ○ 상시 경영컨설팅 및 현장지원 ○ 마을기업 지원 계획 및 실적 광역자치단체에 제출 ○ 마을기업 교육 계획 광역자치단체에 제출 ○ 마을기업 판로지원 및 지역 네트워크 구축 ○ 기타 필요한 업무	신유형 마을기업 발굴 마을기업 판로지원

마을기업의 투명성 제고와 실적 체크를 위해 2016년부터 모든 마을기업에 대해 재무제표를 의무적으로 제출하도록 명시했다. 이를 통해 실제 사업을 하는지 여부와 매출의 추이를 살펴볼 수 있다.

<표 2-15> 마을기업 육성사업 추진절차

연도	마을기업 육성사업 시행지침 내용
2011년	- 1차년도 약정 만료 전에 2차년도 사업을 재심사하여 선정
2012년	- 1차년도 약정 만료 전에 2차년도 사업을 재심사하여 선정
2013년	※ 자치단체 및 중간지원조직 등은 마을기업 사업신청서·사업계획서·실적보고서 등 마을기업 관련서류 일체에 대하여 「개인정보보호법」에 따라 엄정한 개인정보 관리 추진
2014년	2013년과 동일
2015년	2013년과 동일
2016년	※ 마을기업의 충분한 사업기간 확보를 위해 2016년 7월 말까지 시·도 추천 완료할 것(이후 행자부 심사 없음) ※ 마을기업의 2차 지원 심사 등에 활용할 수 있도록 실적보고서, 정산보고서 등의 제출을 2016년 1월 말까지 조기 완료하도록 노력할 것 ※ 2016년 3월 말까지 모든 마을기업은 재무제표를 제출할 것
2017년	※ 마을기업의 원활한 사업추진을 위해 2017년 5월 말까지 시·도 추천 완료 ※ 마을기업의 2차 지원 심사 등에 활용할 수 있도록 실적보고서, 정산보고서 등의 제출을 2017년 3월 말까지 완료할 것 ※ 2018년 3월 말까지 모든 마을기업은 재무제표를 제출할 것

마을기업 지원기관 선정에 있어 시대적 외부환경 요소가 작용하는 경우가 많다. 초기에는 지자체 산하기관, 연구원, 대학 등이 참여하다가 2012년과 2013년 사회적기업과 통합논의에 제 역할을 하지 못했다. 사회적기업 업무량에 밀려 마을기업 업무를 등한시했다는 비판이 나오면서 2014년부터 다시 독자적 지원기관 모습으로 전환했다. 현재는 다양한 조직기구 참여가 가능하다.

<표 2-16> 마을기업 지원기관 공고·선정

연도	마을기업 육성사업 시행지침 내용
2011년	○ 광역 자치단체별로 지역여건에 맞게 자율적으로 추진 ○ 전문단체 공모, 관내 대학 등 연구소 연계, 시도 출연기관(관할 지자체 발전연구원 등)
2012년	○ 시도별 중간지원조직을 육성하여 사업을 수행할 리더를 발굴하고 체계적 육성을 통해 지역의 인적 토대 구축 ○ 향후, 지자체 등 공공부문과 주민·NPO·기업 등 민간부문 사업단과 연계하는 네트워크 조직으로 기능 강화 ○ 사회적기업 권역별 지원기관과 통합운영
2013년	○ 지역별 공모를 통해 권역별 고용센터와 광역자치단체가 공동심사를 통해 선정* 　* 통합운영이 곤란한 경우에는 지역 여건 등을 고려하여 고용부·행안부가 협의 후 결정 ○ 필요한 경우 복수의 기관을 컨소시엄 형태로 선정하되, 민간단체를 주계약자로 구성토록 유도 　* 다만, 지역 사정 등을 고려하여 참여제한기관의 주계약자 선정배제 원칙을 지키기 어려울 경우에는 해당 고용센터·지자체가 협의 후 결정
2014년	○ 광역자치단체가 마을기업 지원기관을 공모·선정 - 필요한 경우, 복수의 기관을 컨소시엄 형태로 선정 ○ 1개 시도 1개 기관 선정을 원칙 - 2개 이상 권역이 동일 생활권이거나 통합운영이 효율적이라고 판단되는 경우 통합운영도 가능 　* 선정위원회는 광역자치단체 마을기업 담당국·과장, 안행부 추천자, 마을기업협의체 관계자 및 전문가 등 민간부문 관계자 참여 　** 지역 대학의 산학협력단이나 공공기관의 성격을 가진 단체·법인·연구원 등 참여제한을 폐지 　*** 마을기업협의체(협회, 연합회, 협의회 등 마을기업인들이 참여하여 만든 법인·단체)는 중간지원기관으로 참여를 배제함
2015년	○ 광역자치단체가 마을기업 지원기관을 공모·선정 ○ 선정위원회를 구성하여 우선협상대상자를 선정 ○ 필요한 경우, 복수의 기관을 컨소시엄 형태로 선정 ○ 지역 대학의 산학협력단이나 공공기관의 성격을 가진 단체, 법인, 연구원 등도 지원기관으로 참여 가능 ※ 선정위원회는 광역자치단체의 마을기업 관련 국·과장, 행자부 추천자, 민간전문가 등 7인 이내의 민관위원으로 구성
2016년	※ 선정위원회는 광역자치단체의 마을기업 관련 국·과장, 행자부 추천자, 민간전문가 등 7인 이내의 민관위원으로 구성 ○ 지역 대학의 산학협력단이나 공공기관의 성격을 가진 단체, 법인, 연구원 등도 지원기관으로 참여 가능 ○ 마을기업협의체(협회, 연합회, 협의회 등 마을기업인들이 참여하여 만든 법인·단체)는 지원기관이 될 수 없음

2017년	※ 선정위원회는 광역자치단체의 마을기업 관련 국·과장, 행자부 추천자, 민간전문가 등 7인 이내의 민관위원으로 구성 ○ 지역 대학의 산학협력단이나 공공기관의 성격을 가진 단체, 법인, 연구원 등도 지원기관으로 참여 가능 ○ 마을기업관계자(협회, 연합회, 협의회, 마을기업 대표 등 마을기업인이 참여하여 만든 법인·단체)는 지원기관이 될 수 없음

2012년까지는 마을기업에 지정된 대표들에게 교육을 하는 방식이었다. 2013년 하반기 마을기업 설립 전 프로그램을 시작으로 마을기업 개시 전에 교육을 의무화했다.

<표 2-17> 마을기업 교육 구성 및 권장 내용

연도	마을기업 육성사업 시행지침 내용
2011년	- 사업비 집행, 현지 생산품 매입, 매출 등 투명한 회계처리 방안 및 회계정산 방안 등 회계교육
2012년	2011년과 동일
2013년	- 마을기업 육성사업 설명(지침, 회계처리 등) - 법인설립, 사업자등록 등 창업 교육 - 기존 사업계획서 수정·보완 - 기타 지자체에서 요구하는 사항 ※ 설립 지원프로그램 시작, 개소당 10백만 원(국비와 지방비) 매칭 　마을기업 선정 시 가점 부여, 마을기업 신청자 대상교육 면제
2014년	○ 마을기업 설립을 희망하는 개인, 단체에게 2개월 이내, 20시간 이상 - 마을기업 육성사업 이해, 마을리더 육성, 공동체 만들기 - 지역자원 발굴, 상품화, 홍보·마케팅 사업계획서 작성 - 법인 설립, 사업자 등록 등 본격적인 사업추진을 위한 준비 등 ○ 3단계로 교육 실시 - 입문과정: 4시간(무료) - 기본과정: 10시간(유료) - 심화과정: 10시간(유료)
2015년	2014년과 동일 ○ (이수조건) 마을기업 당 최소 5명 이상이 각각 24시간 이상 교육 이수 - 예비마을기업 대표 및 종사자는 설립 전 교육을 이수한 것으로 인정 - 설립 전 교육 이수 후 2년 이내에 마을기업을 설립하여야 함(신청일 기준)

구분		필수	선택
입문	(4시간, 무료) 이수효력: 1년	공동체 지원 정책의 이해 (※ 마을기업 지침 주요내용) 지역공헌 등 마을기업의 윤리	해당 지자체의 마을기업 지원 내용 마을기업 설립 사례
기본	(10시간, 유료) 이수효력: 2년	마을공동체 이해 마을자원조사 마을문제해결 지속가능한 마을기업	마을기업우수사례(견학) 공동체 운영 및 관리
심화	(10시간, 유료) 이수효력: 2년	마을기업 사업계획 수립 (마을기업 관련 서류 작성요령) 재무기초 마케팅 전략	기업윤리 인사 및 노무 관리 상품 허가 및 등록, 개발(저작권, 특허 등)

2016년 (위 표 전체)

2017년 | 2016년과 동일

마을기업 설립 전 교육 이외, 2차년도 사업을 신청하거나 우수마을기업 등 참여하는 마을기업들에게 필요한 전문교육을 하고 있다.

<표 2-18> 마을기업 전문교육과정

연도	마을기업 육성사업 시행지침 내용
2011년	-
2012년	사업단체에 대한 전문교육 및 컨설팅
2013년	전문교육 과정(지방행정연수원) 운영으로 업무담당 공무원, 마을기업 대표 및 중간지원조직 종사자 교육
2014년	-
2015년	○ CEO(대표) 교육, 1박 2일 권역별 순회교육 - 리더십 함양 및 경영심화과정 운영, 마을기업 간 네트워크 구축 ○ 종사자 교육, 1박 2일 권역별 순회교육 - 회계 및 서비스 교육, 물류유통, 포장디자인 등 실무교육
2016년	○ 전문과정은 교육 이수시간과 비용을 자율로 함 - 2차 지원 및 우수마을기업 희망자 대상 교육은 제도(마을기업 육성 사업, 보조금의 관리 등) 및 환경(시장, 지역 등)의 변화와 대응에 관한 내용을 포함해야 함

구분		대상	내용
2016년	전 문 (자율)	2차 지원 신청 희망자 우수마을기업 신청 희 망자 마을기업 업무 담당 공무원	홍보, 마케팅, 브랜드 관리, 서비스 등 기업 전문성 강화 교육 상품 및 서비스 기획·개발, 특허 신 청, 저작권 관리 등 기업 질적 관리 기타 마을기업의 전문성과 지속가능 성을 위해 필요한 교육
2017년		2016년과 동일 - 4시간 시간 지정(비용: 자율)	

마을기업에 대한 이해가 부족한 상태로 지정된 마을기업에 대한
비판이 많았다. 초기에는 대표자 중심으로 교육을 진행했다. 2015년
부터 참여인원 5명 이상이 받도록 의무화했고, 핵심인력은 반드시
참여하도록 강제하고 있다.

<표 2-19> 마을기업 교육 이수와 각종 신청 자격

연도	마을기업 육성사업 시행지침 내용
2011년	선정된 마을기업 대표 교육(3월 중)
2012년	선정된 마을기업 대표 교육(3월 중)
2013년	마을기업 신청 마을(단체) 대표, 최소 교육시간 10시간 이상 * 지자체별로 필요시 교육기간 연장 가능
2014년	2개월 이내, 20시간 이상
2015년	마을기업당 최소 5명 이상이 각각 24시간 이상 교육 이수
2016년	○ 신규 마을기업은 5인 이상 회원이 설립 전 교육(24시간)을 이수하여야 함 ○ 2차년도 지원 신청하는 마을기업은 5인 이상 회원이 4시간 이상의 전문교 육을 신청년도에 새로이 이수하여야 함 ○ 우수마을기업 신청을 위해서는 3인 이상 회원이 마을기업 지원기관에서 제 공하는 4시간 이상의 전문교육을 신청년도에 새로이 이수하여 함 ※ 기존 교육의 이수효력과 상관없이 매년 이 조건을 준수해야 함
2017년	○ 신규 마을기업은 5인* 이상 회원이 설립 전 교육(24시간)을 이수하여야 함 ○ 2차년도 지원 신청하는 마을기업은 5인* 이상 회원이 4시간 이상의 전문교 육을 신청년도에 새로이 이수하여야 함 ○ 우수마을기업 신청을 위해서는 3인* 이상 회원이 마을기업 지원기관에서 제공하는 4시간 이상의 전문교육을 신청년도에 새로이 이수하여 함 ※ 기존 교육의 이수여부와 관계없이 우수마을기업 신청 시 교육 이수 필요 * 법인대표, 사무운영 및 관리이사는 필수인원으로 참여하여야 함

2015년까지 마을기업을 신청하기 위한 제출서류에 대한 안내가 지침에 명시되지 못했다. 가장 기본적인 사항에 집중하지 못했다.

<표 2-20> 마을기업 신청 제출서류

연도	마을기업 육성사업 시행지침 내용
2011년	-
2012년	-
2013년	-
2014년	-
2015년	-
2016년	○ 1차년도 신청 시 제출 서류 - ① 사업신청서, ② 사업계획서, ③ 마을기업 회원 명단, ④ 법인등기부등본, ⑤ 정관, ⑥ 주주 및 조합원 명부, ⑦ 법인 명의의 통장 * 통장은 자부담 예정 금액을 입금한 후 해당내역을 정리하여 제출 - 2차지원 신청의 경우, ⑧ 실적보고서, ⑨ 정산보고서, ⑩ 재무제표 추가 제출 - 기타 사업에 필요한 사업자등록증, 인허가 증명서 사본, 사업장 등에 대한 임대차 계약서(계약기간 명시) 사본, 사업 준비사항을 증명할 수 있는 인증서 등
2017년	2016년과 동일

마을기업 참여하는 개인들이 출자해야 하는 자부담을 법인자금으로 일괄 부담하는 문제로 인하여 임시총회에 의한 회의록 등을 첨부하여 근거로 제시하도록 했다.

<표 2-21> 법인 기금 활용한 자부담 처리방법

연도	마을기업 육성사업 시행지침 내용
2011년	-
2012년	-
2013년	-
2014년	-
2015년	자부담 통장은 자부담 약정 금액을 입금한 후 통장을 정리하여 제출
2016년	❖ 자부담 예정금액은 회원 각자의 명의로 출자금액에 따라 개별 입금함이 원칙임 다만, 법인 기금 등에서 일괄 출자 시에는 회원 전부의 동의 사항이 포함된 법인 회의록을 회원 서명을 받아 제출해야 함
2017년	❖ 자부담 예정금액은 법인 기금으로 활용 가능, 자부담을 법인 기금에서 일괄 출자 시 법인 정관에 정한 의사결정 방법에 따르되, 출자금 명부 등 입증서류를 제출하여야 함

지방자치단체 심사과정에서 중앙정책의 균형을 맞추기 위해 2015
년부터 행정안전부 추천 위원이 참여하도록 했다.

<표 2-22> 마을기업 심사위원회 위원 구성

연도	마을기업 육성사업 시행지침 내용
2011년	<시군구 단위 심사위원회> ○ 시군구・민간전문가・시도에서 선정한 컨설팅업체 등 5인 내외의 민관 　합동위원으로 구성 <시도 단위 심사위원회> ○ 시도・민간전문가 등 5인 내외의 민관 합동위원으로 구성
2012년	<시군구 심사위원회> ○ 시군구・민간전문가・중간지원조직 종사자 등 7인 이상 민관위원으로 구성 - 민간 위원 비율 50% 이상 참여 <시도 심사위원회> ○ 시도 공무원・민간전문가 등 7인 이상 민관위원으로 구성 - 민간 위원 비율 50% 이상 참여
2013년	2012년과 동일
2014년	<시군구 심사위원회> ○ 사업신청을 받은 시군구에서는 시도 중간지원기관과 공동으로 현지조사 　를 실시하고 현지조사표를 작성 후 심사위원회에 제출 <시도 심사위원회> ○ 시군구에서 추천된 단체에 대한 2차 심사 실시 - 심사위원 중 1인 이상이 부적격 판단을 내린 사업의 경우, 위원들 간 토론 　및 협의를 통해 적격여부 최종 판단 <안정행정부> ○ 시도에서 지정 및 재지정 요청한 마을기업에 대한 현장 실사 후 최종 지 　정여부 결정
2015년	<시군구 심사위원회> ○ 시군구 공무원・민간전문가・지원기관 종사자 등 7인 이상 민관위원으 　로 구성 <광역자치단체 심사위원회> ○ 시도 공무원・민간전문가, 행자부 추천자(1인) 등 7인 이상의 민관위원으 　로 구성 <행정안전부 심사 및 지정> ○ 시도에서 지정 및 2차년도 지원 추천한 단체에 대한 현장 실사 후 최종 　지정여부 결정 ○ 지정 GN 해당 마을기업에 대해 행정안전부장관 명의의 지정서 교부 ○ '10년,'11년,'12년 선정된 마을기업은 이미 지정된 것으로 간주 ○ 탈락 시, 기초지자체와 광역지자체 심사를 거쳐 1회에 한하여 재신청 가능

2016년	○ 기초자치단체 심사위원회는 시·군·구 공무원, 민간전문가, 지원기관 종사자 등 5인 이상 민관위원으로 구성(이를 '시·군·구 심의위원회'라 칭함) ○ 광역자치단체 심사위원회는 시·도 공무원, 민간전문가, 행정안전부 추천자(2인) 등 7인 이상의 민관위원으로 구성 ○ 중앙심사위원회는 시·도에서 추천한 마을기업과 법인에 대한 현장 실사 후 최종 지정 및 지원 여부 결정 - 민관심사위원으로 구성된 중앙심사위원회 개최, 지정 및 2차지원 여부 최종결정
2017년	○ 기초자치단체 심사위원회는 시·군·구 공무원, 민간전문가, 지원기관 종사자 등 5인 이상 민관위원으로 구성(이를 '시·군·구 심의위원회'라 칭함) ○ 광역자치단체 심사위원회는 시·도 공무원, 민간전문가, 행정안전부 추천위원(2인*) 등 7인 이상의 민관위원으로 구성 * 분야별 전문가, 타 지원기관 ○ 중앙심사위원회는 시·도에서 선정한 마을기업과 법인에 대하여시도 심사결과를 토대로 선정요건 충족여부 등 심사 후 최종 선정(현지실사 생략) *문제특이사업에 한하여 현지실사 - 민관심사위원으로 구성된 중앙심사위원회 개최, 1차 및 2차 지원 여부 최종결정

　　마을기업 영역확대와 다양한 참여자를 유인하기 위해 가점제도를 시행하고 있다. 가점내용은 매년 조금씩 변동이 있고, 해당 정부의 정책과 부합하는 가점내용이 진행되었다. 2012년과 2013년은 행정안전부의 정보화마을과 연계는 가점을 부여했다. 그러나 2012년부터 2014년까지는 선정은 가능하지만 사업비와 인건비 등 보조금 중복지원은 불가하였다. 선정 시 가점을 부여하지만 브랜드만 부여하는 정책이다.

<표 2-23> 마을기업 가점부여 분야

연도	마을기업 육성사업 시행지침 내용
2011년	-
2012년	▶ (예비)사회적기업 인증요건을 충족하는 단체의 경우(3점) ▶ 희망마을*이 마을기업으로 신청한 경우(3점) ▶ 중점육성분야에 해당하는 사업을 추진하는 경우 ① 정보화마을과 연계한 마을기업 ② 퇴직자(경영관련 전문가, 공무원, 유통업 종사자 등)·귀농인(농림수산식품부, 귀농귀어농어업창업 및 주택구입지원 사업 지침의 '귀농인자격' 등 참고)을 활용한 마을기업 (①, ② → 3점) ③ 하천친수공간 유지관리를 위한 마을기업 ④ 자전거 도로 활성화를 위한 마을기업 (③, ④ → 5점) ※ 시도의 마을기업 육성관련 정책방향에 따라 각 항목별 점수는 10% 범위 내에서 가감가능
2013년	▶ 희망마을, 정보화마을, 녹색마을이 마을기업으로 신청한 경우 ▶ 퇴직자·귀농인*을 활용한 경우 　* 농림수산식품부, 귀농귀어농어업창업 및 주택구입지원사업 지침의 '귀농인자격' 등 참고 ▶ 전통시장 상인회 등이 중심이 되어 전통시장 활성화를 목적으로 마을기업을 신청한 경우 ▶ 마을기업에 북한이탈주민이 참여한 경우 ▶ 자전거도로를 활용하여 수익사업을 하는 경우 ▶ 농산물 꾸러미사업을 수익사업으로 하는 경우 ▶ 가점분야는 중복되지 않으므로 신청 시 1가지 분야만 선택해서 신청해야 함 ※ 시도와 마을기업 육성관련 정책방향에 따라 각 항목별 점수는 10% 범위 내에서 가감가능
2014년	▶ 퇴직자·귀농인*을 활용한 경우 　* 농림수산식품부, 귀농귀어농어업창업 및 주택구입지원사업 지침의 '귀농인자격' 등 참고 ▶ 전통시장 활성화를 목적으로 마을기업을 신청한 경우 ▶ 쪽방촌, 유통형·기술기반형 마을기업을 신청한 경우 ▶ 사회적협동조합을 설립하여 마을기업을 신청한 경우 ▶ 여성가장이 마을기업 대표 또는 출자자로 참여하는 경우 ▶ 13년 하반기에 설립지원프로그램을 이수한 경우 ※ 가점분야는 중복되지 않으므로 신청 시 1가지 분야만 선택해서 신청해야 함 ※ 시도와 마을기업 육성관련 정책방향에 따라 각 항목별 점수는 10% 범위 내에서 가감가능
2015년	▶ 전체 회원의 50% 이상이 퇴직자 또는 귀농인*인 경우 　* 농림수산식품부, 귀농 농업 창업 및 주택구입 지원사업 지침 참고 ▶ 전통시장 활성화를 목적으로 마을기업을 신청한 경우 ▶ 유통형·기술기반형 마을기업을 신청한 경우 ▶ 예비마을기업에 해당되는 경우

2015년	▶ 사회적협동조합을 설립하여 마을기업을 신청한 경우 ▶ 여성가장(주민등록상 세대주)이 마을기업 대표 또는 출자자로 참여하는 경우 ※ 가점분야는 중복되지 않으므로 신청 시 1가지 분야만 선택해서 신청 ※ 관련내용을 증빙할 수 있는 자료 첨부 필수
2016년	· 전통시장 활성화를 목적으로 마을기업을 신청한 경우 · 사회적 협동조합을 설립하여 마을기업을 신청한 경우 · 여성가장(주민등록상 세대주)이 마을기업 대표 또는 출자자로 참여하는 경우 · 예비마을기업으로서 모범적으로 운영한 경우 ※ 가점분야는 중복되지 않으므로 신청 시 1가지 분야만 선택해서 신청 ※ 관련내용을 증빙할 수 있는 자료 첨부 필수
2017년	· 전통시장 활성화를 목적으로 마을기업을 신청한 경우 · 사회적 협동조합을 설립하여 마을기업을 신청한 경우 · 신유형 마을기업(새로운 지역자원 발굴, 공공서비스 창출 등)으로 신청한 경우 · 여성가장(주민등록상 세대주)이 마을기업 대표 또는 출자자로 참여하는 경우 · 예비마을기업으로서 모범적으로 운영한 경우 ※ 가점분야는 중복되지 않으므로 신청 시 1가지 분야만 선택해서 신청 ※ 관련내용을 증빙할 수 있는 자료 첨부 필수

마을기업은 사업비를 지원하는 프로그램으로 설계되었다. 하지만 현장에서 최소한 실무인력의 기본 인건비의 문제가 나타나면서 보조금의 20% 범위 내에서 책정하여 지원하고 있다. 2017년의 경우는 사업비의 20%로 인건비가 증가했다.

<표 2-24> 마을기업 인건비와 기타 운영비

연도	마을기업 육성사업 시행지침 내용
2011년	○ 인건비: 원칙적으로 사업수행단체의 회원에게 지급할 수 없고, 사업 목적달성을 위해 마을기업이 고용하는 직원에 대해서만 지급 - 수당은 회원 중 회장, 부회장, 총무, 간사 등 운영 필수요원에 대해서만 지급이 가능함 사전에 시군구 심의위원회에서 승인(지급액 등)을 받아야 함
2012년	○ 인건비: 사업 목적달성을 위하여 마을기업이 고용하는 직원에 대해서만 지급이 가능(보조금 20% 범위 내) - 수당은 마을기업 대표 및 부회장, 총무, 간사 등 운영 필수요원에 대해서만 지급이 가능하며, 사전에 시군구 심의위원회에서 승인(지급액 등)을 받아야 함 * 수당은 보조금의 최대 5% 이내 지급가능
2013년	○ 인건비는 보조금의 20% 범위 내에서 마을기업 수익사업과 직접 관련 있는 인력고용으로 한정 - 수당은 마을기업 대표, 부회장, 총무, 간사 등 운영필수 요원들에 대해서만 지급이 가능하나, 사전에 시군구 심의위원회에서 승인을 받은 경우에만 지급

2014년	2013년과 동일 ※ 마을기업이 사후환급이나 공제받는 부가가치세·관세 등 금액에 대해서는 사업비(보조금+자부담)로 집행할 수 없다. 다만, 환급이 불확실한 경우에는 사업비로 집행할 수 있으나 추후 환급을 받을 경우 사업비 집행에 따른 환급금은 반환하여야 함	
2015년	2013년과 동일 * 수당은 보조금의 5% 이내로 지급 가능 ※ 마을기업이 사후환급이나 공제받는 부가가치세·관세 등 금액에 대해서는 사업비(보조금+자부담)로 집행할 수 없다. 다만, 환급이 불확실한 경우에는 사업비로 집행할 수 있으나 추후 환급을 받을 경우 사업비 집행에 따른 환급금은 반환하여야 함	
2016년	○ (제한요건) 인건비는 수익사업 관련 고용 직원에 대해 보조금의 20% 이내로 지급 가능하며, 마을기업 대표 및 임원에 대해서는 지급 불가 - '기타 운영비'의 총액은 300만 원 이하에서 사업비(보조금+자부담) 대비 인정 한도액 범위(53쪽 참조)에 따라 예산편성·집행하여야 하며, 사업기간 중 월별로 균등하게 배분하여 사용해야 함	인건비는 보조금의 20%
2017년	○ (제한요건) 인건비는 수익사업 관련 고용 직원에 대해 총사업비의 20% 이내로 지급 가능하며, 마을기업 대표 및 임원 등(법인등기부등본상 임원)에 대해서는 지급 불가 - '기타 운영비'의 총액은 300만 원 이하에서 사업비(보조금+자부담) 대비 인정 한도액 범위(52쪽 참조)에 따라 예산편성·집행하여야 하며, 사업기간 중 월별로 균등하게 배분하여 사용해야 함	인건비는 총사업비의 20%

일정 금액 이상의 제품을 구매할 시에는 반드시 비교견적을 할 수 있도록 정했다.

<표 2-25> 제품구매 견적서 첨부 기준

연도	마을기업 육성사업 시행지침 내용
2011년	-
2012년	○ 사업비의 집행은 명확한 산출근거를 명시하여 정확하게 집행하여야 하며, 예산절감을 위해 노력하여야 함 - 2개 업체 이상 동일 사양에 대한 견적서를 징구하여 금액비교 및 조달청, 한국물가협회 등 물가정보 안내를 적극 활용하여 예산절감에 노력
2013년	- 사업 수행 시 관련된 물품 지출 경비로서 구매업체의 사업자등록증 사본, 견적서 및 비교견적, 물품견본 또는 사진을 첨부하고 사업비 집행 후 증빙영수증 구비
2014년	2013년과 동일
2015년	2013년과 동일

2016년	○ 사업비 지출 시, 예산절감을 위해 노력하여야 함 - 건당 50만 원을 초과하여 지출품의 시 동일 사양에 대한 견적서를 2개 업체 이상에 징구하여 금액을 비교하여야 함
2017년	2016년과 동일함

마을기업으로 지정이 되고 사업비를 받기 위한 필수서류 목록이
다. 2014년부터 지침에 구체적으로 명시되었다.

<표 2-26> 마을기업 사업비 지원을 위한 서류

연도	마을기업 육성사업 시행지침 내용
2011년	-
2012년	-
2013년	-
2014년	○ (제출서류) ① 마을기업 지원 약정서 ② 마을기업 지원사업비 및 사용계획서 ③ 법인 명의의 통장(보조금, 자부담, 수익금) 사본 ④ 사업자등록증 사본 ⑤ 이행보증보험 증권 ⑥ 한국마을기업협회 가입확인증 사본 - 단 자부담 통장은 자부담 약정 금액을 입금한 후 통장을 정리하여 제출 * 이행보증보험료, 마을기업협회 가입회비는 마을기업의 자체부담으로 함 (보조금 및 자부담 사업비로 집행 불가)
2015년	2014년과 동일
2016년	○ (제출서류) ① 마을기업 지원사업비 지급 신청서, ② 마을기업 지원 약정서, ③ (최종)마을기업 사업 계획서, ④ 법인 명의의 통장(보조금, 자부담, 수익금) 사본 각 1부씩 총 3부, ⑤ 사업자등록증 사본, ⑥ 이행보증보험 증권 사본, ⑦ 한국마을기업협회 가입확인증 사본 * 이행보증보험료, 마을기업협회 가입회비는 마을기업의 자체부담으로 함 (보조금 및 자부담 사업비로 집행 불가)
2017년	2016년과 동일함

마을기업 사업기간에 사용된 자금에 대한 정산을 하기 위한 서류
제출 내용이다.

<표 2-27> 마을기업 사업비 정산서류 제출

연도	마을기업 육성사업 시행지침 내용
2011년	○ 집행영수증(지출결의서 포함) ○ 통장 입·출금 거래내역 사본 1부 ○ 각종 증빙서류(* 매입처별 세금계산서 합계표를 반드시 포함) ○ 사업비 집행내역(집행결과) ○ 보조금 영수증 원본 제출 ○ 통장 입·출금 거래내역 ○ 기타 증빙서류 제출
2012년	○ 2012 지원사업 최종 실적보고서 및 정산보고서 ○ 집행영수증(지출품의서, 결의서, 견적서, 사업자등록증, 기타 증빙 영수증) ○ 보조금, 자부담, 수입통장 입·출금 거래내역 사본 1부 ○ 각종 증빙서류(* 매입처별 세금계산서 합계표를 반드시 포함) ○ 사업비 집행내역(집행결과) ○ 보조금 영수증 원본 제출 ○ 통장 입·출금 거래내역 ○ 기타 증빙서류 제출
2013년	○ 2013 지원사업 최종 실적보고서 및 정산보고서, 이하 2011년과 동일
2014년	○ 2014 지원사업 최종 실적보고서 및 정산보고서, 이하 2011년과 동일
2015년	○ 2015 지원사업 최종 실적보고서 및 정산보고서, 이하 2011년과 동일
2016년	○ 제출서류 - ① 마을기업 실적보고서 ※ 기타 증빙자료 포함: 관련 사진, 각종 홍보물 견본, 언론 보도자료 등 - ② 마을기업 정산보고서(지출일자별 집행내역 등) ※ 비목별로 집행내역을 합산하여 정리·제출 불가 - ③ 보조금, 자부담, 수익금통장 거래내역 사본 각 1부(인터넷 조회 출력물은 원본만 인정) ※ 사업 최종 종료일 이후 통장정리 - ④ 각종 증빙서류(지출품의서, 지출결의서, 견적서, 사업자등록증, 기타 증빙 영수증 등) ※ 매입처별 세금계산서 합계표를 반드시 포함 ※ 보조금 집행내역 영수증은 사본에 대표자의 '원본대조필' 날인을 하여 제출. 단, 담당공무원은 보조금 정산 시 영수증 원본을 확인하여야 함(확인 후 반환)
2017년	2016년과 동일

마을기업 재무제표 제출을 2016년부터 의무화했다. 이를 통해 매출액 등 정확한 실적보고에 따른 통계를 확인할 수 있게 되었다. 이는 매번 조사 및 실사 때마다 매출액 차이가 나는 문제를 근원적으로 해결하기 위하 고육지책(苦肉之策)이었다.

<표 2-28> 마을기업 재무제표 제출

연도	마을기업 육성사업 시행지침 내용
2011년	-
2012년	-
2013년	-
2014년	-
2015년	-
2016년	○ 모든 마을기업은 마을기업의 재정건전성 확보와 투명성 증진을 위해 매년 3월 말까지 전년도의 재무제표를 해당 시·군·구에 제출하여야 함 ※ 자립형 마을기업도 포함, 모든 마을기업에 소급 적용함
2017년	○ 모든 마을기업은 마을기업의 재정건전성 확보와 투명성 증진을 위해 매년 3월 말까지 전년도의 재무제표를 해당 시·군·구에 제출하여야 함 ※ 자립형 마을기업도 포함됨

마을기업 사업비로 해당 마을기업의 물품을 구매할 수 있다. 문제는 마을기업이 더 이상 존속하지 못하는 경우 등에 해당 물품의 처리방법에 대해 지침에 담았다.

<표 2-29> 마을기업 사업비 지급물품 관리

연도	마을기업 육성사업 시행지침 내용
2011년	-
2012년	-
2013년	○ 보조금으로 취득한 물품은 내용연수 기간 동안 목적 외 사용, 미사용 방치, 폐업 등의 경우 즉시 환수 - 계속 관리하기 어려운 경우 매각하여 매각대금을 분담비율에 따라 국고, 지방자치단체, 마을기업 참여자로 귀속 * 물품관리법 제16조의2에 의한 조달청 고시의 내용연수에 따르며 조달청 고시에 정해지지 않은 구체적이고 개별적인 사항은 시도와 기초자치단체에서 협의하여 정함 - 해당 물품을 필요로 하는 다른 마을기업이 있는 경우 이관하여 사용케 할 수도 있음
2014년	2013년과 동일
2015년	2013년과 동일

2016년	○ 보조금으로 취득한 물품 등은 임의로 매각, 양도, 교환 등이 불가
	  * 물품 등: 시설 및 설비, 인테리어 등 부동산도 포함
	○ 사업 실행계획서 상 미기재한 물품 등의 취득은 불가
	- 부득이한 경우 사업계획의 변경으로 보아, 사업계획 변경 절차에 따라 처리
	  * 해당 기초자체단체에 견적서를 첨부한 계획변경신청서를 제출하여 협의하거나 시·군·구 심의위원회 심의를 거쳐 취득 가능
	○ 보조금으로 취득한 물품 등을 내용연수 기간 동안 목적 외 사용, 미사용 방치한 경우 즉시 환수
	  * 물품관리법 제16조의2에 의한 조달청 고시의 내용연수에 따르며 조달청 고시하에 정해지지 않은 구체적이고 개별적인 사항은 시·도와 기초자치단체에서 협의하여 정함

2017년	○ 보조금으로 취득한 물품 등은 임의로 매각, 양도, 교환 등이 불가
	  * 물품 등: 시설 및 설비, 인테리어 등 부동산도 포함
	○ 사업 실행계획서상 미기재한 물품 등의 취득은 불가
	- 사업계획 변경에 해당될 경우 변경 절차에 따라 처리
	  * 해당 기초자체단체에 견적서를 첨부한 계획변경신청서를 제출하여 협의하거나 시·군·구 심의위원회 심의를 거쳐 취득 가능
	○ 보조금으로 취득한 물품 등을 내용연수 기간 동안 목적 외 사용, 미사용 방치한 경우 즉시 환수
	  * 물품관리법 제16조의2에 의한 조달청 고시의 내용연수에 따르며 조달청 고시하에 정해지지 않은 구체적이고 개별적인 사항은 시·도와 기초자치단체에서 협의하여 정할 수 있음
	※ 사업계획 변경에 해당될 경우 변경 절차에 따라 처리

마을기업의 지정취소에 대한 내용이다. 마을기업 브랜드만 유지하고 실질적으로 사업을 하지 않거나 사회적으로 문제를 일으키는 마을기업을 규제하기 위함이다.

<표 2-30> 마을기업 지정취소 및 약정해지 사유

연도	마을기업 육성사업 시행지침 내용
2011년	○ 중대한 위반 또는 반복해서 주의, 경고, 시정조치를 받은 경우에는 지원약정 해지 및 사업참여 제한
2012년	- 천재지변, 사업수행기관의 탈퇴·폐업·해산 등의 사유로 사업의 계속적인 수행이 불가능하거나 이를 계속 수행할 필요가 없다고 인정되는 경우 - 사업추진이 중단되거나, 사업수행기관에 특별한 사유가 발생되어 사업에 대한 소기의 성과를 기대하기 곤란하고 운영할 능력이 없다고 인정되는 경우
2013년	① 마을기업이 약정된 내용을 위배하였을 때 ② 기초자치단체장의 승인 없이 계약에 관한 권리·의무를 제3자에게 양도하거나 계약사업의 일부를 제3자에게 하도급을 준 경우 ③ 「보조금 관리에 관한 법률」 등 관련법규를 지키지 않은 경우 및 지방자치단체자의 지시에 따르지 않을 경우 ④ 기타 마을기업이 소정의 성과를 기대하기 곤란하거나 계약내용을 이행할 수 있는 가능성이 없을 때는 중간지원조직의 의견을 반영하여 기초자치단체장의 결정으로 약정을 해지할 수 있음
2014년	2013년과 동일
2015년	2013년과 동일
2016년	○ (포기 및 폐업) 마을기업 스스로 사업을 포기한 경우 ○ (약정해지) 기초자치단체장에 의해 마을기업 사업 약정이 해지된 경우 ○ (규정위반) 관련 법률(보조금 관리에 관한 법률 등), 지침(마을기업 요건 불충족 등), 약정 등을 위반하거나 행정자치부장관 및 지방자치단체장의 시정조치 요구에 불응한 경우 ○ (사업불능) 사업수행능력이 상실되거나 사업의 영위가 불가능하다고 행정자치부 장관 또는 지방자치단체장이 인정하는 경우 * 2인 이상의 외부전문가의 소견을 첨부할 것
2017년	2016년과 동일

※ 2010년 행정안전부에서 안전행정부로, 행정자치부로 조직전환, 문재인 정부에서 다시 행정안전부로 변경됨

4. 마을기업 기본법 부재

2010년 9월 시범사업부터 현재까지 마을기업의 시급한 문제해결은 근거법률을 제정하는 것이다. 필자도 마을기업 기본법률을 제정하기 위한 노력을 경주해왔다. 2010년 하반기 국회에서 공청회를 시작으로 법안 마련을 위한 작업을 시작했다. 경기도 파주시 지역발전 토론회를 시작으로 기회가 되면 법 필요성을 주장했다.

2011년부터 2016년까지 마을기업 관련 법안이 국회 상임위원회에 올라간 것은 네 번이다. 2011년은 지역공동체 자립형사업, 2015년은 마을기업 육성법, 2013년과 2016년은 지역공동체 지원 및 기본 법률안에 포함되는 형태로 발의되었다. 2011년과 2015년은 필자가 직접 참여하였고, 2013년과 2016년은 지역공동체 관련법 제정에 간접 참여하는 형태였다. 2012년과 2014년에도 마을기업 기본법 논의는 지속되었다. 이렇게 2011년부터 2017년 현재에 이르기까지 마을기업 법률을 제정하기 위한 노력은 지속되었다.

필자는 2013년과 2016년에 발의된 지역공동체 기본법 내에 마을기업을 포함시키는 것에 대해 부정적이었다. 법률안의 내용이 선명해야 제정을 하는 과정에 있어 순탄할 것이라 믿었기 때문이다. 공동체라는 개념이 개인의 생각에 따라서 다양하고 사고의 폭이 넓어서 사회적 합의를 이끌어내기 쉽지 않다는 판단을 했다. 동시에 농림부 등 타 부처에서도 공동체 회복에 관련된 내용을 진행하고 있어 선점 논란이 있을 것으로 예상했다.

2011년 지역공동체 자립형사업은 당시 야당의원이었던 문학진 의원을 통해 발의되었다. 2012년 상반기까지 법률안 제정을 위해 노력

했지만 타 부처의 반대로 진행되지 못하고 18대 국회 마지막에 자동폐기 되었다. 소수 국회의원수와 야당이라는 한계가 있었다는 이야기를 들었다. 다음에는 여당 의원에게 발의를 맡기면 어떻겠느냐는 조언까지 들었다. 또한 2012년까지는 사회적기업을 관장하는 고용노동부 등 사회적기업 일부 관계자들이 마을기업을 사회적기업으로 통합하려는 의도가 있었다. 특히 이명박 정부에서 그 정치적 행위는 집요하였다. 마을기업 독자적 법률제정에 가장 소극적이고 반대적 입장을 보였던 곳이 고용노동부였다. 마을기업이 정착하기 시작한 2013년부터는 이러한 현상이 사라져갔다. 지원기관도 별도로 운영되고 각자 독립적으로 성장하는 구조를 갖추면서 논란이 잠재워진 것이다.

2013년에도 마을기업 자체의 법안 준비를 했었다. 하지만 이번에 내부의 정책방향 변경이 앞을 가로 막았다. 박근혜 정부는 지역공동체 회복이 대통령 공약사항이었다. 관련 부서 정책결정자가 새로 오면서 공동체 회복을 위한 법률안이 만들어지기 시작했다. 내부에서는 별도 법안으로 가지 말고 통합하여 발의하는 논의가 본격화되었다. 이 과정에서 준비된 마을기업 법안은 지역공동체 법안에 녹아드는 모습으로 전락한 것이다. 2013년 11월 발의된 지역공동체 활성화 지원법안은 2016년 5월 말에 19대 국회 임기가 만료되면서 자동폐기 되었다.

지역공동체 활성화 지원법안이 국회에서 더 이상 진행되지 못하는 상황에서 2015년 필자는 박명분 한국마을기업협회장과 함께 마을기업 육성법을 진행하였다. 2014년 행정안전부의 관련 공무원들과 태스크포스(TF)를 통해 만들어 놓은 것을 활용했다. 한국법제연구원의 검토까지 마친 법률안을 가지고 당시 여당의원인 서청원 의원을 통해 발의하였다. 한국마을기업협회 제2대 박명분 회장의 마을기업 소재지가 경기도 화성시다. 해당 의원이 화성시 지역구 국회의원이었다. 또한 해당 의원은 마을기업 주관부처인 행정안전부 소관 상임위인 안전행정위원회 위원이었기 때문에 구색 맞추기에 최적이었다.

당시만 하더라도 국회 다선의원의 경력과 여당 실세였고, 해당 상임위원회 위원이라는 점에서 협회가 가지는 기대감은 상당했다. 필요한 부분은 필자가 전문가 입장에서 직접 찾아가 설명하는 역할을 하였다. 필자는 2010년부터 지금까지도 앞으로도 마을기업 관련 법률을 제정하는 것에 앞장서고 있다. 지속가능한 마을기업 발전을 위해서는 반드시 관련 근거법이 마련되어야 한다는 생각에는 변함이 없다.

어렵게 진행한 마을기업 법률안이 다시 20대 국회를 앞두고 더 이상 진행되지 못하고 자동폐기 되었다. 발의한 의원의 여러 개인적 상황과 정치적 변동으로 인하여 집중하지 못했을 것이라 판단할 뿐이다. 동시에 사회적경제 기본법안의 제정에 눈치를 보고 있었던 내부적 문제도 있었다. 사회적경제 기본법안 제정이 결정되지 않은 상태에서 부처가 앞장서기 어려운 환경이 있었던 것으로 들었다. 법률 하나에도 정치적 판단이 개입되고 행정이 주도적으로 이끌어 나가기에는 한계가 있음을 알게 된 계기가 되었다. 기대가 컸던 만큼 상대적 박탈감과 실망이 많아졌다.

2013년 지역공동체 활성화 지원법안으로 발의된 법안이 자동폐기 되었지만 20대 국회가 시작하면서 2016년 지역공동체 활성화 기본법안으로 다시 발의되었다. 2013년에는 윤재옥 의원이 2016년에는 유민봉 의원이 대표발의하였다. 박근혜정부의 공약사항을 실현하기 위한 해당 소속 의원들이 발의한 법안이었다. 지역공동체 법률이 중심이고 마을기업은 해당 정책수단에 불과하다. 두 건의 법률을 살펴보면 공동체와 마을기업을 분리하여 설명하는 것이 부족하게 보였다.

마을기업의 입장에서는 어떤 방법이라도 근거를 마련하기 위한 소망이 있었다. 필자의 입장에서도 두 번의 법률제정 실패사례를 경험한지라 절대적 반대는 하지 않았다. 법안내용을 보면 목표와 수단이 바뀌었다는 생각을 하고 있지만 반대할 생각은 없었다. 마을기업이 포함된 법안에 대해서 마을기업만을 생각하고 있는 필자는 그마저도 고마웠기 때문이다. 단지 수단을 달성하기 위한 법안의 흐름에 대해서는 비판적 반대의사를 표명했다. 마을지표를 수행하기 위한 기관을 미리 선정하거나 마을기업 업무를 진행하기 위한 기관을 법률안에 지정하는 등에 대해서는 법률 제정을 의심할 만한 소지가 다분했다. 따라서 해당 기관을 열거하는 것은 근거만 남겨놓고 대통령령 등을 통해 해결하기를 원했다. 결론적으로 2013년 발의한 법안은 자동폐기 되었고, 2016년 발의한 법안은 현재 상임위 논의안건에 머물러 있다. 또 다시 20대 국회가 끝나는 시점에 자동폐기가 될 것인지 알 수가 없다. 이 역시 불투명한 상태가 예상된다.

이러한 시점에 내부적으로 마을기업 단독으로 다시 법안을 발의해야 한다는 목소리가 높다. 이 역시 새로운 의사결정권자의 생각도 감안한 흐름이다. 협회를 중심으로 마을기업 당사자들도 법률제정을 목마르게 기다리고 있는 상황이다. 필자의 생각은 마을기업 기본법이 완성이 되어야 사회적경제기본법도 완성이 될 것으로 판단하고 있다.

유일하게 근거법이 없는 마을기업을 사회적경제 핵심사업으로 열거해 놓았다면 부족한 퍼즐을 완성해야 한다고 본다. 지역공동체 회복의 촉매수단인 마을기업의 주춧돌이 중요하다. 피라미드를 사회적경제기본법이라 가정을 한다면 기둥이 되는 마을기업을 법적근거를 사전에 마련하고 진행하는 것이 절차적 순리행위라고 생각한다. 사회적경제기본법은 말 그대로 개별 사회적경제기업들이 활성화될 수 있는 기본을 받쳐주는 법안이기 때문이다.

<표 2-31> 마을기업 관련 법안 발의 내용

의안번호	의안명	제안일자	의결일자	의결결과	심사진행상태
2003720	지역공동체 활성화 기본법안 (유민봉 의원 등 10인)	2016.11.18			소관위 접수
1917715	마을기업 육성 및 지원에 관한 법률안 (서청원 의원 등 10인)	2015.11.12	2016.5.29	임기만료 폐기	
1908166	지역공동체 활성화 지원법안 (윤재옥 의원 등 11인)	2013.11.28	2016.5.29	임기만료 폐기	
1812917	지역공동체 자립형사업 육성에 관한 법률안 (문학진 의원 등 21인)	2011.8.19	2012.5.29	임기만료 폐기	

※ 자료: 대한민국국회 의안정보시스템

2011년에 발의된 「지역공동체 자립형사업 육성에 관한 법률안」은 커뮤니티비즈니스(community business)라 불린 "자립형 지역공동체 사업"을 포함하는 내용이었다. 마을기업으로 개명하기 전까지 사용된 사업을 중심으로 발의된 법안이었다. 당시에는 마을기업이라는 사업보다는 커뮤니티비즈니스가 더 널리 알려져 있던 상황이었다.

이명박 정부 시절의 지식경제부에서도 "커뮤니티비즈니스 시범사업"을 진행하고 있었다. 커뮤니티비즈니스 형태의 사업이 안전행정부의 마을기업, 농림부의 농촌공동체회사, 지식경제부의 시범사업 형태로 전개되었던 것이다.

「지역공동체 자립형사업 육성에 관한 법률안」

제303회 국회(정기회) 행정안전 제5차 회의록(2011년 11월 11일)

제정안은 정부의 민간 일자리 창출 정책을 개인에 대한 소득보전과 생계유지보다는 범정부 차원의 종합적인 지원체제를 구축하여 지역 단위의 지역공동체 자립형 일자리로 육성하려는 그런 취지가 되겠습니다.
현재 지역경제 활성화 및 민간 일자리 창출을 위해서 행정안전부, 고용노동부 등 민간일자리 창출 사업에 예산을 투입하고 있으나 대부분 차상위 계층 및 65세 이상 고령자 등 취약계층에 대한 생계 보전을 위한 일자리 성격을 띠고 있습니다.
이에 따라서 지역단위의 마을역량 강화를 통해 지역의 자립기반 조성 단계에는 이르지 못하고 있는바 제정안은 지역단위의 공동체 자립형 일자리 창출을 위한 지원 체계를 구축하려는 것으로서 제정 필요성이 있다고 봅니다.
다만 제정안은 해당 지역주민들이 주체가 되어 지역단위의 마을 역량을 강화하기 위한 목적임을 고려할 때 행정안전부 장관이 종합계획 수립 시 시·도에서 수립한 계획을 반영하도록 하는 등 지방자치단체의 역할을 보다 강화할 수 있는 쪽으로 일부 규정 보완이 필요하다고 봅니다.
(수석전문위원 최연호, 국회회의록)

네 번의 마을기업 관련 법률안 발의 건 중에서 마을기업이란 대표명으로 발의된 법률안은 2015년 11월 12일에 제안된 「마을기업 육성 및 지원에 관한 법률」이었다. 2016년 5월 29일 임기만료로 자동 폐기 되었다.

마을기업 법률안을 제안한 이유[8)는 다음과 같다. "마을기업은 주민이 지역의 유·무형의 자원을 활용한 사업을 통하여 지역공동체 회복과 일자리를 창출함으로써 지역발전을 도모하는 사업으로서 2010년 6월 사회적 일자리 창출 사업의 일환으로 시범 실시되었고, 2011년 마을기업 브랜드로 본격 실시되어 2014년 말 기준으로 전국 17개 시·도에 1,249개 마을기업이 운영되고 있으며, 1만여 명의 일자리 창출과 총 매출액 1천억 원을 달성하였다. 그럼에도 불구하고 마을기업에 대한 근거 법률이 마련되어 있지 않아 제도적·체계적으로 성장·발전하는 데 한계가 있는 상황이다. 이에 마을기업 육성 및 지원에 관한 법률을 제정하여 마을기업을 지속가능한 사업으로 성장·발전시킴으로써 주민의 삶의 질을 보장하고 지역의 선순환 구조를 조성하려는 것이다."

「마을기업 육성 및 지원에 관한 법률안」 주요 내용

가. 이 법은 마을기업을 육성하여 일자리 및 소득을 창출함으로써 주민의 삶의 질 향상과 지역공동체 회복 및 지역경제 활성화에 이바지함을 목적으로 함(안 제1조).
나. "마을기업"이란 마을주민이 주도하여 유·무형의 인적·물적 지역자원을 활용한 수익사업을 통하여 지역문제를 해결하고 소득과 일자리를 창출하는 마을단위의 사업체로서 제13조에 따라 지정받은 기업을 말함(안 제2조제2호).
다. 국가 및 지방자치단체는 마을기업 육성을 위한 시책 추진에 있어 지역사회의 과제나 주민들의 요구를 바탕으로 마을주민이 자발적으로 참여하여 주체가 되며, 사업수익을 마을 발전을 위하여 재투자하는 것을 기본방향으로 함(안 제3조).

---

8) 마을기업 육성 및 지원에 관한 법률안(2015), 제안 이유.

라. 행정안전부장관, 시·도지사 및 시장·군수·구청장은 2년마다 마을기업 관련 실태를 조사하고 그 내용 등을 반영하여 5년마다 마을기업 육성에 관한 종합계획 수립 및 그에 따른 연도별 시행계획을 수립·시행하도록 함(안 제6조부터 제8조까지).

마. 행정안전부 장관은 일정 요건을 갖춘 사업자를 마을기업으로 지정하고 보조금을 지원할 수 있도록 함(안 제13조 및 제21조).

바. 행정안전부 장관은 대통령령으로 정하는 바에 따라 마을기업지원센터를 설립하거나 지정하여 마을기업 육성을 위한 지역특화자원 발굴, 마을기업사업의 성과평가 수행, 마을기업에 관한 지역 실태조사 및 연구, 마을기업에 대한 경영지원 등을 전문적으로 수행하도록 함(안 제19조).

사. 시·도지사 및 시장·군수·구청장은 마을기업 지원기관을 설치 또는 지정하여 지역자원의 조사 및 사업의 발굴, 마을기업에 의한 주민과의 연례협력 사업 수행, 마을기업 관련 전문인력 양성 및 주민교육 등을 수행하도록 함(안 제20조).

아. 「중소기업제품 구매촉진 및 판로지원에 관한 법률」 제2조제2호에 따른 공공기관의 장은 마을기업이 생산하는 재화나 서비스를 우선 구매하도록 함(안 제23조).

2013년 11월 28일에 제안된 「지역공동체 활성화 지원법안」은 윤재옥 의원이 대표발의하였고, 2016년에 자동폐기 되었다.

위 법의 제안이유는 다음과 같다. "최근 인구성장의 정체와 급속한 고령화를 경험하고 있는 우리나라 대부분의 지역은 지역공동체 해체의 위기를 맞고 있다. 농촌은 인구과소화와 젊은 층의 역외 유출로 지역발전의 역량이 저하되고 있으며, 도시는 재개발과 재건축 중단으로 지역공동체의 갈등 심화 및 도심지역의 인구유출로 지역경제의 활력이 저하되고 있는 실정이다. 고도성장 시기와 달리 인구이동성이 둔화되어 현대적 의미의 지역공동체 활성화에 대한 필요성이 증대되고 있고 주민들의 의식수준이 높아지면서 지역공동체의 안전·교육·문화·복지·환경 등에 대한 삶의 질과 행복의 욕구가 증가하고 지역공동체를 활성화하려는 지역의 움직임이 높아지고 있다. 지역 활력을 제고시키기 위한 지역공동체사업을 효율적으로 추진하고 지역공동체의 역량강화를 체계적으로 지원하는 데 필요한 사항을 법으로 정함으로써 해체된 지역공동체를 회복하고 지역이 당면한 안전·교육·문화·복지·환경 등 현안문제들을 지역공동체 스스로 해결하여 지역사회의 통합과 주민행복의 증진에 기여하고자 한다."

「지역공동체 활성화 지원 법안」

제322회 국회(임시회) 제3차 안전행정위원회 회의록(2014년 2월 29일)

제정안은 지역공동체의 활성화를 통해 다양한 지역사회 문제를 해결할 수 있는 토대를 구축하기 위해 제안된 것으로 이를 통해 지역사회의 통합과 주민행복 증진에 기여할 수 있을 것으로 예상됩니다.
다만 지역공동체사업의 주요정책을 심의하기 위하여 국무총리 소속으로 지역공동체위원회를 설치하도록 하고 있으나 그 소속을 안전행정부로 변경하여 효율적인 의사결정을 도모할 필요가 있다고 봅니다.
또한 농림축산식품부와 국토교통부에서도 유사한 취지의 법률을 추진하고 있으므로 법의 적용대상 및 사업범위 등과 관련하여 부처 간 조정과 협의가 필요한 것으로 보입니다.
(수석전문위원 손충덕)

법안을 대표발의한 윤재옥 의원은 지역공동체 사업이 안행부, 농림부, 국토부 등 타 부처하고의 사업 연계성 때문에 지역공동체위원회를 국무총리실 소속으로 설치했다고 주장했다.

윤재옥 의원이 발의한 「지역공동체 활성화 지원법안」이 장윤석 의원이 발의한 「농촌 마을공동체 활성화 지원에 관한 법률안」과 중복되는 부분이 많다는 지적이 있었다. 장윤석 의원이 대표발의한 위 법안은 국회 농림축산식품해양수산위원회에서 논의되었다.

「농촌 마을공동체 활성화 지원에 관한 법률안」 제안 이유

제320회 국회(정기회) 농림축산식품해양수산 제10차 회의록(2013년 11월 14일)

오늘날 우리 농촌은 고령화의 심화, 과소화마을의 증가, 공동체 와해 등으로 인한 활력 저하로 내생적 발전에 많은 어려움을 겪고 있습니다. 또한 농촌지역개발사업이 중앙정부와 지자체가 이끄는 행정 중심으로 추진됨에 따라 농촌 주민들의 참여와 역할이 극히 제한적이었습니다. 그 결과 뜻있는 사람들로부터 농촌마을이 과소화되지 않고 지속가능하게 발전하기 위해서는 주민의 역량을 효율적으로 결집해야 한다는 지적이 제기되어 왔습니다.
이에 농촌마을 주민들이 자치조직을 구성해 주도적으로 마을의 발전방향과 실천계획 등을 수립하고 국가와 지방자치단체는 농촌마을 만들기 기금을 설치해 지역개발사업을 적극 지원할 수 있도록 하고자 합니다.
(장윤석 의원)

「농촌 마을공동체 활성화 지원에 관한 법률안」은 2013년 11월에 법률안 제안 이후 약 1년이 흐른 2014년 11월에 다시 소관 상임위원에서 논의되었다. 제329회 국회 정기회 농림축산식품해양수산 소위 제2차 회의록(2014년 11월 24일)을 보면, 부처 간 이견이 드러난다. 법 적용대상 지역문제였다. 농식품부와 국토해양부 간의 이견이 존재했다. 제정법안으로 공청회를 실시하지 않은 것도 제기되었다.

어촌마을 포함 여부는 해양수산부가 「어촌특화발전지원특별법」의 개정을 통해서 별도로 추진하겠다는 입장을 밝혔다.

「농촌 마을공동체 활성화 지원에 관한 법률안」에 대해 제320회 국회 정기회 국토교통 제5차 회의(2013년 11월 26일)에서 의견제시가 있었다. 2013년 6월에 제정된 「도시재생 활성화 및 지원에 관한 특별법」과 유사하다는 점을 지적하였다. 대상지역과 지원조직 등의 중첩으로 혼선과 재정 낭비가 초래될 가능성이 큰 것으로 본 것이다. 따라서 법안의 적용대상에서 「도시재생 활성화 및 지원에 관한 특별법」상의 도시지역을 제외시켜 줄 것을 농해수위원회에 요청하는 의견을 원안대로 의결하였다.

이렇게 「지역공동체 활성화 지원법안」이 「농촌 마을공동체 활성화 지원에 관한 법률안」과의 유사성 논란과 「도시재생 활성화 및 지원에 관한 특별법」의 대상지역 중첩 등 부처 간 이견이 상존했다. 결론적으로 19대 국회 종료와 함께 자동폐기 된 것이다.

2016년 4월 국회의원 선거가 끝나고 동년 5월 30일부터 제20대 국회가 개원되었다. 「지역공동체 활성화 지원법안」은 내용이 보완, 수정되어 「지역공동체 활성화 기본법안」으로 다시 발의되었다. 2016년 11월 18일 제안된 「지역공동체 활성화 기본법안」은 유민봉 의원이 대표발의했다. 제349회 국회 임시회 제3차 안전행정위원회(2017년 2월 27일)에서 제정 이유가 설명되었다.

5. 지역공동체 활성화 기본법안

「지역공동체 활성화 기본법안」이 국회에 발의되기 직전에 법안에
대한 의견교환 회의가 있었다. 관련 부처에서 전문가 회의였고, 마
지막 손질하기 전이었던 것으로 기억하고 있다. 다양한 이해관계자
들의 의견을 수렴하고 회의하고 작성한 흔적이 보였다. 사전에 법안
을 보내주고 검토해달라는 요청을 받았다.

필자의 입장에서는 해당 법안에 마을기업이 어떤 방식으로 구성

되고 표현되어 있는지가 가장 큰 관심사였다. 2013년에도 비슷한 법안에 마을기업이 포함되어 있었지만 공동체 논란으로 폐기된 법안이 생각났기 때문이다. 자료를 받자마자 마을기업부터 찾았다. 제2조(정의)에 마을기업에 대한 정의조차 표현되지 않은 것에 대해 난감해졌다. 이번 법안 역시 마을기업은 형식적으로 포함되는 수준에 지나지 않을 것이라 판단했다. 그래서 꼼꼼히 법안을 살펴보았다.

다음의 내용은 필자가 2016년 9월에 해당 법안에 대해 검토한 내용이다. 이후 몇 번의 수정을 거쳐서 11월에 국회에 제안된 법안과는 조금 차이가 있다는 것을 밝혀둔다. 전문가들의 의견을 수렴하여 수정한 것도 보이지만 대부분 순서만 바꾸었을 뿐 그대로 발의한 것으로 보인다.

첫 번째, 법안의 제안 이유는 하향식(top-down)이 아닌 상향식(bottom-up) 추구가 필요하며, 지역주민의 소속감과 유대감 강화 등 심리적, 문화적 측면보다는 시설물 건축이나 장비 구축 등 주로 물리적, 경제적인 측면에 치우쳐 왔다는 한계를 극복하고자 하며, 지역주민들이 상호작용과 사회적, 심리적 유대감을 바탕으로 주민 주도하에 자발적으로 지역사회의 현안을 해결하고자 한다고 되어 있다.

그러나 법안 내용에는 공공시설물 임대 및 위탁, 마을기업 등 물리적, 경제적인 측면이 부각되어 있다. 법안 제18조(지역공동체 자립기반 조성) 제1항 지역공동체 일자리 창출, 제2항 주민의 소득창출을 위한 마을기업 설립운영, 제3항 주민의 생활환경 개선 및 지역공동체 활동 공간 조성, 4항 주민의 지역자원을 활용한 수익사업에 대해 행정적·재정적 지원을 받았을 경우에는 그 이익금의 일부를 지역공동체기금에 적립하거나 지역공동체 활성화를 목적으로 지출하여야 한다.

제21조(지역공동체자산의 활용) 시설장비를 파악하고, 유휴자산에 대한 활용대책을 수립하여 반영한다. 제22조(부기등기 등) 보조금을 지원받아 취득, 효용가치가 증가한 토지·건물 등 부동산에 관한 소유권 등기를 한다. 제24조(국유·공유재산에 대한 특례) 국유·공유재산을 활용하려는 지역공동체에 대해 사용료 감면한다.

두 번째, 법안의 주요내용에서 "자. 지역공동체 활성화 계획의 수립 지원, 역량강화를 위한 교육과정 운영 등 지역공동체 활성화 업무의 효율적 수행을 위하여 시장·군수·구청장 및 시·도지사는 각각 지역지원센터를 설립·운영할 수 있으며, 지방자치단체의 출연기관인 한국지역진흥재단을 한국지역진흥원으로 개편하여 국가 차원의 지역공동체 활성화 업무를 지원할 수 있도록 함(안 제15조, 제16조, 부칙)"로 되어 있다. 필자가 검토한 법안은 행정안전부 산하의 한국지역진흥재단을 지역공동체진흥원으로 개편함(안 제16조, 제17조, 부칙 제3조)이었다.

그러나 필자가 검토한 법안은 물론 최종적으로 국회에 제안된 법안의 제15조(지역공동체지원센터) 또는 제16조(한국지역진흥원)를 살펴봐도 한국지역진흥재단과의 연결고리가 없다. 법안의 중요내용으로 표시되어 있지만 정작 법안 본문에는 한국지역진흥재단과 지역공동체지원센터와 한국지역진흥원과의 관련성은 보이지 않았다. 다만, 부칙 제2조제6항(한국지역진흥재단 해산), 제3조제1항(한국지역진흥원 승계)과 제3조제2항(직원 승계)에 구체적으로 적시되어 있다.

세 번째, 법안 제2조(정의) "지역공동체"란 다음 각 목의 어느 하나에 해당하는 일정한 지역을 중심으로 상호작용을 하며 사회적·

심리적 유대감과 소속감을 가지는 주민 전체를 말한다. 가. 「지방자치법」 제3조제3항에 따른 동·리 또는 같은 법 제4조의2제4항에 따른 행정동·리, 나. 그 밖에 주민들이 경제·문화·생활기반 등을 공유하는 공간적·사회적 범위 "지역공동체조직"이란 지역공동체의 주민 전체 또는 일부가 당해 지역공동체 활성화를 위하여 결정한 조직을 말한다.

지방자치법

제3조(지방자치단체의 법인격과 관할)
③ 특별시·광역시 및 특별자치시가 아닌 인구 50만 이상의 시에는 자치구가 아닌 구를 둘 수 있고, 군에는 읍·면을 두며, 시와 구(자치구를 포함한다)에는 동을, 읍·면에는 리를 둔다. <개정 2011.5.30.>
제4조의2(자치구가 아닌 구와 읍·면·동 등의 명칭과 구역)
④ 동·리에서는 행정 능률과 주민의 편의를 위하여 그 지방자치단체의 조례로 정하는 바에 따라 하나의 동·리를 2개 이상의 동·리로 운영하거나 2개 이상의 동·리를 하나의 동·리로 운영하는 등 행정 운영상 동·리(이하 "행정동·리"라 한다)를 따로 둘 수 있다.

그러나 사회적·심리적 유대감과 소속감을 가지는 주민전체의 범위가 동, 리 단위 전체를 말하는지 명확히 해야 하며, 대도시에서의 동 단위의 규모를 대상으로 주민전체로 규정해야 하는지 판단이 필요하다. 예를 들어, 청량리동 인구 2만 5,438명을 하나의 공동체로 볼 수 있는지에 대한 합의가 필요하다.

또한 지역공동체조직도 "지역공동체"인지 "지역공동체조직"인지를 명확히 해야 한다. 예컨대 제3조(주민자율의 원칙), 제4조(개방성의 원칙), 제5조(상생의 원칙)은 지역공동체의 의무를 규정하고 있으나, 제6조(지역사회 기여의 원칙)는 지역공동체조직의 의무를 지정하고 있다.

네 번째, 제10조(지역공동체활동계획 수립) 제1항, 지역공동체는 계획을 제출할 수 있고, 제2항, 계획 수립을 지역공동체조직 등 다른 기관·단체·법인에 위탁할 수 있다. 제4항, 조례로 정한다.

그러나 지역공동체를 구성하는 동 또는 리에서 주체는 누구인가? 동주민자치위원회인가? 사회직능단체 총연합회 조직인가? 지역공동체활성화 계획을 외부에 위탁할 정도면 제3조(주민자율의 원칙)를 훼손하는 것은 아닌가? 조례로 규정을 정한다면 의무사항 아닌가? 등의 의문에 대한 명확한 기준이 필요하다.

다섯째, 제16조(지역공동체 지역지원센터) 제1항 시장·군수·구청장 또는 시·도지사는 지역센터를 설치·운영할 수 있다. 제2항, 공공기관 또는 법인단체 등에 지역센터의 운영을 위탁할 수 있으며, 경비의 전부 또는 일부를 지원할 수 있다.

그러나 제2조(정의) 제4항 "지역공동체조직"을 활용할 수 있는 방법은 없는지에 대한 검토가 필요하다. 예를 들어, 서울시의 경우 마을공동체지원센터하에 자치구별로 지역활동가 중심으로 마을자치구 사업단(자생단) 별도 운영하거나, 사업단 형식으로 지원하고 있다.

여섯째, 제17조(지역공동체진흥원) 제5항제2호 지방자치단체의 지역공동체 활성화 계획 수립을 위탁할 수 있다.

그러나 제11조(시·군·구 및 시·도 지역공동체 활성화 계획 수립) 제1항과 제2항에서 "5년마다 수립·시행하여야 한다"로 되어 있고, 제16조(지역공동체 지역지원센터) 제1항제2호 "지역공동체활동계획의 수립·시행에 필요한 지원"으로 규정되어 있다. 따라서 이는 지역공동체진흥원만이 전국 17개 광역시도와 225개의 기초지방자치단체의 지역공동체 활성화 계획 수립을 전담하는 것처럼 보인다. 가능한 일인지 판단이 요구된다.

일곱 번째, 제17조(지역공동체진흥원) 제5항제9호, 지역자원을 활용한 마을기업 등의 설립운영컨설팅 지원을 위탁할 수 있다.

그러나 법안 중에서 마을기업이란 구체적 사업명이 처음으로 나타났다. 따라서 마을기업이 무슨 의미인지에 대한 내용이 제2조(정의)에 기록되어야 한다. 예컨대 마을기업은 행정안전부 「마을기업 육성사업 시행지침」에서 규정한 마을기업으로 한다.

또한 서울시의 경우, 공간임대보증금 사업비 1억 원 받는 사업단체를 서울형마을기업이라 수행하였다. 전라남도, 강원도, 경기도, 경상남도 등 예비마을기업 제도를 도입 운영하고 있다. 전라북도의 경우는 자립형 마을기업제도(마을기업 고도화사업)를 시행하고 있다.

일부 시민사회단체에서는 마을단위에서 일어나는 사업을 마을기업이라 칭하는 경우도 많다. 이는 사회적경제 기본법안에 포함되는 사회적기업, 마을기업, 협동조합, 자활기업 등에서 유일하게 법적 근거를 마련하지 못하고 있는 마을기업 사업이 통상 마을단위 사업에 대해 마을기업이라는 명칭을 독점적으로 사용할 수 있는 근거가 있는가? 지역공동체 활성화 정책을 효율적으로 추진하기 위하여 마을기업뿐만 아니라 협동조합, 농촌공동체회사, 사회적기업(예비 포함), 협동조합(사회적협동조합), 자활기업 등 각 부처 사업이 있다.

여덟 번째, 제18조(지역공동체 자립기반 조성) 제1항제2호 주민의
소득창출을 위한 마을기업 설립·운영이다.

그러나 소득창출을 위한 다양한 사업 농림부의 6차산업 등 타 부
처의 프로그램이 대기 중에 있다. 국토교통부의 「도시재생 활성화
및 지원에 관한 법률(도시재생법)」에 규정한 마을기업은 무엇이고
무슨 차이가 있는지 구분해야 한다.

제9조(전담조직의 설치) 제2항제6호
6. 마을기업 등 지역자원을 활용한 도시재생사업의 발굴 및 추진
제11조(도시재생지원센터의 설치) 제1항제4호
4. 마을기업의 창업 및 운영 지원
제26조(도시재생사업의 시행자) 제1항제5호
5. 마을기업, 「사회적기업 육성법」 제2조제1호에 따른 사회적기업, 「협동조합 기본법」 제2조제3호에 따른 사회적협동조합 등 지역주민 단체
제27조(보조 또는 융자) 제1항제8호
8. 마을기업, 「사회적기업 육성법」 제2조제1호에 따른 사회적기업, 「협동조합 기본법」 제2조제3호에 따른 사회적협동조합 등의 지역활성화 사업 사전기획비 및 운영비
제28조(도시재생특별회계의 설치 및 운용) 제3항제8호
8. 마을기업 등의 사전기획비 및 운영비
제30조(국유재산·공유재산 등의 처분 등)
제31조(조세 및 부담금의 감면 등)
제32조(건축규제의 완화 등에 관한 특례)

아홉 번째, 제22조(부기등기 등) 지역공동체가 국가 및 지방자치단체로부터 보조금을 지원받아 취득하였거나 그 효용가치가 증가한 토지·건물 등 부동산에 관한 소유권 등기에는 부기등기[9]를 하여야 한다.

그러나 부기등기에 대해서 「보조금 관리에 관한 법률」 제35조의2의 규정을 면밀히 검토할 필요가 있다.

---

[9] 부기등기(附記登記): 독립된 등기란을 설정하지 아니하고, 이미 설정한 주등기에 덧붙여서 그 일부를 변경하는 등기.

「보조금 관리에 관한 법률」

제35조의2(중요재산의 부기등기) ① 보조사업자 또는 간접보조사업자는 중요재산 중 부동산에 대한 소유권 등기를 할 때 다음 각 호에서 정한 사항을 표기내용으로 하는 부기등기(附記登記)를 하여야 한다. 다만, 「국유재산법」 등에 따라 국가·지방자치단체가 취득·관리하는 부동산의 경우에는 그러하지 아니하다.
1. 해당 부동산은 보조금 또는 간접보조금을 교부받아 취득하였거나 그 효용가치가 증가한 재산이라는 사항
2. 보조금 또는 간접보조금의 교부 목적과 해당 부동산의 내용연수를 고려하여 중앙관서의 장이 정한 기간이 지나지 아니하였음에도 그 부동산을 보조금 또는 간접보조금의 교부 목적에 위배되는 용도에 사용, 양도, 교환, 대여 및 담보로 제공하려는 경우에는 중앙관서의 장의 승인을 받아야 한다는 사항
② 제1항에 따른 부기등기는 소유권보존등기, 소유권이전등기 또는 토지·건물표시변경등기와 동시에 하여야 한다. 다만, 보조금 또는 간접보조금의 교부로 부동산의 등기내용이 변경되지 아니하는 경우에는 제27조에 따른 보조사업실적보고서 제출 전까지 부기등기를 하여야 한다.
③ 제1항에 따른 부기등기일 이후에 제35조제3항을 위반하여 중요재산을 양도·교환·대여하거나 담보물로 제공한 경우에는 그 효력을 무효로 한다.
④ 보조사업자 또는 간접보조사업자는 다음 각 호의 어느 하나에 해당하는 경우에는 제1항에 따른 부기등기 사항을 말소할 수 있다.
1. 보조사업자 또는 간접보조사업자가 제18조제2항 또는 제31조에 따라 보조금 또는 간접보조금의 전부를 국가에 반환하고, 중앙관서의 장으로부터 이러한 사실을 확인받은 경우
2. 보조금 또는 간접보조금의 교부 목적과 부동산의 내용연수를 고려하여 중앙관서의 장이 정한 기간이 지난 경우 [본조신설 2016.1.28.]

열 번째, 제25조(공공기관의 우선 구매 등) 중소기업제품 구매촉진 및 판로지원에 관한 법률 제2조제2호에 따른 공공기관의 장은 당해 공공기관이 소재한 지역의 지역공동체가 생산한 재화나 서비

스를 우선 구매할 수 있다.

그러나 지역공동체가 생산한 재화 및 서비스는 해당 지역주민 전체가 생산하는 제품과 서비스인지 판단해야 한다. 해당 지역에 소재하고 해당 지역주민들이 운영하는 영세기업부터 중소, 중견기업 제품은 우선 구매조항에서 제외되는 것인지에 대한 분명함이 필요하다.

「장애인기업활동 촉진법(장애인기업법)」상의 공공기관 우선구매 내용이다.

「장애인기업활동 촉진법(장애인기업법)」

제9조의2(공공기관의 우선 구매) ① 공공기관의 장은 장애인기업(「중소기업기본법」 제2조에 따른 중소기업자만 해당한다. 이하 이 조에서 같다)이 직접 생산하고 제공하는 제품(이하 이 조에서 "장애인기업제품"이라 한다)의 구매를 촉진하여야 한다.
② 공공기관의 장이 「중소기업제품 구매촉진 및 판로지원에 관한 법률」 제5조제1항에 따라 작성하는 구매계획에는 장애인기업제품의 구매계획을 구분하여 포함시켜야 한다.
③ 제2항에 따른 장애인기업제품 구매계획에는 대통령령으로 정하는 비율 이상의 구매목표를 포함시켜야 하며, 공공기관의 장은 해당 구매계획 이상을 장애인기업제품으로 구매하도록 노력하여야 한다.
④ 중소기업청장은 제3항에 따른 구매계획을 확인한 결과 개선이 필요하다고 인정되는 사항에 대하여는 해당 공공기관의 장에게 그 개선을 권고할 수 있다. 이 경우 해당 공공기관의 장은 특별한 사정이 없으면 구매계획에 이를 반영하여야 한다.
⑤ 제2항부터 제4항까지의 규정에 따른 구매계획과 구매실적의 통보에 필요한 사항은 「중소기업제품 구매촉진 및 판로지원에 관한 법률」 제5조제4항을 준용한다.
[전문개정 2016.1.27.]

「여성기업지원에 관한 법률(여성기업법)」상의 공공기관 우선구매 내용이다.

「여성기업지원에 관한 법률(여성기업법)」

제9조(공공기관의 우선 구매) ① 공공기관의 장은 여성기업(「중소기업 기본법」 제2조에 따른 중소기업자만 해당한다. 이하 이 조에서 같다)이 직접 생산하고 제공하는 제품(이하 이 조에서 "여성기업제품"이라 한다) 의 구매를 촉진하여야 한다.
② 공공기관의 장이 「중소기업제품 구매촉진 및 판로지원에 관한 법률」 제5조제1항에 따라 작성하는 구매계획에는 여성기업제품의 구매계 획을 구분하여 포함시켜야 한다.
③ 제2항에 따른 여성기업제품의 구매계획에는 대통령령으로 정하는 비 율 이상의 구매목표를 포함시켜야 하며, 공공기관의 장은 해당 구매 계획을 이행하여야 한다. <개정 2013.7.30.>
④ 중소기업청장은 제3항에 따른 구매계획을 확인한 결과 개선이 필요 하다고 인정되는 사항에 대하여는 해당 공공기관의 장에게 그 개선 을 권고할 수 있다. 이 경우 해당 공공기관의 장은 특별한 사정이 없 으면 구매계획에 이를 반영하여야 한다.
⑤ 제2항부터 제4항까지의 규정에 따른 구매계획과 구매실적의 통보에 필요한 사항은 「중소기업제품 구매촉진 및 판로지원에 관한 법률」 제5조제4항을 준용한다.
<개정 2016.1.27.>
[전문개정 2009.12.30.]

「사회적기업 육성법」상의 공공기관 우선구매 내용이다.

「사회적기업 육성법」

제12조(공공기관의 우선 구매) ① 「중소기업제품 구매촉진 및 판로지원에 관한 법률」 제2조제2호에 따른 공공기관의 장(이하 "공공기관의 장"이라 한다)은 사회적기업이 생산하는 재화나 서비스(이하 "사회적기업제품"이라 한다)의 우선 구매를 촉진하여야 한다. <개정 2012.2.1.>
② 공공기관의 장은 사회적기업제품의 구매 증대를 위한 구매계획과 전년도 구매실적을 고용노동부 장관에게 통보하여야 한다. <개정 2012.2.1.>
③ 고용노동부 장관은 제2항에 따른 구매계획과 구매실적을 종합하여 공고하여야 한다. <신설 2012.2.1.>
④ 제2항 및 제3항에 따른 구매계획과 구매실적의 통보 및 공고에 필요한 사항은 대통령령으로 정한다. <신설 2012.2.1.> [전문개정 2010.6.8.]

「협동조합기본법」상의 공공기관 우선구매 내용이다.

「협동조합기본법」

제95조의2(공공기관의 우선 구매) ① 「중소기업제품 구매촉진 및 판로지원에 관한 법률」 제2조제2호에 따른 공공기관의 장은 구매하려는 재화나 서비스에 사회적협동조합이 생산하는 재화나 서비스가 있는 경우에는 해당 재화나 서비스의 우선 구매를 촉진하여야 한다.
② 제1항에 따른 공공기관의 장은 사회적협동조합이 생산하는 재화나 서비스의 구매 증대를 위한 구매 계획과 전년도 구매 실적을 기획재정부 장관에게 통보하여야 한다.
③ 제2항에 따른 구매 계획과 구매 실적의 통보에 필요한 사항은 대통령령으로 정한다.
[본조신설 2014.1.21.]

「국민기초생활 보장법(자활기업 내용 포함)」상의 공공기관 우선
구매 내용이다.

「국민기초생활 보장법」

제18조(자활기업) ① 수급자 및 차상위자는 상호 협력하여 자활기업을
설립·운영할 수 있다.
② 자활기업은 조합 또는 「부가가치세법」상의 사업자로 한다.
③ 보장기관은 자활기업에게 직접 또는 제15조의2에 따른 중앙자활센
　터, 제15조의3에 따른 광역자활센터 및 제16조에 따른 지역자활센터
　를 통하여 다음 각 호의 지원을 할 수 있다.
1. 자활을 위한 사업자금 융자
2. 국유지·공유지 우선 임대
3. 국가나 지방자치단체가 실시하는 사업의 우선 위탁
4. 국가나 지방자치단체의 조달구매 시 자활기업 생산품의 우선 구매
5. 그 밖에 수급자의 자활촉진을 위한 각종 사업
④ 그 밖에 자활기업의 설립·운영 및 지원에 필요한 사항은 보건복지
　부령으로 정한다.
[전문개정 2012.2.1.]

「중소기업제품 구매촉진 및 판로지원에 관한 법률(판로지원법)」
상의 공공기관 우선구매 내용이다.

「중소기업제품 구매촉진 및 판로지원에 관한 법률(판로지원법)」

2. "공공기관"이란 다음 각 목의 어느 하나에 해당하는 기관 또는 법인
　을 말한다.
가. 국가기관
나. 지방자치단체
다. 특별법에 따라 설립된 법인 중 대통령령으로 정하는 자
라. 「공공기관의 운영에 관한 법률」 제5조에 따른 공공기관 중 대통령
　령으로 정하는 자

2013년 6월에 제정된 「도시재생 활성화 및 지원에 관한 특별법(약칭: 도시재생법)」에 따른 마을기업은 전체 마을기업 중의 10개에도 미치지 못한다. 반면 게스트하우스가 마을기업으로 지정이 되면 외국인은 물론 내국인에 대해서도 영업이 허용된다. 이 또한 마을기업만이 가지고 있는 장점이다.

게스트하우스는 「관광진흥법시행령」 제2조1항제제6호차목의 '한옥체험업' 키목의 '외국인관광 도시민박업'에 해당된다. 기본적으로 외국인을 대상으로 숙박업을 할 수 있다. 하지만 현실적으로 전국의 게스트하우스가 외국인보다는 내국인들을 대상으로 영업하고 있는 경우가 많다. 이러한 현실적인 어려움 등을 감안하여 규제완화 차원에서 도입한 것이 마을기업의 확장성이다. 즉, 도시재생지역에서 게스트하우스는 마을기업으로 운영되어 지정이 가능하다. 「관광진흥법시행령」 제2조제1항제3호바목(외국인관광도시민박업)에 따른 마을기업이다.

「관광진흥법 시행령」

제2조(관광사업의 종류) 제3항바목 외국인관광 도시민박업
바. 외국인관광 도시민박업: 「국토의 계획 및 이용에 관한 법률」 제6조제1호에 따른 도시지역(「농어촌정비법」에 따른 농어촌지역 및 준농어촌지역은 제외한다. 이하 이 조에서 같다)의 주민이 자신이 거주하고 있는 다음의 어느 하나에 해당하는 주택을 이용하여 외국인 관광객에게 한국의 가정문화를 체험할 수 있도록 적합한 시설을 갖추고 숙식 등을 제공(도시지역에서 「도시재생 활성화 및 지원에 관한 특별법」 제2조제6호에 따른 도시재생활성화계획에 따라 같은 조 제9호에 따른 마을기업이 외국인 관광객에게 우선하여 숙식 등을 제공하면서, 외국인 관광객의 이용에 지장을 주지 아니하는 범위에서 해당 지역을 방문하는 내국인 관광객에게 그 지역의 특성화된 문화를 체험할 수 있도록 숙식 등을 제공하는 것을 포함한다)하는 업

「관광진흥법 시행령」

제2조(관광사업의 종류) 제3항바목 외국인관광 도시민박업

바. 외국인관광 도시민박업: 「국토의 계획 및 이용에 관한 법률」 제6조 제1호에 따른 도시지역(「농어촌정비법」에 따른 농어촌지역 및 준농어촌 지역은 제외한다. 이하 이 조에서 같다)의 주민이 자신이 거주하고 있는 다음의 어느 하나에 해당하는 주택을 이용하여 외국인 관광객에게 한국 의 가정문화를 체험할 수 있도록 적합한 시설을 갖추고 숙식 등을 제공 (도시지역에서 「도시재생 활성화 및 지원에 관한 특별법」 제2조제6호에 따른 도시재생활성화계획에 따라 같은 조 제9호에 따른 마을기업이 외 국인 관광객에게 우선하여 숙식 등을 제공하면서, 외국인 관광객의 이 용에 지장을 주지 아니하는 범위에서 해당 지역을 방문하는 내국인 관 광객에게 그 지역의 특성화된 문화를 체험할 수 있도록 숙식 등을 제공 하는 것을 포함한다)하는 업

차. 한옥체험업: 한옥(주요 구조부가 목조구조로서 한식기와 등을 사용 한 건축물 중 고유의 전통미를 간직하고 있는 건축물과 그 부속시설을 말한다)에 숙박 체험에 적합한 시설을 갖추어 관광객에게 이용하게 하 거나, 숙박 체험에 딸린 식사 체험 등 그 밖의 전통문화 체험에 적합한 시설을 함께 갖추어 관광객에게 이용하게 하는 업

관광진흥법 시행령 제2조(2014년 11월 시행)에 의해 도시재생 활성 화계획에 따라 마을기업이 운영하는 외국인관광 도시민박업의 경우, 해당 지역을 방문하는 내국인 관광객에게 숙식 등 제공이 가능하게 되 었다. 이는 그동안 외국인관광 도시 민박업의 경우 외국인 관광객에만 숙식 등 제공이 가능하고 내국인에게는 불가한 점을 개선한 것이다.

도시민박 내국인 관광객도 숙식 제공 가능	○ 외국인관광 도시 민박업 외국인 관광객에게만 숙식 등 제공 가능	○ 도시재생 활성화계획에 따라 마을기업이 운영하는 외국인관광 도시민박업의 경우, 해당 지역을 방문하는 내국인 관광객에게 숙식 등 제공 가능 * 근거: 관광진흥법 시행령 제2조 (2014년 11월 시행)	관광 진흥과

지역공동체 또는 마을공동체가 전달하는 메시지에 대한 사회적 합의가 쉽지 않다. 2013년 발의된 「지역공동체 활성화 지원법안」 및 2016년에 발의된 「지역공동체 활성화 기본법안」상의 공동체에 대한 정의는 규정하고 있다. 다만 법안 심사과정 또는 의견수렴 과정 등에 다양한 시각차이로 논란이 많다. 이에 국회 안전행정위원회 수석전문위원실에서 작성한 「지역공동체 활성화 기본법안」 검토보고서[10]를 그대로 인용하였다.

<표 2-32> 공동체 개념

연구자	공동체의 개념	공동체 요인
최병두(2003)	인간의 사회적 기본 필요의 충족을 위한 가장 기본적인 단위로서 지역성을 전제로 하며, 나아가 집단적으로 공유하는 가치의 공간으로 문화적 전통, 사회적 융합, 그리고 규범적 구조가 생산되고 재생산되는 영역	지역성, 집단적 가치공유 공간
김영정(2008)	공동체개념은 공생적 사회집단의 의미로 사용되며 정주의 단위를 기본으로 하는 소속감과 유대감을 공유하는 사회집단	지역성, 소속감, 유대감
박병춘(2012)	협의적으로 물리적 공간으로서 일정 지역을 주요 기반으로 하며, 지역주민과 생활전반에 걸쳐 서로 긴밀하게 사회적으로 상호작용하고, 공동의 목표와 가치라는 정서적 유대감을 공유하는 사회적 조직단위체	지역기반, 사회적 상호작용, 정서적 유대감
Mattesich et al.(1997)	지리적으로 한정된 지역 안에 거주하면서 상호간 자신들이 살고 있는 장소에 대해 사회적·심리적 유대를 가지고 있는 사람들의 집합체	지역성, 상호성, 유대감
Hillery(1955)	일정한 영역에서 공동의 유대감을 가지고 상호작용을 하는 주민의 집단	지역성, 동질성, 상호교류

※ 출처: 공동체 활성화를 위한 길라잡이(2015.10, 한국지방행정연구원)에서 가공
원문은, "Community consists of persons in social interaction within a geographic area and having one or more additional common ties"로, George A. Hillary(1955), *Definitions of community, Areas of agreement*에서 발췌

---

10) 2017년 2월 유민봉 의원이 발의한 「지역공동체 활성화 기본법안」 검토보고서, 안전행정위원회 박수철 수석전문위원 작성.

학술적으로는, "공동체"가 명확히 규정될 수 없는 의미의 다양성을 갖고 있기 때문에 공동체의 정의에 대한 이론적 논의도 공동체를 주목하는 시각에 따라 다양하다. 이 중 공동체의 개념요소로 지역성(locality)을 들고 있는 사례는 아래 표와 같으며, 본문에서는 학술적으로 가장 흔하게 사용된다고 보이는 Hillery(1955)의 정의를 인용하였다.

2016년 경제협력기구(OECD)의 '더 나은 삶의 질 지수(Better life Index)' 조사결과 전체 38개국 중 우리나라의 '전반적인 삶의 만족도'는 31위, 공동체의 결속력을 나타내는 '어려움에 처했을 때 도움을 요청할 수 있는 친척·친구 또는 이웃이 있는지'는 최하위 수준인 37위로 나타났다.

또한 국가주요지표인 사회단체 참여율 통계(2015)에 따르면 우리 국민의 사회단체 참여율은 48.9%이고, 사회단체 참여자 중 지역사회모임에 참여하는 비율은 9.2%에 불과한 수준이며, 사회단체에 참여한 사람들이 주로 참여하는 단체의 유형은 친목사교단체(75.6%), 취미단체(35.2%), 종교단체(27.2%)로 주로 사적인 영역에 쏠려 있다. 사적인 영역에 사람들의 활동이 집중되는 현상은 한국인의 사회활동이 사회적 자본으로 잘 연결되지 못하고 있다는 것을 의미한다. (국가지표체계 중 사회단체 참여율 통계와 해석 요약)

<표 2-33> 지역공동체 활성화 사업 실시 현황(2015년 기준)

부처	근거법령	주요사업
행자부 (5개/304억)	접경지역지원특별법 전자정부법	도서·접경지역 지원사업, 마을기업, 마을공방, 정보화마을, 희망마을
농림축산식품부 (4개/9,055억)	농어업인 삶의 질 향상 및 농어촌 지역 개발촉진에 관한 특별법	일반농산어촌개발, 체험휴양마을, 신규마을 조성, 농어촌 취약지역 생활여건 개조 사업
국토부 (3개/1,042억)	도시재생특별법	도시재생, 도시활력증진, 도시 취약지역 생활여건 개조 사업
고용노동부(944억)	사회적기업육성법	사회적기업
문화체육관광부 (220억)	지역문화진흥법	생활문화 공동체 만들기, 문화특화지역 조성사업, 생활문화센터 지원
환경부(196억)	자연환경보전법	자연생태우수마을
해양수산부(3억)	어촌특화발전지원특별법	어촌특화발전역량강화

정부의 지역공동체 활성화 사업은 7개 정부부처에서 연 1조 2천여억 원의 규모로 20여 개 사업을 실시하고 있다. 지방자치단체에서도 최근 10년간 8,200여 개의 지역공동체를 조성하는 등 국가와 지방자치단체 차원에서 지역공동체의 형성과 복원을 위한 대규모의 투자가 이루어지고 있다.

<표 2-34> 지방자치단체의 지역공동체사업 실시 사례

유형	주요사업	유형	주요사업
소득 창출	마을공방, 로컬푸드, 지역화폐, 마을까페, 생활협동조합, 체험관광 마을조성 등	교육 문화	마을도서관, 마을학교, 공동육아, 학습동아리 만들기, 마을축제, 전통문화 보존 등
사회통합 복지	다문화지원, 여성·장애인·노인친화 마을 조성, 독거노인 돌봄, 귀농귀촌, 도농교류 등	생활 여건개선	마을주차장·놀이터 등 공유공간 조성, 공동주택 주민협약, 마을경관 가꾸기 등
안심 안전	마을 안전시설 조성, 안전문화운동, 통학지도, 마을순찰대 등	환경생태	에너지자립마을 조성, 마을숲 복원, 공동체텃밭·정원 가꾸기 등

이미 시행되고 있는 「도시재생 활성화 및 지원에 관한 특별법」 (2013.6.4. 제정, 이하 '도시재생법')이나 국회 농림축산식품해양수산위원회에 계류되어 있는 「농촌 마을공동체 활성화 지원법안」(의안번호 2004408, 홍문표 의원 대표발의(2016.12.15), 이하 '농촌 마을공동체법안')과 목적, 용어 정의와 수행 체계에 있어 일부 유사한 측면이 있다고 보인다.

<표 2-35> 지역공동체 활성화 기본법안과 유사 법률안의 비교

구 분	지역공동체 활성화 기본법안	'도시재생법'	'농촌 마을공동체법안'
제정 목적	주민의 자발적 참여를 바탕으로 지역공동체의 역량을 강화하고 자립기반을 조성할 수 있도록 지원함으로써 **지역공동체의 활성화**를 통해 **주민의 행복을 증진**하고 **지역발전**에 기여	도시의 경제적·사회적·문화적 활력 회복을 위하여 공공의 역할과 지원을 강화함으로써 도시의 자생적 성장기반을 확충하고 도시의 경쟁력을 제고하며 **지역공동체를 회복**하는 등 **국민의 삶의 질 향상**에 이바지	농촌마을 주민 스스로 마을 발전을 위한 계획을 수립하여 시행하도록 촉진하고, 이를 위한 국가나 지방자치단체 등의 지원체계에 관한 사항을 규정함으로써 **농촌마을의 공동체 활성화**와 **지속가능한 발전** 도모
주요 정의	지역공동체: 일정한 지역을 중심으로 상호작용을 하며 사회적·심리적 유대감과 소속감을 가지는 주민 전체 지역공동체 활성화: 주민 간 상호작용을 통해 사회적·심리적 유대감과 소속감을 강화하고 지역공동체의 경제·사회·문화적 발전을 도모하는 것	도시재생: 인구 감소, 주거환경 노후화 등으로 쇠퇴하는 도시를 지역역량 강화, 새로운 기능의 도입·창출 및 지역자원 활용을 통하여 경제적·사회적·물리적·환경적으로 활성화시키는 것 도시재생활성화지역: 국가와 지방자치단체의 자원과 역량을 집중함으로 도시재생을 위한 사업의 효과를 극대화하려는 전략적 대상지역	농촌 마을공동체: 농촌 중에서 주민협의체를 구성하여 지역의 발전을 도모하는 집단 농촌마을만들기: 농촌마을 주민 또는 단체가 참여하여 농촌마을의 전통과 특성, 자원 등을 활용하여 농촌마을의 물리적·사회적·경제적 환경을 개선함으로써 농촌마을 주민의 삶의 질을 높이고 지속가능한 마을공동체의 형성과 발전을 도모하는 활동
적용 대상	지역공동체에 관하여 다른 법률에 특별한 규정이 있는 경우에는 제외	도시재생활성화지역에 관하여 다른 법률보다 우선하여 적용	농촌마을만들기에 관하여 다른 법률에 우선하여 적용

	상향식 계획 작성	하향식 계획 작성	하향식 계획 작성
계획 수립 · 시행	(행정안전부 장관) 기본방침 작성 ↓ (시장 · 군수 · 구청장) 시 · 군 · 구 지역 공동체 활성화 계획 수립 · 시행(5년마다), 시 · 군 · 구 연도별 시행계획 수립 · 시행(매년) ↓ (시 · 도지사) 시 · 도 지역공동체 활성화 계획 수립 · 시행 (5년마다) 시 · 도 연도별 시행계획 수립 · 시행(매년) ↓ (행정안전부 장관) 지역공동체 활성화 기본계획 수립 · 시행 (5년마다)	(국토교통부 장관) 국가도시 재생 기본방침 수립 (10년마다) ↓ (시 · 도지사, 시장 · 군수) 도시재생전략계획 수립 (10년마다), 도시재생활성화계획 수립	(농림축산식품부 장관) 농촌마을만들기 활성화 기본계획 수립(5년마다) 농촌마을만들기 활성화 시행계획 수립 · 시행 (5년마다) ↓ (시 · 도지사) 시 · 도 농촌마을만들기 활성화 계획 수립 · 시행 (5년마다) ↓ (시장 · 군수 · 구청장) 시 · 군 · 구 농촌마을 만들기 활성화 계획 수립 · 시행(매년) ※ 농촌마을만들기 주민협의체는 농촌마을만들기 계획을 수립할 수 있고, 시 · 군 · 구 계획 반영 가능
정책 추진 체계 구축 · **중앙 위원회**	지역공동체정책위원회 (국무총리)	도시재생특별위원회 (국무총리)	
지방 위원회	지역공동체위원회 (의무설치)	지방도시재생위원회 (임의설치)	
전담 조직	지역공동체 활성화 업무 총괄 추진 부서 지정 · 운영 가능	도시재생 관련 업무를 총괄 · 조정하는 전담조직 설치 가능	농촌마을만들기 관련 업무를 총괄 · 조정하는 전담부서 설치 또는 전문가를 전문위원 임명 가능
지방자 치단체 지원 센터	지역공동체 지역지원센터 설치 가능	도시재생지원센터 설치 가능	농촌활성화 광역지원센터 또는 시 · 군지원센터 설치 가능
국가지 원기관	한국지역진흥원	한국토지주택공사, 국토연구원	농촌마을만들기진흥원

이와 관련하여 국토교통부는, 공동체를 활성화하는 사업은 '도시재생법'상 도시재생사업의 내용에 포함11)되어 있고, 같은 법에서 "마을기업"12) 개념을 도입하여 마을기업이 "도시재생사업자"로 지정될 수 있도록 하면서, 도시재생사업에 필요한 비용을 지원받을 수 있도록 하는 등,13) 두 법률의 정책추진체계가 유사하다.

따라서 제정안의 내용 중 "마을기업"과 지역공동체활성화 기본계획, 지역공동체 정책위원회 및 지역공동체활성화지원센터의 역할이 '도시재생법'의 유사한 사업·기관과 일부 중복되는 측면이 있을 가능성이 있다는 의견을 제시하고 있다.

농림축산식품부는, 제정안은 기본법의 취지에 맞도록 제정목적·기본이념 등만 제시하고 세부적인 계획수립이나 사업지원 등은 '농촌 마을공동체법안'과 같이 각 부처에서 주관하는 지역공동체 사업의 근거법에서 규율하는 것이 바람직하다는 입장이다.

---

11) 「도시재생 활성화 및 지원에 관한 특별법」 제2조(정의) ① 이 법에서 사용하는 용어의 뜻은 다음과 같다.
  7. "도시재생사업"이란 도시재생활성화지역에서 도시재생활성화계획에 따라 시행하는 다음 각 목의 사업을 말한다.
  다. 주민 제안에 따라 해당 지역의 물리적·사회적·인적 자원을 활용함으로써 공동체를 활성화하는 사업.
12) 「도시재생 활성화 및 지원에 관한 특별법」 제2조(정의) ① 이 법에서 사용하는 용어의 뜻은 다음과 같다.
  9. "마을기업"이란 지역주민 또는 단체가 해당 지역의 인력, 향토, 문화, 자연자원 등 각종 자원을 활용하여 생활환경을 개선하고 지역공동체를 활성화하며 소득 및 일자리를 창출하기 위하여 운영하는 기업을 말한다.
13) 「도시재생 활성화 및 지원에 관한 특별법」 제26조(도시재생사업의 시행자) ① 도시재생사업 중 다른 법률에서 사업시행자에 대하여 별도로 규정하지 아니한 사업의 경우에는 다음 각 호의 자 중에서 전략계획수립권자 또는 구청장 등이 사업시행자를 지정할 수 있다.
  5. 마을기업, 「사회적기업 육성법」 제2조제1호에 따른 사회적기업, 「협동조합 기본법」 제2조 제3호에 따른 사회적협동조합 등 지역주민 단체
  제27조(보조 또는 융자) ① 국가 또는 지방자치단체는 도시재생 활성화를 위하여 대통령령으로 정하는 바에 따라 다음 각 호에 대하여 그 비용의 전부 또는 일부를 해당 사업 또는 업무를 수행하는 자에게 보조하거나 융자할 수 있다.
  9. 도시재생사업에 필요한 비용.

행정안전부는, '도시재생법'은 도시지역 중 도시재생활성화지역으로 지정된 지역에만 우선적으로 적용되어 지역공동체 활성화를 주된 목적으로 하고 있다고 보기 어려우므로 제정안과 실질적으로 중복되는 것이 아니고, '농촌 마을공동체법안'은 제정안과 추진체계는 유사하나 농촌지역에만 적용될 수 있어 그 적용범위에 한계가 있다고 보고 있다. 따라서 국가·지방자치단체에서 추진하고 있는 지역공동체 사업과 정책의 기본 추진 방향을 제시하고 조정하기 위하여 제정안과 같은 기본법이 필요하다는 입장이다.

<표 2-36> 중앙부처에서 운영하고 있는 지원조직

부처	지원센터	설치단위	업무	근거법
농림축산식품부	농촌활성화 지원센터	도 단위(9개) * 지역 대학을 지정·운영	현장포럼 지원 등	-
국토교통부	도시재생 지원센터	설치 단위 다양(13개) * 법인설립(광역1, 기초12)	도시재생	도시재생특별법
교육부	국가평생교육 진흥원	중앙·광역·기초(각 1개)	평생교육	평생교육법
행정안전부	자원봉사센터	중앙·광역·기초(각 1개)	자원봉사	자원봉사활동 기본법

※ 자료: 행정안전부

제정안에서 규정하고 있는 공공기관의 우선구매규정은 「녹색제품 구매촉진에 관한 법률」·「중소기업제품 구매촉진 및 판로지원에 관한 법률」·「중증장애인생산품 우선구매 특별법」 등의 입법례에 비추어볼 때 입법적으로 수용 가능한 사항으로 생각된다. 다만, 제정안에서 재화 외에 서비스까지를 우선구매대상으로 명시하고 있는 점에 대해서는 「녹색제품 구매촉진에 관한 법률」 등에서는 우선구매 대상을 제품에 한정하기도 한다는 점을 참고하여 검토할 필요가 있다고 본다.

법률에 특정 기념일의 지정 근거를 마련한 입법례로는 「결핵예방법」(결핵예방의 날, 제4조[14])·「농어업·농어촌 및 식품산업 기본법」(농업인의 날, 제4조의2[15])·「도시와 농어촌 간의 교류촉진에 관한 법률」(도농교류의 날, 제3조의2[16])·「소상공인 보호 및 지원에 관한 법률」(소상공인의 날, 제4조[17])·「씨름진흥법」(씨름의 날, 제7조[18]) 등 다수의 사례가 있고, 유공자 포상의 근거를 마련한 입법례로는 「독서문화진흥법」제12조[19], 「물류정책기본법」제58조[20] 등의 사례가 있다.

---

14) 「결핵예방법」 제4조(결핵예방의 날) ① 결핵예방 및 관리의 중요성을 널리 알리고 결핵에 대한 경각심을 고취하기 위하여 매년 3월 24일을 결핵예방의 날로 한다.
    ② 국가와 지방자치단체는 결핵예방의 날 취지에 부합하는 행사와 교육·홍보사업을 실시할 수 있다.

15) 「농어업·농어촌 및 식품산업 기본법」 제4조의2(농업인의 날) ① 농업·농촌의 소중함을 국민에게 알리고, 농업인의 긍지와 자부심을 고취하기 위하여 매년 11월 11일을 농업인의 날로 정한다.
    ② 국가와 지방자치단체는 제1항에 따른 농업인의 날에 적합한 행사 등 사업을 실시하도록 노력하여야 한다.

16) 「도시와 농어촌 간의 교류촉진에 관한 법률」 제3조의2(도농교류의 날) ① 도시와 농어촌 간에 소통여건을 조성하고 상호교류를 정착시키기 위하여 매년 7월 7일을 도농교류의 날로 한다.
    ② 국가와 지방자치단체는 도농교류의 날의 취지에 적합한 행사를 실시할 수 있다.
    ③ 제2항에 따른 도농교류의 날 행사에 필요한 사항은 농림축산식품부령 또는 해양수산부령으로 정한다.

17) 「소상공인 보호 및 지원에 관한 법률」 제4조(소상공인의 날) ① 소상공인에 대한 국민 인식의 제고, 소상공인의 사회적·경제적 지위 향상 및 지역주민과의 관계 증진 등을 위하여 대통령령으로 정하는 날을 소상공인의 날로 하고 소상공인의 날 이전 1주간을 소상공인 주간으로 한다.
    ② 중소기업청장과 지방자치단체의 장은 소상공인의 날의 취지에 적합한 행사 등의 사업을 실시하도록 노력하여야 한다.

18) 「씨름진흥법」 제7조(씨름의 날) ① 국가는 씨름에 대한 국민의 관심을 제고하고 씨름 진흥을 도모하기 위하여 매년 단오(음력 5월 5일)를 씨름의 날로 정한다.
    ② 그 밖에 씨름의 날에 관하여 필요한 사항은 대통령령으로 정한다.

19) 「독서문화진흥법」 제12조(독서의 달 행사 등) ① 국가는 국민의 독서 의욕을 고취하고 독서의 생활화 등 독서 문화 진흥에 대한 국민의 적극적인 참여를 유도하기 위하여 독서의 달을 설정하여야 한다.
    ② 국가나 지방자치단체는 독서 진흥에 공적이 있는 자와 독서 실적이 우수한 자 등에게 포상하거나 표창을 수여하거나 장학금을 지급할 수 있다.
    ③ 제1항 및 제2항의 규정에 따른 독서의 달 설정, 독서 관련 행사, 포상·표창 및 장학금의 지급 등에 관하여 필요한 사항은 대통령령으로 정한다.

따라서 법률에 "지역공동체의 날"과 유공자 포상에 관한 근거를 직접 규정하는 것은 입법정책적 결정사항에 해당된다고 본다. 공공기관 입찰의 경우 사회적경제분야도 혜택을 보고 있다. 공공기관 제안서 제출 시 가산점 해당 여부 사항을 살펴보면 사회적기업과 사회적협동조합, 자활기업과 예비사회적기업이 해당된다. 사회적경제 5대기업인 마을기업과 농촌공동체회사는 포함되지 않는다.

<표 2-37> 공공기관 가산점 해당기업 현황

구 분	항 목	해당여부
약자 및 우수기업	1. 중증장애인생산품 생산시설(보건복지부 지정)	
	1. 사회적기업(고용노동부 지정) 2. 예비사회적기업(지방자치단체 지정) 3. 사회적협동조합(정부부처 지정) 4. 자활기업(지방자치단체 지정)	
	1. 장애인기업 2. 장애인고용 우수기업 　가. 장애인 고용률이 3% 이상인 기업 　나. 장애인 고용률이 1.5% 이상인 기업	
	1. 여성기업 2. 여성 고용률이 30% 이상인 기업 3. 남녀고용평등 우수기업(고용노동부 지정)	
	1. 최근 3개월간 평균 5% 이상 신규채용 2. 최근 3개월간 평균 2.5% 이상 신규채용	
	1. 모범납세자 2. 노사문화 우수기업(고용노동부 지정) 3. 가족친화경영 우수기업(여성가족부 지정) 4. 하도급거래 모범업체(공정거래위원회 지정) 5. 소비자 중심경영 인증(공정거래위원회 지정) 6. 공정거래 자율준수 인증(공정거래위원회 지정)	

---

20) 「물류정책기본법」 제58조(물류 관련 연구의 촉진) ① 국토교통부장관·해양수산부장관 또는 시·도지사는 물류 관련 기술의 진흥을 위하여 관련 연구기관 및 단체를 지도·육성하여야 한다. ② 국토교통부장관·해양수산부장관 또는 시·도지사는 물류기술의 진흥을 위하여 특히 필요하다고 인정하는 경우에는 공공기관 등으로 하여금 물류기술의 연구·개발에 투자하게 하거나 제1항에 따른 연구기관 및 단체에 출연하도록 권고할 수 있다. ③ 국토교통부장관·해양수산부장관 또는 시·도지사는 물류분야의 연구나 물류기술의 진흥 등에 현저한 기여를 했다고 인정되는 공공기관·물류기업 또는 개인 등에게 포상할 수 있다.

중소기업	1. 소기업 또는 소상공인 2. 중기업	
	1. 서울소재 소기업 또는 소상공인 2. 서울소재 중기업	
일자리창출	1. 당해사업 관련 신규인력 채용 (월 급여 100만 원 이상 신규직원 1명당 0.2점, 최고 2점)	
고용안정	1. 당해사업 비정규직 정규직화 또는 장애인 신규 채용 (1명당 0.4점, 최고 10인 이상 4점)	
근로 및 하도급법 준수 정도	1. 임금체불 업체 및 하도급부조리 신고센터에 신고되어 행정 처분을 받은 사실이 있는 업체 - 임금체불, 원·하도급자의 공사대금·장비(물품)대금 미지급 등 건당 -1점, 최고 –5점 감점 2. 불공정거래행위 시정조치 및 과징금 부과 기업(공정거래위 원회) 3. 하도급 상습위반자로 통보받은 기업(공정거래위원회)	

제 3 장

마을기업의 유형

1. 1차년도와 2차년도 지정

마을기업으로 지정이 되면 1차년도와 사업실적에 따라서 2차년도에 보조금을 지원받을 수 있다. 초기에는 신규지정과 재지정이란 단어와 1차년도 지정과 2차년도 지정이란 단어가 통일되지 못했다. 연도에 따라서 지침에서 사용하는 용어가 달랐다. 행정은 물론 현장에서도 재지정이냐 2차년도 지정이냐를 놓고 혼선을 빚는 경우가 비일비재(非一非再)했다. 이러한 혼란을 방지하는 차원에서 2014년도부터는 1차년도 지정과 2차년도 지정으로 통일했다. 2차년도 지정의 경우는 1차년도 사업실적 등을 검토하여 심사에 반영한다. 이를 통과한 1차년도 사업을 진행했던 마을기업에게 다시 두 번째 보조금을 지원하게 된다. 1차년도는 최대 5천만 원, 2차년도는 최대 3천만 원까지 지원할 수 있다.

2014년도는 마을기업이 독자생존 및 발전을 이루는 계기를 마련한 해였다. 2010년부터 사회적기업과 통합을 강요당하고 있었던 마을기업이었다. 심지어 2013년도 시행지침에 지원기관 통합방안까지 제시할 정도였다. 당시 16개 광역시도별 자율적이라고 하지만 거의 강제적으로 통합을 유도했다. 그랬던 흐름이 2014년도 지침에 독립을 선언한 것이다. 여기에는 필자를 중심으로 '마을기업 독자론'을 주장한 관계자들의 힘이 있었다고 해도 과언이 아니다.

2014년도는 마을기업을 신청하기 위해서는 마을(단체)당 5명 이상이 20시간 이상의 교육을 의무적으로 받아야만 했다. 마을기업의 다양성을 확대하기 위한 노력들도 있었다. 기술기반형 강소마을기업 모델 육성사업도 실시했다. 마을기업의 판로확보를 위해 16개 광역 시도별 유통형 마을기업 제도를 실시했다. 마을기업 당사자들과의 협치 및 동반성장을 위해 사업비 신청서류에 한국마을기업협회 가입확인증을 의무화시켰다. 가장 큰 변화 중의 하나는 그동안 시도 심사를 통과한 마을기업에 대해 행정적으로 지정해주었던 방식에서 3차 심사를 강화했다. 행정안전부[1]에서 현장실사를 바탕으로 3차 심사방법을 도입한 것이다. 시도심사에도 행정안전부 추천 및 마을기업 관계자들이 심사에 참여하도록 변경했다.

지금 생각해도 2014년도가 마을기업의 발전을 도모하는 전환계기가 되었다. 특히 마을기업의 자주적이며 독립적인 운영체계를 구축하지 않았다면 마을기업 제도는 명목만 유지한 시스템으로 전락했을지도 모른다는 생각이 든다. 아니면 이명박 정부에서 집요하게 시도되었던 사회적기업과의 통합으로 예비사회적기업의 한 유형으로 축소되었는지도 모른다. 이런 논란은 마을기업과 사회적기업이 갖고 있는 개별 특성을 고려하지 않고 조직적, 정치적 논리를 앞세워 주도권을 쥐려는 발상에서 시작된 것으로 추정하고 있다. 이명박 정부와 박근혜 정부에서 이러한 흐름과 달리 문재인 정부에서 마을기업

---

[1] 마을기업 주관부처를 행정안전부로 통일함. 2010년 출발 당시 안.

은 폭풍 성장이 기대된다. 행정은 내용을 잘 모르고 사회적경제 분야에서 활동하고 있는 주도적 세력이 어떤 마인드를 가지고 있느냐에 따라서 지속적으로 이어질지 여부가 결정될 것으로 생각하고 있다.

마을기업으로 지정을 희망하는 마을(단체)을 대상으로 본격적인 교육이 이루어진 것은 2014년부터다. 2010년 시범사업과 2011년과 2012년에는 지역별로 설명회 수준의 교육이 이루어졌다. 마을기업 육성사업 시행지침을 알려주는 정도였다. 2013년에는 대표를 대상으로 10시간 정도의 마을기업 교육이 이루어졌다. 마을기업에 참여하는 대표자는 물론 참여자들이 마을기업에 대한 본질적인 내용을 모르고 있었다.

2013년 하반기에는 마을기업 설립지원 프로그램을 도입했다. 마을기업 설립을 희망하는 단체를 대상으로 3개월 이상 교육 및 컨설팅을 통해 마을기업 설립을 위한 준비작업을 추진토록 했다. 시도별로 1~2개를 선정하여 시범적으로 추진하였다. 시도별 자체적으로 마을기업에 대한 사전교육을 하고 지원할 수 있도록 했다. 이에 따라 선정된 단체들은 1천만 원의 컨설팅 예산을 활용하여 지원기관 또는 마을기업협회 등을 통해 수행하도록 한 것이다.

기본적인 교육내용은 다음과 같다. 마을기업 육성사업 이해, 마을리더 육성, 공동체 만들기 등 마을기업 육성을 위한 환경(여건) 만들기, 지역자원 발굴, 상품화, 홍보·마케팅 사업계획서 작성 등 자원개발 및 계획 수립, 법인 설립, 사업자 등록 등 본격적인 사업추진을 위한 준비 등 시도별 환경과 교육여건에 따라서 다양하다. 이처럼 시범으로 선정되어 프로그램을 수료한 마을(단체)은 마을기업 선정 시 가점을 부여하도록 하였고, 마을기업 신청자 대상 교육을 면제해줬다. 2014년부터 시행된 마을기업 설립 전 교육의 효과는 긍정적으로 평가받고 있다. 기본 20시간 이상이지만 대부분 지역에서 24시간을 기준으로 실시하고 있다.

마을기업에 대한 기본적인 내용도 모르고 마을기업으로 선정되는 2013년까지 현장의 모습과 대비되는 모습이다. 더구나 대표자 혼자 교육받는 것이 아니고 핵심 관계자 5인 이상이 의무적으로 참여해서 교육을 받아야 한다. 교육이 끝나면 해당 지원기관으로부터 교육 수료증을 발부받게 되고 사업제안서 접수 시 반드시 필요한 서류다. 2014년부터 2016년까지 3년 동안 실시했던 설립 전 교육의 힘은 2017년에도 영향력을 발휘하고 있다. 마을기업에 대한 사전적 학습이 가져오는 효과는 다양하다. 우선적으로 체계적인 사업계획서를 수립할 수 있고, 핵심관계자들의 공동체를 마련하는 계기가 되고 있다. 다수의 힘과 협력이 가져오는 효과에 대해서 현장교육까지 병행하여 체험하게 된다. 이러한 경험이 마을기업 진입 시 상당한 힘으로 작용하고 있다.

그러나 마을기업 설립 전 교육에 참여하는 사람이 모두 다 준비된 마을(단체)은 아니다. 다양한 그룹이 참여하다 보니 교육의 중심을 어디에 두어야 할지 모를 때가 많다. 중요한 것은 참여하는 5명이 마을기업을 할 마음과 자세가 준비되어 있느냐다. 오랫동안 지역의 고민을 함께 고민하고 해결방안을 찾고 있던 그룹은 교육의 효과가 빠른 편이다. 무엇을 해야 할지가 명확하기 때문이다. 반면 누군가의 권유로 참여한 그룹은 모든 것이 생소하다. 특정의 1인 중심이 되어 나머지 참여자들을 모아온 경우는 더욱 그러하다. 이런 경우에는 교육의 학습효과는 높지 않다. 받아들이는 자세부터가 다르기 때문이다.

적어도 어떤 아이템으로 마을기업을 할 것인지를 고민하고 참여한 그룹과 일단 교육부터 받고 보자는 그룹 간의 격차는 크다. 교육을 통해 마을기업이 무엇인지를 알고 동기부여가 되는 경우도 있다. 지침변경으로 마을기업 사업제안서를 제출할 시점에 법인화가 되어 있어야 접수가 가능하다. 따라서 미리 준비하는 단계에 있지 않으면 시간적으로 불리한 상황에 처할 수 있다.

사전에 구체적으로 준비되지 못한 상태에서 운 좋게도 마을기업 1차년도 선정이 되어도 문제가 지속된다. 보조금 사용하기 바쁜 상태에서 기업으로서 활동이 본격화되기 어렵다. 모든 것이 시작이고 초보단계이고 준비과정 연장선상에 놓여 있기 때문이다. 사무실 갖추고 일할 사람이 전문적으로 되기까지의 시간도 필요하고 식자재 준비하고 등등 실질적으로 본격적으로 영업까지 나서기까지 시간이 걸린다. 판매할 대상도 마련되지 못한 상태에서 모든 국민을 대상으로 영업하려는 생각에서 벗어나지 못한다. 몇 번의 시행착오를 겪고 조금씩 알아가게 될 시점이 되면 2차년도 사업계획서를 제출하고 심사를 받는 자리에 앉아 있다.

2차년도 지정을 받으려면 1차년도에 활동했던 내용을 바탕으로 일정의 수익구조를 판단하여 지정하게 된다. 그런데 준비만 했지 성과물이 부족하다. 재화 및 서비스 분야의 마을기업들이 핑계를 대기 시작한다. 세월호 사건, AI조류독감 등 외부환경에 의한 피해사실만 부각시키려 한다. 그래서 영업활동을 할 수 없었기에 선처해달라고 한다. 그러나 그 와중에도 이익을 내고 열심히 하는 마을기업이 많다. 상대적 평가시스템에서 지원자금은 한정이 되어 있고 지역별로 마을기업 숫자도 정해져 있다. 2차년도 지원을 무난히 받는 마을기업도 있지만 탈락하는 마을기업도 발생하기 마련이다.

마을기업의 아이템 중 장류를 취급하는 마을기업이 많다. 초기에 지역의 자원을 활용하다 보니 지역에서 생산되는 콩을 활용하여 된장, 고추장, 간장을 담구는 마을기업이 많았다. 도시지역에서도 장류를 다루는 마을기업이 상당수 있다. 이런 경우는 원료는 농촌지역에서 공급을 받아 도시지역에서 숙성시켜 판매하는 방식을 취하고 있다. 장류를 취급하는 마을기업의 경우 1차년도 사업실적이 거의 전무하다시피 하다. 사업의 목적이 분명했지만 장류 특성상 6개월 이상 또는 1년 가까운 숙성기간이 필요하다. 이 기간에는 장류생산을 위한 준비과정에 그치고 만다. 당연히 된장, 고추장을 팔았던 기록이 없다. 숙성되지 않은 상태에서 팔 물건이 없는 것이다. 매출액이 제로다.

이러한 마을기업이 2차년도 지정을 받겠다고 서류를 제출하고 심사장에 앉아 대면하고 있다. 장류의 특성을 이해해야 한다고 설득하려 한다. 이번 2차년도만 더 지원해주면 잘 될 것이라고 한다. 심사를 하는 입장에서는 판매처는 확보해 놓았느냐고 물어본다. 물건도 없는데 무슨 고객을 확보하느냐고 되묻는다. 2차지원 보조금 3천만 원을 주면 홍보활동도 열심히 해서 매출을 올릴 계획이니 선정해달라고 한다. 작년에 이러한 상황을 알고 선정해준 것이 아니냐고 따진다.

심사과정의 분위기가 묘해진다. 제품도 검증되지 않았고, 그동안 1인 중심 또는 가족 중심의 사업을 진행했던 흔적이 보인다. 어디에 얼마를 팔 것인지에 대한 고민의 흔적도 없다. 보조금을 추가로 지원해주면 그때부터 홍보전단도 만들어 돌릴 계획이라 말하는 태연한 자세를 보여준다. 심사자들은 갈등의 시간이 시작된다. 탈락시키자니 작년에 담가 놓은 된장과 고추장이 아깝다. 2차년도 선정을 하자니 서류에 적힌 것처럼 피심사자가 주장한 대로 진행될 수 있을까 불안한 마음만 든다. 이럴 경우 다양한 변수를 감안하게 된다. 대표자의 강한 의지와 구체적 사업계획을 먼저 보게 된다. 두 번째로는 해당 지자체 담당자의 적극적인 지원방법 등에 의존하게 된다. 지자체가 홍보 및 영업활동에 관여하고 도와주겠다는 의지여부가 판단의 중요한 기준이 되는 경우가 많다.

1차년도 사업기간 중 이러저러한 사연으로 사업이 진행되지 못한 현실은 심사 때 그대로 반영될 수밖에 없다. 무난히 2차년도 마을기업으로 선정되는 곳이 있는가 하면 그렇지 못한 경우도 발생한다. 2차년도에 탈락한 마을기업은 대체로 두 가지 형태로 나타난다. 1년 동안 고군분투하며 차기년도에 다시 도전하려는 마을기업과 포기하는 마을기업으로 나눠진다. 스스로 포기하려는 마을기업의 경우에는 보조금에만 의존하려는 경향이 강했다고 봐도 과언이 아니다. 보조금이 들어오지 않으면 더 이상 사업을 할 수 없다고 강변하는 모습에서 그러한 이유를 찾을 수 있다.

애초부터 지역사회의 문제해결을 비즈니스 방식으로 풀어보겠다는 생각이 약했다. 보조금이 나온다고 하니 그것을 가지고 사업을 하다보면 뭐라도 되지 않을까라는 생각이 더 많았을 것으로 보인다. 주체성이 약하고 독립성이 부족한 마을(단체)이 안고 있는 현실이다. 이러한 마을기업의 경우 보조금이 있을 때는 무엇인가 움직이는 모습이 보이지만 외부수혈이 중단되면 동시에 멈춰버리는 모습을 보인다. 이때부터 아무것도 시도하지 않거나 하려는 의지가 보이지 않는 마을기업으로 남게 된다. 참여자들 간의 이견은 많아지고 갈등이 시작되며, 하나둘씩 손을 놓기 시작한다. 사업전환, 휴업, 폐업, 심지어 조용히 마을기업을 타인에게 넘기려는 시도까지 일어난다. '무늬만 마을기업'을 유지하고 있는 곳이 많아지기 시작한다. 이들에 대한 대대적인 조사와 정비가 필요한 시점이다.

2. 우수마을기업의 기준

마을기업 육성사업 시행지침에 '우수마을기업' 제도에 대한 용어해설 또는 정의가 내려져 있지 않다. '기술기반형 강소 마을기업', '유통형 마을기업', '도시형 마을기업', '농촌형 마을기업', '신유형 마을기업', '예비 마을기업', '자립형 마을기업' 등 다양한 형태의 설명이 적시되어 있다. 마을기업이 본격화된 2011년부터 매년 중요한 행사이자 사업으로 실시되고 있지만 우수마을기업에 대한 명확한 내용이 없다. 매년 지침변경 회의에 참석했던 필자도 이번에 이러한 사실을 알게 되었다. 당연한 내용으로 인식하는 사이 기본이 누락된 경우가 많다.

지침에 나와 있는 우수마을기업 관련 내용은 '행자부 장관이 필요하다고 인정하는 경우 별도의 사업비를 지원'한다. 우수마을기업 신청을 위해서는 '3인 이상 회원이 마을기업 지원기관에서 제공하는 4시간 이상의 전문교육2)을 신청년도에 새로이 이수'하여야 한다. 위 내용 이외는 우수마을기업에 대한 개념은 물론 선정방식, 절차 등에 대해서 한 줄도 찾아볼 수가 없다. 그럼에도 불구하고 우수마을기업에 선정이 되면 기업으로써 성공가도에 탄력을 받을 수 있는 장점이 있다.

---

2) 2016년도 「마을기업 육성사업 시행지침」부터 적용하기 시작하였다.

2016년도에 최우수마을기업으로 선정된 경기도 양평에 에버그린에버블루협동조합3)은 생들기름을 가공하여 판매하는 곳이다. 지역에서 옛날방식으로 재배하여 직접 생산하는 방식이 소비자들의 눈길을 잡았다. 2017년 5월에 홈쇼핑 업체인 NS SHOP4)에서 방송되며 절찬리에 판매되었다. 소량 다품종으로 한계를 보였던 마을기업 제품들이 온라인 쇼핑몰에 이어 홈쇼핑에까지 진출해 성공모델을 만들어내고 있다.

2015년도 지침에 자립형 마을기업이란 용어가 등장했다. 그전까지도 자립형 마을기업에 대한 이야기는 사용했지만 논란의 소지를 없애기 위해 지침에 담은 것이다. 자립형 마을기업은 '사업비 지원 종료 후 자생력을 갖고 성장해 나가는 마을기업'을 말한다.

자립형 마을기업은 우수마을기업과 밀접한 관련성이 있다. 우수마을기업 제도가 처음 실시된 2011년의 정책목표는 마을기업 보조금 지원이 완료된 마을기업들의 활성화를 위한 것이었다. 사업비 지원이 종료되었더라도 열심히 노력하고 있는 마을기업을 발굴하여 성공사례로 만들기 위한 목적이 있었다. 즉, 정부보조금 없이도 자생 가능한 모델을 육성하기 위한 동기부여가 있었다. 그래서 지침에 나와 있는 1차년도와 2차년도 지원금이 아닌 별도의 특별 지원금을 마련하여 지원한 것이다.

우수마을기업은 2011년부터 지난 2016년까지 총 6회에 걸쳐 시행되었다. 2017년에도 변함없이 17개 광역시도별로 2배수 이상으로 추천받아 결정할 것이다. 상금 또한 매년 확대되는 경향을 보이고

---

3) HACCP 인증을 받은 제품으로 생들기름 세트 총 5병(860㎖) 49,900원에 판매하고 있다.
4) 구 한국농수산방송.

있다. 2011년도는 당시 16개 시도에 각각 1개씩 선정하여 2천만 원씩 지원하였다. 2012년도에는 9개 마을기업에 각 2천만 원의 상금을 결정했다. 2013년도는 최우수상 3천만 원, 우수상 2천만 원, 장려상 1천만 원으로 변경되었다. 2014년도는 10개로 숫자가 늘었고, 상금은 5천, 3천, 2천으로 확대되었다. 처음으로 최우수상이 도시형과 농촌형으로 2개가 되었고, 우수상이 3개, 장려상이 5개로 발표되었다. 2015년도에는 전년도와 동일하게 10개를 선정했는데, 상금은 대폭 늘었다. 최우수 7천만 원, 우수 5천만 원, 장려 3천만 원이었다. 2016년도에는 2015년도와 상금의 기준은 동일했다. 하지만 20개를 선정했고 최우수를 3개, 우수를 5개, 장려는 12개를 선정했다. 우수마을기업에 나가는 상금만 총 9억 2천만 원으로 폭발적으로 증가했다.

마을기업의 입장에서 상금이 늘어나는 것은 분명 즐거운 일이다. 격려 차원에서 또 다른 마을기업들의 동기부여 차원에서도 바람직스럽게 보일 수도 있다. 하지만 원칙 없는 포상금 수준의 금액확대는 지양해야 한다. 2011년도에 격려금 차원에서 2천만 원이라는 돈이 지원되었다. 그랬던 것이 2015년에는 최우수상이 7천만 원을 받게 되었다. 2016년에는 7천만 원을 지원받는 마을기업이 3개나 되었다. 이 보상금 확대 이면에는 마을기업 지정이 예상보다 부족하게 되면서 사업비가 남아도는 문제를 해결하기 위한 방법으로 의심받기 때문이다. 금액이 커지는 만큼 보이지 않는 경쟁과 무분별한 로비설에 휘말리는 경우도 발생한다.

2015년까지는 우수마을기업 상금을 기존 마을기업 보조금 지원방식으로 하다 보니 자부담이라는 것이 있었다. 우수마을기업으로 선정되어 받은 보조금을 사용하려면 자기부담금까지 납입하여 사용하고 정산하는 방식이었다. 우수마을기업 제도의 취지를 살리지 못한 내용이지만, 탄력성이 부족한 현실이 있었다. 사업비 방식의 한계를 그대로 보여준 내용이다. 이러한 방식이 2016년에 선정된 우수마을 기업부터는 자부담 없이 보조금으로만 사용할 수 있게 변경되었다.

2016년 말 기준 약 1,400여 개의 마을기업 중 우수마을기업으로 선정받은 곳은 73개다. 전체의 5.2%다. 그동안 자진 반납, 폐업 등을 감안하면 5% 미만의 마을기업들이다. 우수마을기업이 되기 위해서는 매출액은 물론이고 공동체성 등 다양한 내용들을 검증받는 과정이 있다. 2013년부터는 기존 서류심사 이외 현장 발표 점수제도가 시행되었다. 대표자 또는 핵심 임원이 그동안 마을기업을 어떻게 운영했는지 등에 대한 발표를 한다. 듣는 사람의 귀와 보는 관점은 대부분 유사하다. 얼마나 진정성 있는 마을기업인지가 핵심이다.

<표 3-1> 우수마을기업 선정 현황

구 분	우수마을기업 수	최우수상	우수상	장려상	상금 합계
2011년	16개	상 구분 없이 각각 2천만 원 16개			3억 2천만 원
2012년	9개	상 구분 없이 각각 2천만 원 9개			1억 8천만 원
2013년	8개	3천만 원 1개	2천만 원 2개	1천만 원 5개	1억 2천만 원
2014년	10개	5천만 원 2개	3천만 원 3개	2천만 원 5개	2억 9천만 원
2015년	10개	7천만 원 2개	5천만 원 3개	3천만 원 5개	4억 4천만 원
2016년	20개	7천만 원 3개	5천만 원 5개	3천만 원 12개	9억 2천만 원
합 계	73개				22억 7천만 원

우수마을기업으로 선정되었다고 해서 전부 우수한 실적을 보이는 것은 아니다. 우선 처음 시행된 2011년도 우수마을기업 16개는 시도별 1개씩 배정하는 방식이었다. 처음 적용하는 프로그램이고 참여 마을기업의 편차가 크다 보니 일률적으로 기준을 잡기 어려웠다. 예를 들어, 필자가 지방의 한 지역을 심사를 다녔고, 광역시를 제외한 도 단위 마을기업 2곳을 추천했다. 광역시 단위의 마을기업은 기준에 미치지 못하고 있었다. 하지만 시도별 1개 기준변경으로 혜택을 보는 마을기업이 나타났다. 이러한 문제는 2016년에도 재현되었다. 20개를 선정하다 보니 기본적으로 17개 시도별 1개는 의무적으로 선정된 것이다.

지역별 안배라는 차원에서 격려 차원에서 균형적으로 우수마을기업을 지정하는 것이 잘못되었다고 보지 않는다. 하지만 기준에 크게 미달되는 마을기업까지 할당제 몫으로 선정하는 것은 바람직스럽게 보이지 않는다. 그런 마을기업들이 중간에 폐업을 하고, 1인 기업 또는 친인척기업으로 전락하는 상황이라면 심각하다. 73개 우수마을기업 대부분이 명성에 맞게 활동하고 있다. 그중에서 일부가 우수마을기업의 품위를 잃어버렸고, 또 다른 보조금을 위해 사회적기업으로 말을 갈아탔다는 사실이 당혹스러울 뿐이다. 그때마다 "우리는 우수마을기업입니다. 우리는 사회적기업입니다"라고 내비치는 마을기업을 보는 필자의 마음은 뭐라 형언할 수 없을 정도의 심한 아픔이 스며든다.

또한 우수마을기업의 자격이 되지 못하는 경우도 있었다. 2013년 우수마을기업 선정은 순천박람회 전날 개최되었다. 서류심사를 통과한 8개의 우수마을기업 후보들이 순천만 국제정원박람회장 회의실에서 발표를 하기 시작했다. A지역의 마을기업 대표가 심사위원들에게 홍보물을 하나씩 나눠주고 갔다. 해당 마을기업이 발표를 하는 동안 필자는 그 홍보물을 보다가 "우리는 예비사회적기업입니다"라는 글씨를 발견했다. 당시 분위기가 마을기업에서 예비사회적기업 또는 사회적기업으로 넘어가는 것을 독려하는 분위기가 있었다. 그런 상황에서 마을기업을 운영하면서 예비사회적기업으로 진입했던 모양이다.

우수마을기업을 심사하는 자리에 예비사회적기업이라고 자랑하는 홍보물을 심사위원에게 돌리는 대표는 무슨 생각이었을까 하는 의구심이 들었다. 서류심사에서 검증을 하지 못한 책임도 있었다. 총체적으로 행정도, 전문가들도, 마을기업인들조차 마을기업에 대한 분명한 개념이 부족한 사건이었다. 필자가 이러한 사실을 그냥 넘길 리가 없었다. 발표가 끝난 후 "지금 제가 마을기업 심사하러 왔는지, 예비사회적기업 심사하러 왔는지 모르겠다. 직접 제출한 홍보물에 마을기업이란 말은 보이지 않고 예비사회적기업이란 말만 보이니 이를 어떻게 받아들여야 할지 모르겠다"고 지적했다. 심사결과가 발표난 후 "최우수상 받을 수 있었는데, 필자 때문에 못 받았다"고 항변하는 대표를 보면서 심한 자괴감이 들었다. A지역 행정담당자는 사실을 알면서도 추천을 한 것인지 내용을 모르고 한 것인지도 파악하기 어려웠다. 그 현장에서 "심사 자체를 거부했어야 했는데"라는 후회가 몇 년 흐른 지금도 생각이 날 정도다. 마을기업 지정서와 예비사회적기업 또는 사회적기업 지정서를 동시에 보유하고 필요시 활용하는 일부 마을기업이 존재한다.

우수마을기업으로 선정되면 공식적으로 보도자료를 내게 된다.

2011년부터 2016년까지 반복적으로 행해지는 담당부서의 업무다. 하지만 2015년도 우수마을기업 리스트는 보이지 않는다. 행정안전부 사이트는 물론 언론매체 어느 곳을 살펴봐도 2015년도에 선정된 마을기업에 대한 명부는 보이지 않는다. 우수마을기업 선정 장소에 있었던 관계자 말고는 아무도 어느 곳이 선정이 되었는지 알 수가 없을 정도다. 도저히 우수마을기업이라고는 볼 수 없는 마을기업이 선정이 되었기 때문이라는 소문만 무성하다.

필자도 해당연도에 심사위원으로 참석하지 못해 내부적 사실을 알지 못한다. B지역에서도 반대했던 마을기업이 중앙심사에서 우수마을기업으로 선정되었다는 사실이 놀라운 사건으로 거론되었다. 정확한 명단이 발표되지 못하고 쉬쉬 하는 분위기가 계속 이어질수록 의혹만 확산될 뿐이다. 전직 의사결정권자의 청탁으로 일어난 사건이라는 소문도 돌았다. 이 사건 이후에 17개 시도의 우수마을기업에 대한 신뢰문제가 제기되었다. 우수마을기업 후보 중에서 최우수상, 우수상, 장려상으로 구분되는 과정에 대한 논란이 이어진다. 탈락하거나, 최우수상을 받지 못하면 로비에서 권력의 힘에서 밀려났다고 보는 견해가 지배적인 분위기가 형성되었다. 실력으로 인정받지 못하고 담당자 주변의 힘으로 결정된다는 소문이 확산되는 1차적 책임은 행정에 있다. 편중적 심사위원의 구성과 결과를 공포하지 못하는 행태가 이를 반증하고 있다.

이러한 현상은 중앙부처에만 있는 것이 아니다. 필자의 경우에는 지방심사도 많이 다녔다. 대부분 2차심사를 위해 참석을 한다. 담당자의 설명을 듣다보면 어느 곳을 선정해야 되는지를 알 수 있을 정도다. 그래서 필자는 그 짧은 시간에도 담당자도 보지 못한 자료의 허점을 찾아내 지적하는 방식으로 심사한다. 객관적인 자료에 기초한 지적과 충분하지 못한 답변은 선정보다는 탈락으로 이어지는 경우가 대부분이다. 심사에 참여하는 다른 위원들이 바보가 아니기 때문이다.

우수마을기업이 되면 우선적으로 언론보도 빈도가 높아진다. 언론에 자주 노출되면서 소비자의 관심을 끌게 된다. 소비자의 높은 관심은 자연스럽게 매출증대로 이어진다. 강원도 '송천떡마을' 같은 경우는 주문요구에 부응을 못할 정도라는 즐거운 비명을 지르기도 했다. 일부 개인사업장으로 변질되거나, 폐업을 하는 사례도 있지만 대부분의 우수마을기업들이 보여주는 성과는 대단하다 할 수 있다.

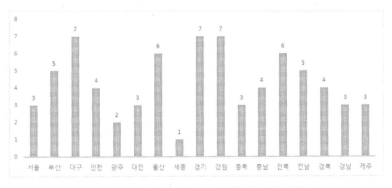

[그림 3-1] 17개 광역시도별 우수마을기업 선정 현황

17개 광역시도별 우수마을기업 현황을 살펴보면 지역별 차이가 많은 편이다. 2016년까지 총 6회에 걸쳐서 선정했다. 이 중 6회에 걸쳐서 매년 우수마을기업을 배출한 지역은 강원도, 전라북도, 울산

광역시뿐이다. 광역시에서도 6년 연속 선정됨으로써 마을기업이 농촌지역에서만 잘된다는 가설을 뒤집은 결과라 할 수 있다. 2011년과 2016년에는 지역별 1개씩 안배를 한 것을 감안하면 최소 2개 이상이다. 세종특별자치시의 경우 2016년도분만 해당되기 때문에 1개다. 따라서 광주광역시의 경우는 2011년과 2016년 지역할당의 혜택을 본 것이다. 서울특별시, 대전광역시, 충청북도, 경상남도, 제주도의 경우는 각 3개씩 배출했다.

반면 대구광역시, 경기도, 강원도의 경우는 한 해에 2개씩 선정되었기 때문에 6회를 넘어선 7개 우수마을기업을 보유한 것이다.

우수마을기업의 숫자가 반드시 해당 지역 마을기업 활성화와 연결되어 있다고 보기는 어렵다. 단지 모범적 사례가 많으면 많을수록 주변에 좋은 영향을 미친다. 소위 선진사례가 많아지고 해당 우수마을기업 대표자들의 활동이 신생 마을기업들에게 귀감이 된다. 우수마을기업의 경우 명성에 걸맞게 활동하는 경우가 많다. 언론매체에 자주 등장하는 것은 기본이고 매출액도 중소기업 이상의 실적을 보이는 경우도 나타났다. 5명이 중심이 되어 시작한 마을기업이 연매출 50억을 넘는 곳도 적지 않다. 행정안전부의 우수마을기업은 사회적경제기업에서 스타기업으로 불리는 수준 이상이다.

3. 기술기반형 마을기업

2014년부터 적용된 기술기반형 마을기업의 탄생배경은 다음과 같다. 2010년 하반기 시범사업을 거쳐 사업의 타당성을 검증받았고

2011년부터 본격사업으로 확대되었다. 2012년과 2013년을 거치면서 아이템의 중복 및 1차와 2차 산업에 몰려 있다는 비판이 제기되었다. 농촌지역의 경우 된장, 고추장 중심의 장류와 가공식품이 주를 이루었다. 도시지역의 경우 카페, 방과후 돌봄 등 서비스 중심의 마을기업이 많았다.

마을기업이 다룰 수 있는 아이템이 한정적이었다. 사업자금 규모에 부합하는 아이템의 유형이 많지 않음을 알면서도 새로운 모델이 필요했다. 기술기반이 아닌 누구나가 쉽게 도전할 수 있는 제품군만 취급하는 마을기업이란 비판을 피하기 위해서도 새로운 마을기업 유형이 필요했다.

2014 마을기업 육성사업 시행지침에 마을기업 대상사업을 예시한 것이 있다. 기존 5가지 유형에서 기술기반형 마을기업을 추가했다. 이는 다양한 사업모델 개발을 통해서 마을기업의 유형을 다변화하려는 시도에서 비롯되었다. 농촌지역 중심의 재화형 마을기업 중심에서 서비스 중심의 마을기업으로 확대되는 계기가 되었다. 2013년까지 비슷한 형태의 마을기업이 설립되고 운영되었지만 유형화하지는 못했기 때문이다. 동시에 새로운 유형모델에 목말라 있었던 행정의 바람도 있었다.

그렇게 탄생한 기술기반형 강소 마을기업은 전문 기술 보유하고 활용하는 마을기업을 지칭한다. 농촌형 지역특산물 위주의 마을기업에 기술기반형 마을기업 설립을 통해 마을기업 설립의 다변화와 다양화를 추진하고자 하는 목적에서 시작되었다. 당시 지침에서는 퇴직자 및 실업계고 졸업생 등 전문기술 보유자들을 대상으로 설립 지원하는 사례를 들었다. 에너지 분야 퇴직자들이 에너지 절약 상가 간판제작을 하는 마을기업을 하거나 특성화고 바리스타 과정 이수 고교졸업생들이 설립한 마을카페 등이다. 무엇인가 기술적 요소가 가미되는 것을 추구한 것이다. 이들 유형으로 진입하는 마을기업에 게는 마을기업 사업심사 시 가점을 부여하는 방식을 취했다. 마을기업을 통한 창업활성화 지원방식이다.

기술기반형 마을기업은 참여자의 확장성에 있어서도 변화를 가져왔다. 50대 이상의 중장년층 중심에서 청년층으로 확대되었다. 농촌 또는 도시지역에서 저소득층이 흐름이었다면 기술기반형 마을기업 등을 통해서 퇴직한 직장인 출신들이 참여하는 계기가 되었다. 기존 단순반복적인 생산활동에서 기술이 가미된 아이템을 찾아내고 활성화시키려는 의도였다. 돌이켜보면 단순반복적인 기술과 바리스타로써 커피를 내리는 기술과의 차이가 있었었는지 논쟁의 소지가 많은 대목이다. 2013년까지의 마을기업 중에서도 다양한 기술을 가지고 참여한 유형이 많았다. 그럼에도 불구하고 마을기업의 변화를 도모할 유형을 찾는 노력의 산물이라 할 수 있다. 이러한 다양한 유형의 마을기업 탐색은 2016년 신유형 마을기업으로 나타나게 된다.

사업 유형	사업 내용	대상 사례
1. 지역특산품 자연 자원 활용사업	- 지역관광 농촌체험 전통공예 등 지역 특화 아이템 발굴 추진 - 지역자원 및 특화브랜드 개발 홍보 등 커뮤니티 마케팅 추진	경남 합천 하남 양떡메마을기업 양파, 떡가래, 메주 명품 화사업
2. 전통시장 상가 활성화사업	- 구도심 및 전통시장 상가의 수익사업 모형 개발을 통해 해체 위기의 지역상권 복원 및 안정적 일자리 창출	서울 종로구 '통인커뮤니티' 반찬가게를 뷔페처럼 활용한 '도시락카페 통' 운영
3. 공공부문 위탁사업	- 지역축제 공원관리 주민자치센터 프로그램 학교급식 등을 지역주민 주도의 비즈니스로 확대 활용	울산 북구 '아낌없이 주는 나무' 친환경 자재 간판제작, 공원, 숲 가꾸기
4. 쓰레기 폐기물 처리 및 자원재활용 사업	- 음식쓰레기 폐자원 헌옷 폐금속 폐식용유 장난감 등 재활용 등 친환경 녹색사업 발굴 추진	인천 부평구 리폼맘스마을기업 청바지를 재활용하여 가방, 핸드백 제작
5. 자연생태관광 자전거활용 등 녹색 에너지 실천사업	- 녹색성장 자연에너지 및 자전거이용 활성화 등을 통해 저탄소 녹색성장을 생활 속에서 실천	울산 중구 태화강방문자센터 '여울' 생태관광 및 교육 프로그램 운영
6. 기술기반형 마을기업 육성사업	- 지역 내 전통기술 및 고부가치 기술을 가진 인적 자원을 활용하여 사업모델 발굴 사업화	경북 울진군 '야생초 마을기업' 저염 야생초 김치를 개발하여 판매

4. 자활형 마을기업

2013년 겨울이 시작되는 시점에 지난 정부 대통령이 노숙자쉼터를 방문한 일이 있었다. 노숙자들을 위한 일자리 창출방안을 모색해 보라는 이야기가 있었던 모양이다. 전국 몇 개 되지 않은 노숙자쉼터

---

5) 2014년 「마을기업」 육성사업 시행지침.

에 대한 조사가 시작되었다. 마을기업 담당부처에서도 노숙자와 마을기업을 연계시켜 일자리 마련을 위한 방법을 모색하기 시작했다.

서울시를 비롯하여 광역시도에서 활동하고 있는 노숙자쉼터를 대상으로 마을기업 사업진입에 대한 사전논의가 진행되었다. 쉽지 않은 의사결정과정이 필요했다. 가장 시급한 것은 노숙자들만으로 구성하기에는 한계가 있다는 것이었다. 그들 사이에서 주도적으로 마을기업을 이끌어나갈 구심체가 필요했다. 그 역할은 자연스럽게 노숙자쉼터를 운영하는 위탁단체로 넘어갔다.

그렇게 전국 노숙자쉼터를 상대로 의견을 물어 마을기업으로 진입한 곳이 대전과 부산이었다. 마을기업 심사과정에서도 논란의 여지는 많았다. 과연 노숙자가 마을기업 회원으로 참여할 수 있느냐가 관건이었다. 참여주체가 부담하는 자부담은 생각지도 못하는 상황이었다. 일반 마을기업의 형태라면 감히 상상도 못하는 일이었다. 하지만 정책적으로 설계된 아이템이라면 규제보다는 진입이 용이할 수 있도록 재량권을 발휘할 수 있다.

정책적으로 시행했던 기술기반형 마을기업도 같은 경우라 보면 된다. 기술적으로 검증이 다 이루어지지 않았지만 미래 가능성을 판단하여 선정한 경우도 있었다.

노숙자들이 함께하는 마을기업은 홍보차원에서 유효했다. 행정의 입장에서는 최고의사결정권자의 정책요구에 부응하는 모습을 보여주었다. 마을기업 당사자로서는 마을기업의 모델 확산을 위해서 환영하는 분위기였다. 필자의 경우처럼 학자그룹은 공동체 형성이 부족한 노숙자그룹이 마을기업을 통해 새로운 삶을 추구하고 영위할 수 있을까 의구심이 많았다. 또 다른 도전은 항상 새로운 길을 열어주기도 하고 정책에 대한 성과를 그대로 보여주는 척도가 되기도 한다.

노숙자 자활형 마을기업의 시작은 순탄치 않았다. 사업을 이끌어 나갈 주체의 모호성은 물론 함께할 구성원을 구성하기도 어려웠다. 근로의욕을 상실한 노숙자들을 설득하고 참여시키는 과정이 가장 어려웠다고 한다. 그렇게 모여서 만든 마을기업이지만 중간에 빠져나가는 구성원이 나타나면서 사업 구심점이 흔들리는 경우가 다반사였다.

행정의 다양한 지원이 이루어지는 반면 참여자의 소극적인 태도가 사업의 걸림돌이 되기도 했다. 그나마 행정기관에서 자동차 세차를 할 수 있는 일정의 물량확보를 제공해주는 것이 사업의 숨통을 트이게 만들었다. 노숙자쉼터 운영기관이나 노숙자 모두 경영에 대해서는 전문성을 갖추었다고 보기에 어려웠다. 믿는 것은 행정의 적극적인 지원 시스템과 구성원들의 내부 결속력뿐이었다. 그들의 공동체가 마을기업을 통해 하나씩 형성해가는 과정에 있었다. 2014년에 시작된 노숙자쉼터 자활형 마을기업은 2015년도 2차 지정을 거쳐 2016년부터 자립형 마을기업으로 진입했다. 부산광역시 동구에 소재하고 있는 희망나눔세차는 2016년에 전국 우수마을기업 경진대회에서 장려상을 받았다. 이동식 세차사업을 통해 일정의 수익보장은 물론 노숙자의 자활을 도와준 배경이 작용했다. 단순히 수익만 가지고 판단했다면 우수마을기업으로 선정되기는 어려웠을 것이다.

5. 유통형 마을기업

마을기업이 현장에서 가장 목소리를 높이는 부분은 단연코 "판로

확보"일 것이다. 아직도 서비스형보다는 재화형 마을기업이 상당수를 차지하는 상태에서 제품판매 문제는 가장 큰 이슈다. 필요한 제품을 생산했는데 막상 팔 곳이 없다. 여기저기서 판매처 부재에 따른 걱정의 목소리가 높아져 갔다. 기업적 관점으로 보면 판매처를 확보하지 않고 제품을 생산해놓고 그때부터 판매할 곳을 찾는다는 것은 수긍하기 어려운 일이다. 일반 기업이라면 "무슨 배짱으로 사업을 시작했느냐"는 볼멘소리도 들을 수 있는 상황이다. 그만큼 마을기업 초기에는 일반기업처럼 생각하고 행동하기 어려운 정책적 사업의 연장선상에 있었다.

지역공동체를 회복하는 정책수단이자 촉매로써의 마을기업을 설립하고 모양새를 갖추기에도 바쁜 환경이었다. 더구나 평생 영리기업 활동을 경험하지 못한 농민 중심의 마을기업들에게는 벅찬 구조였는지도 모른다. 행정이 마을기업을 권유하고, 아이템을 정해주고, 지원기관이 사업계획서도 컨설팅을 해주는 상황이었다. 떠밀리듯이 설립은 했는데, 운영은 쉽지 않아 보였다. 제품은 어떻게 하든 만들 수는 있는데, 팔 곳이 없어 재고가 산더미처럼 쌓여만 간다.

마을기업의 취지를 공감하고 참여한 단체들의 경우도 상황은 크게 다르지 않았다. 재고는 쌓여가고, 서비스를 할 대상을 찾지 못하니 자연스럽게 불만이 쏟아지게 되어 있다. 이러한 불평과 불만은 마을기업 정책을 유도하고 견인했던 행정을 향해 흘러갔다. 정부주도의 사업이 가져온 폐해사례의 일부분이다. 정부로서는 정책을 제시했을 뿐, 참여결정은 당사자들이 해놓고 무슨 소리냐고 항변하기도 어려운 상황이 되었다. 마을기업 대표들은 기회만 되면 마을기업 제품을 팔 수 있는 곳을 마련해달라는 이야기를 꺼내놓는다. 상대가 선출직 또는 고위공무원일 경우 더욱 목소리가 높아져 간다.

선거를 통해 선출된 공무원 신분인 지방의 단체장, 지방의회 의원은 물론 국회의원, 장관에게도 민원성 청탁이 쏟아졌다. 마을기업 대표자는 지역의 유권자다. 지역주민 5명 이상이 모여 만든 마을기업이기에 목소리를 외면하기 어렵다. 마을기업 회원이 수십 명에 가깝고 지역에서 역량이 있다고 판단되는 경우는 더욱 그러하다. 이장, 노인회장, 부녀회장, 청년회장 등이 주요 멤버로 참여하는 농어촌 마을기업의 경우는 영향력이 상당히 높은 편이다.

2010년부터 마을기업 현장과 정책에 관여한 필자의 경우도 판로 확보에 목말라 있는 마을기업들의 목소리를 수없이 들었다. 더구나 한국마을기업협회의 초대 정책위원장과 사업감사를 맡아 활동했던 상황에서 관심은 특별했다. 전국 지역마을기업협회 임원들의 의견은 물론 지원기관의 목소리와 행정의 수용여부까지 판단했다. 2012년 경북 문경에서 최초로 마을기업박람회가 열렸다. 2013년 6월 대전 충청권 박람회와 7월 경기도 마을기업엑스포가 각각 사회적기업박람회와 통합적으로 개최되었다. 동년 9월에 제2회 전국 마을기업박람회가 전남 순천에서 열렸다. 2013년에만 3번의 크고 작은 박람회를 통해 판로확보의 중요성이 부각되었다.

2012년과 2013년 마을기업박람회에 참여한 마을기업들의 성적은 높지 않았다. 지역협회 차원의 열악한 상황과 맞물려 지역조직을 꾸려나가기에도 벅찬 실정이었다. 일부 지역협회에서는 지역단위의 협회비로 운영하는 곳도 있었지만 대부분은 체계를 갖추지 못한 상태였다. 2012년 경북 문경에서 처음 개최된 마을기업박람회 기간에 결성된 한국마을기업협회도 걸음마 단계인 상황이었다. 2013년 하반기에 겨우 사단법인의 형태를 갖추었다. 이런 과정을 지켜본 필자의 입장에서는 우선적으로 지역협회를 살려내는 것이 급선무라 판단했다. 지역적으로 각 협회를 통해 판로확보를 도모하고 수익금의 일부를 지역협회의 운영비로 사용할 수 있는 방안을 구상하기 시작했다. 이러한 현상에 대한 고민으로 탄생한 것이 유통형 마을기업이다. 2014년 「마을기업 육성사업 시행지침」에 유통형 마을기업에 대한 정책이 소개되었다. 17개 광역시도를 대상으로 유통형 마을기업을 알리고 신청을 받기 시작했다.

2014년에 유통형 마을기업을 신청한 지역은 전라남도와 대전광역시 2곳이었다. 다른 시도의 경우는 행정 또는 지역협회의 준비부족으로 신청이 어려운 상황이었다. 유통형 마을기업을 선정하는 데 있어서 3가지 관전 포인트가 있었다. 그 첫째는 유통형 마을기업 매장을 설치할 장소가 어디인지가 가장 핵심이었다. 고객이 쉽게 접근하고 많이 찾아올 수 있는 위치선정이 중요했다. 전라남도는 2013년 마을기업박람회를 개최한 순천시 국제정원박람회장 내 판매시설을 활용하는 제안서를 냈다. 대전광역시는 시청 1층의 빈 공간에 유통형 매장을 건립하는 계획을 세웠다. 순천시 매장의 경우는 국제정원박람회장을 찾는 고객이 계절에 따라 편차가 크고, 겨울에는 완전 비수기로 접어드는 문제가 있었다. 대전광역시의 경우는 담당부서의 의도와 다르게 시청 1층에 마을기업 제품만을 취급하는 유통형 판매매장이 가능하겠느냐가 관건이었다.

두 번째는 유통형 마을기업의 경우 기존 마을기업 보조금으로는 설치와 운영이 어렵다는 문제에 직면했다. 작은 판매장을 유지하려면 기본적으로 소요되는 비용에 대한 다양한 의견이 제시되었다. 유통형 마을기업을 준비하고 있는 전남과 대전은 물론 나머지 지역에서도 큰 관심을 보였다. 최소 5억 원은 구비되어야 매장다운 유통매장을 운영할 수 있다는 의견이 지배적이었다. 특히 기존에 매장 운영경험이 있었던 마을기업들의 목소리는 나름 설득력이 있었다.

1차년도 마을기업 보조금은 최대 5천만 원인 상태에서 무려 10배나 되는 금액에 대해 행정이 쉽게 동의해주지 않았다. 지방자치단체와의 매칭사업이라는 점에서 행정안전부뿐만 아니라 지방의 재원도 고려해야 했다. 광역지자체는 물론 유통형 마을기업 매장을 설치할 기초지자체의 환경도 중요했다. 추가로 유통형 마을기업에 지원할 재원마련 가능성에 관심이 모아졌다. 의지만 가지고는 어려운 상황이었다.

세 번째는 유통형 마을기업 매장을 운영할 수 있는 주도적 인적주체와 마을기업 참여 숫자였다. 지역마을기업협회의 활성화를 위해 추진하는 사업으로 누군가 책임을 지고 운영을 해야 하는 사람이 필요했다. 지역별 마을기업협회를 토대로 운영되지만 현재 운영하고 있는 마을기업에서의 역할과 비중을 감안하여 유통형 매장에 집중할 수 있는 마을기업 대표가 필요했다. 당사자 마을기업도 잘 운영되지 못하는 상태에서 무리하게 유통형 마을기업을 운영하려는 욕심만 가지고는 한계가 있었다. 회사운영에서 상대적 여유로움과 열정 및 해당 분야의 전문성을 고려해야만 했다.

해당 지역의 마을기업 중 몇 퍼센트가 유통형 마을기업에 출자하고 참여하느냐도 관건이었다. 자칫 일부 마을기업들만의 참여로 인한 지역협회의 갈등이 일어날 수 있음을 방지할 필요가 있었다. 동시에 유통형 마을기업의 성과 및 결과물에 의한 혜택이 자연스럽게 지역의 마을기업협회 운영비로 사용될 수 있도록 설계되었다. 재화형 마을기업뿐만 아니라 서비스형 마을기업의 참여도 필요했다. 많은 수의 마을기업들이 참여해야만 가능한 유통형 마을기업이었다.

네 번째는 유통형 마을기업은 영리목적만을 위해 다른 법인격이 아닌 상법상의 주식회사로 정했다. 마을기업 대표자 및 법인이 전체 지분의 70% 이상을 유지해야 한다. 유상 및 무상증자를 하는 경우에도 지분의 70%는 지역 마을기업협회 회원들이 가지고 있어야 한다. 나머지 30%는 지역의 생산 및 유통관련 이해관계자들의 참여 및 협조를 위해 개방한 것이다.

2012년 12월 협동조합기본법이 시행되고 2013년부터 마을기업에 진입하는 법인격 형태가 기존의 주식회사 등에서 협동조합이 증가하기 시작했다. 협동조합도 5명 이상이고, 마을기업의 참여형태도 5명 이상이다. 단지 차이가 있다면 마을기업은 5명 모두가 지역주민이어야 한다는 것이다. 그 이상일 경우에는 전체 회원의 70%는 지역주민으로 구성되어야 한다. 이러한 상황 속에서 협동조합 방식만 고수하는 형태의 유통형 마을기업은 수익을 내기가 쉽지 않을 것이라는 판단을 했다. 철저히 수익을 내기 위한 방식으로 운영하기를 원했다. 그래야 이익금에서 일정부분을 지역협회에 기부하여 지역협회의 활성화를 도모하는 핵심목적을 달성할 수 있었기 때문이었다.

다섯 번째는 전체 판매 제품 중에서 70%는 마을기업 제품으로 준비해야 했다. 이는 마을기업을 위한 유통매장의 정체성을 고수하고 유지하려는 전략이었다. 유통형 마을기업의 목적은 해당 지역의 마을기업 제품의 판로를 확보하는 차원에서 시작되었다. 따라서 지역의 마을기업 제품을 우선적으로 진열하여 판매하는 방식이다.

다양한 마을기업 제품을 선보이고 판매하고자 하는 생각에서 해당 지역 이외 마을기업 제품도 받아 판매하고자 설계했다. 소비자 입장에서 매장을 방문했는데, 판매되는 제품군의 협소함으로 선택을 하지 못하고 돌아가는 것을 방지하기 위함이었다. 이에 전국 17개 광역시도의 우수한 마을기업 제품도 위탁받아 판매하는 방식으로 준비했다. 예를 들어 경기도 유통형 마을기업 매장에 가면 항상 제주도 마을기업들이 생산하는 제품을 구매할 수 있도록 했다. 제주도뿐만 아니라 경기도 마을기업이 생산하지 않는 타 지역의 마을기업 제품이 판매되도록 하는 형태다. 이를 통해 다양한 제품을 선보이고 17개 지역협회들의 교류 및 친선도모까지 기대하였다. 17개 광역시도에 각 유통형 마을기업 매장이 운영되고 이러한 판매장을 통해 지역협회의 재정 건전성을 도모하고자 했다. 동시에 전국에 17개 유통매장을 확보하여 마을기업의 지속가능한 시스템을 마련하는 것이 유통형 마을기업을 만든 목적이다.

이러한 원칙을 가지고 유통형 마을기업을 시작하게 되었다. 행정과 해당 지역의 마을기업협회의 의견이 가장 대립되었던 것은 지원금의 차이였다. 한국마을기업협회의 경우는 5억 원의 사업비를 주장했다. 행정이 제시하였던 1억 원과 자부담 1천만 원으로는 장소 마련하기에도 부족하다고 보았다. 이런 의견 차이를 보이는 속에서 전라남도는 순천만국제정원박람회장 입구 쪽에 설치된 판매장의 일부 공간을 이용하기로 했다. 대전광역시는 1층의 빈 공간을 활용하기로 했다. 두 곳 모두 판매장이 확보되다 보니 사업비가 대폭 축소되는 경향을 보였다.

하지만 협회는 다른 시도가 계속해서 유통형 마을기업 매장을 운영하는 경우, 전남과 대전처럼 장소섭외가 용이하지 않음을 주장하였다. 따라서 협회가 최종 사업비의 규모를 5억 원으로 정하고 행안부 담당부서에 의견을 내기로 하였다. 공식적으로 의견을 제시하러 가는 사이 대전에서 담당 공무원과 지원기관이 1억 원 지원금에 협의하고 나갔다는 소식을 접했다. 대전은 그 정도의 사업비만 있어도 가능하다는 의견이었던 모양이다. 사업비 1억 원 지원에 자부담 1천만 원이 유통형 마을기업 시범모델의 사업비로 정해지는 순간이었다. 대전의 사례가 확정된 상태에서 협회 전체의 의견은 받아들이기가 어려운 상황이 되어버렸다. 이로 인한 내부적 갈등도 발생했다.

① 전남유통형 마을기업

전국 유통형 마을기업 1호는 전라남도 순천시 순천만국제정원박람회장에 설치된 전남도마을기업유통㈜이다. 2013년 제2회 전국 마을기업박람회가 있었던 장소였다. 국제정원박람회장 주차장에서 진입하는 곳에 순천시가 마련한 지역농산물 판매장의 일부 매장을 이용하는 방식이다. 전남도마을기업유통㈜의 대표는 당시 전남마을기업협회장이 맡게 되었다. 전라남도 약 140개의 마을기업 제품의 홍보와 판로 개척을 위해 설립한 것이다. 전남도마을기업유통㈜는 보조금 1억 원에 자부담 5천만 원, 총 1억 5천만 원의 사업비로 시작하였다. 자부담 5천만 원을 모으는 과정이 상당시간 소요되었다.

전라남도 농어촌 마을기업의 특성상 열악한 수요처와 판매망 부재가 가장 큰 고민이었다. 타 시도의 마을기업처럼 전남 마을기업의 안정적 운영과 자립화에 큰 어려움을 겪게 되었다. 이에 마을기업

제품 판매를 전담할 유통매장의 필요성이 계속 대두된 상태에서 유통형 마을기업의 정책시행은 가뭄에 단비처럼 다가온 것이다. 순천만국제정원박람회장에 판매장을 마련한 것은 연간 300만 명이 방문하는 기대효과를 감안한 것이다. 당시 계획으로는 인터넷 쇼핑몰 개설과 대도시권 대형마트 입점 등을 추진해 마을기업 제품 판촉을 전담하는 것이었다.

2014년 7월, 전라남도 유통형 마을기업의 시작은 문재인 정부의 이낙연 총리가 당시 전라남도지사로 재직하던 시절이었다. 당시 이낙연 전남지사는 전남중소기업종합지원센터에서 개최된 전라남도마을기업협회의 대표들과의 간담회에서 "전남 마을기업 제품에 대한 종합적인 홍보와 쇼핑몰 개설, 공동판매장 설치 등을 전담할 유통형 마을기업을 설립했다"고 말했다. 또한 이 지사는 "현재 농업과 농촌이 어렵지만 마을기업이 소비자 욕구에 맞는 제품 개발 등 제 역할을 하게 되면 반드시 돌아오는 농촌의 시금석이 될 것"이라고 말했다. 마을기업 대표자들이 전라남도 마을기업들의 가장 큰 애로사항인 생산제품에 대한 판로확보를 위해 체계적인 유통대책을 건의한 내용에 대한 대답을 한 것이다. 이 지사는 "현재 농업·농촌이 어렵지만 마을기업이 활력과 온정을 되찾는 데 선도적 역할을 한다면, 돌아오는 농촌이 될 것"이라고 전망했다.[6]

2014년에 유통형 마을기업을 신청한 지역은 전라남도와 대전광역시였다. 전라남도가 유통형 1호, 대전이 2호로 지정되었다. 하지만 대전의 경우는 전남과 달리 장소 선정의 어려움과 참여자의 갈등으

---

6) 이낙연 지사 "유통형 마을기업 설립하겠다" 무등일보(2014.7.11.),
http://www.honam.co.kr/read.php3?aid=1405004400445263021

로 사업비를 반납하게 되었다. 대전은 초기에 대전시청 1층에 유통형 마을기업 매장을 개장하는 것으로 되어 있었다. 하지만 진행과정에서 해당 장소를 사용하지 못하게 되면서 다른 장소를 물색하는 데 시간을 소비하게 되었다. 설상가상으로 전체 사업비가 장소확보를 감안하지 않은 상태였기 때문에 추가비용 산정은 사업진행을 더디게 만드는 원인으로 작용했다.

1억 원의 지원금으로는 사업장을 확보하고 매장을 개설하기에는 턱없이 부족한 금액으로 전락한 것이다. 시청 내 장소확보에 실패한 상황에서 추가적으로 자금이 투입되기도 어려운 현실이었다. 두 번째로는 기존 개별적으로 운영되고 있는 형태의 구상과 어긋남이 있었다. 마을기업 제품만으로는 매장개설이 어렵다고 본 것이다. 사회적기업제품, 협동조합제품뿐만 아니라 일반제품까지 고려한 것이다. 이 때문에 매장 내 상품이 마을기업 제품 70% 이상을 유지할 수 없는 환경이 되어버렸다. 이로 인한 또 다른 갈등이 시작되었다. 사업주체의 문제도 나타났다. 마을기업 협회의 핵심관계자가 운영할 것인지, 마을기업은 아니지만 유통전문가 참여로 실질적인 운영을 할 것인지에 대한 논란이 많았던 것으로 알려졌다.

결국 2014년 전국 유통형 마을기업 제2호로 지정받은 대전유통형 마을기업은 사업을 진행하지 못했다. 문제는 2015년 초에 사업비 반납으로 벌어진 행정절차와 비용처리로 인해 행정안전부 담당부서는 물론 대전시도 어려움이 발생한 것이다. 이 사건으로 행정이 바라보는 유통형 마을기업 정책이 다소 부정적으로 흘러갔다. 지역에서 충분히 논의되지 않고 준비되지 않은 상태에서의 사업신청은 집중적으로 점검을 하는 방향으로 흘러갔다. 유통형 마을기업 정책을 구상하고 실행하는 과정에 참여하였던 필자의 입장에서도 곤혹스러웠다. 빠른 시간 안에 전국 17개 광역시도에 1개씩 설치하여 전국 유통망을 구축하려는 계획에 차질이 생겼기 때문이다.

2014년 가을에 지정받은 대전유통형 마을기업이 2015년 초 사업비를 반납한 사건은 전국 마을기업협회에도 영향을 미쳤다. 지역별로 준비하려는 협회 관계자들에게 유통형 마을기업의 준비가 쉽지 않다는 것을 인식시켜준 사건이라 할 수 있었다. 사업선정 심사가 엄격해질 것이라는 소문이 나면서 유통형 마을기업을 준비하고자 했던 각 지역의 협회관계자들의 반응은 다양한 형태로 표출되었다. 1호로 지정받은 전남유통형 마을기업이 겨울 비수기에 접어들면서 어려움이 나타났던 것도 한몫을 했다.

장소선정의 중요성과 수행주체의 책임성, 충분한 자본금의 확보 등에 대한 의견들이 쏟아졌다. 필자는 유통형 마을기업에 대한 전국의 마을기업들에게 의견을 묻기 시작했다. 유통형 마을기업 1호의 출발과 2호의 실패로 인한 다양한 반응이 궁금했다. 2012년과 2013년에는 한국마을기업협회의 정책위원장, 2014년과 2015년에는 사업감사를 맡았던 인연으로 마을기업들의 의견수렴이 수월했다. 마을기업 협회 및 회원사들의 의견은 기본 자금이 확보되어야 한다는 주장이 주류를 이루었다. 동네에서 조그만 슈퍼마켓을 하나 해도 몇 억씩 들어가는 현실을 반영해야 한다는 주장이었다.

② 경기유통형 마을기업

대부분 지역들이 유통형 마을기업에 대한 고민을 하고 있을 때 경기마을기업협회가 적극적인 행동에 나섰다. 당시 경기협회장이 (사)한국마을기업협회 제2대 회장을 맡고 있었기에 나름 책임감도 있었을 것이다. 전남의 운영과 대전의 상황을 가까이서 지켜보았기에 더욱 신중해졌다. 2014년에 임원들을 중심으로 논의를 한 경험이 있었던 경기마을기업협회는 회원들을 대상으로 의견수렴에 들어갔다. 설문조사, 워크숍, 이사회, 총회 등 다양한 형태의 모임개최를 통해 준비해 나갔다. 필자의 입장에서는 대전유통형 마을기업의 사례가 더 이상 반복되지 않도록 고민이 많았다. 그래서 경기도에서의 유통형 마을기업 진행과정과 선정, 운영하는 모습을 지켜보기로 했다. 워크숍에 참여해 의견을 제시하거나 수렴하기도 했고, 타 지역의 사례를 소개하기도 했다.

경기유통형 마을기업의 설립과정은 상당한 시간이 걸렸다. 광역과 기초지자체의 재정매칭의 문제, 장소의 문제, 재화형과 서비스형의 참여문제 등 이해관계와 갈등이 표면화되는 모습도 드러났다. 당시 행정안전부 마을기업팀의 입장은 판로확보 및 개척을 위한 유통형 마을기업의 확산을 도모하는 단계였다. 전남과 대전의 사례를 보고 유통형 마을기업을 위한 매장설치와 운영과정에서 상당한 자금이 투입되어야 한다는 것을 알게 되었다. 협회와 여러 번에 걸친 회의를 통해 정부 2억과 지자체 2억, 마을기업의 자부담 4천만 원으로 사업비를 정했다. 당시 일반 마을기업들의 1차년도 사업비 지원이 최대 5천만 원이었던 것만 가지고 비교하면 파격적이었다. 유통단계의 시스템 운영을 위해 최소한의 경비를 인정한 상황이었다.

그럼에도 불구하고 경기유통형 마을기업의 설립과 운영과정에서의 어려움은 다음과 같은 다양한 형태로 표출되었다. 첫째, 사업비의 25%를 부담해야 할 경기도의 재정마련이 어려워 진행이 어려워 졌다. 행정의 지원금이 4억이라면 중앙정부가 2억, 경기도가 1억, 기초지자체가 1억을 부담하는 방식이다. 하지만 경기도의 경우 전년도 예산을 편성하지 못한 상태에서 3천만 원 이상은 어려운 상황이었다. 나머지 1억 7천만 원을 부담할 기초지자체 찾기가 쉽지 않았다. 협회 임원들이 몇 군데 기초지자체를 상대로 타진했으나, 급작스러운 재정마련은 힘든 상태였다. 당시 한국마을기업협회장인 박명분 회장의 사업장이 화성시에 소재하고 있었다. 화성시는 2015년 기준으로 성남시, 수원시, 고양시, 용인시, 과천시 등 전국에서 6개에 포함된 불교부 단체[7]였다. 박 회장은 화성시장을 만나 작금의 어려운 상황을 설명하고 화성시가 경기도 몫까지 재정지원을 할 수 있도록 요청했다. 이후 화성시 담당부서의 검토 등을 통해 지방자치단체가 부담해야 할 2억 원 중 경기도가 부담하는 3천만 원을 제외한 1억 7천만 원을 부담하기로 결정했다. 장소는 화성시 향남읍 행정리로 정했다. 주변에 대형 아파트가 들어선 곳이다. 어려울 것 같았던 재정문제가 해결된 것이다. 세외수입이 꾸준히 확대되는 자금의 여유가 있었던 화성시여서 가능했다. 동시에 사회적경제지방정부협의회 임원을 맡고 있었던 화성시장의 마을기업에 대한 이해도가 높았다.

두 번째는 경기도 마을기업협회 회원들이 부담해야 할 4천만 원 이상의 자부담 비용마련이 어려운 과제로 남았다. 유통형 마을기업에 대한 충분한 이해를 가졌음에도 불구하고 막상 수백만 원씩 출자

---

7) 불교부(不交付) 단체는 재정수요보다 수입이 많아 지방교부금을 받지 않는 지방자치단체를 말한다. 2017년에는 고양시와 과천시가 보통교부세를 지원받는 교부단체로 변경되어, 성남시, 수원시, 용인시, 화성시 등 4개 기초지자체가 불교부 단체로 남았다.

한다는 것에 대한 부정적 반응이 있었다. 더구나 전남과 대전의 사례를 들은 상황에서 투자에 대한 확신이 서지 않은 마을기업이 많았다.

일부 마을기업 대표들은 자부담 비용마련의 시급성보다는 정부와 지자체로부터 지원받는 4억 원에 대한 관심이 더 많은 듯 보였다. 이 과정에서 건물 임대계약, 인테리어 공사, 정육점 운영권 등 사적 이익에 매몰되는 회원들이 나타났다. 심지어는 전문성이 전혀 없는 일부 관계자가 컨설팅을 해주겠다며 수천만 원씩 요구하는 사례도 나타났다. 이러한 무리한 요구와 사적 이익을 취하려는 생각과 행동이 이후에 경기유통형 마을기업의 진행속도를 더디게 만들고 회원들을 갈등의 구조로 몰아가게 되는 원인이 되었다.

세 번째는 경기도 마을기업들의 참여과정에서 나타난 회원갈등의 문제였다. 당시 경기도 마을기업은 1백 개가 넘어가는 상황이었다. 제품을 생산하는 재화형 마을기업과 서비스형 마을기업의 비중은 대략 7대3이다. 유통형 마을기업을 설계하면서 정책집행 과정에서 간과했던 문제가 서비스형 마을기업의 참여문제였다.

재화형 마을기업은 자부담 출자보다는 본인들의 제품입고에만 관심이 있어 보였다. 전체 운영권을 요구하는 회원도 나타났다. 서비스형 마을기업의 입장에서는 유통형 마을기업의 진행과정에서 소외를 받는 것처럼 느꼈을 것이다. 생산하여 제품으로 유통형 매장에 진열을 할 물건이 없기에 부정적인 모습을 보였다. 일부 서비스형 마을기업의 입장에서는 행정으로부터 4억 원이라는 돈을 지원받는데, 막상 본인들은 아무런 혜택을 보지 못할 것이라는 생각이 앞서 있었다. 이러한 생각이 유통형 마을기업 계획수립 단계에서부터 시작되어 2차년도 사업신청에까지 부정적인 영향을 미쳤던 것으로 알려졌다.

필자는 경기도마을기업협회 워크숍에서 유통형 마을기업 정책이 재화형 마을기업 중심으로 진행되는 것에 대한 양해를 구했다. 서비스형 마을기업을 위한 정책개발을 약속하였다. 경기유통형 마을기업의 매장에 서비스형 마을기업의 홍보물을 배치하는 것도 하나의 방안으로 제시했다. 가장 중요한 것은 유통형 매장이 재화형 마을기업만을 위한 정책이 아님을 분명히 했다. 서비스형 마을기업이라도 투자개념으로 출자하고, 홍보물 등을 통해 연계할 수 있는 방안을 마련하며, 이익금 발생 시 배분받을 수 있는 구조라는 것을 강조했다. 철저히 영리목적으로 설계된 주식회사 방식의 장점을 설명했다. 참여하여 회원사로 역할과 의무를 함과 동시에 권리도 주장하는 모양새가 좋다는 권고를 했다.

그러나 생산된 제품만 진열하는 매장에 서비스할 것이 뭐가 있겠냐는 부정적인 반응에 지속적인 설득이 어려웠던 기억이 난다. 돌이켜보면 자부담 출자금을 내지 않고 이름만 올리려는 의도가 있었던 것 같았다. 즉, 리스크는 피하고 이익만 챙기겠다는 생각이 있었는지도 모른다. 분명한 것은 행정에서 지원하는 보조금의 혜택을 왜 재화형 마을기업만 보느냐는 부정적 시각이 있었다. 일부 마을기업 대표는 이를 빌미로 지속적으로 갈등을 유발하는 행동을 보이기도 했다. 보조금 사업의 경험을 갖고 있는 마을기업의 입장에서는 또 다른 보조금으로만 인식했을지도 모른다. 경기도 마을기업 전체를 위해 협회의 재정자립을 도모하는 목적이 뒤로 빠진 듯했다.

위와 같은 환경 속에서도 경기유통형 마을기업은 2015년 9월 3일, 화성시 향남에서 개장했다. '마을기업 슬로우푸드 1번지'란 간판을 달고 시동을 걸었다. 경기도의 경우는 도내 170개 마을기업 제품을 비롯해 전국 마을기업 제품 중 품질이 우수한 제품을 엄선해 판매한다. 주로 판매하는 제품은 친환경 지역 농산물, 천연 발효식품, 전통 장류 등 안심 먹거리와 지역에서 소규모로 생산한 친환경 공산품 등이다.8) 전국적으로 전남에 이어 두 번째로 개점한 마을기업 유통형 전문매장이다. 오랜 시간 준비하고 전국적으로 관심을 모아왔던 지역이다. 필자의 입장에서도 1년 가까이 지켜봤던 경기도 유통형 마을기업이 탄생되는 순간을 확인했다. 마을기업인들 간의 인식차이로 인한 갈등과 사적이익추구 등이 공존된 시간들이 있었다. 실질적인 사업운영을 위한 최소한의 운영비와 회원들의 자부담을 위한 출자금 모으는 지난한 과정이 있었다. 인테리어업체 선정을 공개입찰에 부치고, 마을기업 대표들이 직접 심사하여 결정하는 방식을 채택했다. 투명운영을 위한 의사결정 구조를 유지했다.

경기유통형 마을기업은 2015년 1차년도만 보조금을 지원받고 2016년과 2017년에는 독립적으로 운영하고 있다. 전남 매장의 약세, 대전의 지원금 반납, 대구의 심사 포기, 충남의 입점매장 리모델링으로 운영중단 사태 등 쉽지 않은 유통형 매장을 성공적으로 이어가고 있다. 이러한 운영은 참여하는 마을기업들의 상호신뢰가 있었기 때문이다. 그중에서도 대표의 헌신과 노력, 리더십의 결과물이라 해도 과언이 아니다. 대부분 마을기업의 성공 요인의 하나는 대표자의 무한한 희생과 도전정신이다. 혼자만의 사업이 아닌 공동체 단위의 사업성격으로 다양한 이해관계 중심에서 균형을 잘 잡아야 한다. 때

---

8) 마을기업 '전문유통매장' 전남에 이어 경기도에 첫선, 아시아경제(2015.9.3.),
   http://view.asiae.co.kr/news/view.htm?idxno=2015090307435419276

로는 억측에 시달려야 하고, 시기는 물론 음해로 인한 고통도 겪어야 한다. 모든 것은 시간이 말해준다. 시간이 흐르고 나면 누가 잘못하고 진정성이 있었는지에 대한 평가가 내려지고 있다.

2017년 7월 초, 경기유통형 마을기업은 조달청을 통한 군부대 납품기업으로 선정되었다. 가지, 오이 등 총 146가지 농수산품을 A부대에 약 1억 8천만 원을 납품하는 성과를 올렸다. 최근 2년 동안 2차년도 지원금을 받지 않고 다양한 각도로 노력한 결과라 할 수 있다.

③ 충남유통형 마을기업

유통형 마을기업 제3호로 지정받은 곳은 충남이다. 충남유통형 마을기업은 2015년도에 지원했다가 1차 탈락한 경험이 있다. 2015년도에 유통형 마을기업 매장을 만들기 위한 논의가 지속적으로 이루어졌지만 준비부족으로 진행하지 못한 것이다. 2016년 임원진 변동과 함께 다시 논의를 시작하였다. 충남의 경우는 타 지역이 공통적으로 사용하는 "유통형 마을기업"이란 명칭을 사용하지 않았다. ㈜위드충남이란 회사명으로 제안서를 낸 것이다. 2016년 기준 109개의 마을기업 중에 22개 마을기업이 참여했다. 재화형 마을기업이 많은 충남의 환경을 고려할 때 유통형 마을기업의 참여자가 많다고 보기 어렵다. 이는 신규로 설립되는 법인에 자부담 방식으로 비용을 부담해야 하는 부담이 있었다고 보인다. 농촌지역에서 내 사업도 아닌 법인에 몇 백만 원씩 투자한다는 상황이 쉽게 수긍하기 어려웠을 것으로 분석된다. 그럼에도 불구하고 오랜 시간 동안 마을기업들의 논의를 거쳐 2016년 11월에 지정되었다. 늦게 지정되면서 예산사용의 한계 때문에 2017년 2월까지 집행하기로 되었다. 아산시 배방신 도시에 소재한 '하모니마트'의 '마을기업 전용 코너'를 설치해 운영하는 방식이다. 즉, 숍인숍(shop in shop)9) 방식의 유통형 마을기업을 만든 것이다. 또 하나는 온라인 방식의 매출을 도모한다는 계획이다. 보조금 1억 5천만 원에 자부담 3천5십만 원이다. 독립적인 유통형 마을기업을 운영하기에는 다소 부족한 예산이다. 그래서 더부살이를 시작했는지 모르나, 관리적 측면에서 분명해야 할 것으로 보인다.

충남유통형 마을기업인 ㈜위드충남은 지역사회에 대한 공헌노력을 했다. 충남도 내 아동복지시설 5곳을 방문해 총 100여만 원 상당의 후원 물품을 전달10)했다. ㈜위드충남이 후원 물품을 전달한 시설은 미혼모 유아들의 공동 생활가정 및 학대 피해아동 양육 쉼터 3곳과 기초생활수급 가정 아이들이 주로 이용하는 지역아동센터 2곳이다.

2017년 4월에 충남유통형 마을기업은 숍인숍(shop in shop) 형태로 들어간 대형마트가 내부 매장 인테리어 공사를 하면서 졸지에 사업이 멈추는 사태가 발생했다. 자체 매장이 아닌 더부살이의 문제가 나타난 것이다. 마을기업 판로확보를 위해 투입된 비용 등이 한순간에 물거품이 되어버린 형국이다. 검증되지 않은 형태의 방식을 고수했지만 결과적으로는 사업수주를 위해 서두른 결정이 불러온 세금 낭비라는 비판에 직면하게 되었다. 타 매장에 일부 제품을 납품하면서 유지하고 있다고 하지만 메인 매장의 영업중지는 타격이 큰 상황

---

9) 숍인숍은 매장 안에 또 다른 매장을 만들어 상품을 판매하는 새로운 매장형태.

10) 충남유통형 마을기업 취약계층 돌봄 활동, 대전투데이(2017.2.14.),
　　 http://www.daejeontoday.com/news/articleView.html?idxno=443481

이다. 그나마 충청남도는 사회적경제 우선구매지원조례에 마을기업을 포함시킴으로써 충청남도 따숨[11]을 통한 매출 및 공공기관 우선구매를 통한 매출증대를 기대하고 있다.

④ 대구유통형 마을기업

2016년에 가장 의욕을 보인 곳은 대구마을기업협회였다. 대구의 경우도 2015년부터 논의를 거쳐 유통형 마을기업을 준비하였다. 강원마을기업협회도 유통형 마을기업에 관심을 두고 워크숍까지 진행했지만 시기상조의 결론을 내렸다. 심사단계에서 대구는 스스로 포기를 하였고, 충남은 숍인숍 형태로 변형하여 진입하였다.

필자의 경우 대구와 강원 워크숍에 참여하여 유통형 마을기업에 대한 정책 전반에 대한 이야기 등을 공유하였다. 대구의 경우는 유통형 마을기업 설립 관련하여 수차례 간담회, 워크숍 등을 개최하였다. 대구마을기업협회장을 중심으로 임원진들의 열의가 많았다. 대구광역시 담당부서의 지원의지도 강렬하였다. 여기에 간담회에서 워크숍에 이르기까지 지원기관의 뒷받침도 많았다.

가칭 대구유통형 마을기업 추진위는 경기도와 마찬가지로 사전에 장소를 물색하고 선계약까지 맺은 상태였다. 다만 입지선정에 있어 신축건물의 장점과 입지상 접근이 용이하지 않을 것이라는 주장이 엇갈렸다. 재화형보다는 서비스형이 많은 대구광역시 특성상 전체 마을기업의 동의를 얻어내는 일이 가장 힘든 모습이었다. 유통형 마을

---

11) 따숨몰(ddasummall), 충청남도와 충남 사회적경제판로지원센터가 함께 운영하며 충남의 사회적기업, 마을기업, 협동조합, 자활기업 등 사회적경제기업에서 생산하는 제품과 서비스를 판매하는 인터넷쇼핑몰.

기업을 추진하는 입장에서는 따라오지 않는 마을기업이 섭섭한 반면 충분한 합의 없이 밀어붙인다고 불만을 표시하는 마을기업도 보였다.

경기도 경우는 서비스형 마을기업도 참여할 수 있는 방안이 충분치 못하여 갈등이 상존했다. 대구의 경우도 서비스형 마을기업의 참여가 미진한 부분에 대한 대안을 마련하지 못하고 있는 상황이었다. 강원의 경우는 재화형 마을기업이 대부분을 차지해서인지 그러한 갈등요소는 보이지 않았다. 필자는 유통형 매장 한쪽 면에 대구마을기업들의 지도를 보여주는 방식을 권유했다. 재화형은 물론이고 서비스형 마을기업명과 연락처가 같이 포함된 대형걸개 마을기업 지도의 필요성을 이야기했다. 동시에 서비스형 마을기업들의 홍보물 등을 전시할 공간도 마련하여 소외됨이 없는 구조가 되도록 제시했다.

유통형 마을기업을 실행하게 된 배경이 활성화를 통해 지역협회의 자립적인 시스템을 지원하려는 목적이 있었다. 자체 판로확보를 위한 전략으로 중요 거점에 유통판매장을 설치하여 지역 내 마을기업들의 제품판매를 촉진시켜주는 역할이 있다. 사회적기업 복합매장 스토어 36.5의 약점부분을 보완하고, 소비자가 즐겨 찾는 식품매장을 지향했다. 일부 관계자들은 일반마트처럼 공산품까지 갖추고 있어야 소비자가 한번에 필요한 물품을 다 사갈 수 있다고 주장했다. 필자의 생각은 달랐다. 일반 공산품까지 갖추는 것이 도리어 일반 대형마트와 비교가 되면서 경쟁력이 떨어질 것이라는 판단을 했다. 마을기업 매장다운 특성이 있어야 소비자의 관심을 모을 것이라 생각했다. 수입상품이 아닌 로컬푸드 중심의 농산식품 전문매장의 독창성을 확보해야 한다고 보았다.

대구광역시가 유통형 마을기업을 설립하기 위해 가장 많은 노력을 기울였음에도 불구하고 최종 심사전에 스스로 포기하였다. 가장 핵심적인 이유는 초기 보조금 2억 원이 4억 원으로 예산이 증액되면서 자부담 금액이 증가하게 되었다. 보조금의 20%를 채우려면 8천만 원을 자부담으로 해야 한다. 기존에 2억 원만 생각하고 출자했던 마을기업들이 추가로 4천만 원을 더 부담해야 하는 상황에 놓였다. 추가부담액에 대한 합의가 원활하게 이루어지지 못함으로써 자연스럽게 동력을 받지 못한 것이다. 또한 사전에 계약한 유통형 매장의 처리문제, 사전 지출된 비용의 경우 마을기업 사업비로 받지 못하는 문제 등 표면적인 내용이 이유였다. 다양한 상품군이 준비되지 못한 것과 유통형 마을기업을 운영함에 있어 마을기업 참여자들의 역할배분의 부족함도 이유에 포함된다. 하지만 마을기업들 간의 사업신청 과정에 있어 충분히 합의를 이끌어내지 못한 내용들이 누적되면서 나타난 결과라는 시각도 있다. 유통 전문가에게 맡기기보다는 마을기업 집행부가 대신하려는 과정에서 신뢰결여에 따른 불협화음이었다는 견해도 있었다.

6. 신(新)유형 마을기업

마을기업은 근거법이 없다 보니 행정의 지침에 의해 규정되고 운영되고 있다. 매년 「마을기업 육성사업 시행지침」에 의해 제도가 만들어지고 시행되고 있는 것이다. 이러한 마을기업 지침은 매년 외부 전문가 등이 포함된 태스크포스(TF) 운영과 결과를 통해 정해지고 변경되어 배포된다. 당해년도 마을기업 사업을 진행하면서 겪게 되는 불편한 문제 등의 합리적 보완 및 해결을 위한 방안들이 제시된다. 현장의 목소리를 최대한 수용하는 방안에서 지침마련이 이루어진다. 마을기업 지침 TF는 마을기업 당사자는 물론 협회, 지원기관, 지방자치단체 담당부서는 물론 관련 학계와 이해관계자의 의견까지 수렴한다.

먼저 필자가 참석하지 못했던 2017년 지침의 문제점을 하나 거론하고자 한다. 마을기업 사업 종료 후 2년이 경과하면 사회적기업으로 진입할 수 있게 만든 내용에 대해서는 대단히 유감스럽다. 일부 마을기업의 민원을 고려했다는 핑계는 무색할 정도다. 마을기업의 정체성을 저버리는 임시방편적인 지침변경이 향후 어떠한 결과를 가져올지 생각하고 변경했는지 묻고 싶을 정도다. 더구나 중앙담당부서의 책임자가 주도적으로 변경을 주도했다고 하니 기가 막힐 정도다. 이 건에 대해서는 지침내용에서 구체적으로 다시 거론하고자 한다.

초기 마을기업 시행지침 TF에서 2016년 지침까지 계속 참석한 필자의 경험을 가지고 이야기하려 한다. 지침이 가장 많이 변경된 연도는 2014년도이다. 기술기반형 마을기업, 유통형 마을기업, 협회비 납부 영수증 의무화 등이 있다. 2016년 마을기업 지침에도 큰 변화가 나타났다. 우선적으로 긍정적인 것은 자부담이 총사업비의 10% 이상에서 보조금의 20% 이상으로 변동되었다. 즉, 1차년도 사업비 최대 5천만 원을 지원받기 위해 부담하는 자부담 비용이 556만 원이었다면 1천만 원 이상으로 바뀌었다. 마을기업을 희망하는 단체들의 책임감을 좀 더 높이고 전체 사업비의 탄력성을 도모하기 위한 방안이었다.

2016년과 2017년도에 적용되어 집행되고 있는 마을기업의 새로운 모델은 '신(新)유형 마을기업'이다. 2016년 지침에 처음 등장한 이 제도는 TF 회의에서 나온 것이 아니다. 2015년 11월경 공론화 과정을 거쳐 '2016년도 마을기업 육성사업 시행지침'은 TF 회의에서 최종 마련되었다. 결재단계를 거쳐 연말 전까지 지방자치단체로 배포가 되어야 한다. 그래야 연말에 지원기관으로 선정된 단체가 마을기업 설립 전 교육을 준비하고 새로운 지침을 널리 알려야 한다. 행정과 지원기관은 물론 마을기업을 신청하는 단체의 입장에서는 새롭게 변경된 지침을 파악해야 하기 때문이다.

2016년 지침은 2015년도 연말을 넘어 2016년 1월 말까지 밖으로 나오지 못했다. 당시 담당 국장과 과장이 각각 개인적 견해를 밝히면서 내부적 합의를 이끌어내는데 시간이 많이 소요되었기 때문이다. 우선 '신유형 마을기업'에 대한 이야기를 해보려 한다. '신유형 마을기업'의 아이디어는 담당 과장으로 전해 들었다. 중요한 것은 중앙부처와 지방자치단체까지 포함된 행정과 지원기관과 관련 전문가까지 포함되어 수차례에 걸쳐서 나온 지침은 그대로 수용되어 집행되어 왔었다. 매년 한두 건씩 가벼운 아이디어가 결재단계에서 포함되는 경우는 있었다. 하지만 새로운 모델이 해당연도 지침의 핵으로 떠오르는 경우는 흔치 않은 일이었다.

'신유형 마을기업'의 내용을 보면 기존에 없었던 사용하지 않았던 지역의 자원들을 활용해서 마을기업의 유형을 발굴해보자는 의도로 보인다. 마을기업들이 1차 농산물, 2차 공산품의 형태에서 크게 벗어나지 못하고 있어 일견 필요한 작업이라 할 수가 있었다. 3차 서비스형 마을기업이 다양한 형태로 나타나고 있지만 수익구조 개선이 항상 문제로 등장했다. 기업이라는 측면에서 수익을 담보하지 못하는 마을기업의 지속가능성은 없기 때문이다. 이러한 고민은 오래전부터 있었다. 그러한 환경적 고민이 '신유형 마을기업'의 등장으로 이어졌으리라 생각했다.

그러나 기존에 마을기업에 관심을 가지고 있었던 사람이라면 누구나가 고개를 갸웃거리게 만든 것이 '신유형 마을기업'이다. 유형예시를 보면 더욱 그러한 생각에 확고함이 묻어날 수밖에 없다. 더구나 신청하는 마을기업의 20% 이상을 신유형 마을기업으로 별도 추천하라고 지침에 담았다.

□ 新유형 마을기업 예시

○ (인력자원 활용) 청년창업가, 퇴직전문가, 경력단절여성 등의 재능을 지역의 공익실현을 위해 활용하는 마을기업
○ (공공자원 활용)
 - 향교·서원 등 문화재, 폐교 등 공공시설을 활용·운영하는 마을기업
 - 산악, 호수, 특수지형 등 지역의 범위 안에서 존재하는 유무형의 자원을 독과점적으로 활용하는 마을기업
○ (전문기술 활용) IT, 디자인 등의 기술을 지역 공공자원의 이용 등에 접목·활용하거나 지역 고유기술을 보존·육성하는 마을기업

신유형 마을기업을 설명하면서 예시 든 것을 보면 인력자원을 활용, 공공자원을 활용, 전문기술을 활용하는 방안을 제시하였다. 마을기업의 본질을 그대로 설명하는 내용이다. 지역의 인적 및 물적 자원을 주민들이 자주적으로 활용하여 비즈니스 방식으로 풀어나가는 정책이 마을기업이다.

그동안 중앙심사뿐만 아니라 전국 17개 광역시도 및 기초지자체까지 심사를 다녔고, 마을기업 현장을 누구보다도 잘 알고 있다고 생각한 필자의 입장에서는 무척이나 당혹스러운 대목이다. 청년들의 참여와 퇴직한 전문가는 물론 경력단절여성의 문제는 마을기업 초창기부터 주장해온 내용이다. 다문화가정의 참여와 한부모 가족의 가장에게는 가산점도 주었다. 학생수 급감으로 폐교가 된 전국의 시설을 활용한 마을기업도 상당수 있다. 지역의 문화재 등을 활용하고, 그 공간을 이용한 마을기업도 있다. 수몰민이 되어 댐, 호수 옆에서 지역농산물을 재배하여 판매하려는 마을기업도 10여 개가 넘어간다.

기술기반형 마을기업의 시작은 IT 기술 및 디자인 등 전문가들의 진입을 위해 정책적으로 열어 놓은 마을기업이다. 컴퓨터 기술과 만화 작업 또는 캐릭터 디자인으로 마을기업에 진입한 곳도 여러 곳이다. 어르신들의 손재주를 활용하여 목각인형 등 지역의 인적 자원을 활용한 마을기업도 많다. 이러한 마을기업들과 전문기술을 활용하는 신유형 마을기업과의 차이는 무엇일까?

필자와 동일한 생각을 하였던 관계자들은 전국 지원기관의 구성원일 것이다. 오랫동안 마을기업 업무를 수행했던 사람일수록 더욱더 강한 의구심을 가졌을 것이라 확신한다. 실제로 그러한 대화를 많이 나누기도 했다.

2016년 2월에 전국 지방자치단체 마을기업 담당자와 지원기관들에 대한 지침설명회에서 그러한 반응들이 나타났다. 설명하는 사람도 이해를 못하는 정책을 듣는 사람이 얼마나 소화했겠는가? 더구나 신유형 마을기업 유형이라고 제시하는 마을기업을 경험한 적이 있는 지자체 공무원 또는 지원기관들의 반응이 볼만했다. "이미 그러한 유형들의 마을기업이 지정되고 운영되고 있는데, 무슨 차별적인 요소가 있는가?", "신유형 마을기업의 가이드라인은 무엇인가", "어느 것이 신유형이고, 어느 형태가 기존 마을기업이라 말할 수 있는가?" 등등 현장의 혼란은 극대화되었다.

이러한 문제는 광역지자체 심사과정에서 더욱 두드러진 현상으로 나타났다. '신유형 마을기업'에 대한 이해도가 부족한 상태에서 20% 이상을 의도적으로 맞추려다 보니 해석이 제각각이었다. 그러한 해석력이 지역에 따라서 심사하는 참여자의 성향과 생각에 따라서, 중앙 심사하는 사람에 따라서 다 제각각이었다. 동일한 시각으로 획일적인 가이드라인을 가지고 명확하게 규정하는 사람이 없었다. 필자의 경우도 기존 마을기업과 무슨 차이가 있느냐는 기본적인 의구심을 갖고 쳐다보았다.

이러한 현장의 문제점은 심사과정의 애매한 태도로 인하여 2016년도 마을기업 심사는 탈도 많고 말도 많았던 해로 기억된다. 지방에서 기초와 광역지자체를 통과한 예비마을기업들이 행안부 심사에서 대거 탈락했기 때문이다. 지자체 심사에 심사위원들이 고정적이지 못했던 내부적 환경도 한몫한 것으로 풀이된다. 마을기업에 대한 본질을 제대로 이해하지 못한 관계자가 참여할 경우에 그러한 문제는 더욱 크게 나타난다. 마을기업 심사하러온 심사자에게 마을기업은 이러한 것이라고 설명하는 수준의 심사환경이라면 더 말할 것도 없을 것이다.

신유형 마을기업에 대한 심사평가표는 별도로 마련되었다. 1차년도와 2차년도 심사기준표와 다르게 유형의 창의성에 30점을 주는 파격적인 방안도 제시되었다. 즉, 수익성이 다소 미치지 못하더라도 마을기업 유형이 기존과는 다른 새로운 방식으로 인정된다면 지정 받기 쉬운 구조라 할 수 있다.

'신유형 마을기업'에 대한 문제점이 하나 더 있었다. 지난 박근혜 정부에서 지역공동체 회복에 대한 키워드는 매우 중요했다. 국정과제였기 때문이었다. 마을기업과 지역공동체를 의도적으로 결합하려는 단계에서 보이지 않는 충돌이 일어났다. 마을기업의 제1의 가치 추구는 소멸되어 버린 지역과 마을의 공동체를 복원하는 일이다. 따라서 관계가 없다고 말할 수 없다. 하지만 마을기업을 논하면서 지나치게 공동체를 부각시키면 상대적으로 수익성 부분이 취약해질 수밖에 없다.

2016년도 마을기업 육성사업 시행지침이 계속 늦어진 이유 중의 하나가 지나친 공동체 부각이었다. 담당 국장이 영국의 공동체 모델에 감명을 받고 공부하게 되면서 지침의 배포가 늦어졌다. 마을기업의 참여자가 지역주민 5명 이상이었는데, 기본적으로 10명 이상으로 변경하라는 이야기가 강했던 모양이다. 최소한 해당 지역의 주민이 10명 이상이 참여해야 지역주민 토대로 한 마을기업이라는 주장이 틀린 것은 아니다.

주민이 10명을 넘어 100명 또는 200명이 참여해야 그 지역의 공동체의 상당수가 참여했다고 말할 수 있다. 아파트 경우는 수천 명에 달할 수도 있다. 많은 수의 주민이 관심과 참여가 있어야 지역에서 일어나는 지역의 문제를 해결할 수 있는 동력요인으로 작용할 수 있다. 하지만 많으면 많을수록 좋은 것일까?

마을기업이 마을과 공동체란 단어에 멈춰 있으면 가능한 일이다. 마을을 구성하고 마을의 지역적인 문제를 해결하는 의논단위가 5명이 아니고 10명이 아닌 수백 명이 모여서 회의하고 의논하는 것이 더 빠른 해결과 더 좋은 방법을 찾을 수 있을 것이다. 그러나 마을기업은 공동체와 기업이라는 공공성과 수익성의 결합체 방식이다.

수익성을 통해 지속가능성까지 타진해야 하는 마을기업의 입장에서 지역에서 사업적으로 한뜻으로 모을 수 있는 사람의 수는 한정적이다. 후원 또는 일반회원으로 이름만 올리는 것과는 다르다. 마을기업 회원은 누구라도 유상 출자자가 되어야 하고, 금전적 투자를 해야 한다. 마을기업을 설립하는 과정에 24시간 이상 교육도 참석해야 하고, 적게는 수십만 원에서 많게는 수백만 원까지 부담을 해야 한다.

이러한 방식을 통해 마을기업의 기본서류가 만들어지는데, 기본적으로 10명 이상의 지역주민을 의무화하라고 했으니, 실무진 입장에서 얼마나 당황했을까 생각이 들었다. 현장을 몰라도 너무 모른다는 생각을 했다. 행정 내부에서 해결이 되지 못한 것 같았다. 계급사회의 일상을 보았다. 현장에서는 언제 마을기업 지침이 나오느냐고 아우성이다. 당장 설립 전 교육이 시작되는데 정해진 지침이 없다. 기가 막힐 노릇이다. 그래서 외부전문가 차원의 미팅이 있었다. 오랜 시간을 들고 표현방식을 바꾸기를 조심스럽게 권장했다. 정책을 생각한 당사자의 기분이 상하지 않는 묘수를 생각해야 했다. 그래서 나온 것이 "마을기업 출자자는 5명 이상이며, 10인 이상이 출자할 것을 권장함"이었다. 10인 이상을 권장하며, 심사과정에서 일부분 가산점 등을 반영해서 시행하는 방안 제시에 모두가 동의하였다. 그렇게 2016년 마을기업 육성사업 시행지침은 배포되는 시기를 훨씬 넘어 2월 초에 세상 밖으로 나오게 된 것이다.

또 한 가지 중요한 문제는 사업의 기간확보에 대한 내용이다. 매년 지침에는 4월 말까지 중앙심사까지 완료하고, 계약을 체결하여 5월부터는 사업을 실시할 수 있도록 하였다. 최소한 8개월 동안의 사업성과를 가지고 2차년도 심사를 하기 위함이다. 그런데 지역별로 정해진 마을기업의 숫자가 부족하거나, 중앙심사에서 탈락하면서 남게 되는 숫자 채우기 문제가 발생한다. 예산이 남게 되면 불용으로 처리되고, 그만큼 차기년도 예산이 감액되는 상황을 방지하기 위해 추가모집을 하게 된다. 어떤 해에는 4차까지 추가모집을 하여 지정하다 보니, 11월 말 또는 12월 초에 최종 지정을 하는 상황도 나타났다. 1개월 안에 사업비를 다 소진해야 하는 웃지 못할 경우까지 발생했다.

이러한 문제가 매년 반복되면서 2016년도 지침에는 사업추진절차에서 당구장 표시(※)로 "마을기업의 충분한 사업기간 확보를 위해 2016년 7월 말까지 시·도 추천 완료할 것(이후 행자부 심사 없음)"이라고 명시하기까지 했다. 하지만 또 다시 중앙심사에서 대규모 탈락사태가 재연되고 계속되는 추가모집과 심사로 연말에 지정받는 경우가 발생되었다. 이처럼 예산불용을 막기 위한 수단으로 처리되는 추가심사, 뻔히 탈락될 줄 알면서도 중앙심사로 권한을 넘겨버리는 광역심사 환경, 탈락을 예상하고 지정된 숫자보다 훨씬 더 많은 숫자를 올려 상대적 이익을 챙기려는 지자체의 현실, 매년 반복되는 지적에도 같은 실수를 반복하는 사업제안서의 책임에 판단과 결정이 필요한 시기다.

7. 예비(豫備) 마을기업

행정안전부의 예비마을기업 제도는 2016년부터 시행되었다. 지침에 의한 예비마을기업제도를 공식적으로 사용한 것이다. 그러나 지방자치단체는 이전부터 지역형 예비마을기업 제도를 도입해 운용하고 있었다.

서울시는 고가의 임대료로 인하여 사업을 시도하기 어려운 현실을 감안하여 2012년부터 '서울시마을기업 공간임대보증금' 지원사업을 실시하였다. 최대 1억 원까지 지원하고 5년 내에 상환하는 제도다. 서울시의 경우는 예비마을기업 제도라기보다는 현장의 환경을 고려하여 추가적으로 보완하고자 하는 마을기업제도라 할 수 있다. 사업비 지원금 논란으로 2014년도에 최대 8천만 원으로 줄였고 2015년부터는 사라진 제도다.

전라북도는 2015년부터 마을기업 고도화사업을 실시하고 있다. 전라북도의 경우도 예비마을기업이라는 측면보다는 마을기업 지원사업이 종료된 자립형 마을기업을 대상으로 하고 있다. 2017년이 고도화사업 3번째로 마을기업들을 지원하고 있다.

전라남도는 2013년에 '전남형 예비마을기업' 제도를 처음으로 시작하였다. 행정안전부의 마을기업으로 진입하기 전에 지자체가 자체적으로 육성하는 차원에서는 전국 최초의 예비마을기업이라 할 수 있다.

이외에도 경기도, 강원도, 경상남도 등 광역지자체 차원의 예비마을기업제도가 실행되고 있다. 전라남도의 경우는 순천형 마을기업,[12] 여수형 마을기업,[13] 나주시 마을기업 등 기초지자체 차원에서의 예비마을기업 제도를 시행하는 곳도 있다. 중앙정부 차원의 마을기업 육성차원보다 한발 더 앞서간 지역중심의 마을기업 정책이다. 통상 정부의 정책사업을 연계하여 지자체에서 사업을 실시하는 경우는 많으나, 지자체 단독으로 자발적으로 사업을 진행하는 경우는 드물다. 그만큼 지방에서 지역에서 마을기업의 효과와 효용성이 입증되고 있다고 봐도 무방할 정도로 이해된다.

지자체에서 먼저 실시된 예비마을기업 제도는 정부의 예비마을기업 제도를 시행하게 만든 원인으로 작용했다. '2016 마을기업 육성사업 시행지침'에 의한 예비마을기업 제도의 선정배경과 선정 및 관리방법은 다음과 같다. "마을기업 설립 준비를 위한 지방자치단체의 자체사업과 마을기업 육성사업을 연계하여 마을기업으로서의 정체성과 사업성을 갖춘 우수한 마을기업 설립 촉진"이 선정배경이다.

그동안 자체적으로 시행된 지방자치단체의 예비마을기업 육성사업을 중앙에 신고하고 등록하도록 하여 체계적인 정책을 구현하겠다는 의지가 담겼다. 또한 마을기업 시행지침과 동일한 내용준수를 통해 예비마을기업이 마을기업으로 진입이 용이하도록 지원하겠다는 내용도 포함되었다.

반면 행정안전부에서 인정하는 예비마을기업이 되기 위해서는 최소 3개월 이상의 육성기관과 마을기업에 필요한 교육을 이수하게 하였다. 마을주민에 대한 전체교육은 물론, 컨설팅과 선진지 견학 등 다양한 교육형태도 인정하는 방식이다. 이러한 과정을 이수한 예비마을기업은 마을기업으로 선정 시 가점을 부여하고, 익년도 예산

---

12) 아시아뉴스통신(2017.3.22.),
   http://www.anewsa.com/detail.php?number=1143956&thread=09r02
13) 뉴스1(2017.3.29), http://news1.kr/articles/?2950783

배정과 연계하고 있다.

전남형 예비마을기업은 농어촌의 공동체 형성에 크게 기여함은 물론 공동체를 기반으로 지역의 특화자원을 적극 활용하여 소득을 창출, 마을기업 기반을 구축하기 위해 추진하는 사업이다. 마을기업의 자립기반을 확대하고 실질적 소득창출을 위해 '전남형 예비마을기업'을 대대적으로 육성, 이를 마을기업으로 성장시키기 위해 전국 최초로 추진했다. 전남형 예비마을기업으로 지정이 되면 최대 2천만 원의 지원금을 보조하여 마을기업으로 성장하기 위한 토대 마련에 사용할 수 있다. 지정을 받기 위해서는 행정안전부 마을기업이 시행하는 설립 전 교육은 물론 심사과정을 거친다. 당장 마을기업으로 활동하기에 부족하지만 가능성 등을 보고 판단하여 지정을 하게 된다.

2013년까지는 광역지자체에서 마을기업 2차 심사를 마친 내용에 대해서 중앙에서 행정상 특별한 문제가 없는 한 지정하는 방식이었다. 2014년부터 도입된 행정안전부 3차 심사로 인하여 마을기업 현장에 큰 변화가 있었다. 심사단계가 많아지고 엄격해지고 교차심사, 현장심사 등이 강화되면서 마을기업으로 지정받는 것이 쉽지 않게 되었다.

필자는 초기부터 지방자치단체는 물론 중앙심사 과정에 참여하게 되었다. 자연스럽게 전국 17개 광역시도의 마을기업 현황을 살펴볼 수 있는 기회가 된 것이다. 심사를 하면서 지방행정의 역할, 지원기관의 역량, 마을기업들의 아이템은 물론 지역별 문화까지도 엿볼 수 있었다. 어느 지역의 경우는 마을기업의 지침이라도 읽고 선정을 했나 싶을 정도로 마을기업의 정체성에 맞지 않은 경우도 많다.

기초지자체에서의 심사, 광역지자체에서의 심사를 통과하였지만, 또 다시 중앙정부에서의 심사과정을 통과하지 못하는 경우도 비일비재하다. 심사위원의 시각 및 성향에 따라 차이가 있을 수 있지만 대체적으로 비슷한 경우가 많다. 그럼에도 불구하고 중앙과 지방의 차이는 얼마나 엄격한 잣대를 적용했느냐의 차이가 있다고 볼 수 있다. 지역에서의 심사과정은 가능하면 지정을 할 수 있도록 지역연고의 분위기가 심사과정에 녹여든다. 반면 중앙에서의 심사는 전국을 동일한 기준으로 볼 수밖에 없어 지역 간 차이가 두드러지게 난다.

중앙심사가 처음 도입된 2014년, 타 지자체와 달리 전라남도에서 올라온 마을기업 후보자들은 대부분 양호한 제안서들이었다. 공동체를 위한 시간적 노력이 있었고, 제품생산 등을 위한 단계적 준비가 되어 있는 후보자들이 많았다. 필자의 기억으로 1~2개를 제외한 30여 개의 단체들이 마을기업으로 지정받았다. 상대적 평가에서 대단히 우수한 성적을 거둔 전라남도였다. 이렇듯 타 지자체와 차이가 나도록 우수한 성적을 거둔 것은 다름 아닌 '전남형 예비마을기업'의 효과였다. 2013년부터 시행된 예비마을기업으로 다듬어진 단체들의 역량이 돋보이는 순간이었다. 이때부터 지자체 단위의 예비마을기업 제도가 가져오는 순기능과 성과에 대한 관심이 모아졌다.

2017년 기준 전라남도에서의 마을기업의 유형은 3가지로 구분된다. 행정안전부 마을기업을 기준으로 2013년부터 실시된 전남형 예비마을기업이 있고, 2014년에 시행된 여수형 마을기업, 2015년에 도입된 순천형 마을기업 등 기초지자체 마을기업이 존재한다. 마을기업 근거법이 부재한 상태에서 지방자치단체의 재원으로 지역활성화를 도모하는 활성화 수단으로 마을기업을 육성하고 있는 것이다.

전라북도는 자립형 마을기업에 대한 후속대처방안의 일환으로 마을기업 고도화사업을 실시하고 있다. 2014년 가을이었던 것으로 기억난다. 전라북도 마을기업 활성화 방안 민관전문가 간담회에 참석한 송하진 전라북도 지사의 마을기업에 대한 관심은 매우 높았다. 도내 대학 출신들이 마을기업에 취업하여 상생하는 방안에 대한 고민이 많았다. 청년들의 취업률도 올리고 마을기업도 함께 성장하는 모델을 원했다. 그 자리에서 필자는 일본의 이로도리 마을기업을 소개하면서 꼭 한번 들러볼 것을 권유했다. 바쁜 일정을 빼서라도 가보면 왜 청년들이 산골마을에 모여들고, 지역자원을 활용한 지역활성화가 가능한지에 대한 해답을 얻을 것이란 이야기도 전달했다. 진행하라는 도지사의 이야기에 열심히 받아 적는 모습을 보면서 서울로 돌아왔다. 이후 일본방문을 준비하다가 일정이 맞지 않아 가지 못했다는 이야기만 전달받았다.

간담회에서 필자는 마을기업이 지속적인 성장을 하기 위해서는 3년차 단계에서 더 지원이 필요함을 주장하였다. 그동안의 연구결과도 그렇고, 2년 지원금이 종료되고 3년차에 접어든 단계에서 상승과 하락이 명확히 구분되는 상황에 대해 설명했다. 그래서 'Post(포스트) 마을기업'이란 명으로 사업을 할 것을 제안했다. 자립형 마을기업에 대한 지방자치단체의 독립적인 지원사업이 시작된 것이다. 이후 한학자 집안의 영향을 받아온 송지사의 영어사용 원천적 배제로 인하여 탄생한 사업명이 '전라북도 마을기업 고도화사업'이다. 2015년부터 시작된 마을기업 고도화사업은 그동안의 성과를 바탕으로 2017년 현재 3년차 사업을 진행하고 있다.

행정안전부 사업방식인 사업비 방식으로 지정받은 마을기업들이 2년차 사업지원금을 받고 난 후 3년차에 접어들면서 명암이 분명했다. 사업기간으로만 보면 만 2년도 되지 않는 동안에 자립적으로 성장하기에는 분명한 한계가 있다. 그동안 정부차원에서 연구를 통해 최소 3년 주기의 지원방식의 유효함에 대한 자료가 나왔으나, 사업비 지원방식의 틀을 바꾸지 못하고 진행되고 있다. 법적 근거가 아닌 방식, 행정의 탄력성이 없는 사업비 지원방식으로는 해결될 수 없는 상황이 반복되고 있다. 따라서 전라북도의 마을기업 고도화사업은 그동안 현장의 어려움을 한꺼번에 해결한 방식이라 할 수 있다.

2015년 선정된 전라북도 마을기업 고도화사업에 대한 성과평가를 맡았다. 해당 마을기업들의 지정심사부터 참여했기에 그들 마을기업이 고도화사업을 통해 어떻게 변모하고 성장하는지를 지켜볼 기회가 있었다. 2015년 마을기업 고도화사업에 지정된 마을기업 중에는 행정안전부 전국 우수마을기업에서 선정되어 상을 받은 마을기업이 2개나 된다. 익산의 함해국이 2015년도 우수상, 부안 백련농장이 2016년도 최우수상을 받았다. 2016년과 2017년도 마을기업 고도화사업에 지정받은 전라북도 마을기업이 2017년에도 기대를 걸고 있을 정도로 성과 및 마을기업 만족도가 높은 상황이다.

전라북도 마을기업 고도화사업은 행정안전부 마을기업의 지원방식과는 다르다. 즉, 인건비 지원을 제외하고 기술 및 브랜드개발, 시설·장비구축, 홍보·마케팅 지원 및 신제품 개발 지원 등에 집중하는 방식이다. 마을기업 개별적으로 지원하는 내용과 1개 사업에 3개 이상의 마을기업이 공동으로 참여하는 사업으로 구분한다.

전라북도의 마을기업 고도화사업이 가져온 결과는 마을기업 전체의 활성화를 도모하는 순기능을 보여주고 있다. 최대 2년 동안 지원받고 있는 행정안전부의 마을기업의 특성상, 2년 지원이 끝나면 상대적 활기를 잃고 무너져 내리는 마을기업이 많다. 동시에 더 이상 행정에 대한 지원이 없다고 판단하면서 지역협회 등 모임의 참여도 시들해진다. 행정에서 5년간 관리차원에서 조사하고 지원기관이 컨설팅 등을 도와주고 있지만 마을기업의 입장에서는 별로 반갑게 맞이하지 않는다. 어떤 면에서는 귀찮다고 느끼면서 피하는 경우도 발생하고 있다. 대부분 지방자치단체의 마을기업의 현장모습이다.

그런데 전라북도 마을기업은 고도화사업 이후에 더욱 활기찬 모습을 보여주고 있다. 3개년에 걸쳐서 지원을 받을 수 있는 장점이 작용한 것으로 보인다. 주변에서 전국 우수마을기업들이 매년 지속적으로 탄생하는 것을 지켜보는 요인도 작용했다. 즉, 마을기업들에게 동기부여를 확실히 심어주고 있는 것이다. 우수마을기업 또는 고도화사업에 선정되는 마을기업들의 모습 하나하나에 관심을 기울이고 지켜보고 있다. 장점은 받아들이고 단점은 개선하는 방향으로 돌려서 수용하는 방법을 스스로 채택하고 있다. 그러한 분위기가 전북마을기업협회를 중심으로 행정과 지원기관과의 삼각연대의 강한 연결을 해주고 있다고 해도 과언이 아니다. 대단히 활기찬 모습을 보여주고 있는 마을기업 지역사례다.

○ (항목별지원내용)
  - 홍보디자인 개발 지원
    : CI, BI, 제품 및 포장 디자인개발, 카탈로그·브로슈어 제작 등
  - 상표 및 특허지원
    : 상표 및 실용신안출원, 국내외 특허 출원, 국내외 규격인증 및 시험평가
  - 정보화 지원: 홈페이지 제작, ERP 등
  - 기계 및 장비 구축: 제품생산 및 보관관련 장비 구입 등
  - 신제품 개발: 신제품 기술 개발, 관광·체험 등 프로그램 개발 등

- 판로개척 및 마케팅 사업
- 기타 마을기업 성장에 필요하다고 인정되는 사업
  ※ 위 내용 및 기타 지원 항목은 심사를 통해 필요성 여부 판단

○ (우선지원항목)
- 1개 사업분야당 100백만 원 이내
- 3개 이상 마을기업이 공동으로 참여하는 사업
  ·공동 기술개발: 판매기법 등 기술개발에 소요되는 비용
  ·공동 브랜드 개발: 공동으로 사용하는 브랜드 개발 비용
  ·공동 마케팅: 판로확대를 위한 광고, 홍보물 제작 등에 소요되는 비용
  ·공동 네트워크: 홈페이지, 쇼핑몰 구축 등에 소요되는 비용
  ·기타 마을기업 성장에 필요하다고 인정되는 공동사업
- 시·군 단위 마을기업 지원사업
  ·마을기업제품 공동판매장(오프라인) 운영 등 마을기업 활성화 사업

○ (지원불가항목)
- 인건비성 경비 및 상품 제조에 소요되는 재료비
  * 시제품 개발에 소요되는 재료비는 인정
- 소득사업과 직접 관련 없는 시설·장비 및 시스템 구축 비용
- 공과금, 사무실 및 장비 임대료, 회계처리 비용 등 각종 수수료
- 일반 사무용품 등 사업개발과 직접 관련 없는 비용

(자료: 전라북도 내부자료, 2015 전라북도 마을기업 고도화사업 세부계획서)

일명 서울형 마을기업이라 불리는 사업은 '공간임대보증금 지원사업'이다. 서울시 2012년 11월 중순에 서울시 마을기업 공간임대보증금 지원 신청이 접수된 총 19개 기업에 대해 12월 중순에 심사를 거쳐 8개를 선정했다. 이들 서울형 마을기업들은 2013년 2월까지 해당 자치구와 약정을 체결하고, 서울시에서 자치구로 전달한 공간임대보증금을 교부받았다. 서울시는 2013년에도 마을기업 사업비

공모를 상반기에 한 번, 공간임대보증금 지원을 상·하반기에 2번 공모하였다. 사업비와 공간임대보증금은 동시신청이 가능하다.[14)

서울형 마을기업은 주민 또는 단체들이 모여 회사를 설립했지만 자금부족 등으로 활동 공간을 마련하지 못하는 곳을 선정하여 공간임대보증금을 최대 1억 원을 지원하는 방식이다. 이들 업종은 공동육아, 장애아동 돌봄서비스, 여성일자리 창출 등 공공성이 강하다고 인정되는 것들이다. 공간임대보증금은 무상지원이 아니며, 5년 이내 상환을 조건으로 하되 이자는 없다. 서울형 마을기업은 공간지원 외에도 지역의 문제나 욕구 등을 조사할 수 있는 의제개발비를 신청해 각 팀당 최대 100만 원까지 지원받을 수 있었다.

서울시 마을기업 공간임대보증금 지원을 받기 위해선 사업의 목적이 지역의 필요에 의해서 도출돼야 한다. 지역의 주민들과의 관계망도 잘 구축돼 있어야 한다. 또 동일자치구 주민의 5인 이상 참여는 필수다. 총사업비의 50% 이상 출자금이 확보돼 있는 등 협동조합으로 신고 된 단체에 한 해 지원이 가능하다. 협동조합 법인격이 아닐 경우에는 서울형 마을기업으로 지정받은 이후 6개월 내 반드시 협동조합으로 전환해야 한다.

협동조합의 강제성 전환의 논란이 발생했다. 2012년 12월 협동조합기본법에 의한 협동조합의 설립되기 시작했다. 2013년에는 의도적으로 협동조합 법인격 설립을 권장하던 시기였다. 하지만 법인격에 있어 권유가 아닌 강제하였다는 사실이 편협성 논란으로 이어졌다. 이후 협동조합을 권장하고 공간임대보증금도 1억 원이 아닌 최

---

14) 매경닷컴(2012.12.20), http://news.mk.co.kr/newsRead.php?year=2012&no=844466

대 8천만 원으로 줄였다. 8천만 원은 행정안전부 사업비 방식이 최대 2년 최대 8천만 원을 지원받는 방식을 참고한 것으로 보인다.

서울형 마을기업 중에는 처음 마을기업에 도전하는 단체들이 대부분이었지만 이미 행정안전부 마을기업으로 선정된 곳도 포함되었다. 취약계층 일자리 지원 및 폐현수막 등 재활용 제조판매를 하는 마을기업도 지정되었다. 이러한 애매모호한 기준 등으로 현장에서 사업비 방식과 보증금 방식의 단체들의 정체성 문제 논란이 있었다. 예를 들어 한국마을기업협회에 회원으로 인정할 것이냐 말 것이냐를 두고 갈등이 촉발되었다.

2012년 말 시행된 서울시 공간임대보증금 지원사업으로 탄생한 서울형 마을기업은 2014년을 끝으로 추가 모집하지 않았다. 사무실 및 작업장을 전세보증금으로 임차하여 지원하려는 서울시의 의도와는 달리 건물주는 매달 월세를 받는 방식을 선호하고 있었기 때문이다. 계약주체도 향후 책임성 문제 등으로 서울시와 건물주가 직접 계약하는 방식의 불편함도 있었다. 서울형 마을기업의 입장에서는 5년 이내에 8천만 원 또는 1억 원의 보증금을 갚아 나가야 하는 부담도 작용했다. 이자가 없는 공간임대보증금이라 할지라도 수익구조가 쉽지 않은 현실에서 보증금을 갚아 나가기에 현실적인 벽이 있었다. 결국 현장에서의 경제적 어려움 등으로 서울형 마을기업제도는 더 이상 진행되지 못했다.

제 4 장

마을기업의 심사

1. 17개 광역자치단체 할당제

마을기업의 사업비 지원은 정부와 광역지자체, 기초지자체가 5대 2.5대 2.5대 비율로 매칭하는 사업이다. 경기도 수원시의 예를 들자면 1차년도 최대 5천만 원의 보조금을 지원받는다면 행정안전부가 2,500만 원, 경기도가 1,250만 원, 수원시가 1,250만 원을 부담하는 방식이다. 대부분 지방자치단체가 이런 방식을 통하여 예산을 배정하고 있지만 부산광역시의 경우는 행정안전부 2,500만 원, 부산광역시 2,500만 원으로 기초지자체 예산의 부담을 덜어주고 있다.

2010년 하반기 '자립형 지역공동체사업' 명으로 시범적으로 시행된 시기부터 지방자치단체별 할당숫자가 있다. 1개 시군구에 1개 사업을 진행할 수 있도록 했다. 초기 의무적 사업배정에 따른 역기능의 폐해는 지금까지 내려오고 있다. 이후 시군구를 기준으로 인구수 등으로 마을기업이 배정되었다. 2011년부터 마을기업명으로 사업명을 변환하고 전년도 사업실적을 반영하기 시작했다. 2013년부터는 인구, 전년도 실적, 우수마을기업 지정수, 지원기관 점수 등도 감안하였다. 2016년에는 중앙심사에서 지역별로 탈락하는 숫자까지 반영하기로 했다. 광역지자체에서 마을기업 심사를 하면서 할당된 숫자 이상으로 올려 중앙심사의 어려움을 초래하고 있다는 비판이 일어났기 때문이다.

2010년 하반기 시범사업의 결과는 나름 마을기업의 성장 가능성을 파악할 수 있었다. 당시에는 법인이 아니더라도 신청할 수 있었다. 이러한 상황이 부실기업 양산논란으로 이어지고 있다. 법적근거 없는 임시모임, 단체라 할지라도 사업제안서만 제출하여 지정된 경우도 많았기 때문이다. 2011년의 경우는 모기업의 사업단 형태의 참여가 두드러졌다. 복지사업을 하는 단체의 한 부서가 진행하는 수준의 참여형태가 나타난 것이다. 개인사업자를 가진 사람도 참여할 수 있었던 구조였다. 1백만 원 자본금만 가진 주식회사라 할지라도 버젓이 마을기업 행세를 할 수 있었던 시절이었다.

2017년 현재에도 법인격을 가지고 있지 않은 단체와 1백만 원짜리 이사 1명, 감사 1명만 있는 주식회사도 마을기업으로 남아 있다. 현재처럼 5명 이상 지역주민 중심의 회원, 자부담 사업비의 20%, 사업계획서 검토 및 3차에 걸친 심사과정 등이 있었다면 감히 상상할 수 없는 내용이다. 당시 행정시스템이나 제도적 구비가 미흡한 상태에서 나타난 사례에 대해서 책임을 물을 수는 없다. 그러한 사례가 되어버린 단체 또는 사유화되어 버린 개인기업조차도 행정적으로는 마을기업이기 때문이다. 지역별 할당에 의해 마을기업을 육성하다 보니 나타난 일부 사례.

지역 할당제의 폐해는 다양하게 나타났다. 지방자치단체의 단체장의 열정에 따라 마을기업 활성화가 이루어지는 곳도 많다. 반면 마을기업, 사회적기업 등에 대한 이해도가 많지 않은 곳도 있다. 관심이 많은 지역의 경우는 마을기업 육성에 적극적이고 그렇지 못한 지역은 소극적이다. 단체장의 마을기업 등 사회적경제기업에 대한 이해도 여부에 따라서 해당 지역 사회적경제 분야의 성장이 좌우된다. 정책결정에 있어서 우선순위에 놓여 있으면 확대되는 것이다.

단체장의 관심이 많음에도 불구하고 모든 곳이 활성화되는 것은 아니다. 마을기업 관련 담당부서의 부서장 이하 담당공무원의 관심 여부에 따라 달라지기도 한다. 단체장의 관심이 높으면 높을수록 담당자의 업무집중도는 높아지는 것이 정설이다. 하지만 향후 몇 년간 진급 등의 환경에서 벗어나 있으면 다르게 나타나는 경우도 많다. 마음에도 내키지 않는 업무, 하고 싶지 않은 미션을 받은 경우가 그렇다. 업무 진행 중에 마을기업 관련 민원에 휘말려 고생을 해본 공무원일 경우는 더욱 그러하다.

필자가 지난 8년 동안 현장에서 경험해본 마을기업 담당자는 대부분 열정적인 업무자세를 보여주었다. 지역의 이해도가 높고, 마을기업을 통해 공동체 회복을 도모하는 일에 대한 매력을 감지한 듯했다. 어떤 지역은 마을기업을 지원하는 어르신들의 행정업무까지 봉사개념으로 처리해주는 곳도 있었다. 해당 지역의 문제에 대해 같이 고민하고 의논하고 함께 풀어나가려는 노력들이 많이 보였다. 공무원과 민간인 사이에 간격을 최대한 줄이고 적극 행정을 보여주는 공직자가 많다.

마을기업의 1년 예산은 국비 100억 원 내외다. 여기에 지방비 100억 원을 더해 총합 200억 원 범위 내에서 집행되고 있다. 2016년부터는 예산감축의 영향으로 감소세를 보이고 있다. 사업진행에 있어 예산감소는 현장에서 불균형을 초래하는 원인이 된다. 지방비는 마을기업 1차년도와 2차년도 지원을 위해 예산을 편성했지만 국비가 매칭되지 못하는 경우도 많다. 즉, 100억에 대한 지역별 할당 몫에 따른 지방비 편성이다. 국비가 목표금액을 채우지 못하는 경우, 지방에서는 어느 지역인가는 마을기업 육성계획에 차질이 생기기 마련이다.

반면, 마을기업 심사를 통해 최종적으로 지정이 되었음에도 불구하고 지방비 부족으로 계약을 체결하지 못하는 경우도 나타났다. 경기도 A지역의 경우 기초지자체의 사업비가 편성이 되지 못한 상황에 해당 지역의 마을기업이 최종 지정되었다. 국비 50%와 광역지자체 25%는 준비되었지만 기초지자체 몫 25%가 마련되지 못한 것이다. 이런 경우 A지역이 추경에서 해당 금액을 편성하여서라도 지원해야 한다. 하지만 추경심사에서조차 예산확보가 되지 못하면 해당 마을기업은 당해년도에는 지원을 받지 못하는 마을기업으로 남게 된다. 예를 들어 마을기업 지정은 2015년도에 받았지만 보조금 지원은 2016년도에 받게 되는 문제점 등이 나타난 것이다.

마을기업의 국비와 지방비를 포함한 전체 사업비는 매년 변동되어 왔다. 통상적으로 사업비는 전년대비 조금씩 상승되거나 보합세를 유지하게 된다. 그러나 마을기업의 경우는 매년 예산변동이 많았다. 마을기업이 자립형 지역공동체사업명으로 시범 실시된 2010년 하반기 예산이 180억 원이었다. 해당 연도에 184개의 마을기업이 지정되었다. 숫자로만 보면 1개 마을기업에 약 9,700만 원의 사업비를 지원하는 형국이었다. 2010년 9월부터 시작된 사업이라 사업비 정산을 2011년 2월에 마무리하는 상황이었다.

2011년도에는 184개에 대한 2차년도 지정과 신규 지정이 혼재되면서 총 387개의 마을기업에 대한 지원예산이 248억 원까지 증가했다. 2011년도부터 1차년도는 5천만 원, 2차년도는 3천만 원 한도로 정해졌다. 387개 중에는 2차 지정이 184개라면 1차 신규지정은 203개가 되는 것이다. 2차년도 지정에서 탈락한 것을 감안하면 1차년도 신규지정은 250여 개가 넘었을 것으로 추정된다.

2012년도에 예산은 다시 200억 원으로 감소되었다. 1차년도와 2차년도 합하여 총 235개 마을기업이 지정되었다. 2013년의 경우는 200억 원의 예산에 추경으로 145억 원이 편성되면서 총사업비가 345억 원이 되었다. 정부차원에서 일자리 창출을 위한 예산이 증대되면서 마을기업에도 추가로 예산이 편성된 것이다. 이 때문에 2013년에는 신규 마을기업이 대폭 증가하게 된 것이다. 2013년 하반기에 추가로 마을기업을 모집하고 연말까지 계속 심사하면서 지정하였다.

마을기업의 역사로 보면 2010년 하반기 시범사업으로 진입한 마을기업과 2011년에 자리 잡지 못한 상황에서 지정된 마을기업, 그리고 2013년 추경으로 인하여 대폭 증가한 마을기업으로 인한 불균형이 일어났다. 2011년까지는 제도적으로 자리를 잡지 못했다면 2013년까지는 양적 밀어내기 마을기업의 흐름이 있었다. 이러한 시장환경의 급속한 변화는 일부 부실한 마을기업을 양산해내는 문제가 발생하였다. 2014년에는 200억 원의 예산도 채우지 못하는 195억 원의 사업비가 확정되었다. 마을기업 숫자는 150개로 감소되었다. 예산감소에 따른 마을기업 지정숫자가 축소된 것도 있지만 중앙심사가 추가되면서 검증이 강화된 이유가 주요 원인이라 할 수 있다. 2014년부터 마을기업 심사가 3차로 중앙에서 현장조사 및 추가심사로 이어지면서 탈락률이 많아졌다. 2016년의 경우는 신청 마을기업들의 절반에 해당되는 숫자가 탈락되었다. 심사강화도 이유였지만 마을기업을 바라보는 심사자의 시각에 따라서 탈락률이 많아졌다는 후문이다.

2014년부터 2016년까지 중앙심사에서 탈락이 많아지면서 나타나는 문제는 예산이 남는다는 것이다. 사용되지 못하는 예산은 불용예산으로 처리되고, 그 영향은 차기년도 예산감소로 나타나는 악순환이 반복된다. 예산의 적정사용을 권장하고 지켜내기 위해서 마을기업 심사가 연말까지 이어지는 상황이 발생되었다. 마을기업 심사는 중앙심사까지 4월 말에 완료되어야만 마을기업이 최소 8개월 정도의 사업기간을 확보할 수 있다. 그 기간의 실적과 성과를 가지고 2차년도 사업선정 여부를 판단하는 것이 바람직하다.

하지만 현실은 그렇지 못하다. 지원기관의 선정이 늦어지고, 마을기업 사업신청이 늦어지고, 기초지자체와 광역지자체 심사가 지연된다. 여기에 중앙으로 올라온 후보자들에 대한 현장조사와 3차 중앙심사까지 이어지는 기나긴 시간이 마을기업 사업시간을 빼앗는 결과를 초래했다. 이러한 문제를 해결하고자 마을기업 육성사업 시행지침에 지원기관을 전년도 말에 선정하는 등 시간을 절약하려는 노력을 하였으나, 현장에서 집행은 더디게 진행되었다.

이러저러한 이유로 6월 말에 최종 지정이 되는 마을기업의 경우, 그나마 사정이 나은 편이다. 상반기 심사에 탈락한 마을기업은 사실 탈락사유 등을 보완하여 차기년도에 도전하는 것이 바람직하다. 하지만 현장에서는 수정 요구한 부분만 보완하여 바로 다시 신청하는 경우가 많다. 이것은 예산이 남는 것을 소진하기 위해 추가로 2차, 3차 계속하여 마을기업을 모집하고 심사하는 악순환을 반복하고 있기 때문이다.

당해년도에 어떻게 하든 심사를 통과하여 지정받으려는 단체와 남는 예산을 소진하려는 행정의 의도가 절묘하게 맞아떨어지는 경우다. 공급자와 수요자의 의도가 부합되는 경우에 대해 비판할 생각은 없다. 다만 이러한 이유로 심사가 하반기에 이어지고 연말에까지 가서 지정되는 경우에 발생되는 문제에 대한 대처가 미흡하다는 것이다. 11월과 12월에 지정받은 마을기업의 경우 짧은 기간에 예산사용은 물론 사업을 준비하다 1차년도를 허무하게 보내는 경우가 발생하기 때문이다. 이러한 경우 1차년도 사업준비 미흡과 실적을 내기 어려운 상황은 2차년도 심사에 악영향을 미치게 된다.

이러한 현상들은 모두 지역별로 마을기업 배당된 숫자를 맞추는 과정에서 발생되는 것이다. 매년 계획된 마을기업 지정관련 사업비를 편성하고 그 사업비에 맞추어 마을기업 숫자를 조정하는 과정에서 발생되는 문제다. 행정의 입장에서 예산불용으로 인한 예산감소를 방지하려는 의도는 충분히 이해된다. 하지만 예산에 부합되는 마을기업 숫자 맞추기는 부실을 낳게 된다. 준비되어 있고 지속가능한 마을기업으로 성장이 예측된 단체들을 지정해도 그 사업성과를 판단하기 어려운 것이 현실이다. 그러한 시장환경에서 준비가 미흡하고 숫자를 채우기 위한 느슨한 심사과정을 통과한 마을기업의 경우 이후 결과는 누가 책임질 것인가. 안이한 생각으로 시작된 마을기업 숫자 맞추기는 부실기업 양산이라는 비판에 직면하게 된다.

2. 기초-광역-중앙 심사구조

마을기업의 지정은 엄격한 심사과정을 통해 이루어진다. 1차 심사는 해당 기초지방자치단체에서 서류심사 및 대면심사를 통해 정해진다. 2차 심사는 지역별로 1차 심사를 통과한 단체에 대해 대면심사를 원칙으로 이루어진다. 3차 심사는 행정안전부에서 2차 심사를 통과한 단체를 대상으로 현장조사와 서류심사를 통해 결정한다. 3차 심사과정에는 해당 광역지자체 담당부서 공무원과 지원기관 담당자가 참석해 중앙심사위원들과 질의 및 응답을 통한 심사과정을 거친다. 정부에서 진행하는 그 어떤 사업심사보다도 가장 엄격하고 계층적이고 심도 있는 심사과정이 이루어진다.

마을기업을 신청하는 단체의 입장에서는 마을기업 24시간 이상의 설립 전 교육을 마치고, 해당 지역 지자체에 서류를 접수하게 된다. 지자체 형편과 사업 신청자 숫자에 따라 서류심사로 대체하거나, 대면심사를 통해 결정하게 된다. 통과되면 2차 심사를 위해 또 시간을 기다리고, 대면심사를 통과하면 다시 중앙에서 내려오는 현장실사단을 맞이해야 한다. 그리고 다시 3차 중앙심사 과정을 지켜봐야 한다. 최종 합격되더라도 계약절차는 해당 기초지자체장하고 이루어진다. 행정절차 프로세스로는 2개월 안에 이 모든 과정이 이루어질 수 있도록 권장하고 있다.

하지만 기초에서 광역지자체로 다시 중앙부처로 올라가는 과정은 지루한 시간이 필요하다. 17개 광역시도별로 한꺼번에 몰리다 보니 대기시간이 길어진다. 통상 4개월에 가까운 시간을 대기하고 준비했는데, 탈락했다는 소식을 듣게 되면 허무할 것이다. 이 때문에 종종 민원도 발생한다.

지역에 따라서 지원기관의 선정이 늦어지는 것도 원인이 된다. 지원기관의 선정이 늦어지는 만큼 마을기업의 모집과 설립 전 교육의 시행이 늦어진다. 사업계획서 작성이 늦어지면 지자체 심사과정이 자연스럽게 늦어진다. 공무원의 인사이동에 따른 사업지연도 매년 반복적으로 나타난다. 마을기업 관련부서의 담당자 변경 시에는 해당 지자체의 모든 시스템이 지연될 수밖에 없다. 중앙부처에서 서두른다고 광역지자체에서 닦달한다고 생각만큼 정해진 시간 내에 이루어지지 않는다.

마을기업이 처음부터 이렇게 복잡한 심사과정을 진행한 것은 아니다. 2013년까지는 느슨한 심사과정이었다고 해도 과언이 아니다. 2010년과 2011년에 지정받은 마을기업들은 지역별 할당에 의해 강제 배분된 유형이 많다. 사업성 또는 지속가능성을 체계적으로 판단하기 어려웠던 시절이었다. 2012년에는 마을기업과 사회적기업을 통합하여 운영을 권고하는 강압에 밀려 사회적기업 우선시하는 정책이 진행되었다. 모든 것이 자리를 잡아가는 단계라 하지만 부족한 시기였다.

특히 1차와 2차 심사를 통과한 마을기업 후보자들에 대해 중앙에서 검증할 수 있는 시스템이 없었다. 광역시도를 통과하면 실질적으로 마을기업으로 지정된 것이나 다름없는 구조였다. 이 때문에 기초지자체는 물론 광역지자체의 심사과정에서 외부 입김이 작용한다는 소문이 돌았다. 지역에 따라서는 중앙부처의 정책과 연결이 부족한 마을기업조차 느슨한 심사시스템을 통과하여 마을기업이 지정되는 사태에 이르렀다.

마을기업을 지원하려는 단체의 수는 할당된 숫자보다 항상 몇 배 이상이었다. 자연스럽게 심사과정을 통해 지정되는 숫자보다는 탈락되는 숫자가 많았다. 일부 지역에서는 마을기업 지정을 위한 자발적이고 자연스러운 로비활동이 시작되었다. 제안서를 넣기도 전에 접수하고 나서 해당 지역 단체장 또는 지방의회 의원은 물론 국회의원 등 다양한 곳에 민원성 청탁을 하게 된다. 선출직 공무원인 정치인 입장에서는 지역의 민원으로 치부하고 처리하려는 경향이 나타날 수 있다. 마을기업에 대한 이해도는 높지 않지만 참여자들의 면면을 보면 무시하고 지나치기에는 다소 부담스러운 인물들이다. 지역을 근간으로 지역에서 오랫동안 활동을 해온 인사들이 줄줄이 마을기업 회원명단에 포함되어 있는 경우에는 더욱 무시할 수 없는 민원이 된다.

이런 경우는 자연스럽게 해당 담당자에게 이야기가 흘러 들어가게 된다. 다양한 힘을 가진 부류의 민원성 청탁이 담당 공무원으로서는 부담스럽다. 하지만 인사권을 갖고 있거나 영향력을 행사할 수 있는 부류의 부탁에 쉽게 고개를 돌리기는 힘들 것이다. 그래서 가능하면 긍정적인 현장조사보고서가 될 수 있도록 노력한 흔적이 보인다. 문제는 이러한 과정에 정말로 마을기업으로 진입해야 할 후보자들이 탈락되는 경우가 발생한다는 것이다. 담당자의 입장에서는 접수된 모든 후보자들을 광역지자체에 올리려고 한다. 한때 접수된 마을기업을 모두 광역지자체에 올리면서 광역과 기초지자체 간에 갈등도 발생했다. 이후 정해진 숫자에서 2배가 넘지 않도록 권고하여 조정하고 있는 지역도 있지만 여전히 위로 떠넘기는 경우도 많다. 지역에 따라서는 점수 순서를 매겨 올리기도 한다. 광역지자체 심사에서 알아서 판단하라는 신호일 수 있다.

지방 A지역에서 일어난 사례다. 지방선거에서 당선된 단체장이 마을기업 신청자에 대한 보고를 받는 과정에서 다른 후보자를 지원했던 인물을 발견하게 되었다. 단체장의 입장에서는 당연히 달갑지는 않았을 것이다. 심사과정에 보이지 않는 손이 개입되는 순간이 연출된다. 심사과정에서 자연스럽게 탈락을 시켜야 논란의 소지가 적어지기 때문이다. 반대로 단체장을 도와준 인물이 들어가 있는 마을기업 단체는 어떤 방법을 통해서라도 심사를 통과할 수 있도록 지원한다. 이러한 현상은 전국 어느 곳이든 비슷한 형태로 유사하게 발생되었다.

마을기업의 지정이 지방자치단체에서 선출직 공무원들이 그들의 선거를 도와주었거나 오랜 기간 관계를 맺어온 사람들과 단체를 도와주는 도구로 전락된다는 비판이 많다. 그들조차 그렇게 인식하고 보이지 않는 손을 작동하려는 시도를 하는 정치인이 종종 나타난다.

일부 행정과 심사에서 보여주는 행태는 지원기관 담당자들에게서도 나타나는 경우도 있다. 현장조사와 조사결과 보고서, 기초심사와 광역심사에 이어 중앙심사에까지 자연스럽게 연결되어 있는 곳은 지원기관이다. 따라서 그들의 객관적인 판단과 보고서와 심사과정에서의 발언은 심사위원의 마음을 흔들어놓기에 충분하다. 심사자들조차도 지원기관의 담당자들을 현장전문가로 인정하고 있기에 가능한 일이다. 그들의 말 한마디에 의존하는 심사자들도 있다.

이러한 구조적인 시스템을 잘 알고 있기에 마을기업 후보자들이 선출직 공무원에게 부탁을 하거나 그것이 여의치 않으면 지원기관에 손을 내미는 경우가 발생한다. 지원기관의 담당자 역할의 비중이 많으면 많을수록 판단의 기준점이 달라진다. 일부 지역에서 발생되었던 일이었지만 지원기관이 마을기업에게 '갑'처럼 행동하려는 경향이 많다는 제보도 많이 받아보았다. 1차년도 지정 시에 그러한 경향이 더 많이 드러난다. 신규로 마을기업을 진입하려는 입장에서는 교육을 시키고 컨설팅을 도와주는 지원기관에 의존하게 된다. 따라서 그들의 이야기 하나하나에 귀를 기울이게 되고 집중하려고 노력한다. 2차년도 지정 시에는 약간의 갈등이 나타나기도 한다. 마을기업의 입장에서 지원기관에 기대는 의존성이 약해지는 상황에서 충돌하는 경우가 발생하기 때문이다.

2013년까지는 마을기업 2차 심사결과가 곧 지정이라는 등식은 현장에서 유효했다. 2014년부터 중앙심사가 추가되었다고는 하지만 17개 광역시도에서의 심사결과를 그대로 반영하는 경우가 많다. 시군구에서 올라온 마을기업 자료는 17개 광역시도에서 2차로 심사를 받게 된다. 2016년부터는 기초지자체의 심사를 기본서류 등 조건이 만족되면 서류심사로 대체를 권고하고 있다. 따라서 2차 심사과정이 더욱 중요하게 되었다. 2차 심사는 대면심사를 원칙으로 하고 있다. 시군구에서 통과된 마을(단체)의 대표자가 직접 나와 사업을 설명하고 심사위원의 질문에 성실히 답하는 구조다.

서류상 의문점이 있거나, 추가로 보충할 내용에 대해 직접 바라보고 하는 심사과정이다. 마을기업의 대면심사는 중요하다. 대표의 말 한마디와 응답태도 등을 보면서 판단하기 때문이다. 때로는 대표의 성실한 답변이 부족한 서류를 보완해주는 역할을 하기도 한다. 반대로 제안서가 만족할 만한 수준일지라도 대표가 해당 마을기업에 대한 사업내용을 잘 모르고 이야기하는 경우는 다른 결과를 가져온다.

이런 경우는 대표의 연령이 높거나, 사업제안서 작성과정에 대표가 참여하지 않았을 경우가 많다.

제안하는 마을기업의 필요성과 목적, 사업내용, 예산배정, 판매전략, 지역사회 공헌노력 등에 대해 기본적인 설명이 가능하면 된다. 17개 광역지자체에 따라서는 대표와 함께 심사장에 온 이사 또는 간사, 총무 역할을 하는 사람이 대신 설명을 하기도 한다. 농촌지역에서 볼 수 있는 흔한 경우다. 평생 농촌에서 살아온 농부의 입장에서는 심사위원들 앞에서 사업을 설명하는 일이 고역스럽고 힘든 일이다. 내용을 알고 있지만 표현력에 있어 능숙하지 못하기 때문에 함께하는 회원의 도움을 받기도 한다. 이런 경우는 애교스런 모습으로 이해하고 넘어가는 경우가 많다.

하지만 대표자이든 회사의 이사 등 책임자가 사업의 내용에 대해서 설명을 못하는 경우도 있다. 본인들이 작성한 마을기업 사업계획서에 대해서 구체적으로 파악하지 못하고 있다. 자부담은 어떻게 처리했는지, 회원들의 역할은 무엇인지, 주요 생산품을 어디에 판매할 것인지, 지역사회 공헌노력은 어떠한 것을 실행하려고 하는지 등등 자연스럽게 설명을 하지 못한다. 이런 경우는 자체적으로 사업계획서를 작성하지 못하고 외부에 위탁하는 경우가 대다수다. 그것도 소위 '제안서 작성 브로커'에게 일정의 비용을 지불하고 작성했을 가능성이 농후하다.

이런 판단이 가능한 이유는 마을기업 초기부터 기초, 광역지자체 심사는 물론 중앙심사를 해왔던 경험에서 하는 이야기다. 필자의 경우는 전국의 마을기업 심사장 참여가 많았다. 지나온 세월을 계산하고 심사건수로 따지면 그 수를 헤아리기 어렵다. 단지 책상에 앉아

서류만 보고 대면심사하는 경험에서 나오는 것만은 아니다. 현장조사는 물론 마을기업 지정 이후 방문하여 마을기업의 성장과정을 지켜보는 수많은 과정에서 자연스럽게 터득했다고 봐도 과언이 아니다. 많이 경험한 만큼 사업계획서 자료와 행정과 지원기관의 현장조사 의견서, 3차 현장조사 의견서와 대면심사 과정에서 파악하고 분류할 수 있는 능력을 체득하게 되었다.

17개 광역시도에서 심사는 선출직 공무원뿐만 아니라 지역협회 임원들의 입김도 드세게 작용하는 편이다. 한때는 현장의 목소리를 담기 위해 지역협회 임직원 중에서 한 사람씩 참석하기도 했다. 지원기관의 임원도 심사에 참여한다. 통상 행정안전부에서 추천하는 심사위원 중에서 2명을 포함하여 지역전문가 등 7명 정도의 심사위원을 구성한다. 이후 지역마을기업협회 회원인 경우, 심사공정성 문제가 제기되면서 지역에 따라서는 아예 배제되기도 했다. 반면 어떤 지역에서는 7명의 심사위원 중 3명을 마을기업 대표들로 구성하면서 형평성과 편협성 문제 등 논란에 휘말리기도 했다.

2차 광역시도 심사를 마치면 다시 중앙심사가 대기한다. 2014년부터 2016년까지는 2차 심사를 마치고 올라온 자료를 근거로 다시 현장조사를 하였다. 행정안전부 마을기업팀을 중심으로 마을기업 업무를 보았던 관련자 차출이 이루어졌다. 지방자치단체별로 담당공무원들이 교차방식으로 타 광역시도의 마을기업 현장을 방문하여 조사를 하는 방법도 동원되었다. 2014년과 2015년에는 마을기업 협회에서 임직원도 파견되어 조사에 함께했다. 행정안전부 유관기관인 한국지역진흥재단에서도 현장조사 인력이 동원되었다. 이렇게 저렇게 차출되거나 동원된 고급인력들이 제출된 심사자료 등을 가지고 현장을 다시 찾아간다.

기초지자체 공무원 또는 지원기관 담당자는 또 다시 현장조사에 동원된다. 때로는 교통편의까지 제공하는 역할도 한다. 중앙에서 내려온 현장조사자들이 객관적인 시각으로 현장을 파악할 수 있도록 도와주는 미션을 수행한다. 지원기관으로서는 업무의 부담이 가중되는 시스템이다. 3차 심사를 위해 현장에서 질문과 상황 등을 파악한 조사자는 다시 1장짜리 현장조사 보고서를 작성하게 된다. 그 보고서는 3차 중앙심사에서 귀중한 참고자료로 활용된다. 시간이 흐를수록 1차와 2차 심사자료보다는 3차 현장조사 결과에 의존하는 경향이 강해진다. 또 다른 옥상옥(屋上屋) 심사과정과 현장을 바라보는 조사자 또는 심사자의 개인적인 생각과 시각에 의해 다른 결과를 보이는 경우도 나타난다.

이렇게 시간이 많이 소요되고 인력도 많이 동원되는 3차 심사에 대한 회의론과 부정적 시각도 존재한다. 지방자치단체에서는 어차피 국비와 지방비가 5대5의 상황인데, 지방에서의 심사결과를 존중해야 한다고 주장한다. 중앙에서 다시 심사하여 17개 광역지자체에서 올린 단체들을 대거 탈락시키는 것에 대해 차라리 2차 심사를 없애 달라고 항변한다. 2차 심사위원의 생각과 3차 심사위원의 생각 차이가 무엇인지에 대한 명확한 설명을 요구한다. 또한 예산의 한도에서 선정한 마을기업이 중앙에서 탈락하게 되면서 남게 되는 예산의 불용에 대한 걱정이 많다. 불용예산에 대한 폐해와 차기년도 예산의 배정에서 피해를 보게 될 것을 우려한다.

2016년의 경우는 이러한 현상이 최고 정점을 이루었다. 새로 바뀐 중앙부처의 담당자가 중앙심사위원들의 연계성을 도외시하고 새로운 사람으로 대거 교체하면서 나타났다. 마을기업의 현장을 잘 알고 있는 위원들보다는 새로운 사람들에 대한 목마름이 있었던 모양이다. 마을기업이 시행된 지 8년차에 접어들었다. 지역에 따라서는 초기부터 지원기관에서 활동한 인재들이 많다. 그들은 누구보다도 마을기업에 대해 잘 아는 그룹이다. 이러한 전문가들을 대상으로 마을기업을 한 번도 경험하지 못했던 사람이 질문을 하는 것에 대한 논란이 많았다. 심사위원이 현장을 보지 못하고 단순히 서류만 가지고 공동체와 수익성을 이야기하는 것에 대한 모순점이 지적되었다. 여기에 동일한 심사위원이 전국 17개 시도를 동일한 시각으로 판단해야 하는데 수시로 사람이 바뀌었다. 모든 심사위원이 처음부터 끝까지 동일할 필요는 없다. 적어도 절반 이상은 유지하고 있어야 형평성 또는 공정성 논란에서 벗어날 수 있다. 2016년 중앙심사의 논란과 지방에서의 항의사태는 결국 2017년 심사과정의 틀을 바꾸었다.

첫째, 2016년 불용예산 문제로 인하여 내부적으로는 2차 심사에서 통과된 결과를 최대한 수용하기로 하였다. 1차 서면조사를 통해 내용을 확인하고 통과와 보류로 분류하여 시도별 대면심사 시 보류로 분류된 단체에 대해서만 질의응답을 하기로 했다. 사실확인이 필요하거나 내용상 문제가 있는 단체에 대해서는 내용을 보완하여 설명을 하도록 했다. 두 번째로는 17개 광역시도 심사과정에 심사위원들이 처음부터 마지막까지 참여할 수 있도록 했다. 전국 모든 마을기업에게 동일한 기준을 가지고 지정하기 위함이었다. 최소한 형평성 논란에서 벗어나고자 하는 노력이 숨어 있었다.

이러한 자구책 마련으로 2017년 마을기업 중앙심사는 빠른 속도로 진행될 수 있었다. 다만 아쉬운 것들이 있다면 심사대상 숫자를 초과하거나 할당된 숫자에 미치지 못하는 지역이 많았다는 것이다. 일부 지역에서는 배당된 마을기업 숫자를 넘어선 자료를 보냈다. 해당 지역에서의 곤란함과 어차피 몇 개는 심사에서 떨어진다고 판단해서 올린 것이다. 이는 매년 반복적으로 되풀이되고 있는 상황이다. 이런 경우는 시도별 평가에서 마이너스 조건으로 포함하여 같은 현상이 나타나지 않도록 해야 할 것이다.

2016년부터는 마을기업 신청 건수가 대폭 감소했다. 2017년에도 17개 광역시도별 할당되어 있는 마을기업 숫자를 채울 수 없는 지역이 몇 군데 나타났다. 설립 전 교육의 참여숫자는 많았지만, 사업계획서를 제출하고 준비하는 동안 포기한 단체가 많다는 것이다. 또한 타 부처 사업에 진입하기 위해 중도포기한 단체도 있다. 마을기업 시행 8년 만에 약 1,500여 개의 마을기업이 탄생되었다. 지역에서 마을기업을 신규로 진입할 동력을 잃은 것인지 단체 및 사람이 없는 것인지 등등 연구를 통해 대안을 마련해야 할 시기가 도래했다.

3. 현장 실사 및 조사 보고서

2010년부터 2013년까지 심사과정에서 발생한 문제에 대한 대처방법이 모색되었다. 이때까지는 지방자치단체의 심사시스템을 믿고 처리해주는 방식이었다. 2014년에는 파격적으로 중앙심사제도를 도입하여 마을기업 진입을 엄격히 규제하기 시작했다.

1차 심사를 진행하는 기초지자체에서 심사는 현장의 내용을 잘 알고 있는 심사라 할 수 있다. 마을기업 신청자의 현지상황을 정확히 진단하고 파악할 수 있는 구조다. 기초지자체 담당자와 마을기업 지원기관의 현장점검 일지에 현장방문을 통해 사업제안서를 검토한 내용이 기록된다. 광역 심사과정 시 또는 중앙심사에서 판단할 때 1차 기초심사 자료가 가장 중요하다. 현장밀착에 따른 판단이라 인정하기에 더욱 관심을 두고 의존하게 된다. 문제는 기초지자체 심사기록이 객관적이고 공평하게 이루어졌을 때 가능한 이야기다.

필자의 경험으로는 이러한 원론적인 규칙이 잘 지켜지지 않는 경우가 적지 않았다. 같은 마을기업 후보자 단체에 대한 공무원과 지원기관의 평가가 상이하게 나타나는 경우도 많다. 한쪽에서는 긍정적으로 평가하고 있지만 다른 한쪽에서는 부정적인 글로 묘사를 하고 있다. 분명 문제가 있어 보인다. 물론 보는 시각에 따라서 주관적인 내용이 달라질 수 있다. 객관성이 담보되어야 할 자료가 다르게 나타나는 것은 확실히 집고 넘어가야 할 사안이다.

왜 이러한 경우가 발생할까? 대략 2가지의 사유로 설명이 가능하다. 첫째, 마을기업 지원기업과 사업에 대한 판단에 대해 공무원은 보수적, 지원기관은 진보적 시각으로 보는 경향이 대다수를 차지한다. 바꿔 말하면 공무원은 정량적 기준에 토대하여 판단하려 하는 반면 지원기관은 정성적 판단에 기대는 경우가 많다. 지원기관은 마을기업 발굴하기도 어려운 현실을 감안하려는 경향이 드러난다. 어렵게 교육과 컨설팅을 통해 만들어낸 후보자들이 마을기업에 지정되기 원한다. 그것이 실적으로 이어짐은 물론 추가 고생을 하지 않아도 되기 때문이다. 추가적으로 이루어지는 모집과 교육, 현장조사와 컨설팅 등은 고스란히 사업비 증가와 부담으로 이어지기 때문이다.

반면 공무원의 입장도 실적을 중시하긴 하지만 지정이후 실패했을 경우에 더 비중을 두고 판단하는 경우가 많다. 결과론에 대한 책임부분에서 부담을 덜어내고 싶은 생각이 많다. 특별히 이해관계도 없고, 공무원적 시각에서 바라보면 부족한 것이 많아 보이기 때문이다. 마을기업에 대한 이해가 부족할 수도 있지만 마을에 대한 생각보다는 기업운용에 대한 판단이 더 강하다. 지원기관은 마을의 공동체와 활력과 가능성에 중심을 두고 있다면 담당 공무원은 기업과 지속가능한 단체인지에 더 방점을 두고 있다고 보면 이해가 빠르다. 이러한 시각차이는 현장조사서에 그대로 드러난다. 동 시간대에 같은 자리에서 현장조사를 했음에도 판단하고 기록하는 표현은 자유스럽게 분리되는 경향이 많다.

현장조사의 기록이 다른 이유는 외부적으로 입김이 작용하는 정치적, 환경적 요인과 동질성 확보 등의 문제에 따라 나타난다. 마을기업에 대해 잘 알지 못했던 초기에는 행정과 가까운 단체 또는 마을관련 사업에 대한 정보가 빠른 단체들의 참여가 많았다. 2012년 사회적기업과 통합논란을 거치면서 마을기업에 대한 현장의 빠른 확산이 있었다. 2013년의 경우는 상반기뿐만 아니라 일자리 창출 목표로 추경예산까지 더해지면서 전년대비 1.7배의 예산과 2배에 달하는 마을기업이 지정되었다. 폭발적으로 증가한 예산 덕택에 할당된 마을기업 숫자 채우기에 급급할 정도였다. 이런 환경적 변화는 지역에서 지방자치단체장 또는 지방의회 의원들의 관심과 시선을 돌리기에 충분했다.

마을기업을 신청하는 마을(단체)에 대한 내용은 지원기관 담당자가 가장 많이 알 수 있는 구조다. 설립 전 교육과정을 통해 해당 단체의 동향을 엿볼 수 있다. 어떠한 사업을 구상하고 있는지 인터뷰

를 통해서도 파악이 가능하다. 교육을 받는 5명의 구조와 연결고리
가 어떻게 이어지고 있는지에 대해서도 간접적으로 확인할 수 있다.
사업계획서 작성에도 일정부분 멘토 역할을 하는 과정에서 더 구체
적으로 파악이 가능하다. 1차 기초지자체 심사를 앞두고는 해당 지
역 공무원과 함께 현장방문과 인터뷰를 통해 보고서를 작성하게 된
다. 1차를 통과한 단체의 대표가 2차 광역지자체 심사에서 어떠한
이야기를 하는지 옆에서 지켜본다. 이러한 모든 과정을 지켜보면서
자연스럽게 해당 단체에 대한 내용파악이 잘 되어 있다.

　이런 과정에서 마을기업 신청자들과 지원기관 담당자 사이에 관
계망이 형성된다. 경우에 따라서는 친한 관계로 발전할 수 있고, 간
극이 생길수도 있다. 지원기관의 마을기업에 대한 생각과 일치하고
있거나, 정서적 공감대가 형성되어 있으면 도와주려는 노력이 보이
기도 한다. 반면 생각의 차이로 인한 미묘한 갈등을 안고 있는 단체
의 경우는 상호 비협조적 자세가 드러난다. 뭔가 불편한 관계였던
단체가 마을기업에 탈락하게 되는 경우는 생각지도 못했던 방향으
로 문제가 드러나기도 한다. 지원기관이 소위 '갑질'을 했다고 민원
을 내는 경우도 발생한다. 어느 단체는 밀어주고 어디는 일부러 떨
어뜨리려고 했다는 '믿거나 말거나' 식의 발언이 난무한다. 심지어
는 편파적이라는 소문까지 내며, 차기년도 지원기관 선정에 영향을
미치는 행동까지 하는 경우도 나타난다.

　기초지자체 담당자의 경우는 마을기업을 바라보는 시각이 두 가
지 형태로 나타난다. 하나는 직접 현장을 찾아가 확인하고 인터뷰도
하고 사업내용도 철저히 검토하는 열정적인 모습을 보인다. 인적구
조와 사업내용에 대한 조언도 하며, 사업계획서가 잘 이루어지도록

도와준다. 2차 광역시도 심사에서 원활히 진행될 수 있도록 지원기관 또는 광역시도 담당부서에 부탁하는 적극적인 모습도 보인다. 다른 하나는 형식적인 조사를 하거나 관망하는 자세를 보이는 타입이다. 해당 마을기업 신청자에 대한 정보는 지원기관을 통해 듣거나 보고서를 보고 판단하는 소극적 자세를 취한다. 마을기업으로 지정이 되고 탈락되는 것은 그들의 몫이지 행정이 나서서 될 일이 아니라고 선을 긋는다. 이런 유형일지라도 단체장 또는 유력 정치인의 부탁이 들어오면 태도와 자세가 달라지는 모습도 보여준다. 즉, 나에게 큰 이익이 없는 업무에 대해서는 형식적인 모습을 보이는 경우도 일부 사례로 나타난다.

중앙심사에서 중요하게 생각하는 자료는 1차 심사 시 작성되었던 기초지자체 담당공무원과 지원기관의 의견서다. 두 번째가 2차 심사에서 어떠한 내용에 대해 보완요청을 받았는지, 그것에 대한 보완은 이루어졌는지를 본다. 세 번째는 3차 심사를 위해 현장조사를 했던 조사자들이 작성한 보고서를 보고 판단한다. 기본적으로 3개의 현장 보고서와 심사보고서를 보고 최종적으로는 지원기관과 17개 광역시도 담당자들의 의견을 반영한다.

예를 들어 A라는 단체에 대해 1차 보고서에서 공무원과 지원기관의 내용이 유사하게 표현되었고, 3차 현장조사에서도 크게 다르지 않을 경우에는 통과될 가능성이 많다. 3번에 걸친 조사와 보고서의 자료를 신뢰하기 때문이다. 그러나 이러한 경우는 생각보다 많지 않다. 대부분 행정과 지원기관의 시각차이가 존재한다. 또한 중앙차원의 현장조사의 내용이 1차 현장조사 내용과 크게 다를 경우에는 심사과정이 길어진다. 누군가는 현장에 대한 조사내용을 크게 확대하거나 축소했을 개연성이 있기 때문이다. 자료를 보면서 추가 질문을 하거나, 답변의 내용 등을 들으면서 판단을 할 수밖에 없는 상황이 온다.

필자의 경우는 심사과정에서 몇 가지 포인트에 방점을 두고 판단한다. 마을기업을 왜 하려고 하는지, 갈등구조 없이 인적역량이 준비되어 있는지, 사업적으로 기업적 마인드와 운영이 될 수 있는지 등을 검토한다. 지난 7년 동안 셀 수 없을 정도의 수많은 자료를 검토했다. 전국 방방곡곡 순회하며 마을기업 현장을 지켜보았다. 강의, 심사, 컨설팅, 조사, 견학 등 다양한 공식업무는 물론 개인적 활동차원에서 찾아다녔다. 현장의 내용을 잘 알고 있는 상황에서 서류심사는 수월하다. 자료만 보고도 어떠한 사람들이 무슨 목적으로 사업에 진입하려고 하는지 등 파악이 가능하다. 5분 만에도 판단할 수 있는 수준에 달했다고 말할 수 있을 정도다. 이런 과정은 수없이 많은 사례를 보고 진행과정을 지켜보며, 결과적으로 어떻게 변해 가는지를 지켜본 결과의 축적이라 할 수 있다.

행정담당자와 지원기관, 또는 중앙심사를 위한 현장보고서의 내용만 봐도 해당 마을기업이 어떠한 상태고, 지속가능하게 갈 것인지를 판단할 수 있다. 또한 내용상으로는 마을기업 진입이 힘들 것 같음에도 보고서상에는 가능성이 있는 것처럼 기록되어져 있는 경우도 많이 발견한다. 반면 사업적으로는 문제없이 보이는 사업제안서지만 현장보고서에는 부정적인 표현들이 포함되어 있어 고민을 하게 만드는 경우도 많다. 이러한 경우는 보고서에는 직접 담을 수 없는 비하인드 스토리가 있다. 그것을 빨리 눈치를 채고 직접 물어보는 판단력이 중요하다. 심사를 받으러온 17개 광역시도의 담당자와 지원기관의 입장에서는 먼저 불편한 이야기를 꺼내는 경우는 드물기 때문이다. 심사과정에서 나온 이야기가 어떠한 루트를 통해 현장에 전달되는지, 결과에 대한 민원과 책임론이 뒤따르기 때문이다. 직접 고백하는 것과 질문에 대답하는 방식은 차이가 많다. 이런 경우도 오랜 심사과정의 경험을 통해 나온 노하우라 할 수 있다.

심사과정에서 판단하기 어려울 경우에도 해당 지역 행정과 지원기관의 의견이 달라지는 것을 목격하기도 한다. 3차 현장조사 의견서에 대해 바라보는 시각도 달라진다. 이는 심사를 하는 심사위원들 간의 차이가 발생하는 경우도 있다. 공동체에 대한 이해와 시각차이, 사업에 대한 근원적 문제제기와 경영마인드 중시, 재정지출 항목과 매출액에 대한 근거부족 등을 가지고 토론하는 경우도 종종 나타난다.

2014년부터 시행된 중앙심사 과정에서 현장조사를 갔다 온 관련자가 심사에서 설명을 하게 된다. 한 지역이라도 여러 명이 나누어서 조사를 하는 방식이다. 때로는 심사를 맡은 위원이 직접 갔다 오고 다른 심사위원들에게 해당 마을기업에 대한 설명을 하는 경우도 있다. 이러한 경우에 현장조사를 갔다 온 사람의 입장에서는 곤혹스러운 일이 발생한다. 다른 위원이 해당 마을기업에 대해 부정적인 시각으로 질문을 하게 되는 경우에는 상호간 불편한 기운이 흐른다. 창과 방패의 기싸움도 가끔 나타난다.

어떤 현장조사원은 대부분 다녀온 마을기업에 대해 긍정적인 표현 일색으로 하는 경우도 있다. 그러한 경우는 현장조사 보고서에 의존하기보다는 1차 조사 보고서 또는 사업계획서를 처음부터 꼼꼼히 다시 살펴봐야 한다. 냉정한 판단을 해야 할 근거가 마련되지 못함으로써 나타날 수 있는 오류를 최대한 줄이기 위해서다. 1차부터 3차에 이르기까지 현장을 가게 되면 자연스럽게 교감이 이루어지고 안면이라는 것이 형성이 된다. 마을기업에 진입하기 위해 수많은 시간들을 고생했을 그들을 생각하면 냉정과 부정적 시각보다는 가능한 긍정적인 시각으로 보려고 하는 것이 인지상정(人之常情)이다. 따라서 조금만 보완하면 될 것 같은 생각이 앞서고 그러한 생각의 연장선상에서 보고서가 작성되는 경우가 많다.

현장조사를 했던 입장에서는 수비를 해야 하는 경우가 되고, 심사위원으로서 해당 지역을 방문하지 않았던 위원의 입장에서는 공격을 해야 하는 경우가 발생한다. 공수가 뒤바뀌는 경우도 나타난다. 미묘한 신경전도 보일 때가 있다. 이 모든 것이 사람이 하는 일이라 그러한 모습이 연출된다. 제도적 또는 기술적으로 심사방법을 변경해야 할 시기다.

4. 중앙심사위 위원의 시각차이

마을기업 심사과정이 3단계에 걸쳐서 시간이 많이 걸리고 절차가 복잡하다는 현장의 목소리가 많았다. 외적요인과 영향력을 최소화하고 객관적인 심사를 목적으로 중앙심사를 2014년부터 시행하고 있다. 기초지자체 심사부터 중앙심사에 이르기까지 물리적으로 시간이 필요하다. 17개 광역시도를 대상으로 동시에 진행하다 보니 밀리는 경우도 허다하다. 2015년 마을기업 시행지침 태스크포스(TF)에서 이러한 불편함을 조금이나마 덜어보고자 다양한 방법을 시도했다. 그중의 하나가 기초지자체에서 실시되는 1차 심사는 가능한 서면심사를 원칙으로 정하였다. 이를 위해 정해진 서식에 신청하는 마을

(단체)이 행정서류상 결격사유가 없는지만 판단하여 2차 광역시도로 넘기는 방안이었다.

주민 5인 이상이 해당 지역에 거주하는 주민인지, 자부담은 개인별 부담했는지, 1인 또는 특수관계의 지분이 50%를 초과하는지, 법인으로 체계를 갖추었는지 등과 함께 사업개요를 적시하여 판단하는 방법이다. 기존의 1차 대면심사와 2차 대면심사 과정을 줄여 2차에서만 대면심사를 하여 신청인의 편의를 최대한 보장하겠다는 생각이었다. 단, 해당 기초지자체의 신청건수가 예상숫자보다 많을 경우, 필요하다고 판단할 경우 대면심사를 하는 방식이다. 1차 서류심사 도입으로 인해 기초지자체 담당자 업무가 경감되었다. 그에 다른 시간도 절약되면서 최종 마을기업 지정까지 단축되는 효과가 나타났다.

1차 기초지자체 심사의 경우, 특별한 경우가 아니면 대부분 통과되는 양상을 보인다. 대면심사를 했던 과거의 경우에도 지역사회의 구조상, 1차에서 탈락시키기는 현실적으로 무리수가 따른다. 행정서류상 미흡한 상황이 아닌 이상, 사업성 등을 이유로 탈락시키기란 다소 부담을 느낀다. 심사위원이 대부분 지역사회 기반의 전문가, 활동가 등으로 적극적인 자세를 취하기 어렵다.

최근에는 마을기업 심사를 경험했던 지역 인사들이 많아졌다. 지역사회 대학, 연구기관, 경제단체, 사회적경제분야 전문가 등 7년의 세월 동안 심사위원이 다양해졌다. 마을기업에 대한 이해가 있고, 전반적인 상황도 파악하고 있다.

2014년 마을기업이 독립적으로 지원기관체제를 구축하고 혁신적인 아이디어로 나서기 전까지 지역에서 마을기업의 위치는 견고하지 못한 상황이었다. 기초지자체의 경우 대부분 마을기업 관련 조례가 없다. 반면 사회적기업 육성에 관한 조례는 제정되고 시행되고 있었다. 그러다 보니 조례에 근거해 사회적기업 육성위원회가 운영되었다. 마을기업 1차 심사를 해당 위원회 위원들이 자연스럽게 맡게 되었다. 마을기업의 경우 마을기업 육성위원회 존재가 없는 상태에서 사회적기업 육성위원회 위원들이 마을기업을 심사하는 일들이 벌어졌다.

현장에서 사업하는 인력과 아이템이 대부분 사회적기업과 유사하다고 판단 또는 생각하는 수준에서 심사과정은 대략 난감한 상황이 많이 연출된다. 2013년까지 사회적기업보다는 회사구조 면에서 체계적이지 못한 서류, 사회적가치 추구가 아닌 공동체 회복에 방점을 두고 있는 사업목적의 다름은 심사자들조차 혼란에 빠지게 만들었다. 마을기업을 충분히 이해하지 못하는 심사위원, 마을기업 육성사업 시행지침을 단 한 번도 보지 못한 상황에서 심사 잣대를 들이대는 심사위원, 기업적 마인드만 강요하려는 시장경제에 익숙한 심사위원, 우연히 방문을 한 마을기업의 열악한 상황만 가지고 전체 마을기업을 판단하려는 심사위원, 그동안 경험해보지 못했던 사업 프로그램에 대해 판단을 하지 못하는 심사위원 등 객관적이고 냉정하고 공정한 심사를 하기에는 부족한 환경이었다.

필자가 참석하는 지자체 심사는 시간이 흐르면 필자 혼자 떠들고 있는 모습을 종종 발견하게 된다. 외부에서 나타난 심사위원의 경우, 초기에는 관망을 하게 마련이다. 현지 심사위원으로 참여할 정도면 나름 각 분야에서 전문가들이기 때문이다. 그들의 입장을 고려하여 가능하면 필요한 이야기만 하려고 하거나 분위기에 편승하여 진행하려는 경향이 강하다. 대부분 그러한 형태의 심사가 이루어진다. 한두 건 심사가 진행되는 아주 짧은 시간에 필자는 심사위원들의 성향과 마을기업에 대한 이해가 얼마나 있는지를 판단한다. 그리고 인내심 부족한 필자의 말문이 터지기 시작하면 궁금한 사항에 대해 집요한 질문이 쏟아진다. 마을기업을 진입하려는 단체의 사업계획서를 기초하여 사실여부와 가능성 판단을 하기 위한 질문이다. 하지만 구체적으로 조목조목 질문을 하는 과정이 전체 분위기와 부합되지 못하는 경우도 발생한다. 참으로 눈치 없는 심사위원의 발언이라고 미움을 받을 수도 있는 행동이다. "지역사회란 것이 다 좋고 좋은 것이고, 조금 부족하면 채우면 될 일이지, 뭐 그리 그렇게 중요하냐"고 항변 아닌 애교 곁들인 멘트가 나오면 당황 그 자체다.

필자의 입장에서는 두 가지 생각이 스쳐지나간다. "참으로 현장분위기를 파악 못했구나. 여기도 지역사회이고 지역에서 계속 살아야 하는 지역 전문가 입장을 고려하지 못했구나"라는 생각이 든다. 필자의 경우는 할 말 하고 돌아서 서울로 돌아오면 되지만 그분들이야 해당 지역에서 불편한 소리를 들으면서 지내고 싶은 생각은 없을 것이다.

하지만 이러한 느슨한 여유로운 생각이 마을기업의 심사의 공정성과 적합성에 조금이나마 피해를 주는 결과로 나타나서는 안 될 것이다. 지역사회 일이고 한 다리만 건너면 알 수 있는 지인의 일이라는 생각이 심사의 객관성을 해치면 안 된다는 생각이 앞선다. 그렇게 심사과정을 통과해 올라온 마을기업 후보자들이 중앙심사에서 다시 걸러지는 경우가 대다수다. 3차 심사를 위해 고급인력들이 다시 현장으로 투입되고 조사하고 결과보고서 작성하여 심사위원회에 참석하여 발표하는 시간이 또 다시 이루어지기 때문이다. 행정력과 재정적 낭비는 물론 다양한 사람들의 무단한 노력이 또 다시 희생으로 채워지는 악순환을 방지해야 한다.

2차 광역심사 단계로 접어들면 이러한 지역사회 환경을 고려하는 분위기는 다소 감소된다. 7명의 심사위원 중에 행정안전부 추천 위원이 2명 참여하고, 지역전문가 참여 등 민간이 과반수이상을 차지하는 구조가 이루어진다. 기초지자체보다는 광역지자체 심사는 지역의 인적 네트워크에 따른 불편한 관계는 많이 사라진다. 지역적으로 다양하고 많은 시군구의 심사를 보려면 개인적인 입장과 주장을 어필하기에 적합하지 않는 분위기가 형성되어 있기 때문이다. 또한 중앙에서 추천받아 참석한 심사위원이 2차 심사과정상의 내용을 알고 있는 상태에서 3차 중앙심사에 참여하는 경우가 많다. 따라서 1차 기초지자체와 같은 느슨한 분위기보다는 좀 더 엄격한 기준을 가지고 심사를 하게 된다.

그런데 2차 광역심사 과정에서는 공동체성을 중시하는 위원과 경제성을 중요하게 생각하는 위원의 시각차이가 드러나는 경우가 많다. 다양한 전문가 그룹에서 지명되어 온 심사위원이다 보니 각자 경험한 내용을 바탕으로 마을기업을 바라보기 때문에 나타나는 현상이다. 초기에는 마을기업을 이해하지 못해서 나타나는 몰이해적 현상이었지만 최근에는 전혀 다른 상황이다. 마을기업을 충분히 이해하고 있다. 강점과 기회요인보다는 약점과 위협요인에 대한 대응방안을 요구하는 질문이 많아졌다. 마을기업을 공동체를 회복시키는 도구로 사용할 것인지, 기업으로써 성장하기 위해서는 경영마인드를 강화하는 전략을 구사할 것인지에 대한 논란으로 이어지는 경우도 많다.

또 한 가지는 7년 동안 심사를 하는 경험이 있는 위원의 경우, 마을기업에 거는 기대치가 높다. 초창기에는 법인격만 갖추는 것에도 긍정적인 표현을 했다면 지금은 어디에 어떤 방법으로 판로확보를 할 것인지 등 구체적인 계획을 요구한다. 마을기업에 참여하려는 단체와 역량, 사업계획서는 크게 달라지지 않았는데, 심사를 하는 위원들의 눈높이는 상당히 높아졌다는 이야기다. 기대치가 높은 상황에서 과거 수준의 사업계획서가 눈에 들어올 리 없다. 그래서 걱정들이 많으시다. 이래가지고 마을기업이 지속가능성을 가지고 성장할 수 있는지에 대한 우려와 고민에 대한 발언이 쏟아진다.

광역단위의 심사위원들의 경우 상당히 전문성을 가지고 마을기업을 심사하고 있다. 사업 아이템을 바라보는 시각도 다양하고 대안도 제시해주는 센스도 보여준다. 예전에는 사업계획서에 부족한 부분에 대한 질문이 집중적으로 이루어졌다면 최근에는 코멘트 중심으로 변경되어 가고 있다. 해당 사업에 대한 전문가로서의 경험에서 나오는 말 한마디가 해당 마을기업 지원자에게는 큰 힘이 될 수도 있다. 이러한 현상은 2014년부터 의무적으로 시행되고 있는 '마을기업 설립 전 교육'의 효과라 할 수 있다. 교육기간에 정리된 사업계획서를 여러 번에 걸친 수정과 보완을 통해서 정리되어 접수되기 때문이다. 참여하는 지역주민도 과거와 달리 충분한 이해를 가지고 사업계획서를 제출하고 있다.

지역에 따라서는 심사위원의 선호가 다르다. 해당 광역시도의 내부적 요인도 작용하고, 정치적 입장도 고려해야 하고, 외부입김도 판단해야 하는 경우가 있을 것이다. 이러한 경우 행정의 입장에서 행정의 가이드와 입장을 충분히 이해하고 심사에 응해주는 위원을 고르기 마련이다. 이른바 지역의 민원을 해결하기 위한 심사위원회가 되는 경우, 마을기업에 대한 이해가 다소 부족하더라도 소통이 된다고 생각되는 위원을 부른다. 이러한 경우는 극히 일부 사례이긴 하지만 객관성이 결여된 심사과정이 이루어진다고 보인다.

심사자료의 경우도 사전에 배포하지 않고, 심사당일 두꺼운 보고서를 책상에 올려놓는다. 제안자 설명 5분 동안에 40여 페이지에 달하는 내용을 파악해서 질문시간에 질문을 해야 하는 상황이다. 물리적으로 꼼꼼한 심사를 할 수 없는 구조. 그렇기 때문에 짧은 시간에 볼 수 있는 자료는 1차 기초지자체에서 올라온 현장조사에 대한 공무원과 지원기관이 작성한 내용을 참고하는 것이다. 일부 지역에서는 심사위원의 편의성 제공이라는 명목하에 사업별로 간략하게 개요 및 특징 등을 정리한 자료를 참고하라며 보여준다.

대부분 10분 이내에 설명을 듣고 질문해야 하는 환경에서는 사전에 정리된 검토보고서에 의존하게 되어 있다. 심사위원의 생각은 뒤로 밀릴 수밖에 없다. 실제로는 내용을 파악하지 못했기 때문에 구체적인 질문을 할 수 없다. 따라서 행정에서 제공하는 자료에 의존하는 경우가 부지기수(不知其數)다. 1차년도 5천만 원, 2차년도 3천만 원 한도의 정부지원금이 짧은 시간 내에 이루어지는 것에 대해서는 개선이 필요하다는 생각을 항상 갖고 있다. 하지만 참여자들의 개인 스케줄(Schedule)을 고려해야 하고, 행정의 입장에서 심사일정 등 현실적인 부분을 고려하지 않을 수도 없는 상황이다. 이래저래 고민이 많은 심사과정이다.

5. 마을기업 지정서

마을기업으로 지정이 되면 '마을기업 지정서'를 받게 된다. "위 기업은 지역공동체를 활성화하고 지역 일자리를 창출하는 '마을기업'으로 지정합니다"라는 문구에 장관명으로 지정서가 배부된다. 일종의 마을기업으로 지정되었다는 공식적인 확인서가 되는 것이다. 마을기업 지정서 배부는 2013년부터 집행이 되었다. 2010년부터 2012년까지 지정된 마을기업들에 대해서는 지정이 된 것으로 인정하였다.

마을기업에 지정되었다는 연락이 오면 마을기업은 소재지 기초지방자치단체장하고 계약을 맺게 된다. 계약이 이루어지고 나면 기본적으로 2회에 걸쳐서 보조금을 수령하게 되고 본격적인 사업에 나서게 된다. 이렇게 마을기업으로 지정이 되고 기초지자체하고 계약을 맺는 기간 내에 마을기업 지정서가 배부되는 것이 올바른 수순이라 할 수 있다. 처음 사업을 시작하는 마을기업 입장에서 마을기업 지정서를 액자에 넣어, 사업자등록증 옆에 같이 진열하기를 원할 것이다.

이는 마을기업에 참여하는 종사자의 입장에서 자긍심도 가질 수 있는 매개물이다. 외부에서 고객이 찾아오더라도 일반기업이 아닌 마을기업이라는 증명을 할 수 있는 도구이기도 하다. 물론 액자에 넣은 마을기업 지정서를 밖에다 걸어둘 수는 없어 외부에서 바로 확인이 어렵다는 단점은 있지만 공식적인 문서라는 개념에서 절대적으로 필요하다.

그런데 마을기업 지정서가 제때 마을기업에 전달되는 경우가 많지 않았다. 1년이 지나 받은 곳이 있는가 하면 2년이 다 되어서야 지정서를 배달받는 곳도 있었다. 신규로 지정받은 마을기업의 입장에서는 이러한 마을기업 지정서가 있는 것을 뒤늦게야 확인하는 모양새다. 당연히 현장에서 불만이 쏟아져 나올 수밖에 없다. "이러한 지정서가 있었다면 바로 보내주었어야, 필요할 때 활용했을 텐데, 무책임한 행정이 아닌가"라는 볼멘소리가 나온다.

이렇게 마을기업 지정서가 뒤늦게 배부되는 이유는 무엇일까? 이는 기본적으로 마을기업의 정책을 총괄하고 진행하는 담당부서의 일손이 부족하다고 말할 수 있다. 팀 단위의 조직으로 구성되어 있지만 평균 3명을 넘어가지 않는다. 전국 17개 광역시도와 230여 개가 넘는 기초지자체, 전국 지원기관, 마을기업협회 등 관련 업무를 보는 인력으로서는 대단히 적은 인원이다. 마을기업팀에 대한 조직 관련 이야기는 다른 장에서 본격적으로 다루기로 한다.

이처럼 인력과 예산의 한계를 보이는 상황 속에서 마을기업 지정서까지 적시에 챙기지 못함으로써 나타나는 문제다. 1년 중 상반기 한 번에 마을기업 심사가 마무리되면 이후에 챙길 수 있는 업무다. 하지만 1년에도 몇 차례에 걸쳐 예산에 맞춰 심사가 이루어지고 다른 업무를 진행하지 못하는 악순환이 반복되면서 나타난 현상이라 할 수 있다. 사회적기업과 협동조합의 경우 고용노동부 산하기관이자 기타공공기관인 한국사회적기업진흥원에서 이러한 업무를 총괄적으로 보고 있다. 하지만 행정안전부의 경우는 마을기업을 전담으로 지원하는 공식적인 기관은 없다. 2015년부터 2016년까지 한국지역진흥재단에 마을공동체 발전센터를 설립하고 해당 인력이 마을기업 조사 및 심사지원을 한 경우는 있었다. 하지만 마을기업 자체를 공식적으로 위탁하여 진행하지는 못했다. 그것마저도 2017년 내부적 사정으로 인하여 마을기업 지원을 받쳐주지 못하는 상황이 되었다.

마을기업의 입장에서는 마을기업을 통합적으로 지원하는 기관이 필요하다. 체계적이고 전국적으로 일원화된 교육과 컨설팅 공급을 원한다. 마을기업 육성사업 시행지침상의 이러저러한 해석 차이에 따른 혼선을 방지할 수 있는 전문가 집단이 필요하다.

전국 17개 광역시도는 물론 기초지자체 담당부서의 인력은 순환보직의 시스템에 갇혀 있다. 마을기업 업무에 익숙해질 시점이 되면 다른 부서로 자리 이동을 하게 된다. 전임자가 후임자에게 남겨줄 수 있는 것은 그리 많지 않다. 실태조사를 했던 자료 이외 마을기업 시행지침에 준하여 일처리를 하면 된다는 이야기 말고는 전달할 것이 없다는 이야기다. 마을기업들의 입장에서는 행정 담당자가 자주 바뀌는 것에 대한 불만이 많다. 그래서 몇 년이고 그 자리에서 업무를 볼 수 있도록 제도를 변경해 달라고 요구한다. 하지만 행정 조직의 생리상 순환보직을 막을 방법은 없다. 애초에 한 부서 업무가 장기화되었을 때 나타날 수 있는 민원인과의 청탁 등을 방지하고자 하는 목적에 만든 제도라 마을기업 담당만 특별히 적용할 수도 없다. 현재 공무원 시스템으로는 불가능하다. 이러한 제도적 불편함으로 일부 시군에서는 민간인을 계약직 공무원으로 채용하여 지속성과 연계된 전문성을 가지고 마을기업 지원을 하는 방안을 도입해 운영하고 있다.

17개 광역시도별 마을기업 지원기관을 활용하는 방안도 있다. 하지만 매년 1년 단위로 계약을 하는 현 선정기준 시스템에서도 큰 기대를 모을 수 없다. 마을기업을 지원해야 하는 지원기관이 매년 심사를 통해 결정되는 구조다. 그렇기 때문에 지원기관을 하는 기관의 입장에서는 마을기업 컨설턴트 등 전문가 채용을 하는 데 한계가 있다. 지속적으로 지원기관으로 활동할 수 있는 방안이 해결되면 당연히 지원조직도 정규직으로 채용하여 활용할 수 있다. 장기적으로는 마을기업 지원도 한국사회적기업진흥원처럼 전문적 지원기관이 마련되어 운영되어야 한다. 지역주민과 현장에서 정책을 결정하고 집행하는 과정에서 수정과 보완이 필요한 마을기업이다. 다른 사업과 정책보다 현장의 긴밀한 대응력이 필요한 정책이며 사업프로그램이다. 따라서 마을기업 지정서 같은 필수서류가 2년이 다 되어가는 시점에 전달되는 시스템 보완을 위해서라도 전문지원기관이 필요하다.

제5장

우수마을기업 사례

1. 연도별 우수마을기업 현황

우수마을기업은 2011년부터 시행되었다. 2010년 하반기 시범사업을 거쳐 2011년부터 본격적으로 활성화를 위한 노력이 시작되었다. 지정된 마을기업 중에서 우수한 실적을 나타내고 있는 곳을 우수마을기업으로 지정하고 있다. 기존 1차년도 5천만 원, 2차년도 3천만 원 한도에서 지원이 전부였던 금액이 우수마을기업으로 지정이 되면서 추가로 보너스를 받게 된 것이다. 2012년에는 전국 마을기업박람회도 처음으로 경상북도 문경새재에서 개최되었다. 박람회는 국비가 아닌 경상북도에서 지방비를 가지고 행사를 진행했다. 2012년 사업계획에 없었던 일이었지만 마을기업 입장에서는 긍정적인 전환을 가져오는 계기가 되었다. 2011년 우수마을기업은 별도로 정부서울청사에서 시상식을 가졌다. 2012년부터는 마을기업박람회 전야제에 선정하는 방식이다. 2016년은 마을기업박람회를 마치고 별도로 진행했다.

필자의 경우는 2011년 처음 우수마을기업 지정 시부터 2014년까지 우수마을기업 심사에 참여했다. 2015년과 2016년에는 참여하지 못했다. 그래서 본서에서는 2015년과 2016년에 우수마을기업으로 지정된 마을기업들의 사례를 개략적으로 정리하였다. 나름 근거 있는 우수마을기업도 있지만, 필자의 입장에서는 쉽게 동의하기 어려운 마을기업도 포함되어 있기 때문이다. 그래서 자료들을 취합하고 정보들을 모았다. 2015년과 2016년에 선정된 30개 우수마을기업은 숫자가 대폭 확대된 것 이외에도 상금에서 엄청난 변화를 가져왔다.

<표 5-1> 연도별 우수마을기업 현황

연도	수상구분	지역	소재지	기업명	사업내용
2011 (16개)	구분 없음	서울	성동구	성동제화사업주협회	성동 수제화업체 공동판매
		인천	남동구	희망누리사업단	쿠키, 머핀 생산 판매
		대전	유성구	백세밀영농조합법인	우리밀 가공판매, 제과제빵 체험
		대구	수성구	팔현마을부락회	포도, 사과 따기 체험, 농산물직판장
		울산	북구	제전어촌계	재래식 짚불구이 곰장어, 장어 판매
		부산	기장군	NPO희망기장	미역, 다시마 가공 판매
		광주	광산구	울금영농조합법인	울금 발효식품 생산 판매
		경기	안산시	우이당	소금 가공 판매 (양치용, 조리용)
		강원	양양군	송천떡마을영농조합	떡 판매, 떡 만들기 체험
		충북	옥천군	나눔과기쁨 사업단	떡, 미숫가루, 참기름 생산 판매
		충남	홍성군	지역센터 마을활력소	커뮤니티비즈니스 교육, 컨설팅
		전북	고창군	고창EM환경개선실천회	EM사용 친환경농산물 생산 판매
		전남	강진군	해랑달이랑영농조합	한과 판매 및 체험장 운영
		경북	영주군	영주순흥초군농악대	짚풀공예, 목공예체험, 전통농악공연
		경남	양산군	봉우마을여성공동체	친환경 반찬, 도시락, 출장뷔페
		제주	서귀포	제주해양레저체험파크	카약, 바다자전거 등 해 양레저체험

연도	수상구분	지역	소재지	기업명	사업내용
2012 (9개)	구분 없음	서울	종로구	통인커뮤니티	도시락카페, 통합콜센터 배송사업
		울산	북구	아낌없이 주는 나무	친환경자재 간판, 문패 등 제작 판매
		경기	여주군	통카페(Tong Cafe)	여주대학 내 다문화가정 카페운영
		강원	강릉시	한울타리마을	영화를 주제로 한 농촌 체험마을
		강원	인제군	백담마을	마가목 활용 효소 판매, 황태 판매
		충남	당진군	백석올미마을	매실 한과 및 떡 제조 판매
		전북	완주군	도계마을	두부, 김치, 조롱박 가공 판매
		전남	강진군	강진된장	고추장, 된장 제조 판매
		경북	군위군	군위찰옥수수	군위 명물 찰옥수수 진 공포장 판매
2013 (8개)	최우수상	대구	동구	안심협동조합	우리밀 빵, 친환경 비누 판매
		전북	완주군	푸드인마더쿠키	지역원료 이용 제과, 제방사업
	우수상	인천	부평구	리폼맘스	재활용품 이용한 리폼제 품 제작판매
		대전	중구	평화가익는부엌 보리와밀	우리밀 발효빵, 제과
		경남	합천군	하남양떡메	양파즙, 떡가래, 메주 명품화사업
	장려상	울산	중구	태화강방문자센터여울	태화강 생태관광 자원활성화
		강원	춘천시	원평 팜스테이	쌀, 감자 및 짚공예 농촌체험
		전남	순천시	송광 이읍 친환경된장	메주, 된장, 고추장 생산 판매

연도	수상구분	지역	소재지	기업명	사업내용
2014 (10개)	최우수상	전북	정읍시	콩사랑	콩, 귀리, 현미 이용한 곡물가루 판매
		경북	군위군	삼국유사화본마을	농촌 문화탐방 및 체험 프로그램
	우수상	인천	남동구	꿈꾸는 문화놀이터뜻	마을축제, 문화예술, 교육프로그램
		경기	이천시	어름박골쪽빛마을	염색식물 쪽풀농사, 제품판매, 체험
		충남	예산군	느린손	전통 짚공예 제조판매, 체험
	장려상	부산	영도구	조내기고구마	고구마 원료 캐러멜, 젤리 생산 판매
		대구	중구	편아지오	수제화 제작 및 골목 형성
		울산	북구	엄마의 다락방	유아용 의류(돌 한복 등 대여 판매)
		제주	서귀포	무릉외갓집	농촌 문화탐방, 농특산물 직거래
		강원	춘천시	섬배정보화마을	목화체험, 절임배추, 김장김치
2015 (10개)	최우수상	강원	양양군	해담영농조합법인	버섯활용 너비아니, 떡갈비 판매
		대구	달서구	우렁이밥상협동조합	친환경 반찬가게, 농산물 직거래장
	우수상	전북	익산시	함해국농업회사법인	구절초 활용 차, 화장품 제조 판매
		울산	울주군	소호산촌협동조합	야생차 체험, 교육, 제조 판매
		경기	오산시	잔다리마을공동체	전두부, 전두유 제조 판매
	장려상	강원	홍천군	하미토미영농조합	지역생산 콩 활용, 된장, 고추장 제조
		대구	수성구	분재마을	분재 생산 및 판매, 자연 생태체험
		충북	청주시	하늘농부유기농	유기농산물 유통
		전남	화순군	개천골농원	작두콩 제조, 작두콩차 판매
		부산	중구	산리협동조합	농산물 직거래, 천일염 판매

연도	수상구분	지역	소재지	기업명	사업내용
2016 (20개)	최우수상	대구	북구	내마음은 콩밭	공공디자인, 마을디자인
		경기	양평군	에버그린에버블루	들기름 제조 판매
		전북	부안군	백련농장	가공 장류, 다류 생산 판매
	우수상	서울	광진구	광진아이누리에	평생교육, 수제 먹거리 생산
		부산	수양구	오렌지바다	엽서, 선물가게 운영
		인천	서구	파라서	수공예품(액세서리) 제작 및 판매
		충남	청양군	꽃뫼마을	맥문동 가공 및 판매 (차, 음료 등)
		경남	남해시	독일마을행복공동체	독일 수제 소시지 판매, 마을체험
		제주	서귀포	서귀포귀농귀촌	감귤 가공 및 판매
	장려상	부산	동구	희망나눔세차	이동식 세차사업
		광주	남구	빛고을고구마순채	고구마 순채 생산 및 판매
		대전	유성구	초원미래나눔	마을카페 운영
		울산	동구	수다장이	핸드메이드 소품
		세종	세종시	솔티마을	와인, 식초 제조 및 판매
		경기	김포시	엘리트농부	농산물(로컬푸드) 유통 판매
		강원	홍천군	홍천명품한과	단호박 한과 제조 및 판매
		충북	괴산군	솔뫼마을	고추장, 된장 제조 및 판매
		충남	금산군	금강나루	캠핑장 매점 운영
		전남	담양군	죽향식품	댓잎국수, 댓잎쌀국수
		경북	포항시	포항노다지마을	유정란 등 농산물 판매

2015 전국 우수마을기업 경진대회는 춘천시에서 개최된 마을기업 박람회 전날 개최되었다. 춘천시 바이오진흥원에서 당시 기준으로 약 1,200여 개의 마을기업을 대상으로 17개 광역시도 추천받아 1차 서류심사, 2차 현장실사, 3차 경진대회를 거쳐 전국에서 10개를 선정했다. 기준은 전년도와 같이 최우수상 2개, 우수상 3개, 장려상 5

개를 마련했다. 하지만 상금에서는 전년대비 비약적으로 확대되었다. 최우수상에게 7천만 원을 지급하면서 논란이 일기도 했다. 마을기업 1차년도 최대 지원금이 5천만 원이라 2014년도 까지 최우수마을기업으로 지정이 되어도 해당 금액을 초과하지 못했기 때문이다.

상을 받은 우수마을기업의 입장에서는 즐겁고 신나는 일이다. 마을기업의 입장에서는 상금이 증가하는 것에 긍정적인 입장을 보였다. 하지만 금액증가 원인이 어떠한 기준과 명확한 설명 없이 진행되었다. 또한 마을기업 지정심사에서 탈락이 많아짐에 따라 남는 예산을 소진하기 위한 방법이라는 지적과 비판이 쏟아졌다.

2016년 우수마을기업의 경우는 2011년 초기 우수마을기업을 지정했던 방식에서 한걸음 더 나간 방식이었다. 기본적으로 전국 17개 광역시도에 1개씩 지정하면서 남는 3개를 추가적으로 지정하는 방법이었다. 2011년 처음 우수마을기업을 지정할 때도 중간에 1개 광역시도에 1개씩 선정하는 방식으로 급변하면서 지정된 마을기업 중에 부실기업이 나타난 문제를 감안하지 못한 것으로 판단된다. 폐업되었고, 개인회사로 전락되어 버린 우수마을기업의 문제점을 보완하는 방향으로 개선되었다면 하는 아쉬움이 남는 2016년이다. 의무적으로 하나씩 할당하는 방식은 전국 평준화 및 격려 차원에서 시행할수도 있다. 하지만 절대적 평가가 아닌 상대적 평가방식으로 선정되는 우수마을기업 제도다. 이러한 방식이 1개 시도에 1개씩이라는 절대적 방식하에 지정된다면 자연스럽게 2011년처럼 부실 마을기업이 나타날 개연성이 높다는 분석이다.

2015년도에 우수마을기업으로 선정된 마을기업에 대한 기본적인 내용들이다. 강원도 해담영농조합법인은 양양군 특산물인 버섯 등을 활용한 제품을 출시했다. 지역주민 54가구 모두가 5만 원씩 투자해 설립했고, 떡갈비와 너비아니[1]를 제조하여 판매하는 마을기업이다. 표고버섯과 꿀, 돼지고기, 해양심층수 소금, 과일소스 등 인공감미료를 첨가하지 않은 천연원료로 생산한다. 이외에도 농산물 생산·가공·레저체험 등의 사업과 인성학교와 농어촌체험도 실시하고 있다. 지역주민 40명이 마을기업 관련사업에 종사하며, 8억 원이 넘는 매출액을 기록했다.

대구광역시 우렁이밥상협동조합은 취약 지역주민들에게 안전한 먹을거리 제공을 위해 설립된 마을기업이다. 이를 위해 친환경 반찬 가게와 농산물 직거래 매장을 운영하고 있다. 2013년 9월에 지역주민 10여 명이 모여 만든 유기농 반찬가게로 시작하였다. 생산지 견학 및 체험활동 등을 통해 건강한 밥상과 도농 간 상생공동체를 만들어가는 사업으로 확대하고 있다. 월 2,300만 원과 5명의 상근 일자리를 창출하고 있다. 또한 가정형편이 어려운 아이들에게 방과후학교를 운영하며 도시락 제공 등 돌봄과 친환경 먹을거리를 제공하고 있다.

전라북도 익산시 함라면에 소재한 함해국농업회사법인은 구절초 재배와 생산을 통한 차, 화장품 등 가공상품을 판매하는 마을기업이다. 매년 구절초 축제를 개최하면서 지역사회 활성화에 앞장서고 있다. 평균 2억 원의 매출과 10여 명이 넘는 지역주민들의 일자리창출에 노력하고 있다는 평이다. 여성대표의 섬세함으로 다양한 구절초 차 생산을 위해 수백 번의 실험을 통한 제품을 생산하면서 호평을

---

[1] 얄팍하게 저며 갖은 양념을 하여 구운 쇠고기.

받고 있다.

울산광역시 소호산촌협동조합은 영남알프스 인근에 야생차를 체험하고 야생화에 대한 교육 및 제품을 판매하는 마을기업이다. 귀농민과 귀촌인이 중심이 된 마을기업이지만 원주민과 협업을 통한 마을공동체를 이루고 있다. KTX 울산 역사에 제품이 전시될 정도로 외부 마케팅을 활발히 하는 마을기업이다.

경기도 오산시 잔다리마을공동체는 2011년부터 지역에서 생산된 콩을 수매하여 전두부와 전두유 등을 제조, 판매하는 마을기업이다. 채널A의 먹거리 X파일을 통해 '착한 두유'로 선정되기도 했다. 콩이외 다른 첨가물을 전혀 사용하지 않는 우수한 품질의 두유 제품 생산으로 널리 알려졌다. 여름에는 콩물판매 매출 등으로 연간 8억원, 10여 명의 상근일자리를 창출하는 우수마을기업이다.

강원도 홍천군의 하미토미영농조합법인도 2011년에 시작된 마을기업이다. 이곳도 마을에서 생산되는 콩을 전량 수매하여 된장, 고추장을 제조, 판매하고 있다. 장류 판매와 함께 지역 농산품인 옥수수 등을 함께 판매를 해주는 역할을 하고 있다.

충청북도 청주시 하늘농부유기농은 지역에서 생산되는 유기농산물을 유통시키는 마을기업이다. 전문판매장과 온라인 판매를 통해 20억 원에 가까운 매출을 달성하고 있다. 지역소재 농가들과 직접 계약재배를 통해 판매를 도와주는 유통형 마을기업이라 할 수 있을 정도로 전문성을 가지고 있다는 평가다.

전라남도 화순군의 개천골농원은 지역 특산품인 작두콩을 가공하여 판매하는 마을기업이다. 지역적으로 고령화 인구의 한계를 극복하고자 노동력이 적으면서 고소득을 올릴 수 있는 작두콩을 재배하고 있다. 작두콩차는 인근 국립공원관리공단 연수원에서 외부손님들에게 주는 선물용으로 채택될 정도로 인기가 많다.

부산광역시 산리협동조합은 지역에서 생산되는 농산물을 직거래 장터를 통해 유통시키는 마을기업이다. 지역주민 90여 명이 참여할 정도로 지역공동체가 활발하다. 천일염 판매와 마을카페 등을 통한 수익을 올리고 있다.

대구광역시 분재마을은 분재전문가 대표를 중심으로 도심 속의 작은 정원을 지향하고 있는 마을기업이다. 분재를 활용한 교육 및 자연생태체험 사업 등을 진행하고 있다.

2016년에 지정된 우수마을기업은 숫자 면에서 역대 최고를 자랑한다. 전국 17개 광역시도에 의무적으로 1개씩 선정되었다. 따라서 2개씩 선정된 시도가 등장했다. 숫자가 많은 만큼 최우수상이 3개나 되며, 금액도 역대 최고수준이다.

대구광역시 내마음은 콩밭 마을기업은 경북대학교 서문에 위치해 있다. 이 마을기업은 젊은 층을 중심으로 커뮤니티 디자인을 기반으로 한 대학동네를 형성하고 있다. 놀이터, 배움터, 스튜디오 등 다양한 활동을 하고 있다. 지역의 소식지를 제작하기도 하고 그 과정에 스튜디오를 활용하여 배우고 강의하는 사람들이 한마음이 되도록 연결하는 역할을 해내고 있다. 서문 골목축제에서 세계 각지에서 온 유학생들이 고향의 음식을 직접 만들어 파는 부스 '비정산 매점' 운영을 통해 유학생들과 한국인 학생들이 함께 어울릴 수 있는 공간을 제공하기도 했다. 지역의 문제를 지역주민들이 함께 풀어나가는 도시형 마을기업의 장을 마련했다는 평가다.

경기도 양평의 에버그린에버블루협동조합은 지역의 들깨농가와 계약재배를 통해 연간 7억 원 이상의 매출을 올리는 중소기업 형태의 마을기업이다. 들깨를 볶지 않고 기름을 짜는 저온착유(低溫搾油)하는 생들기름을 생산하고 있다. 무농약으로 재배되는 재래종 들깨를 이용하여 생산하면서 2017년에는 TV홈쇼핑에서도 판매되는 우수마을기업이다.

전라북도 부안군 백련농장은 하얀 연(蓮)을 가공해 차와 장류 등을 생산하는 마을기업이다. 연잎을 활용한 장류(된장, 간장, 청국장 등) 개발과 제조가공차, 엿기름, 메주·청국장 가루 등 11개 품종의 허가를 획득했다. 또한 전국 각지에서 장류체험을 하기 위해 문전성시를 이루고 있다는 평이다. 대표가 부안군 농업기술센터를 통해 전자상거래를 배우고 전북도 농업기술원에서 인터넷 마케팅 및 판매전략 교육을 배우는 등 경영 전문인으로서 성장하기 위한 부단한 노력이 돋보이는 마을기업이다.

서울시 광진구 광진아이누리애사회적협동조합은 아이보육과 교육서비스를 제공하며 광진구 부모 평생교육원을 운영하고 있다. 평생교육원에서 제조된 수제 먹거리를 마을 관계망을 통해 형성된 마을 가게에서 판매하고 있다. 이를 통해 지역 내 일자리와 이익을 창출하고 있다.

부산광역시 수양구 오랜지바다는 소비자가 직접 기념품의 창작자가 되어 수익을 나누는 방식의 사업을 하는 마을기업이다. 즉, 관광객들이 엽서 만들기 체험에 참여하면 이들이 만든 엽서를 다른 관광객에게 판매하고 여기서 나온 수익금의 일부를 창작한 관광객에 돌려주는 방식이다. 부산 지역 청년들이 주축이 되어 납품한 약 700종의 수공예품이 전시돼 있다.

인천광역시 서구의 파라서는 공예전문가를 중심으로 도금단지에서 도금 및 주물을 조립해 포장하여 판매하는 마을기업이다. 지역의 경력단절 여성을 고용하며, 지역일자리 창출에 앞장서고 있다.

충청남도 청양군 꽃뫼마을영농조합법인은 지역에서 생산되는 맥문동을 원료로 티백차와 음료수로 가공하여 판매하는 마을기업이다. 맥문동이 기관지와 폐를 보호하고 면역 증강작용과 항균작용이 있다고 소문이 나면서 매출신장이 꾸준히 이루어지고 있는 마을기업이다. 마을기업박람회, 장터 판매는 물론 백화점 판매전에서도 인기를 얻고 있는 제품으로 알려졌다.

경상남도 남해군 독일마을행복공동체는 파독교포와 함께하는 독일 수제소시지 체험과 판매를 하는 마을기업이다. 5억 원 이상 매출을 올림과 동시에 유자할배남해유자빵과 다문화이주여성들이 제작한 손수건의 판매지원 등 지역사회 공동체회복에도 큰 역할을 하고 있다. 상근 5명 이외 지역주민 80여 명을 파트타임으로 고용, 지역사회 일자리 창출에도 공헌하고 있다.

제주 서귀포시 귀농귀촌협동조합은 사랑의 감귤 보내기, 제주형 작은 결혼식, 청춘극장 등 문화사업을 활용한 마을기업이다.

부산광역시 동구 희망나눔세차는 쪽방 주민이 친환경 세차사업을 통해 안정적 일자리를 창출하는 전국 최초 쪽방촌 마을기업이다. 1회용 종이컵 한 잔 정도의 물만 써 친환경적이고, 공기 회오리 분사방식을 사용한다.

광주광역시 남구 빛고을고구마순채는 전통민속놀이인 고싸움을 계승하고 주민들이 공동으로 농산물을 유통하는 마을기업이다. 고구마순, 고사리, 무, 토란, 호박, 옻 등 웰빙상품 공급을 통해 건강한 밥상을 만들기 위해 노력하고 있다.

대전광역시 유성구 초원미래나눔은 커피, 음료를 판매하는 커뮤니티 공간을 제공하는 마을기업이다. 생강청, 레몬 등 건강제품과 경력단절 여성이 제작하는 수예품을 통해 수익을 창출하고 있다.

울산광역시 동구 수다장이는 손재주가 많은 사람이 모여 경력단절 여성들의 일자리 활성화를 위해 세워진 마을기업이다. 봉틀·실크스크린·캘리그래피 교육을 실시하며, 제작된 제품은 프리마켓과 나눔장터에 판매하고 있다.

세종시 전동면 솔티마을은 배, 포도, 복숭아를 이용해 물을 전혀 사용하지 않는 100% 자연발효 식초를 생산하는 마을기업이다. 솔티하우제라고 불리는 자연발효 MBA포도 와인도 개발해 판매하고 있다.

경기도 김포시 엘리트농부는 마을 주민들이 생산한 안전하고 신선한 농산물을 지역에서 판매하는 로컬푸드 유형의 마을기업이다. 김포에서 생산되는 친환경농산물만을 입점해 소비자에게는 저렴하고 우수한 농산물을 제공하고 있다.

강원도 홍천군 홍천명품한과는 지역특산물인 단호박과 쌀을 직접 구입해 만든 한과를 생산하는 마을기업이다.

충청북도 괴산군 솔뫼마을은 원주민 5가구와 귀농인 16가구가 유기농업 공동농장을 운영하는 마을기업이다. 유기농과 무농약 방식으로 찹쌀·토마토·고추·콩·오미자·배추 등을 생산하고 있다. 메주, 된장, 고추장, 절임배추가 주력상품이다.

충청남도 금산군 금강나루는 환경 농산물 판매와 녹색 농촌·생태체험 교육을 주요 사업으로 하고 있는 마을기업이다.

전라남도 담양군 죽향식품은 지역특산품인 댓잎, 죽순, 유기농쌀 등을 활용하여 국수를 생산하는 마을기업이다. 식감과 목 넘김이 부드러운 대나무 숙성국수다.

경상북도 포함시 포항노다지마을은 자연방사 유정란인 '노다지란'과 지역농산물을 판매하는 마을기업이다. 단호박, 감자, 고추, 귀리, 콩, 된장, 간장 등 상품을 다양화하고 가공, 유통, 체험을 결합한 6차 산업으로의 발전을 도모하고 있다.

2. 우수마을기업의 명암(明暗)

마을기업 중에서 우수마을기업으로 선정이 된다는 것은 대단히 자랑스러운 일이다. 마을기업으로 지정을 받으려면 3차에 걸친 엄격한 심사과정을 통과해야 한다. 그렇게 지정된 전국 마을기업 중에서 공동체 회복노력, 탄탄한 수익구조 운영, 지역경제 활성화 선도, 지역사회 기여 등을 검토하여 선정하기 때문이다.

우수마을기업으로 선정이 되면 수천만 원의 상금이 지급된다. 2011년도 2천만 원으로 시작된 상금이 2016년의 경우는 최우수상에게 7천만 원까지 확대되었다. 당해년도 선정이 되면 상금은 다음 년도에 지급되는 시스템이다. 2015년까지는 상금이라고 하지만 국고와 지방비로 지원하는 금액이라 마을기업의 사업방식을 적용했다. 그러다 보니 자부담도 부담해야 하는 문제가 발생하면서 상금의 개념을 무너뜨린다는 지적이 많았다. 2016년에 선정된 우수마을기업은 자부담 없는 지원금으로 정해졌다.

마을기업을 열심히 운영하여 수익창출도 상당하고 지역사회 공헌

노력도 많은 상태라면 우수마을기업 도전해볼 만하다. 우수마을기업은 17개 광역시도별 모집하여 자체 심사하여 다시 중앙으로 후보군을 추천하는 방식이다. 2년만 지원하는 마을기업 지원금 제도만 생각하다가 추가로 우수마을기업에 선정이 되고 커다란 상금을 받는 입장에서는 기대 이상의 보너스 개념으로 볼 수 있다.

우수마을기업으로 선정이 된 상태에서 금전적 보너스 이외 다른 보너스가 있다. 브랜드 획득에 따른 매출이 상당수 증가한다는 것이다. 마을기업으로 지정이 되면 기본적으로 지자체에서 보도자료를 통해 홍보해주고 있다. 지역신문, 방송 등 언론매체에 노출이 되기 시작한다. 일반기업이라면 감히 상상도 하지 못한다. 행정이 홍보를 대신 해주는 구조다.

이런 상황에서 우수마을기업이 되면 행정안전부가 앞장서서 홍보를 해주는 구조로 변경된다. 중앙부처 차원의 홍보전략은 상당한 파급력을 가진다. 때로는 TV 정규방송을 타기도 한다. 이러한 경우 우수마을기업들은 연쇄적으로 언론매체에 노출된다. 언론에 우수한 마을기업으로 방송되고 지면에 실리고 나면 한동안은 즐거운 후유증을 겪는다. 온라인을 통한 상품 주문은 물론 방문자의 수가 급격히 증가한다. 강원도 송천떡마을 같은 경우는 몇 달을 쉬지 않고 제품을 생산하느라 힘들었다는 후문이다. 대부분 우수마을기업들이 경험하는 또 다른 보너스다.

사업이란 흐름이 있는 법이다. 기본적으로 운영을 바탕으로 우수마을기업으로 선정이 된 마을기업이다. 대부분 2년차 지원금까지 마친 상태라 성장하느냐, 정체되느냐, 후퇴하느냐의 갈림길에서 우수마을기업 선정은 행운이다. 추가 지원금은 물론 다양한 홍보효과 등으로 마을기업은 가파른 성장을 하게 된다. 일정한 정도에서 상승세를 타기 시작하면 쉽사리 꺾이지 않는다. 이렇게 우수마을기업으로 선정이 된 마을기업들의 경우는 여전히 강한 모습을 보여주고 있다.

반면 모든 우수마을기업이 성장하고 효율적 운영으로 성공하는 것은 아니다. 이는 우수마을기업 선정에 있어 지역별 의무적 할당방식이었거나, 객관성이 결여되었다고 판단되는 마을기업일 경우 드러난다. 국비와 지방비 매칭사업으로 진행되다 보니 지역별 안배라는 것이 있다. 기준에는 조금 미치지 못하지만 지역의 균형을 생각하고 입장을 고려한 선정일 경우 더욱 그러한 현상이 나타난다.

2011년부터 2016년까지 우수마을기업으로 지정받은 마을기업은 총 73개다. 이 중에서 폐업된 마을기업도 있고, 사실상 영업을 하지 않는 마을기업도 있다. 가장 아픈 기억으로 남는 것은 우수마을기업으로 지정받고 나서도 소리 없이 사회적기업으로 인증받고 사회적기업 브랜드를 가지고 영업을 하고 있다는 점이다. 2013년까지는 지침의 규제한계로 법적으로 막을 수 없었다. A지역의 마을기업의 경우는 예비사회적기업으로 지정받음을 숨기고도 우수마을기업으로 선정되는 모순을 보여주었다.

필자가 생각하는 우수마을기업이 지켜야 할 기업으로서 기본적인 도덕성은 다음과 같다. 마을기업의 정체성을 알고 참여한 마을(단체)이라면 그 정체성을 계속 유지하고 가는 것이 맞다. 그래야만 보조금을 노리고 참여했다는 세간의 비난을 면할 수 있다. A부처의 보조금이 종료되면 B부처의 보조금을 노리고 사업제안을 하는 보조금 사냥꾼 소리는 듣지 않을 것이다. 설사 법적으로 제도적으로 문제가 없다 할지라도 사업의 정체성을 붕괴해가면서까지 보조금 영역을 넘나드는 행태는 바람직스럽지 못하다. 우수마을기업이 자발적으로 진입한 경우도 있지만, 일자리창출, 사회적기업 지정을 통한 실적 등에 목말라 있는 지자체와 지원기관의 권유도 많았다. 한 업체가 마을기업과 사회적기업으로 등록되면서 부처 간 중복사업 논란의 중심에 서는 사례로 기록됨과 동시에 이중 실적으로 남게 된다.

두 번째는 함께했던 마을기업 공동체를 붕괴시키는 행위라 할 수 있다. 고의성이 없었다 할지라도 타 부처 사업으로 진입함으로써 마을기업들에게 실망과 좌절감을 심어주어서는 안 된다. 마을기업은 다른 부처의 사업과 달리 유난히 지역의 공동체를 강조하는 사업이다. 마을 단위의 공동체뿐만 아니라 지역차원의 공동체는 물론, 마을기업 간의 공동체도 중요시한다. 인근 마을기업의 문제가 우리 마을기업의 문제라는 공통의 인식이 강하기 때문이다. 그래서 마을기업 간의 네트워크가 끈끈하다.

더구나 우수마을기업은 전국 1,500여 개의 마을기업들에게는 자랑스러운 존재다. 상위 5%에 해당되는 마을기업이다. 그러한 우수마을기업이 마을기업 브랜드의 힘으로 사회적기업 등 타 부처의 사업으로 넘어가는 모습이 어떻게 보일지는 불 보듯 뻔한 일이다. 마을기업은 "공공구매 우선조항에 해당되지 않아서 판로확보가 어렵다", "지속가능한 마을기업을 유지하기 위해서는 다른 방법이 없었다" 등등 변명을 말할 수 있다. 하지만 1차년도 5천만 원, 2차년도 3천만 원에 우수마을기업으로 수천만 원의 상금을 추가로 가져간 마을기업이 힘들다고 한다면 궁여지책(窮餘之策) 발언이다.

세 번째는 우수마을기업이든 사회적기업이든 한 가지만 선택하는 양심으로 행동해야 할 것이다. 여기에 협동조합 법인격까지 갖추고 나면 협동조합 법인격을 가진 마을기업이자 사회적기업이라는 포장을 다 걸치는 꼴이 된다. 이러한 사례들이 행정 또는 일반인들의 눈에는 보조금 사냥꾼으로 비쳐질 수 있는 것이다.

이러한 사례의 경우는 뭐가 잘못되었느냐는 뻔뻔스러움이 있다. 제도적으로 문제없이 진입했는데, 왜 시비를 거느냐는 태도를 보이는 곳도 있다. 마을기업박람회에서는 마을기업 행세를 하고, 사회적기업 판촉행사 및 공공기관구매 행사에는 사회적기업이라고 목소리를 높인다. 협동조합 행사장에서는 "우리가 남이가"라는 태도를 보여준다. 고객과 수요자에게 혼선을 주는 것은 두 번째고, 내부적으로도 떳떳하지 못함으로써 나타나는 괴리감이 있다. 그때마다 설명하는 것이 당당하지 못하다. 마을기업은 마을기업으로 운영되는 것이 바람직스럽다.

우수마을기업의 경우 일정한 기준 이상의 매출을 요함과 동시에 지역공동체 회복과 지역사회 공헌을 위해 어떠한 노력을 했느냐가 심사의 포인트다. 많은 지역주민 참여를 위해 특수관계자의 참여를 일정 제한하고 있다. 하지만 우수마을기업의 추가 상금까지 받은 이후 갈지자 행보를 보이는 곳이 나타난다. 더 이상 행정으로부터 보조금이 나올 것이 없다고 생각하면 동력을 상실하는 곳이 드러난다. 의도적으로 마을기업 구조를 무너트리려는 생각에서 진행하는지도 모른다. 대표자의 잘못된 계산된 행동으로 해당 마을기업의 공동체는 급격히 붕괴된다. 남은 것은 대표와 이해관계자 한두 명이다. 페이퍼만 남은 마을기업을 가지고 필요할 때 활용하는 도구로 사용하려 든다. 철저한 조사와 마을기업 브랜드를 회수하는 일이 시급하다.

우수마을기업을 선정함에 있어 중요시하는 것이 있다. 언론매체를 타면 반드시 고객들이 찾아오게 되어 있다. 우수마을기업에 대한 궁금증과 운영과정을 살펴보는 벤치마킹 대상으로 찾아오는 단체도 있다. 제품 구입에 앞서 확인하려는 고객도 있고, 관광으로 찾아오는 시민도 있다. 이러한 상황에서 우수마을기업이 갖춰야 할 것은 찾아오는 손님에게 제품이든 서비스 내용이든 보여줘야 할 것이 있어야 한다는 것이다. 이러한 측면에서 서비스형 마을기업보다 재화형 마을기업의 우수마을기업 진입이 용이하다고 할 수 있다.

문제는 보여줄 것이 없는 상태라면 심각하다. 고객에게 보여줄 것이 있다 할지라도 혼자 또는 가족회사처럼 보이는 우수마을기업이라면 곤란하다. 마을주민들끼리 공동체와 골목경제 활성화를 위해 시작했던 마을기업이 어느 시간이 지나면 가족화 등 개인화되어 가는 경향도 나타난다. 사업의 집중과 희생 등 현장의 현실을 감안하면 일견 이해 못 하는 부분이 없는 것은 아니다. 하지만 초기에 같이 동거동락(同居同樂)했던 구성원들이 사라졌다면 심각한 문제다. 이후 가족 중심으로 활동이 이루어지고 있다면 마을기업으로 인정해야 하는지에 대한 고민이 시작된다. 마을기업을 가족에게 대물림을 하는 수단으로 생각한다면 어떻게 처리해야 하는지에 대한 고민이 깊어간다.

3. 재화형과 서비스형 차이

마을기업의 유형은 크게 2가지로 구분한다. 해당 마을기업이 소재하는 지역을 대상으로 도시형인지 농촌형인지로 분류한다. 구체적으로 도시형과 농촌형 이외 도농복합형, 산촌형, 어촌형 등으로 구분한다.

또 하나는 업종에 따라 분류한다. 큰 틀에서는 재화형과 서비스형으로 나뉜다. 1차 농산물과 2차 공산품(가공제품), 3차 서비스로 구분한다. 여기에 농산물직거래와 가공제품과 체험마을까지 운영하는 시스템 구조를 갖추고 있으면 6차 산업으로 불리고 있다.

마을기업 업종은 다양한 형태로 진화하고 있다. 재화형 마을기업이 전체의 60% 이상을 차지할 정도로 제품생산이 주축이다. 농수산식품의 제조와 가공, 양식과 판매 등을 이루는 식품제조와 판매가 전체의 35%를 차지하고 있다. 지역농산품을 가공한 제품의 유통을 하는 판매업 형태가 그 뒤를 잇고 있다.

도시 및 도농복합지역에서 카페를 운영하는 마을기업이 초기에 많았다. 공예품, 출판업 등 일반물품의 제조와 지역농산품으로 식당업을 하는 마을기업이 여전히 10% 내외의 비중을 차지하고 있다.

서비스형 마을기업이 도시지역을 중심으로 확산하고 있다. 하지만 양적 성장과 달리 재화형보다는 현실적으로 어려움을 겪고 있다. 건설, 조경, 집수리 등의 도시재생을 중심으로 하는 서비스형 마을기업을 시작으로 택배 등 배달서비스형 마을기업이 있다. 도시에서 가장 많은 교육서비스형 마을기업과 점차 비중이 줄어든 보육과 간병 돌봄서비스 마을기업이 남아 있다. 체험관광 등 문화예술서비스는 여전히 성장하고 있다. 체험시설과 병행하는 숙박업도 꾸준히 비중을 차지하고 있다. 청소, 세차, 세탁, 시설관리, 가사 등 위생시설관리 마을기업이 있다.

2010년부터 2012년까지는 사회적기업이 진출한 분야의 업종이 많았다. 특히 저소득 취약계층 지원사업의 형태를 한 유형으로 지침에 명시하기도 했다. 이른바 생활지원과 복지형 마을기업이다. 기초수급자, 독거노인 등에 대한 복지·간병 등 사업의 발굴·추진이다. 저출산 고령화시대를 맞아 방과후 아이돌보미 사업 등 추진한다고 되어 있다. 장애인 일자리 창출을 했던 경기도 오산지역의 세탁소를 운영하는 마을기업까지 구체적으로 적시했다.

마을기업 육성사업의 초창기라 할 수 있는 2012년까지의 현실이었다. 정부 지원금 5천만 원에 자부담 556만 원을 합하면 총 예산은 5,556만 원이 된다. 즉, 마을기업 사업비가 6천만 원에도 미치지 못하는 금액이다. 이 자금으로 사업을 진입할 수 있는 분야는 극히 제한적이다. 다양한 형태의 사업군으로 진입하기에는 자본력에서 한계를 가지고 있다. 따라서 자연스럽게 복지분야의 사업에 마을기업이 진출한 것이다.

두 번째로는 마을기업 초창기에는 마을기업에 대한 이해도가 낮고 인지도 등에 있어서도 제한적인 모습을 보였다. 일반 시민들보다는 사회복지, 마을사업 등에 관련된 집단의 정보취득이 용이했다. 1차 농산물의 판매, 도심에서의 카페, 리폼사업, 취약계층의 일자리 분야 등에서 마을기업이 시작되었다.

마을기업 사업이 특정분야에 대해 제한을 두는 것은 없다. 다만 당시 사회적기업과의 차별화가 없이 동일한 분야에 진출하고, 동일한 아이템을 다룸으로써 논란이 많았다. 같은 지역에서 간병서비스를 하는 사회적기업과 간병서비스를 하는 마을기업의 차이는 무엇일까? 한쪽은 인건비 중심의 사업이고 한쪽은 사업개발비 중심의 사업이라는 집행방식의 차이 이외 무슨 차별화가 있었을까? 해당 지역의 동일 업종에 종사하는 사람들이 한쪽에서는 사회적기업, 다른 한 쪽에서는 마을기업에 진입함으로써 시장에서의 혼란은 더욱 가중되었던 것이다.

이때부터 중복사업 지원논란이 시작된 것으로 기억된다. 같은 소재지에서 된장과 고추장 등 장류사업을 하는 사회적기업과 마을기업에 대한 구분이 필요했다. 일반 시민의 입장에서는 고용노동부와 행정안전부가 각자 진행하는 사업으로 인식하고 오해할 정도의 환경이었다.

필자는 마을기업의 정체성에 부합되지 못하는 사업진행방식, 마을기업의 지속가능성을 위한 차별화, 마을기업 육성사업의 선명성 부각이 필요함을 주장하기 시작했다. 1차적으로 기초수급자, 독거노인 등에 대한 복지·간병 등 사업을 하는 생활지원과 복지형 마을기업을 대상에서 제외시켰다. 일종의 사회가치를 실현하고, 취약계층의 일자리 창출을 목표로 하고 있는 사회적기업의 유형에 해당되는 것을 제외시키기로 했다. 1인 중심 또는 단체에서 서비스를 하는 방식으로 공동체가 지역 활성화를 위해 진행하는 마을기업과 달랐기 때문이다.

이러한 주장은 마을기업 육성사업 시행지침 태스크포스(TF)에서 진중하게 논의되었고, 2013년 지침에서 사라졌다. 2013년부터는 취약계층에 대한 생활지원과 복지사업 형태의 지정은 사라졌다. 2014년 지침에서는 마을기업 육성사업 유형이 구체적으로 제시되었다. 지역특산품 자연자원 활용사업, 전통시장 상가 활성화사업, 공공부문 위탁사업, 쓰레기 폐기물 처리 및 자원재활용사업, 친환경 녹색사업, 기술기반형 마을기업 등이다.

마을기업의 재화형과 서비스형의 차이는 확연히 드러난다. 생산되는 제품을 보여줄 수 있는 유형과 성과측정이 어려운 유형이다. 예를 들어 농촌지역에서 생산되는 콩을 원료로 된장과 고추장을 제조하는 마을기업의 경우 제품 완성품을 보여줄 수 있다. 제품을 선보이기 위해 포장재와 디자인이 새롭게 가미되고 판매전략도 구체화되어 간다. 이러한 과정에 지역에 거주하는 주민들이 함께 모여 의논하고 공동출자하고 참여하는 방식이다. 가장 일반적인 마을기업의 형태라 할 수 있다.

반면, 지역에서 방과후 아이들을 돌보기 위해 진행하는 서비스형 마을기업의 사례를 들어보자. 맞벌이로 인한 또는 경제적 어려움으로 돌봄이 필요한 아이들의 공부도 봐주고 간식도 챙겨주자는 마을기업이 있다. 지역사회의 고민스러운 일을 해결하기 위해 경력단절 여성이 모였다. 같은 학부모이기도 하다. 방과후 학교 개념의 장소를 구하고 학원에 가지 못하는 아이들의 공부도 봐주고 먹을거리도 챙겨준다. 건강한 먹을거리를 챙겨주기 위해 유기농산제품을 구입하여 요리하여 간식으로 제공해준다. 유기농 제품을 통한 건강한 신체 돌봄을 지원하고자 신청하는 마을기업이다.

사업 취지 및 방법에 대해서 문제를 제기하고 싶은 생각은 없다. 이 또한 지역사회의 가정형편 때문에 돌봄이 필요한 아이들의 복지적 서비스를 위한 노력이기 때문이다. 다만 마을기업으로써 지속가능한 구조에 대해 고민했는지에 대한 의문이 드는 경우가 많다. 10명 미만의 아이들에게 매달 10만 원이라는 비용을 받을 경우, 한 달 수입이 100만 원이다. 1년 1,200만 원의 총수입이다. 공부방 임대료, 경상비, 선생님들의 최소한의 교통비, 간식재료 구입 등 수입보다는 지출비용이 훨씬 더 많이 계산된다. 10만 원에는 학습교육과 간식비가 다 포함되어 있다. 유기농 재료만 사용하는 간식비용이다. 일반적인 수입과 지출항목을 계산하면 답이 나오지 않는 기업방식이다.

1차년도 5천만 원과 2차년도 3천만 원의 정부 지원금이 포함되면 운영될 수 있는 구조다. 지원금이 종료되는 3차년도에는 자체적으로 운영할 수 있는 환경이 어렵다. 지역 아동에게 건강한 유기농 재료로 만든 먹을거리가 필요하다고 주장하는 목소리만 들린다. 마을기업에 지정되고 난 후 어떻게 운영할 것인지에 대한 고민은 많아 보이지 않는다. 일단 숭고한 사업의 가치를 내세우며 진입하기에 바쁘다. 사업을 제안하는 쪽과 심사를 하는 위원들과의 고민과 갈등이 일어나는 시점이다.

이러한 서비스형 마을기업들의 주장은 대체로 한 가지로 나타난다. 마을기업이 지역공동체를 회복하는 사업인데, 지역에서 아이들을 돌봄으로써 형성되는 공동체에 대해서는 왜 인정하지 않느냐는 것이다. 그래서 마을기업으로 지정해서 지역사회 공동체 형성을 위한 노력을 인정해달라는 내용이다. 마을기업으로써 매출을 어떻게 일으키고 운영할 것인지에 대한 고민은 구체적이지 못하다. 서비스형 마을기업의 한 사례를 이야기했다. 이러한 사례는 재화형 마을기업에서도 종종 나타난다.

마을기업에 지원되는 보조금은 모두 정부 및 지자체에서 거둬들인 세금이다. 국고와 지방비라는 항목으로 구분하고 있을 뿐 우리 국민이 낸 세금의 일부분이다. 행정의 입장에서는 집행되는 보조금이 제안서의 내용대로 잘 사용되는지에 대한 검증을 할 것이다. 국회 및 지방의회의 경우는 세금이 투입됨으로써 지역의 일자리 창출이 일어났거나 매출증대로 지역의 경제 활성화 등 성과로 보여주기를 원한다. 투입과 산출이 필요한 세금이 투여되는 사업이기 때문이다.

4. 우수마을기업 성공 유형

2014년 하반기에 우수한 실적을 보인 마을기업들의 성공유형에 대한 연구를 한 적이 있다. 2011년부터 2014년까지 지정된 43개의 우수마을기업과 다양한 형태로 우수한 실적을 나타내고 있는 마을 기업 20개를 모델로 선정[2]하였다. 선정기준은 지역공동체 회복의 노력을 하며, 지역사회의 마을기업 가치를 실현하며, 매출액과 고용 창출이 우수하며, 지역사회 기여도가 높은 마을기업을 대상으로 하 였다. 마을기업에 대한 정량적인 평가자료, 심층 질문지와 대표자와 의 인터뷰를 병행하여 조사하였다.

마을기업이 어떠한 지역에 어떤 제품과 서비스를 제공하는지에 대한 분석이다. 횡축으로는 도시형과 농촌형으로 구분하고 종축으로 는 재화형과 서비스형으로 나누었다. 이에 따라 20개의 마을기업은 도시형-재화형 구간 4개, 도시형-서비스형 구간 6개, 농촌형-재화형 구간 6개, 농촌형-서비스형 구간 4개로 분류되었다.

각 유형별 마을기업을 분류한 정의는 다음과 같다. 도시-재화 유 형의 경우는 도시형 특성을 갖고 있으며 재화 중심의 사업 운영을 하고 있는 마을기업이다. 도시-서비스 유형의 경우는 도시형 특성을

---

2) 행정안전부, 마을기업 활성화 및 장기발전방안 연구, 2014.12, 한국지역진흥재단과 한국정책분 석평가원 공동연구, pp.114~155.

갖고 있으며 서비스 중심의 사업 운영을 하고 있는 마을기업이다. 농촌-재화 유형의 경우는 농촌형 특성을 갖고 있으며 재화 중심의 사업 운영을 하고 있는 마을기업이다. 농촌-서비스 유형의 경우는 농촌형 특성을 갖고 있으며 서비스 중심의 사업 운영을 하고 있는 마을기업으로 구분하였다.

<표 5-2> 우수한 마을기업의 성공조건 제시

특성	우수마을기업 구성 요소
리더십	마을기업에 대한 대표의 이해와 경영 마인드, 상품 및 고객 분석 역량, 적극적인 사업 참여 및 수행, 인재 발굴 및 육성, 갈등관리, 투명한 운영, 자립을 위한 노력 등
네트워크	마을기업협회 및 지역 내 간담회 활동, 공동번영과 발전을 위한 가치공유, 유관기관 및 조직과의 네트워크를 통한 정보수집, 네트워크를 기반으로 한 공동 브랜드 및 상품개발, 네트워크의 확장, 멘토 및 컨설팅 활동, 사업 파트너십 구축 등
기술기반	인적 자원을 활용한 기술 확보, 특성화된 콘텐츠 개발, 전문적인 기술 관련 지역인력 양성, 기술기반 네트워크 구축노력, 기술습득 및 강화를 위한 지속적인 교육활동, 마을기업 생산품과 관련한 인증노력 등
상품성	지역대표 자원의 활용 및 새로운 아이템 발굴, 고급기술 도입 및 부가가치 높은 상품개발, 차별화된 전략, 지역대표 브랜드 노력, 맞춤형 마을기업 상품기획, 개발, 지속적인 재투자, 이벤트 개최 및 체험기회 마련 등

이들 20개 마을기업을 대상으로 사분면 분석(Quadrant Analysis)을 통한 포지셔닝을 한 결과 위와 같은 4가지 성공 요인이 도출된 것이다. 리더십, 네트워크, 기술기반, 상품성 등 4가지 성공모델[3]의 포인트 중 어느 부분을 중시하고 있는지에 대한 분석이 이루어졌다.

---

3) 행정안전부, 마을기업 활성화 및 장기발전방안 연구, 2014.12, 한국지역진흥재단과 한국정책분석평가원 공동연구, pp.150~155.

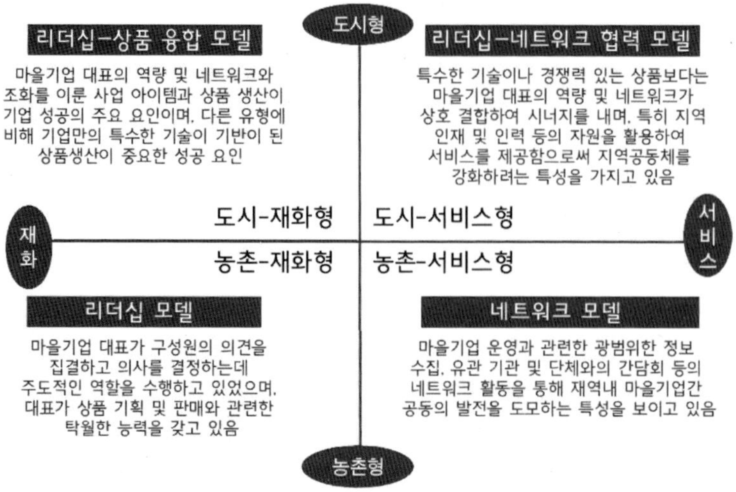

[그림 5-1] 마을기업 유형별 성공모델 수립방향

도시에서 재화를 생산하고 있는 마을기업은 리더십과 상품의 융합 모델(도시-재화형)로 리더십과 경쟁력 있는 상품이 융합하여 성공 요인으로 작용하고 있음을 알 수 있었다. 이 모델의 특징은 특정 요인이 부각되어 성공을 이루었다기보다는 마을기업 대표의 역량 및 네트워크와 조화를 이룬 사업아이템과 상품생산이 마을기업 성공의 주요 요인임을 알 수 있다. 이와 함께 다른 유형에 비해 마을기업만의 특수한 기술이 기반이 된 상품 생산이 중요한 성공 요인인 것으로 분석되었다.

도시에서 주로 서비스를 생산하고 있는 마을기업은 리더십과 네트워크 협력 모델(도시-서비스형)로 나타났다. 특수한 기술이나 경쟁력 있는 상품보다는 마을기업 대표의 역량 및 네트워크가 상호 결합하여 시너지를 내고 있는 것으로 분석되었다. 이들 모델은 지역 인재 및 인력 등의 자원을 활용하여 서비스를 제공함으로써 지역공동체를 강화하려는 특성이 두드러지기 때문에 리더십과 지역 내 네트워크 구축이 매우 중요한 것으로 드러났다. 마을기업 특성에 따라 인적 자원의 기여가 큰 경우, 구성원이 보유한 기술이 두드러지는 경향이 나타났다.

농촌 지역에서 재화를 생산하고 있는 마을기업은 리더십 모델(농촌-재화형)로 대표의 역량이 가장 중요한 성공 요인인 것으로 분석되었다. 마을기업을 운영함에 있어 대표의 역할과 역량 요인이 강화되어 나타난 것이다. 마을기업 대표가 구성원의 의견을 집결하고 의사를 결정하는 데 주도적인 역할을 수행하고 있었으며, 또한 대표가 상품 기획 및 판매와 관련한 탁월한 능력을 갖고 있는 것으로 분석되었다.

농촌 지역에서 서비스를 생산하고 있는 마을기업은 네트워크 모델(농촌-서비스형)로 지역 내 네트워크가 가장 중요한 성공 요인으로 도출되었다. 마을기업 운영과 관련한 광범위한 정보 수집, 유관 기관 및 단체와의 간담회 등의 네트워크 활동을 통해 지역 내 마을기업 간 공동의 발전을 도모하는 특성으로 분석되었다.

위와 같이 20개 우수한 마을기업을 대상으로 실적 등 기본자료와 심층설문지의 응답과 대표의 심층인터뷰 등을 종합하여 유형화를 해보았다. 이를 통해 마을기업이 어느 지역에 소재하고 어떠한 제품과 서비스를 공급하는지에 따라서 보다 나은 성공적 요소의 유형을 도출할 수 있었다. 이러한 연구결과가 전체 마을기업에게 모두 다 공통적으로 적용되는 것은 아니다. 일종의 흐름을 알아볼 수 있는 자료다.

이런 연구결과는 향후 마을기업을 육성하는 데 있어서 나름 유용한 자료로 활용할 수 있다. 마을기업을 하고자 하는 입장에서는 의욕이 앞서는 경우가 많다. 마을기업뿐만 아니라 어떠한 기업을 설립하려는 입장에서는 모든 것이 순조롭게 이루어질 것이라고 생각을 한다. 열정과 의욕과 사람들이 모여 있고, 구상하고 있는 아이디어도 나쁘지 않다고 생각한다. 따라서 일단 발을 담구고 보자는 성향의 인물도 의외로 많이 나타난다.

위 4가지 성공모델 유형은 마을기업 종사자에게도 필요한 자료이지만 행정과 지원기관의 입장에서 더욱 소중한 자료로 활용할 수 있다. 마을기업 설립 전 교육을 받으면서 해당 마을(단체)이 어떠한 위치에 있고, 내부적 환경을 살펴보고 어떠한 아이템을 취급하려고 하는지에 대한 종합적 판단에서 한층 더 유용하게 사용될 수 있다. 해당 마을기업이 조금 더 성공하기를 바라고 지속가능한 마을기업으로 성장하기 위한 밑거름으로 사용되기를 희망한다.

5. 독특한 우수마을기업

필자가 경험한 전국의 우수마을기업 사례는 다양하다. 그중에서도 몇 개 기억나는 마을기업이 있다. 청년들만 구성이 된 마을기업, 마을기업을 통해 암에서 치유되었다는 어르신이 활동하는 마을기업, 농한기에 술과 화투로 일상을 보내던 마을이 상품판매 전략을 짜느라 술을 멀리하게 되었다는 도농복합형 마을기업, 전통시장 내에서 야외뷔페 방식의 판매를 통하여 시장 살린 마을기업, 사라져 가는 수제화를 살리기 위한 마을기업, 고구마로 간식거리를 장만하다 다양한 상품을 만든 마을기업, 노숙인들의 재활을 위한 마을기업, 다문화 가정을 위한 커피전문점을 개점한 대학 내 마을기업, 폐목을 활용해 간판 등을 만드는 경력단절 여성 중심의 마을기업, 다른 마을기업제품까지 같이 팔아주는 마을기업, 의류 등 재활용 원단을 활용하여 리폼작업을 하는 마을기업, 지역 농수산품을 매월 정기적으로 회원에게 배달하는 시스템을 도입한 마을기업, 예술가 중심의 문화예술 마을기업, 지역마트 개념의 유통형 마을기업 등 다양하다.

초기 마을기업의 유형은 농촌 기반의 어르신들이 지역 농수산물을 활용하여 가공한 제품을 파는 이미지가 있었다. 도시지역에서 마을기업 단어 자체가 주는 이미지 전달이 어려웠다. 마을단위의 사업에는 중년 이상의 지역 중장년층이 참여하는 사업으로 인식되는 경향이 있었다. 가끔 경력단절이긴 하지만 젊은 여성중심의 마을기업들이 나타나기도 했다. 하지만 대부분 도시지역에서 커피를 팔면서 지역 문화와 접목을 하려는 카페형태가 많았다. 또는 재생용품 중심의 인형, 옷, 생활용품 등 리폼사업을 하는 마을기업이 많았다. 젊은 남성들이 중심이 되어 세차사업을 하는 마을기업도 나타났다. 이러한 유형 중에는 우수마을기업으로 지정받은 곳도 있는가 하면, 지원 종료 후에 활동이 멈춰버린 곳도 있다.

① 무릉외갓집, 지역농산물 꾸러미사업의 성공

2017년 5월, 문재인 정부가 탄생하였다. 동년 6월 제주도 공식 행사차 내려갔던 대통령이 오전에 마을기업 한 곳을 방문했다. 서귀포시에 소재하고 있는 '무릉외갓집'이다. 농촌지역 첫 방문이 마을기업이었고, 지역농산물을 매월 정기적으로 유통하는 형태의 마을기업을 보고 혁신적인 지역기반의 마을경제 모델이란 칭찬이 쏟아졌다. 마을기업이 시작된 2010년 하반기부터 8년의 세월 동안 마을기업이 이처럼 언론의 집중조명을 받았던 일도 많지 않았다. 이명박 정부, 박근혜 정부에서도 한 번도 없었던 대통령이 직접 방문한 마을기업이다. 법적 근거를 가지고 있는 사회적기업과 협동조합의 그늘에 가려 빛을 보지 못했던 마을기업이다. 필자의 입장에서는 대단히 기쁘고 가슴 벅찬 광경으로 기억하고 있고, 그 기억을 오래 간직하고 싶다.

무릉외갓집은 2014년에 우수마을기업으로 선정된 10개 마을기업 중 하나다. 무릉외갓집이 성공하게 된 배경에는 홍창욱 실장이란 청년이 있었기 때문이다. 청년으로 부르기에는 어린아이를 둔 한 집안의 가장이다. 그는 서울에서 직장생활을 하다가 제주도로 귀촌한 사람이다. 무릉외갓집에 초기부터 결합한 것으로 알려진 홍실장의 역할은 대표 그 이상의 몫을 해내고 있었다. 무릉외갓집이 처음부터 잘 된 것은 아니었다. 동그라민 재단의 지원과 벤처회사의 회원역할, 전국적으로 네트워크가 있었던 구조 등으로 무난한 출발을 했다. 2012년과 2013년 마을기업으로 지원이 종료됨과 동시에 회원들의 급격한 감소 등으로 상황이 좋지 못했다.

필자가 2014년 마을기업 활성화 연구차원에서 전국 50여 개 마을기업들을 대상으로 현장방문을 하던 시절이 있었다. 그중의 하나가 제주도 서귀포시 무릉외갓집이었다. 대표님은 인터뷰가 끝나고 난후 뵙게 되었고, 홍실장이 주로 인터뷰를 맡아서 진행했다. 그를 통해 무릉외갓집이 어떻게 출발했고, 현재 어느 상태에 와 있는지, 향후 계획 등에 대해 자세히 들을 수 있었다. 무릉외갓집이 2014년 여름이 가장 힘들었던 것 같았다. 이러한 상황에서 필자가 우수마을기업 제도를 설명하면서 제안서를 내보라고 권고했다. 2013년까지만 해도 주로 재화형 마을기업이 주를 이루고 있었던 시절이었다.

필자의 생각으로는 서비스형 마을기업을 육성하는 것도 중요했고, 지역의 농산물을 모아서 꾸러미 방식으로 전국 배달하는 마을기업 등 다양화가 필요하다고 판단했다. 새로운 형태의 모델개발을 통해 1차와 2차 생산품과 제조에 머물러 있던 마을기업 품목의 다변화를 꾀하는 일이 중요하다고 판단했기 때문이다. 꼭 참여해달라고 부탁을 하고 서울로 올라온 기억이 있다. 이후 제주도에서 우수마을기업 후보로 올라왔고, 중앙에서 서류심사를 통과해 2014년 우수마을기업 Top 10에 선정되었다.

우수마을기업은 다시 현장 발표 등을 통해 최우수상, 우수상, 장려상으로 구분하여 지원금을 차별화하고 있다. 하지만 기본적으로 전국에서 우수마을기업으로 지정받은 것만 해도 대단한 성과라 할 수 있다.

제주도에서는 우수마을기업 제도가 시행된 7년 동안 3개의 마을기업이 우수마을기업에 지정되었다. 무릉외갓집은 전국에 우수마을기업을 1개씩 할당했던 2011년과 2016년을 제외하고 7년 만에 유일하게 경쟁에서 선정된 우수마을기업이다. 나름 경쟁력이 있었던 마을기업이라 할 수 있다.

2014년 우수마을기업으로 선정된 무릉외갓집은 이후 승승장구 상승세를 보였다. 우수마을기업이라는 브랜드가 가져온 순기능의 혜택과 이점을 제대로 살린 마을기업이다. 내부적으로는 적은 금액이지만 새로운 자금이 투입되고 대내외적으로는 지명도를 활용한 마케팅, 판매 등 활성화를 가져왔다. 행정안전부는 물론 제주특별자치도에서 보도자료 등을 통해 적극적인 홍보를 해준다. 일반 기업으로서는 상상도 못하는 특별 보너스 방식이다. 우수마을기업의 언론 노출 빈도가 많아졌다. 홍보가 많으면 많아질수록 매출과의 관계는 정비례다. 제대로 탄력을 받았다.

이런 무릉외갓집이 꾸준한 노력을 한 결과의 정점은 문재인 대통령의 방문이었다. 마을기업을 전국적으로 알리는 계기가 되었다. 무릉외갓집이 제주도에서 지역사회를 위해 기여하는 마을기업임을 분명히 각인시켰다. 대통령을 뒤로 하고 셀카를 찍으면서 동영상 촬영하는 열정과 의지는 홍실장 아니면 감히 생각도 못했을 것이다. 청년이 참여한 마을기업이 청년으로 인해 성장하고 우수마을기업으로 지정되고 전국적으로 명성을 알리고 있다.

② 꿈꾸는 문화놀이터 뜻, 청년들로 구성된 문화공연팀

2014년에 우수마을기업으로 선정된 청년 중심의 마을기업이 한 개 더 있다. 인천 소재의 '꿈꾸는 문화놀이터 뜻'이다. 이때부터 마을기업은 청년들의 참여가 본격화된 것으로 본다. 기존 중장년층 또는 어르신들의 전유물처럼 여겨졌던 마을기업에 청년들이 물밀듯이 들어왔다. 마을기업 지정에서도 차별성을 보이며, 지역사회의 새로운 문화를 전파하고 선도하는 수준에 달하고 있다. 꿈꾸는 문화놀이터 뜻은 대표와 구성원 모두 20대 초반의 청년들이었다. 문화공연이 중심이며, 무너져버린 전통시장 활성화를 위해 전통시장 내에 자리를 잡고 시장 축제를 개최하며 지역과 호흡을 같이했다.

꿈꾸는 문화놀이터 뜻은 사업운도 많았던 마을기업이다. 2014년에는 마을기업박람회가 2번 개최되었다. 상반기에는 지역박람회란 명목으로 인천광역시에서 개최되었고, 전국박람회 명으로는 경상남도 진주시에서 개최되었다. 2014년 봄에는 세월호 사건이 발생했고, 지방자치선거가 있었다. 선거가 끝나고 난 후 인천 지역박람회는 세월호 파동 속에서 조용히 치러졌다. 인천 지역 마을기업이 중심이 되고 필요할 시 전국에 있는 마을기업들의 재능참여가 어우러진 마을기업 지역박람회였다.

인천 지역박람회의 개막식과 폐막식 사회 및 문화공연을 전담하게 된 곳이 꿈꾸는 문화놀이터 뜻이었다. 이를 통해 인천 지역에도 청년들이 참여하는 문화공연 등 서비스형 마을기업을 알리는 성과를 올렸다. 마을기업 관계자들에게 강인한 인상을 준 것으로 기억한다. 이후 필자가 연구차원에서 방문하여 오랜 시간 동안 인터뷰를 했다. 당시 대표의 나이가 만 25세였고 구성원 모두 20대 초반의 마을기업인이라는 것 자체가 필자에게는 신선함 그 이상이었다.

전통시장을 살려보겠다고 시장 내에 자리를 잡은 것이나, 지역사회 활성화를 위해 젊은 청춘을 불사르는 그 열정에 고개가 숙여졌다. 무엇보다도 밝은 표정과 웃음이 필자로 하여금 감동을 느끼게 만들었다. 이러한 인연이 2014년 하반기, 경남 진주에서 개최된 전국 마을기업박람회 전야제, 우수마을기업 선정 장소에 다시 만나는 계기가 되었다.

2014년 우수마을기업 심사장은 팽팽한 긴장감 속에 치러졌다. 2011년부터 개최된 우수마을기업 제도가 정착이 되어가는 시점이기도 했다. 사회적기업과 통합논의 속에 갈지자 행보를 보였던 마을기

업이 2014년부터 독자적으로 육성을 본격화했던 시절이다. 박람회
조차도 상반기와 하반기에 나눠서 2번 개최할 정도의 활력이 넘쳐
난 해이다. 우수마을기업으로 지정이 되면 상금은 물론 전국적 지명
도와 맞물려 매출 등 기대 이상의 혜택이 많다는 사실이 널리 알려
졌다. 이 때문에 지역별 경쟁도 치열했고, 중앙심사에서도 위원들
간의 의견이 다양했던 2014년이었다.

10개의 마을기업을 두고 점수가 비슷하게 나오면 고민이 많아진
다. 지속가능성, 외부적 시각, 지역별 안배, 재화형과 서비스형의 균
형, 지역사회 기여도 등등 다양한 조건들을 대입해본다. 그러고도
차별이 일어나지 않으면 위원들의 개별적 견해를 밝혀 의견을 모으
는 과정이 이루어진다. 꿈꾸는 문화놀이터 뜻의 경우 성과를 인정받
으면서도 나이가 젊다는 이유로 다음에 또 다른 기회가 있을 것이라
는 의견이 나왔다. 최우수상 2개, 우수상 3개, 장려상 5개가 가져오
는 민감한 상황이었다.

필자가 이러한 취지의 이야기를 한 것으로 기억난다. "마을기업이
그동안 농촌기반의 어르신들만이 참여하는 마을기업의 이미지를 갖
고 있다. 올해의 경우 청년중심의 마을기업 참여가 많은데, 이를 적
극적으로 알릴 필요가 있다. 마을기업에도 새로운 연령대 참여가 절
실하고 적극적으로 영역을 확대해나가야 한다." 필자의 발언이 설득
을 할 정도는 아니었겠지만 결과적으로 뒤로 밀리지 않았다.

이후 꿈꾸는 문화놀이터 뜻은 인천 전국장애인체육대회에서도 개
막식 공연을 하게 되는 행운을 안게 되었다. 인천에서 개최된 마을
기업 지역박람회와 전국장애인체육대회가 그들에게는 행운의 기회
로 작용한 것이다. 지역에서 활동하는 지역문화 사업을 하는 마을기

업이 지역에서 개최되는 큰 행사에 참여함으로써 한발 더 성장하게
된 것이다.

③ 조내기고구마, 대표의 탁월한 마케팅 능력

우수마을기업으로 선정된 마을기업 중에서 여성이 대표로 활동하
는 마을기업의 비중이 적지 않다. 그중에서도 마케팅을 정말 잘한다
고 기억이 남은 마을기업이 있다면 부산 조내기고구마다. 조내기고
구마도 2014년에 우수마을기업 Top 10에 선정되었다. 필자가 외부
강의 시 자주 이용하는 우수마을기업 사례 중 하나다. 조내기고구마
대표의 리더십은 탁월하다. 특히 판매를 위한 다양한 시장 개척에
대해서는 박수를 보낼 정도다.

조내기고구마 대표를 인터뷰하기 위해 찾은 부산 영도구 조내기
고구마 사업장은 언덕에 심어진 수많은 고구마밭 한쪽에 설치된 컨
테이너 공간이었다. 고구마로 만든 젤리가 들어 있는 상품 앞에서
지나온 세월을 이야기하는 황 대표의 언변이 자리를 쉽게 떠나지 못
하게 만들었다.

작은 건축업을 하는 남편의 뒷바라지를 위해 새참으로 준비한 것
이 고구마 삶은 것이었다고 한다. 매일같이 나오는 고구마에 질린
인부들이 다른 간식거리를 요구했으나, 형편이 어려운 상황에서 고
구마 이외는 꿈도 꾸지 못했던 시절이었다. 그래서 고구마를 가지고
말리고, 삶고, 튀겨보고, 이렇게 저렇게 다양한 요리방법을 시도했
다. 그러는 과정에 고구마의 원조격인 부산의 조내기고구마를 알게
되었고, 이후 고구마 연구에 매진하게 되었다. 이렇게 탄생한 것이

조내기고구마였다.

주말에는 부산 태종대 관광객들에게 고구마로 만든 젤리 등을 팔며 외화벌이에 나서고 있다. 판매원들은 신용불량이 된 지역사람들을 고용하고 있다. 지역주민과 함께 고구마밭을 일구고 가꾸며, 생산된 제품은 지역주민들을 고용하는 조내기고구마다. 지역의 인적, 물적 자원을 활용하여 지역의 다양한 고민을 풀어내는 전통적인 마을기업의 모델이다.

행정의 의견을 듣기 위해 영도구청을 방문하게 되었다. 담당부서 과장과 인터뷰를 하기 위해서다. 해당부서 과장책상 앞에 설치된 판매대를 보게 되었다. 지역주민 또는 이해관계자들이 찾아와 이야기를 하는 테이블과 과장책상 사이에 설치된 판매대였다. 그 판매대에는 조내기고구마가 생산한 제품들이 가지런히 자리를 잡고 있었다. 마을기업을 담당하는 행정 부서장 앞에 전용 판매대를 갖다 놓고 제품을 진열한 사람이 조내기고구마 대표였다. 적어도 해당 부서에 찾아오는 사람은 조내기고구마 젤리를 보고 그냥 지나치지 못할 것을 예감했다. 일반 사람들로서는 감히 도전하기 어려운 실험이었다. 실험단계를 넘어서 생각도 하기 어렵고 실천도 어려운 풍경이다.

조내기고구마의 이러한 도전정신은 2015년부터 서울역 등 주요역사에 설치된 중소기업 우수제품 전시장인 '명품마루'에 당당히 진출을 한다. 우리나라 중소기업 제품 중에서도 가성비가 탁월한 제품들만 입점할 수 있다는 명품마루 전시장에서 판매되고 있다. 마을기업의 비약적인 발전으로 이해되는 대목이다.

④ 성수수제화타운과 편아지오, 수제화 구두 대중화를 열다

필자가 마을기업 관련 설립 전 교육 또는 보수교육 등에서 강의 도중에 수강생에게 질문을 하는 것이 있다. "선생님의 발 사이즈는 어떻게 되십니까, 몇 미리 신발을 신고 계십니까, 말씀하신 사이즈가 정확하십니까" 이런 질문을 받은 수강생 대부분은 얼떨결에 "260입니다, 265입니다, 250인데요"라고 답변한다. 그리고 어떤 수강생들의 경우는 "조금 작긴 합니다" 또는 "아니요, 현재 신고 있는 신발보다 조금 큰 것 같아요" 등등 다양한 답변으로 돌아온다.

필자는 다시 다른 수강생들에게 다른 질문을 던진다. "선생님의 티셔츠 사이즈는 어떻게 되십니까?" "혹시 100 입고 계십니까 아님 105입니까?" 신발 사이즈를 답하는 다른 수강생처럼 "아니오, 95입니다" 또는 "전 100이 맞아요"라며 왜 갑자기 남의 티셔츠 사이즈를 물어보는지 고개를 갸웃거리기 시작한다.

이쯤에서 필자는 왜 발 사이즈와 티셔츠 사이즈를 물어보았는지에 대해 하나씩 이야기를 풀어놓는다. "마을기업 중에는 양복을 만드는 마을기업도 있었습니다. 또한 수제화를 만드는 마을기업이 서울과 대구 각 1곳씩 있습니다."

필자가 대학을 졸업하고 직장을 다닐 때만 해도 기성화보다는 수제화 구두가 더 많았던 것 같았다. 양복도 기성복보다는 양복점에서 사이즈 재 가면서 맞춰 입었던 기억이 많다. 어느 시점에서부터인가, 대량으로 생산되는 구두를 신게 되었고, 양복 판매점에서 사이즈는 정해진 상태에서 스타일, 색상 등만 판단하고 구매하게 되었다.

신발을 구매할 때마다 고민스러운 적이 한두 번이 아니다. 필자의 경우는 평균 270미리 신발을 신고 다닌다. 하지만 어떤 메이커에 따라서는 그 사이즈가 작거나 크거나 차이가 난다. 통상 신발제조업체에 따라 사이즈가 조금씩 다르다는 판매원의 말에 크게 반박할 생각을 하지 못하고 신고 다닌다. 구두 신을 때와 운동화 신을 때가 다르다. 등산을 좋아하는 필자는 등산화를 여러 개 가지고 있다. 발은 하루 종일 걷고 움직이면 점점 붓기 때문에 아침에 딱 맞는 신발은 저녁에 조인다. 아침에 신발을 산다면 자신의 발 사이즈보다 약간 더 큰 치수, 저녁엔 자기 발에 딱 맞는 신발을 사야 하는 이유다.

이렇게 대중적인 발 사이즈, 평범한 발의 모양새조차도 신발 사이즈가 달라 불편함을 느낄 때가 많다. 그런데 선천적으로 발의 볼이 넓거나, 좁거나, 발가락의 사이즈가 다르거나 등등 평범하지 않은 발들이 의외로 많다. 또한 사고 등 다양한 외부원인에 의해 발의 모양이 달라지는 경우도 있다. 최근에는 어르신들 사이에 통풍이 많이 증가했다. 통풍이 심해지면 엄지발가락 부분의 뼈가 튀어나오면서 고통을 수반한다. 일반 신발을 신기 어려운 상태가 되는 것이다. 이러한 사람들의 신발은 기성화로서는 수용할 수가 없다. 맞춰 신어야 한다. 즉, 수제화에 의존해야 한다.

문제는 국내 수제화 시장이 점점 하향곡선을 그리고 있다는 것이다. 소위 3D 업종으로 인식되어 있어, 새로운 인력공급이 이루어지지 않고 있다. 특히나 젊은 세대들의 경우는 눈길조차 돌리지 않는 영역에 해당된다. 이러한 상황에 놓인 국내 수제화 업계는 점점 고령화 세대가 받치고 있는 모양새다. 시간이 흐르고 세월이 지나면 국내에서 수제화를 제작하는 장인을 보기 어려워질 것은 자명한 일이다.

문제는 수제화를 신어야만 되는 시민의 입장에서는 매우 곤혹스러운 일이 생긴다. 비싼 이탈리아 수제화를 맞추거나, 동남아 여행 시 구두를 맞춰야 되는 상황이 벌어질 수도 있다. 이러한 수제화 업계의 문제는 맞춤양복 업계에서도 비슷한 양상으로 나타나고 있다. 수제화 업계의 어려운 현실을 타파하고 활성화를 위한 출구전략으로 마을기업이 탄생하게 되었다.

국내 수제화 생산의 70% 이상을 담당한다고 하는 성수동 수제화타운 거리에는 350여 개의 수제화 완제품 생산업체가 있다. 또한 100개가 넘는 수제화 관련 중간 가공을 하거나 원부자재 유통업체들이 활동하고 있다. 백화점 등 납품업체의 하청업체로 전락된 수제화 장인의 환경은 열악한 상태였다. 자체적으로 공동판매장을 갖추게 되면 소비자와의 직거래로 인한 수익보장 등이 필요한 시점이었다.

2011년에 성수수제화타운(SSTT)은 마을기업으로 지정이 되었고, 설립 7개월 만에 5억 원의 매출액을 달성하기도 했다. 2017년 현재 성수수제화타운 브랜드로 서울과 경기 지역에 매장이 들어서고 운영되고 있다. 필자가 살고 있는 지역인 청량리 미주아파트 상가에도 매장이 있다. 한국외국어대학교 글로벌캠퍼스 가는 길목인 용인 초입에도 매장이 들어서 있다. 필자의 동선에서 본 매장만 두 곳이다.

성수수제화타운이 우수마을기업으로 지정이 되고 언론노출 빈도가 많아지면서 일대 변화가 일어났다. 2015년에 삼익악기 공장이 있던 곳에 조성된 성수그린공원이 구두테마공원으로 변모되었다. 서울시와 성동구, 서울디자인재단이 공동으로 수제화 산업 활성화 프로젝트인 '슈스팟성수'(구두테마역)와 '수제화공동매장'(fromSS)을 개관했다. 매년 구두축제 등 수제화가 계기가 되어 지역의 상권을 활성화시키고 있는 것이다.

2011년에 우수마을기업으로 지정된 성수수제화타운의 성공모델
은 대구지역의 수제화타운 거리에도 영향을 미쳤다. 대구 중앙로역
인근의 수제화골목도 서울과 비슷한 상태에서 고전을 면치 못하고
있는 상황이었다. 성수수제화타운의 모델을 벤치마킹하여 비슷한 방
법의 마을기업으로 지정되었다. 이후 자생적 노력을 통하여 2014년
에 우수마을기업으로 지정받았다. 당시 지역공동체 활성화 점수에서
높은 점수를 받았으나, 이미 유사한 모델이 존재함으로써 아쉽게도
장려상으로 만족해야 했다.

⑤ 통인시장, 전통시장 활성화 출구를 마련하다

마을기업이 서울 및 광역시보다는 도 단위의 지방에서 성공하는
경우가 많다. 도농복합도시 또는 농산어촌지역의 공동체가 결집하는
것이 더 빠르다. 사업비에 맞게 할 수 있는 아이템도 다양하다. 반면
서울 같은 대도시에서의 마을기업은 사업비, 사업공간, 구성원 모으
기도 힘든 상황이다. 따라서 도시에서의 마을기업의 성공여부에 대
해 의구심을 가진 사람이 많다. 실제로도 도시와 농촌의 폐업을 비
교하면 도시형 마을기업이 많게 나타난다.

상황이 이럼에도 불구하고 서울시의 경우는 전통시장을 배경으로
한 마을기업들의 성공사례가 많다. 일종의 규모화를 통한 마을기업
모델이다. 종로구 통인동의 통인시장, 성동구 마장동의 고기익는마
을, 광진구 중곡동 중곡제일시장 등이다. 상인 중심의 상인공동체를
활용한 마을기업의 특성을 보여주고 있다. 카페, 간이식당, 방과후

학교, 돌봄서비스 등의 아이템이 자리를 잡지 못해 고전을 면치 못하는 서울에서 전통시장의 활약은 관심을 모으기에 충분하다. 이에 서울지역의 경우 전통시장을 배경으로 하는 마을기업 육성계획 수립이 필요할 것으로 보인다.

서울시 통인동 경복궁 인근에 위치한 엽전도시락으로 유명한 마을기업 통인시장은 전통시장 출구전략의 새로운 모델로 평가받고 있다. 2012년 통인커뮤니티 명으로 우수마을기업에 선정된 통인시장이다. 야외뷔페 개념의 반찬가게를 돌아다니며 엽전으로 지불하고 상인회 카페에서 식사를 하는 방식이다.

통인시장은 일반 전통시장과 다른 점이 있다. 주로 생활용품과 반찬가게가 주를 이룬다. 인근에 청와대, 감사원, 경찰경비대 등 관련 업무로 인해 파견 나온 공무원들이 많다. 또한 시내 접근성이 좋아 맞벌이 직장인도 많은 상황이다. 이러한 내·외부적 환경으로 자연스럽게 반찬가게가 형성된 것이다. 반찬을 마련할 시간이 부족한 직장인들로 인해 수요자 층이 형성되어 있다. 2010년 들어서면서 편의점 도시락 등 시장 확대에 따라 통인시장을 찾는 발걸음이 적어지기 시작했다.

통인시장의 규모도 일반 전통시장과 달리 작은 규모이고 일직선 구조를 가지고 있다. 양쪽 출구의 길이가 그리 길지도 않고 반찬과 생활 잡화가 주를 이루고 있다. 더 많은 제품을 원하는 소비자의 입장에서는 적극적으로 찾아가는 시장구조는 아니었다. 손님의 감소는 시장의 매출에 영향을 미치고 전체 분위기에 악영향을 주기 시작했다.

시장 내 새마을금고 이사장직을 겸임하고 있던 상인회 회장은 통인시장 살리기 위한 방안으로 야외뷔페를 생각해낸 것이다. 시장을 방문한 고객이 카페(상인회사무실 공간)를 찾아 5천 원을 내면, 옛날 화폐로 사용되었던 엽전 10개를 교환해주는 방식이다. 엽전 1개당 500원이다. 이 엽전과 카페에서 배부해준 식판을 들고 시장 곳곳에 산재해 있는 반찬가게에 들러 다양한 음식들을 구매하는 것이다. 일종의 시장 내 지역화폐 개념이다. 엽전으로만 거래를 하는 독특한 방식이다. 밥 엽전 2개, 국 엽전 2개를 이용해 구매할 수 있다. 필자의 경우도 여러 차례 방문해서 식사를 하고 있다.

혼자 방문해 식사를 하는 경우 반찬을 선택하는 가지 수가 많지 않다. 하지만 2명 또는 3명 이상 식사를 하는 경우, 밥과 반찬을 제외한 3천 원씩 정도의 반찬은 풍성하다. 한 사람은 고기 종류, 한 사람은 나물 종류, 한 사람은 튀김 종류 등 이러한 방식으로 반찬을 구입해 모아놓으면 풍성한 먹을거리가 형성되는 것이다.

총 75개의 점포로 구성된 통인시장은 식당과 반찬가게 등 요식 관련점포가 가장 많이 분포되어 있다. 그다음에 채소와 과일, 생선 등 1차 생산품목이다. 2011년 마을기업으로 지정받고 실적이 좋아 2012년 2차 지정을 받고, 하반기에 우수마을기업까지 선정받았다. 통인시장 내 15곳의 반찬가게에서 뷔페식으로 반찬을 구입해 저렴하게 한 끼를 해결할 수 있는 도시락 카페 '통'을 운영 중이다. 뷔페식 반찬가게의 활성화는 채소 및 과일가게는 물론 일반 잡화가게에까지 영향을 미쳤다.

통인시장의 도시락 카페 '통'을 찾는 고객은 중국, 대만, 태국 등 외국인 관광객도 상당수 차지하고 있다. 초기에는 정부서울청사에 있는 행정안전부 마을기업 관련 부서 또는 관계자들이 의도적으로 통인시장을 방문했다. 언론에 자연스럽게 노출이 많아지면서 고객이 증가했다. 마을기업 발전에 대한 간담회도 당시 행정안전부 차관, 지원기관, 마을기업협회장, 필자가 모여 통인시장에서 진행했다.

통인시장의 활성화에는 인근 경복궁을 찾는 시민들의 역할도 있었다. 경복궁에 데이트 나온 젊은 남녀 또는 가족들의 방문이 자연스럽게 통인시장으로 이어졌다. 그러한 가운데 중국에서 경복궁으로 결혼화보를 찍으러온 예비신혼부부가 도시락 카페 '통'을 찾은 것이다. 외국 관광객에게 생소한 개념의 야외뷔페 식당이었지만 그들에게는 신선한 경험이었던 것이다. 그들이 중국으로 돌아가서 가장 먼저 한 일이 경복궁을 방문할 경우 찾아가야 할 곳으로 도시락 카페 '통'을 온라인에 소개한 것이다.

국내뿐만 아니라 외국에까지 소개가 된 상태에서 손님의 방문은 다양한 고객으로 채워지기 시작했다. 단체관광을 갔을 경우에 미리 예약해둔 식당이 아닌 본인이 스스로 찾아와 본인이 좋아하는 반찬을 고르는 재미는 즐거움 그 이상으로 전달된 것이다. 입소문은 SNS을 타고 외국에 널리 퍼지기 시작했다. 이후부터는 외국 단체관광객의 필수코스로 되었다. 국내 젊은 세대에게도 상당히 알려진 통인시장이다. 평일 날 점심시간 전후에 찾아오는 손님 중에 절반 이상은 청년들이다.

필자가 통인시장의 도시락 카페 '통'을 유심히 지켜보는 이유가 있다. 마을기업으로 지정받은 전통시장이 어떠한 변화를 가져오는지가 궁금했기 때문이다. 그래서 일종의 실험을 했다. 2011년 마을기업으로 지정받은 이후 매년 1~2차례 방문을 정기적으로 하고 있다. 통인시장을 가게 되면 필자는 카페가 있는 중앙 주변의 반찬가게가 아닌 안쪽의 반찬가게를 일부러 찾아간다. 거기서 이것저것 구입한

식판을 들고 식사를 하려면 중앙에 있는 카페로 가야 한다. 가는 길에 같은 제품의 반찬 종류를 취급하는 가게를 지나가게 된다.

2012년까지는 상인들과 눈이 마주치면 필자가 고개를 돌렸다. 동일한 반찬을 팔고 있는 가게를 지나가는 상황일 경우는 더욱 미안하다는 느낌마저 들었기 때문이다. 상인들은 아무 말 없이 쳐다보고 있는데 필자가 스스로 그렇게 느꼈던 모양이다.

그러던 상인들이 2013년이 되면서부터는 손님들에게 아는 체를 하고 먼저 인사를 하기 시작했다. 문전성시(門前成市)를 이루면서 매출이 폭발적으로 증가하기 시작하자 상인들의 표정이 달라졌다. 이전까지는 일반 전통시장처럼 오는 손님 막지 않고 가는 손님 잡지 않았던 표정이었다. 그랬던 통인시장이 어느 날 분위기가 밝아졌다. 오고가는 손님들에게 "맛있게 잡수세요"라는 인사를 건네기 시작했다. 점심을 먹기 위해 저녁을 도시락 뷔페로 해결하기 위해 찾아오는 손님들의 표정도 덩달아 밝아졌다. 백화점 또는 대형할인마트에서나 볼 수 있을 법한 풍경이 전통시장에서도 가능해진 것이다. 이 모든 것이 매출의 극대화가 가져온 시장의 변화라 할 수 있다.

통인시장의 성공의 배경에는 다양한 요인이 있었다. 첫째, 물리적인 주변환경의 구색이 있었다. 경복궁이라는 고궁과 행정 등 수요층이 형성되어 있었다. 둘째는 상인회장을 중심으로 시장상인의 결속력이 전통시장의 활성화를 가져올 수 있었다. 셋째는 마을기업이라는 브랜드와 접목하여 긍정적인 시너지를 창출했다. 정부 주도의 사업으로 진행되는 마을기업으로 지정이 되고, 우수마을기업으로 선정이 되면서 직간접적으로 행정의 지원을 많이 받았다. 특히 지상파 방송 및 일간지 소개는 통인시장의 성장을 촉진시키는 역할을 한 것이다.

반면 통인시장의 성공이 계속 이어지면서 인근 상권의 변화가 시작되었다. 일종의 젠트리피케이션(gentrification)[4] 현상이 통인시장 주변에서도 나타나기 시작한 것이다. 통인시장 입구에서 운영을 하고 있었던 세탁소와 미니가게 등이 사라졌다. 그 자리에는 유명 브랜드를 자랑하는 커피전문점과 레스토랑이 자리를 잡기 시작했다. 이렇게 하나둘씩 기존의 점포는 사라지고 새로운 점포가 자리를 차지한다. 통인시장의 활성화가 시장내부는 물론 인근 지역의 임대료 상승을 올리는 원인으로 작용된 것이다. 도시락 카페 '통'을 운영하는 상인들에게도 어느 시점에는 젠트리피케이션의 그늘이 드리울지도 모르는 상황이다.

---

[4] 낙후된 구도심 지역이 활성화되어 중산층 이상의 계층이 유입됨으로써 기존의 저소득층 원주민을 대체하는 현상을 가리킨다. (두산백과 사전)

제6장

마을기업 참여자 자세

1. 마을기업 설립 전 교육

마을기업에 대한 사전교육이 본격적으로 이루어진 것은 2014년 마을기업 설립 전 교육이 의무화되고 나서부터다. 2013년 하반기에는 마을기업 설립지원프로그램이 운용되었다. 마을기업 설립을 희망하는 마을(단체)을 대상으로 교육 및 컨설팅을 통해 마을기업 설립을 위한 준비 작업을 추진했다. 2010년부터 2013년 상반기까지는 마을기업 신청을 원하는 단체를 대상으로 사업지침을 설명하는 수준이었다. 이 때문에 마을기업을 신청하여 지정받은 마을기업의 대표조차도 마을기업을 이해하지 못한다는 비판이 있었다.

그러다 보니 광역지자체에서의 마을기업 교육과 심사과정에 민원들이 생겨났다. 일부 지역에서는 마을기업 사전교육을 시행함에 있어 「마을기업 육성사업 시행지침」에 기반하지 않고 별도로 진행했다. 지침에 의한 마을기업 지정방식을 설명하지 않고 다른 마을 이야기만 하거나, 동떨어진 외국 이야기만 한다는 내용이다. 지원기관의 활동가들이 특정지역 사례를 부각시키는 일에 몰두하고 정작 마을기업 내용은 없다는 민원이었다. 심사과정과 결과에 대해서도 논란이 끊이지 않았다. 어디 마을기업은 무슨 문제가 있는지 확인도

안 하고 지정을 했거나, 정치적 도움을 받아 지정이 되었다는 등의 내용이 다수를 이루었다.

2013년 지침에 의해 처음으로 마을기업 대표를 중심으로 10시간 이상 교육을 할 수 있도록 하였다. 신청 단체당 한 명이 와서 교육을 받는 시스템이었다. 문제는 교육받은 사람이 돌아가서 교육받은 내용을 전달하는 과정에서 내용이 왜곡 또는 과장이 되어 전달된다는 것이다. 또한 교육을 다른 사람에게 맡기고 참석을 안 했던 대표의 뒷북 발언 또는 사업 몰이해에 따른 민원발생 등의 문제로 교육의 중요성이 부각되었다. 그래서 2013년 하반기에 시범적으로 설립지원 프로그램을 시행했다. 2014년도에 마을기업을 지향하는 단체 핵심 구성원 5명이 참여하여 교육을 받도록 의무화한 것이다.

필자가 중앙심사 이외 17개 광역지자체 심사에 참여를 하면서 경험했던 내용들이다. 기초지자체 심사의 경우 대부분 간단한 질문을 하거나 사업성이 있는지 등을 물어보는 질문이 많다. 지역 내의 관계망 또는 네트워크로 인해 심사를 받는 사람이나 심사를 하는 사람의 입장에서 야박한 소리를 하지 못한다. 기초지자체의 입장에서는 가능하면 통과시켜 광역지자체로 올려 보내려고 노력한다. 그러다 보니 광역지자체 심사가 마을기업 지정에 미치는 영향력이 가장 큰 심사단계였다.

광역지자체 심사는 대면심사가 원칙이다. 1차년도 지정 심사는 마을기업을 희망하는 단체 대표가 심사위원 앞에서 5분 정도의 시간에 마을기업의 필요성, 사업내용, 참여자 구조 등을 설명하게 된다. 이후 심사위원들이 궁금하거나 의문시되는 내용에 대해 차례대로 질문을 하고 대표는 답변을 하는 방식이다. 대표가 직접 와서 발표를 하는 것이 대다수를 차지하지만, 대표의 부재 또는 건강상의 이유로 총무 또는 간사 역할을 하는 사람이 대신 발표하기도 한다. 대표가 참여하지 않은 발표의 경우는 심사위원의 반응도 그리 긍정적이지 못한 것은 사실이다.

5분 발표를 하다보면 아주 말을 잘하는 사람, 말은 잘 못하지만 진정성 있게 보이는 사람, 말속에 진정성이 느껴지는 사람, 종이에 글을 써 와서 보고 읽는 사람, 큰 목소리와 작은 목소리, 1분 만에 발표를 끝내는 사람, 5분이 넘어도 신경 쓰지 않고 계속 이야기하다가 제지를 당하는 사람, 한 가지 물어봤는데 수십 가지를 말하는 사람, 너무 간단히 대답을 하는 사람, 말속에 거짓말이 감지되는 사람, 내용은 보잘것없는 것 같은데 너무 당당한 태도를 보이는 사람, 심사위원들을 대상으로 협박성 발언을 하는 사람, 울먹이는 목소리로 읍소하는 사람 등 다양한 발표모습을 볼 수 있다.

A도의 경우는 해당 기초자치구의 담당공무원이 함께 배석해서 심사를 받는다. 농촌지역일 경우 발표하시는 분의 연령이 높고, 발표 경험이 없어 제대로 표현을 못하는 경우가 많다. 이런 경우는 함께 온 공무원이 부족한 부분을 설명하는 경우도 발생한다. 반대로 신청 대표가 무슨 말을 하던 입을 꼭 다물고 비협조적 태도를 보이는 공무원도 보인다. 전자의 경우는 신청단체와 해당 지자체 또는 공무원과의 교감이 충분히 이루어진 사례다. 반면 후자의 경우는 기초지자체에서 심사과정이 순조롭지 않았거나, 어쩔 수 없이 심사에 올린 경우가 많다.

심사과정에서 다른 심사위원들이 가장 많이 보는 것이 사업성과 얼마나 많은 주민이 결합했느냐다. 특히 사업 실행 가능성과 사업적으로 성과를 낼 수 있는지를 보는 경우가 많다. 마을기업을 처음 접하는 사람의 경우 마을기업이 지역의 공동체를 회복하는 수단으로 이해하고 있는 경우가 많다. 맞는 이야기다. 그러나 비즈니스 방식을 통해 지역의 경제활성화를 위한 기업활동을 해야 한다는 사실에 대해 망각(忘却)하는 경우가 있다.

지역의 공동체 붕괴에 대한 이야기만 하는 유형이 있는가 하면, 사업적인 이야기만 하는 유형도 있다. 공동체만 이야기하는 사람에 대해서는 기업 운영에 대한 내용을 물어보고, 사업적인 이야기만 하는 사람에 대해서는 구성원의 공동체 결합에 대한 내용을 확인한다. 기초지자체에서 1차 심사경험을 했다고 하지만 2차 광역심사에서의 질문은 조금 더 심오한 질문이 쏟아진다. 심사받는 입장에서는 곤혹스러운 입장이 될 것이고 경우에 따라서는 기분 나쁜 질문도 나올 수 있다.

필자의 경험상, 가장 심각하게 생각하는 것은 발표자가 왜 마을기업을 하려고 하는지에 대한 명확성이 부족하다는 것이다. 이런 현상은 2017년 현재에도 유사하게 나타나는 문제다. 사업제안서에는 그러한 마을기업 필요성이 적시되어 있다. 부족한 부분이 많기는 하지만 마을기업을 하려는 목적에 대해서는 기재되어 있다. 그러나 마을기업을 하려는 목적이 해당 지역의 문제를 해결하기 위한 출발인지에 대한 명확한 내용이 부족하다. 예를 들어, 해당 지역과 아무런 상관이 없는 제품을 생산한다거나 도심카페를 만들어 커피를 팔아서 영리를 취하겠다는 내용 등이다. 지역의 물적 자원은 물론 인적 자원조차 활용하지 못하는 경우의 제안서일 경우는 더욱 황당하기까지 하다.

해당 지역과 상관없는 아이템이 메인으로 나오고 그런 사업을 하겠다고 말하는 발표자를 보게 되면 질문을 하는 것이 있다. "선생님, 마을기업 목적과 특징에 대해 3가지만 말씀해보세요." 아주 기본적인 질문이다. 최소한 마을기업이 무엇인지에 대한 내용은 알고 발표를 하는 것이라 생각해서 던지는 내용이다. 발표자가 마을기업에 대해 전혀 이해하지 못하고 있거나, 왜곡된 정보를 가지고 설명하는 경우에 해당되는 질문이다.

마을기업이 지역의 공동체를 살리고, 지역의 문제를 해결하고, 지역주민이 주도적으로 함께해 나가는 사업 등등 설명을 잘하는 경우보다 대답을 못하는 경우가 더 많다. 너무 기초적인 질문에 당황스러운 표정마저 읽힌다. 마을기업의 특징에 대해 한마디도 못하고 우물쭈물 발표자도 무슨 소리 하는지 모르는 경우도 많다.

이러한 상황들이 계속해서 나타나는 것은 마을기업에 대한 기본적인 이해도가 없다는 사실이다. 2013년 상반기까지는 교육을 제대로 받지 못해서 그렇다 하더라도 그 이후에도 마을기업에 대해 설명을 못하는 발표자를 보면 당황스럽기까지 하다. 2010년 시범사업, 2011년부터 2012년까지는 사전교육이 거의 없었던 시절이다. 1차년도 지정된 마을기업들에 대해 행정안전부에서 집체교육을 시키거나 권역별 교육이 이루어졌다. 즉, 지정하고 난 이후 마을기업에 대한 기본교육이 이루어진 셈이다.

사업에 대한 속도가 더딜 수밖에 없었던 현실이었다. 마을기업에 대한 충분한 이해 속에 다듬어진 사업제안서라기보다는 사업을 따기 위한 제안서가 많았다는 반증이다. 따라서 참여자의 편협성이나 대표자의 마을기업 몰이해에 따른 어설픈 발표, 사업내용의 부실,

단순히 정부에서 돈을 주는 보조사업으로 이해하는 현상의 한 단면으로 풀이될 수 있는 부분이었다.

마을기업에 대한 사전교육이 충분하지 못함으로써 나타나는 사례는 다양하다. 마을기업을 하면서도 사회적기업이라고 말하는 종사자도 만나보았다. 마을기업과 사회적기업을 구별하지 못하는 것까지는 이해되지만 마을기업의 주무 부처가 어디인지도 모르는 경우도 있다. 마을기업이 끝나면 당연히 예비사회적기업이나 사회적기업으로 가는 것처럼 이야기하는 경우도 많았다. 계속 보조금을 받으면서 사업을 할 수 있다는 기대감에 젖어 있는 경우도 적지 않았다. 정부사업은 먼저 손대는 사람이 임자라는 발언을 서슴지 않고 하는 사람을 옆에서 지켜본 적도 있다.

필자는 이런 모든 경우가 마을기업에 대한 충분한 사전교육이 이루어지지 않음으로 인해 발생된 경우라 판단했다. 충분한 교육 없이 지정된 마을기업의 경우 실패율도 높지만 마을기업의 정체성을 흔드는 일탈행위로까지 이어지는 경우도 봤다. 그래서 사전교육의 필요성을 강조했다. 그렇게 시작된 교육의 필요성이 2013년 마을기업 신청자 대표를 대상으로 최소 10시간 사전교육 형태로 진행되기 시작했다. 2013년 하반기 사업으로는 각 시도별로 1~2개씩 마을기업 설립지원 프로그램으로 마을기업 교육이 체계적으로 이루어지도록 한 것이다.

이러한 과정을 거쳐서 지침에 의해 2014년부터 설립 전 교육이라는 프로그램이 탄생한 것이다. 마을기업 설립을 희망하는 개인 및 단체를 대상으로 2개월 이내 20시간 이상의 교육을 실시하게 하였다. 이 과정을 마친 개인 및 단체만이 마을기업을 신청할 수 있게 하였다. 교육내용은 마을기업 육성사업 이해, 마을리더 육성 공동체 만들기, 지역자원 발굴 상품화, 홍보 마케팅, 사업계획서 작성, 법인 설립 사업자 등록 등 본격적인 사업추진을 위한 준비 등 입문과정(4시간), 기본과정(10시간), 심화과정(10시간) 등 단계별 교육이 진행되도록 했다.

2014년에만 해도 신청단체별로 대표 및 간사(총무) 등 2명 내외의 사람이 교육을 받았다. 지역에 따라서는 2014년부터 5명 이상 교육을 받도록 하는 경우도 있었다. 최소 5명 이상의 지역주민이 마을기업을 참여하는 기준이라는 점에서 2015년부터는 마을기업 참여자 5명 이상 교육을 받도록 의무화했다.

또한 대표 등 핵심적인 인원들이 장시간에 걸친 교육시간을 피하고자 마을기업 회원 중에 시간이 나는 사람들을 대신 교육에 보내는 문제를 해결해야 했다. 따라서 2016년부터는 대표, 이사 등 핵심 인력위주로 교육을 받도록 지침을 강화했다.

평균 24시간이 넘어가는 설립 전 교육 프로그램을 이수해야 하고, 5명 이상의 참여자가 반드시 참여해야 하는 고난한 과정이다. 반면 설립 전 교육을 받아서 지정된 마을기업과 그 이전에 교육 없이 지정된 마을기업의 지속가능성은 차이가 많은 것으로 나타났다. 24시간 교육과정에서 구체적인 사업계획서를 완성하고 5명이 함께 만들어낸 제안서의 실행력과 책임감은 우수했다. 마을기업의 정체성을 잘 파악하지 못한 상태에서 지정받았던 초창기 마을기업의 경우는 보조금 종료 이후 유야무야(有耶無耶)되는 경우가 많다. 하지만 오랜 시간을 투자하여 사전교육을 받은 마을기업의 경우 시장에서의 성공과 정착이 빠르다는 것이 입증되고 있다.

2. 마을기업 참여자의 의지

마을기업 초창기에는 여러 사람이 모여서 출발했지만 시간이 흐를수록 주도적으로 움직이는 사람만 남게 되는 현상이 많았다. 자금부족, 판매망 구축의 어려움 등 사업성 부족일 수도 있다. 그러나 초기 참여자의 마을기업에 대한 이해부족과 의지부족에 따른 결과로 보인다. 어떤 사업이든 모임이든 결과가 좋지 않을 경우에는 갈등이 발생하기 마련이다. 특히 자금과 관련된 문제라면 갈등양상은 심각하게 드러난다. 좋은 뜻으로 지역 일 하려고 모였던 주민들 간에 갈등대립은 물론 심한 경우 고소고발까지 이어지는 경우도 비일비재(非一非再)하다.

마을기업은 지역주민 5명 이상이 모여서 지역의 다양한 문제를 비즈니스 방식으로 풀어가기 위해 만든 사업프로그램이다. 따라서 반드시 지역주민 5명 이상이어야 한다. 그래서 협동조합기본법이 발효되고 난 후에는 5명 이상이 모여서 만드는 협동조합 법인격을 선호한다. 기본적으로 5명이 모여 만드는 법인격을 가지고 마을기업 사업에 도전하는 현상이 뚜렷하다. 일종의 유행처럼 번져가고 있다. 물론 정부의 정책적 지원과정과 부합하려는 시장의 긍정적 반응의 결합일 수도 있다.

지역에서 5명이 모여 협동조합을 설립하고 행정안전부의 마을기업 사업에 도전하는 일이 쉬운 일일까? 사업에 선정이 되면 사업자금 1차년도 5천만 원, 2차년도 3천만 원을 기본적으로 받을 수 있는 구조다. 여기에 사업성과가 좋으면 3차년부터 신청할 수 있는 우수 마을기업에 선정이 되면 2016년 기준 최고 7천만 원의 보너스까지 챙길 수 있는 마을기업이다. 5명이 의지를 가지고 뜻을 모아 헤어짐 없이 단결하고 협동하여 운영하는 마을기업이라면 가능한 현실이다.

일반 기업을 설립한다고 해서 정부가 사업자금을 무상으로 주는 경우는 없다. 은행에서도 담보를 잡고 사업성이 있는 경우에도 심사 과정이 까다롭고 결과도 예측하기 어렵다. 창업자금을 마련하는 것이 쉽지 않은 상황에서 정부가 지원하는 보조금은 큰돈이며, 소중한 자금으로 활용할 수 있다. 마을기업으로 지정이 되면 아이템에 따라서는 마중물 개념 정도의 자금이 될 수 있지만, 어느 경우에는 사업의 전부일 수도 있다.

마을기업 사업에 참여하는 사람들의 마음가짐에 이 모든 것이 달려 있다. 5명 이상의 지인 또는 지역주민들이 모여서 만드는 사업체이기 때문이다. 지역문제를 해결하기 위해 시작된 모임이든 사업을 위해 결성된 모임이든 마을기업으로 진입하기 위해서는 거쳐야 할 과정들이 있다.

그 첫 번째가 마을기업 설립 전 교육에 참여하는 것이다. 하루 3~4시간 정도에 끝나는 교육이 아니다. 입문과정 4시간은 마을기업에 관심 있는 그 누구라도 참여할 수 있다. 비용은 무료다. 하지만 기본과정 10시간과 심화과정 10시간은 유료로 운영되며, 사업계획서 작성을 위한 본격적인 교육과정이다. 중간에 빠져나가면 교육이수 증명서를 발급받을 수 없다. 마을기업을 신청하려면 설립 전 교육 이수증 제출이 필수다. 그것도 핵심 인력 5명 이상의 이수증이 있어야 접수가 가능하다. 편법으로 교육 이수증을 받을 수 없는 구조다.

기본과정에서부터 참여자들의 동향이 파악된다. 같은 기초지자체에서 온 사람들끼리 경쟁이 될 수도 있다. 마을기업의 지정숫자가 매년 정해져 있기 때문에 교육을 마쳤다 해서 다 지정되는 것은 아니기 때문이다. 교육을 받으러 온 모든 사람들이 해당 지역에서는 경쟁자인 셈이다. 따라서 누가 교육을 열심히 받고 있는지, 편법으로 숫자를 빼고 3명만 받았는지, 교육을 받다가 조용히 빠져나갔는지에 대해 쳐다보는 눈이 많다.

설립 전 교육과정은 17개 광역시도 지원기관의 주관하에 진행된다. 지원기관의 담당자들이 수시로 체크하고 점검하고 있다. 그들보다도 더 무서운 매의 눈으로 지켜보고 있는 사람들이 교육을 받으러 온 경쟁자들이다. 따라서 성실히 수업을 받는 것도 고역일 수 있다. 평균적으로 3일간에 걸쳐서 24시간 이상의 교육을 받아야 되는 일정이다.

평일 날 3일을 시간을 내서 교육을 받는다는 것은 일반 사람들의 입장에서 쉬운 일이 아니다. 더구나 다른 일을 아무것도 하지 않고 있다면 가능한 시간이지만, 마을기업의 참여자들의 대부분은 현재 다른 일을 하고 있다는 것이다. 마을기업의 취지에 공감하고 참여하기로 했지만 현재 하는 일을 멈추기에는 현실적으로 한계가 있다. 상황을 보아 가면서 단계적으로 참여하려는 사람들이 많기 때문이다. 그러한 입장에서 3일간의 교육은 무리한 일정일 수도 있다.

2014년 상반기 교육이 처음 시작될 경우에는 지역별에 따라서 교육참여 숫자를 규정하지 않았다. 하지만 5인 이상의 주민참여를 유도한 상황에서 교육을 대신 받는 사람 등 문제가 발생했다. 경력단절 여성, 고령화 인구 등 다른 일을 하지 않는 사람들을 대신 교육현장에 나가서 앉아 있도록 하는 사례가 발생한 것이다.

그렇게 타의적으로 동원되어 온 사람의 경우, 마을기업 교육에 집중하기는 어렵다. 강의를 하다보면 그러한 사람들을 쉽게 발견할 수 있다. 자주 들락거리거나 핸드폰을 보고 있거나, 처음부터 아예 눈을 감고 있는 경우가 그러하다. 그래서 2015년부터는 마을기업의 대표, 이사, 총무 등 핵심적으로 운영할 사람들의 명단을 확인하고 의무적 참여를 강요하고 있다. 마을기업을 실질적으로 운영해야 할 사람들이 교육을 받아야 효과를 볼 수 있기 때문이다.

인천광역시에는 섬이 많다. 그래서 인천지역에서 설립 전 교육을 실시할 때에 보기 드문 현상이 나타난다. 섬에서 사는 주민의 경우는 배를 타고 나와 3일간 도시에서 교육을 받기 위해 숙식을 같이하고 있기 때문이다. 이런 경우는 경상남도 또는 전라남도 등 섬을 끼고 있는 지역에서도 나타나는 일이다. 마음을 크게 먹고 3일간 섬에서 육지로 여행 왔다고 생각하면 편할 수도 있다. 하지만 새벽부터 움직여서 나와야 하고, 3일째 되는 날 늦게 다시 섬으로 돌아가야 한다. 문제는 기상변화로 인해 배를 타지 못하는 경우 3일이 3일로 끝나지 못하는 경우가 발생한다.

농촌지역의 설립 전 교육에서도 농번기 전후에는 민원으로 이어지는 경우가 많다. 농사일을 해야 할 시기에 3일 동안 빠져나갈 수 있는 사람이 없다는 항변이 많아진다. 실제로 마을행사 또는 농사일로 수업을 받다가 포기하는 사례도 빈번하게 나타난다. 또한 농촌지역이며, 마을단위가 작고 거주민이 극소수인 경우에는 이런 현상이 두드러진다. 실제로 전라남도 지역의 경우 교육을 받다가 마을에 어르신이 돌아가셨다는 연락을 받고, 교육을 완료하지 못하고 마을로 돌아가는 일이 발생했다.

그럼에도 불구하고 대부분 교육에 참여하는 사람들의 열정은 대단하다고 할 수 있다. 참여하시는 연령대에 따라서는 장시간 자리에 앉아 교육을 받은 경험이 오래된 참여자도 많다. 처음 들어보는 용어도 많고, 마케팅, 판매전략 등을 고민해야 한다. 수입과 지출에 대한 개념도 다시 정리해야 하며, 역할분담도 해야 한다.

그동안 자주 또는 거의 경험하지 못했던 영역에 대한 공부라 할 수 있다. 이렇게 힘든 과정에 참여하시는 분들이 단순히 정부 보조금 때문만은 아니라고 확신한다. 지역이 안고 있는 다양한 고민들을 풀어내기 위한 발걸음이다. 교육장에 찾아오기까지는 무거운 걸음이었지만 교육을 마치고 돌아가는 걸음은 한층 가벼워졌으리라 생각한다.

나 혼자만의 고민과 나 혼자만의 생각이 아닌 5명 이상 같은 생각을 하는 이웃과 함께하고 있다는 것을 체험했기 때문이다. 이렇게 시작되는 첫 발걸음이 마을기업의 시작이며, 5명 이상이 참여하는 지역공동체 기반의 사업이다.

3. 자부담 참여방식의 고민

마을기업에 지정이 되기 위해서는 행정의 사업 보조금 이외 자부담이라는 것이 있다. 참여하는 기업의 구성원들이 자발적으로 출자하는 금액이다. 국비와 지방비로 구성된 보조금과 자부담을 합하면 총사업비가 된다. 총사업비에 대해 어떠한 명목으로 집행하는지에 대한 제안을 하고, 심사를 받고, 계획에 따라 집행하고, 정산하고 검증을 받게 되는 시스템이다.

마을기업을 희망하는 단체가 부담하는 자부담이 도입된 것은 2013년부터다. 2010년 시범사업과 2011년과 2012년에는 1차년도 5천만 원, 2차년도 3천만 원까지 보조금을 받아 사업을 진행했다. 이 기간 중에 사업에 참여하는 단체 또는 구성원들의 의지 및 책임감을 부여해야 한다는 의견이 많았다. 또한 외부적으로는 정부의 모든 보조금 사업이 10% 이상의 자부담을 부여하는 방향으로 정해진 것도 원인이 되었다.

2013년 시행지침에 자부담에 대한 규정은 다음과 같다. "마을주민 출자자 총사업비 10% 이상이며, 출자한 주민이 참여한 의사결정 구조를 이룰 것"이라고 되어 있다. 2012년까지 자부담 개념이 없었던 상황에서 2013년 자부담 도입에 대한 배경에 관련된 내용이 없다. 2013년에 도입된 자부담에 대한 비용에 대한 해석의 차이로 인해 현장에서 논란이 많았다. "총사업비의 10% 이상"이라고 규정되어 있지만, 지역에 따라서는 "보조금의 10% 이상"으로 인식하고 진행된 곳도 많았다.

"총사업비"의 개념에 대해 구체적으로 적시되지 못하다 보니, 해석이 제각각이었던 것이다. 일부 지역이 5천만 원의 보조금을 받기 위해 5백만 원을 자부담 금액으로 알고 매칭한 곳이 발생했다. 총사업비는 보조금 5천만 원과 자부담 5백만 원을 합한 금액이다. 따라서 5,500만 원이 총사업비다. 총사업비 5,500만 원의 10%는 550만원이다. 결론은 10% 이상으로 556만 원이라는 수치가 나왔다. 필자가 이 부분 논의를 하는 자리에 앉아 있었는데, 정확한 기억이 나지 않는다. 왜 556만 원이 가이드라인이 되었는지가 아리송하다. 하지만 당시 분위기가 참여자들에게 정확한 수치를 알려주자는 공감대는 확실했다. 동시에 2차년도 3천만 원의 보조금을 받기 위해서는 같은 공식으로 자부담은 334만 원 이상을 출자해야 하는 것으로 지침에 들어갔다. 2차년도 총사업비는 3,334만 원이 기준이 되었다. 이러한 기준은 2014년부터 적용되었다.

2014년과 2015년에는 총사업비의 10% 이상의 자부담을 적용하였다. 그동안 참여자의 자부담 비용이 너무 작지 않느냐는 이야기가 현장에서 꾸준히 거론되었다. 556만 원과 334만 원을 부담하는데 크게 어려움도 없어 대표 혼자 대납하는 문제 등까지 나왔다. 마을기업 신청자의 의무를 확대하고 보다 강화된 책임감으로 사업을 진행시키는 것이 좋다는 매파의 발언이 나왔다. 이렇게 시작된 논의로 인해 2016년부터는 자부담 매칭방식을 총사업비 10%에서 보조금의 20%로 변경된 것이다. 총사업비의 10%인 556만 원에서 보조금의 20%인 1,000만 원 이상으로 확대되었다. 따라서 2016년부터는 마을기업 사업비 중 보조금의 20% 이상을 자부담(자발적 출자)하여야 한다.

<표 6-1> 자부담 분담률 계산 방식

시행지침	보조금 대비 자부담 분담률 계산	총사업비
2015년 (사업비 10%)	보조금이 5,000만 원인 경우, 자부담액은 556만 원 이상	이 경우 총사업비 5,556만 원
	보조금이 3,000만 원인 경우, 자부담액은 334만 원 이상	이 경우 총사업비 3,334만 원
2016년 (보조금 20%)	보조금이 5,000만 원인 경우, 자부담액은 1,000만 원 이상	이 경우 총사업비 6,000만 원
	보조금이 3,000만 원인 경우, 자부담액은 600만 원 이상	이 경우 총사업비 3,600만 원

총사업비의 개념은 보조금+자부담이다. 보조금은 마을기업 지원을 위하여 정부에서 지급한 금액이다. 자부담은 사업 수행을 위하여 마을기업 회원들이 출자한 금액의 합이다. 2015년까지의 자부담 비용, 2016년부터 늘어난 자부담은 참여자들에게 부담으로 작용한다. 기본 5명이 참여한다고 하면 2016년 기준으로 1,000만 원을 나눠 부담해야 한다. 손쉽게 이야기하면 1인당 200만 원의 부담금액이 배분되는 것이다.

가장 이상적인 것은 참여자 5명이 공평하게 1인당 200만 원의 금액을 부담하고 참여하는 것이다. 그래야 수평적 의사결정도 가능하고 모든 구성원의 적극적 참여를 이끌어낼 수 있다. 하지만 지금까지 많은 제안서를 평가해봤지만, 참여자들이 동등한 금액을 부담하는 경우는 많지 않았다. 또한 동일한 금액을 부담한 제안그룹 중에도 실제로는 5명이 부담하기보다는 특정의 한 사람이 대납했을 개연성이 보이는 곳도 있었다.

마을기업 육성사업 시행지침에는 자부담의 기준이 되는 법인설립 출자금에 대한 규정을 다음과 같이 규정하고 있다. '최대 출자자 1인의 지분은 30% 이하여야 하며, 특정 1인과 그 특수 관계인의 지분의 합이 50% 이하여야 한다'로 되어 있다. 특수 관계인의 규정은 ① 배우자 및 직계 존비속 ② 배우자 및 직계 존비속이 50% 이상을 출자하고 있는 법인 ③ 배우자 및 직계 존비속이 이사의 과반수이거나 출연금의 50% 이상을 출연하고 그중 1인이 설립자로 되어 있는 비영리법인으로 되어 있다.

협동조합 법인격 설립을 하는 경우에도 1인이 출자하는 출자금은 전체의 30% 이하로 규제하고 있는 것과 맥을 같이하고 있다. 마을기업은 여기에 가족 중심의 기업이 되지 않도록 지분의 합을 50% 이하로 묶어놓고 있다. 50% 이하는 출자금의 50%, 즉 절반까지 된다는 이야기가 된다. 이러한 규정을 이용하여 참여하는 곳도 발견된다.

몇 년 전 지방 A도시에 있는 식품가공업을 하는 B마을기업의 경우는 대표와 대표의 모친의 지분비중이 60%를 넘었던 것을 발견하고 조건부 시정을 요구했다. 지자체에서 체크하지 못하고 서류가 그대로 중앙으로 넘어 온 것이 심사과정에서 확인된 것이다. 회원의 구성원에 있어서도 5명 중에 한 가족이 2명 참여한 것에 대한 규제는 없었다. 하지만 지분에 대한 규정은 명확하기에 50% 아래로 조정을 해서 확인서류를 보내달라고 했다. 누가 봐도 가족회사로 보였기 때문이다. 이후 출자금 조정이 이루어졌지만 대표가족의 지분은 정확히 50%였다. 법적으로 50% 이하라 문제가 될 것이 없다는 태도다. 사라진 10%의 지분을 가져간 회원과의 관계, 이면거래는 있지 않았는지 등등 의심스러운 사항이 많았지만 수사기관이 아닌 상황에서 다른 방도가 없었다. 50%를 고수하고 있는 것은 여전히 가족회사라는 것을 입증하는 표현이라 가늠할 수 있다.

마을기업에 참여하는 주민들의 자부담 출자에는 명확하지 않은 부분이 많이 보인다. 필자가 심사과정에서 유심히 보는 경우가 있다. 회원들 중에 주소가 같은 곳이 있는지, 연령대가 유난히 차이나는 사람은 없는지, 이럴 경우는 대표의 가족일 경우가 많다. 참여회원이 5명이든 10명이든, 한 가족의 참여자가 2명 이상인지, 친인척 포함해서 3명 이상인지, 이럴 경우는 가족회사로 운영될 공산이 크다. 친인척이 대표, 총무, 감사를 맡고 있는 상황에서 다른 회원이 책임 있게 개입할 공간이 많지 않기 때문이다.

회원들이 자부담을 내려면 법인 자부담 통장에 개인이 출자할 금액을 송금하고 통장입금 내역을 복사하여 마을기업 서류접수 시 제출하게 된다. 통장의 입금내역을 보면 출자자들의 성명과 출자금액이 맞는지 확인한다. 이 과정에 특이한 사항들을 발견하게 된다. 같은 날 같은 시간에 동일한 은행 지점에서 입금자가 다르지만 모두 현금으로 납입이 되었다. 누가 보더라도 한 사람이 현금을 가져와 다른 참여자들의 이름으로 입금한 것으로 보인다. 이 경우는 참여자들이 현금으로 대표에게 건네주고, 대표가 모은 현금을 가지고 은행에 와서 자부담 통장에 입금하는 경우에 가능하다. 하지만 이런 경우의 수는 거의 없다고 보면 된다. 5명 기준으로 200만 원씩 1,000만 원의 자부담을 모으는 과정이라면 더욱 그렇다. 개인이 현금을 200만 원 찾아서 법인 대표에게 건네줄 개연성은 사회구조상 가능성이 부족하다고 할 수 있다. 대부분 인터넷뱅킹 등을 통해 송금하기 때문이다. 아주 작은 10만 원 정도의 금액이면 가능할지 모르겠다.

법인설립과 마을기업 참여를 위해 자부담 금액을 급조하는 경우라면 몰라도, 대부분 1~3일 사이에 걸쳐서 은행입금이 이루어지는 것이 일반적이라 할 수 있다. 어떤 이는 은행창구에 가서 현금으로 입금할 수 있고, 어떤 이는 통장 대체로 송금할 수 있고, 핸드폰 송금도 있고, 인터넷 뱅킹 송금도 있고, 주거지 근처에 있는 ATM기 또는 CD기를 이용하거나 24시간 편의점 ATM기를 통해 송금하는 방법 등 다양하다.

그런데 같은 장소, 같은 시간에 출자자 모두가 현금으로 자부담 통장에 입금을 하는 경우가 일반적이라 할 수 있을까? 심사과정에 해당 은행의 당일 날 찍혔던 CCTV를 확인할 수 없지만 합리적 의

심은 가능할 것이다. 이런 유형의 제안서는 서류를 더 꼼꼼히 쳐다 보게 된다. 참여자들의 관계망, 대표자 또는 대표자의 가족이 있는 지, 대표가 해당 마을기업 준비에 있어서 어떤 위치에 있는지, 금전 적뿐만 아니라 물리적 재산 등이 바닥에 깔려 있지는 않는지, 대표 의 토지 위에 창고를 짓고 사업을 하는 것인지, 대표의 개인사업 과 정에 필요에 의해 마을기업을 도전하는 것은 아닌지 등등 구체적으 로 살펴본다.

해당 지역의 담당공무원과 지원기관의 담당자에게 이러한 상황을 물어보면서 얼굴의 표정을 읽는다. 표정변화가 일어나는 경우는 사 전에 어느 정도 알고는 있지만 말을 안 하는 경우다. 동공이 커지는 경우는 거기까지 체크하고 물어볼 줄이야 하는 표정으로 난감해하 는 경우다.

A지역의 설립 전 교육으로 기억된다. 자부담을 현금으로 같은 날 납입하는 경우는 의심받는다는 말을 하였다. 강의를 듣던 참여자 한 분이 "우리 지역은 섬지역이라 농협밖에 없고, 나이 들어 한 사람에 게 돈을 주는데, 그럴 경우는 어떻게 하느냐"고 되물었다. 필자는 "200만 원 정도의 돈을 현금으로 찾으려면 농협에 가셔야 되는데, 그때 자부담 통장에 입금하시면 됩니다. 은행직원에게 부탁하시면 처리해줍니다"라며, 본인이 내는 금액은 본인의 손으로 직접 처리하 는 것이 좋다는 이야기로 정리를 했다.

또 한 가지 사례는 해당 법인명으로 1,000만 원의 돈을 자부담 통 장으로 납입하는 경우다. 법인이 가지고 있는 입출금 통장에서 1,000만 원을 자부담 통장으로 송금하고 그 납입내역의 복사본을 제 출하는 경우다. 접수자는 해당 법인을 만든 출자자들이 영업을 통해 만든 금액이며, 따라서 해당 금액은 출자회원들의 공통 자금이니 문제없다는 주장을 한다. 이럴 경우는 마을기업 참여자들의 지분이 정확히 공평하게 1/n일 경우에 해당된다. 또한 처음 법인을 설립할 당시의 지분도 균등해야 한다. 서류상에도 자부담 참여비중이 같아야 한다. 그럼에도 불구하고 반드시 거쳐야 할 내용이 있다. 회사 법인명에서 지출된 금액일지라도 개인 돈이 아닌 법인 소유의 자금이다. 따라서 법인자금을 활용하기 위해서는 임시총회 등을 통해 그 사용용도에 대한 결정을 문서로 남겨야 한다.

마을기업의 자부담 출자는 개인별로 정해진 금액을 납입하는 것을 원칙으로 하고 있다. 다만 법인명으로 출자자 전원의 금액을 입금하는 경우는 해당 근거서류를 첨부해야 한다. 즉, 임시총회를 개최하여 법인자금을 자부담으로 대체한다는 참여자들의 자필 서명이 들어 있는 회의록을 첨부해야 인정받을 수 있다. 회의록이 첨부되지 않은 법인 대체출자 방식은 기본서류 미비로 탈락할 수 있다.

4. 사업 아이템 부족한 참여자

마을기업 설립 전 교육에 참여하면서 항상 느끼는 것이 있다. 2012년까지 초기에는 마을기업이 널리 알려지지 못했다. 따라서 마을기업이 정확히 무엇을 하는 것인지 모르고 참여하는 사람들이 많았다. 2013년부터는 본격적인 육성사업으로 성장하면서 널리 알려진 편이다. 아직도 많은 국민들이 인지하고 있지 못한다는 비판을 받고 있지만 나름 사회적경제기업의 3대축으로 성장하고 있다. 2017년 기준으로 시범사업까지 포함하면 8년차가 된다. 적어도 마을에서 무슨 영리활동을 하려는 기업종류일 것이라는 판단을 가질 수 있는 사업 브랜드명이다.

마을기업 지정공고가 나가면 사업내용을 읽어보게 되고, 해당 사업에 대한 이해숙지가 완료되면 사업제안서를 제출하게 된다. 설립 전 교육을 받기 위해 최소 5명 이상의 마을주민들이 모이려면 여러 번의 자체 회의 또는 모임이 선행되어야 한다. 왜 모여서 교육을 받아야 되고, 자부담은 얼마씩 준비해야 하는지, 무엇을 할 것인지에 대한 최소한의 공감대는 있어야 한다. 그 정도의 교감이 있어야 3일간 24시간 이상의 교육과정을 소화해낼 수 있기 때문이다.

하지만 현실은 조금 다르다. 마을기업 설립 전 교육에 참여하러 온 유형은 대략 세 가지다. 하나는 마을기업에 대한 이해와 구성원의 결속력이 나름 갖춰진 유형이다. 이들은 다른 정부 또는 지자체 사업의 경험이 있거나 오랜 시간 속에 호흡을 맞춰온 지인들이다. 마을기업을 통해 본인들이 지역에서 해야 할 일에 대한 생각이 명확하다. 어떤 아이템으로 사업을 진행해야 할지에 대한 논의도 상당히 진전되어 있는 상태다. 물론 사업계획서까지 작성할 정도의 구체적이지 않지만 방향이 잡혀 있다. 따라서 수업에 참여하는 방식도 적극적이다.

두 번째는 마을기업에 대해 기본적인 내용정도만 알고 참여하는 유형이다. 참여자들의 관계망도 끈끈하지는 않지만 느슨하지도 않다. 특별한 목적을 가지고 모임을 운영하지는 않았지만 오랜 세월이 호흡을 빠르게 해주는 타입이다. 하지만 마을기업을 대하는 목적방식과 사업에 대한 생각에 있어 조금씩 차이가 난다. 각자의 생각과 의견이 다르다 보니 구성원 간의 조정이 필요하며, 합의가 필요한 부류다. 수업에 참여하는 방식도 적극적인 편이다.

세 번째는 마을기업 이름정도만 알고 주도자의 손에 이끌려 참가한 유형이다. 이 경우는 같은 마을에서 느슨한 관계로 알고 지내는 사람이 많은 타입이다. 또는 이러저러한 모임을 갖고 있었던 사람들이 마을기업 진입을 위해 모인 경우가 많다. 1인 주도 또는 1~2명의 핵심적인 사람이 주도적인 역할을 한다. 나머지 참여자들은 일단 참여는 하되, 상황을 지켜보는 입장이다. 마을기업에 대한 교육을 받으면서 무엇을 어떻게 하는 것인지 지켜보자는 유형이다. 이들에게 자부담 비용은 생각지도 못했던 부담스러운 금액이다. 대표를 할 사람이 알아서 해결하겠지 라는 의존적인 생각이 앞서기도 한다.

첫 번째 경우에는 아주 구체적이지 않지만 사업의 방향과 목적이 보인다. 두 번째의 경우는 하고 싶은 마을기업 아이템에 대한 내부적 의견조율이 더 시급하다. 지역의 문제를 바라보는 관점이 다르기 때문이다. 문제는 세 번째다. 대표 혼자만의 생각이 앞서다 보니 구성원들끼리의 공감대가 전혀 형성되어 있지 않다. 따라서 무엇을 해야 하는지도 모르고 참여하는 경우다.

교육을 하다가 가끔 참여자들에게 질문을 한다. 강의실 앞에서 뒤로 왔다 갔다 하면서 그룹별로 앉아 있는 사람들의 분위기를 보면서 던져본다. "선생님들은 무슨 사업을 하려고 하시나요?" "생각하고 있는 마을기업 아이템이 있나요?" 여러 답변이 나온다. "이러한 사업을 해보려고 하는데 가능하겠느냐"에서부터 "교육을 들으면서 생각해보겠다"는 차이가 많아 보이는 대답이 들려온다. 답변자가 말한 사업 아이디어 중에서 한두 가지 아이템을 선택하여 예를 들어 설명을 하면 참여자들의 빠른 학습이 진행된다.

A지역에서 사업계획서 작성을 위한 교육에 참여했을 때의 일이다. 설립 전 교육의 열기가 대단했다. 기본 경쟁률이 7대1 정도 되었다. 해당 지역의 마을기업 지정숫자 개수는 정해졌는데 참여그룹이 7배가 넘었다. 사람이 많다는 의미는 참여자들의 보이지 않는 경쟁의식도 많아지는 것을 말한다. 남녀노소를 불문하고 모두들 교육에 집중하고, 강사들이 하는 이야기 하나하나에 민감하게 반응을 한다. 테이블마다 해당 지역에서 오신 분들이 모여서 생각했던 사업 아이템을 실현하기 위해 논의를 하는 과정이 있다.

각 회의실마다 몇 개씩 놓여 있는 테이블을 돌아다니며, 참여자들의 질문이 있으면 대응해주는 방식이었다. 해당 지역이 농촌지역이 많은 지역이다 보니 어르신들이 많았다. 회의실을 순회하며 컨설팅을 하다가 어느 방에서 우두커니 앉아 계시는 할머님들을 보게 되었다. 노인회장님 한 분과 같이 오신 5명이 아무런 말씀도 안 하시고 서로 멀뚱멀뚱 쳐다만 보고 계셨다. 누군가를 기다리는 것 같기도 해서 옆에 가서 여쭤보았다.

뭘 해야 할지, 무슨 이야기를 해야 할지를 몰라서 기다리고 계신다고 하신다. 그래서 인사를 드리고 테이블에 합석했다. 어떤 것을 가지고 마을기업을 하실 계획이신지, 생각하신 것이 있냐고 물어보았다. 한동안 무엇을 할지에 대한 말씀들이 없으셨다. 그러다가 한 분이 미꾸라지를 키워서 팔려고 하신다는 말씀을 어렵게 꺼내 놓으셨다.

살고 계시는 지역이 미꾸라지가 많이 나오시는지 물어보니, 아무 상관이 없단다. "그럼 왜 미꾸라지 사업을 하시려고 하십니까?" 여

쥐보니 그게 돈이 된다고 해서 해보려고 하신단다. 이러한 경우에 매우 곤혹스럽다. 해당 마을의 특산물도 아니고, 지역이 미꾸라지와 관련도 없다. 차라리 돈을 벌 수 있는 수단이 없어서 그 대안으로 미꾸라지라도 키워서 생활에 보탬이 되려고 한다고 하면 솔직할 수도 있다. 미꾸라지는 산중턱에 땅을 파서 비닐하우스 안에 양식장을 만들어 할 생각이란다. 대략 난감한 상황이었다. 그래서 차분히 할머님들의 이야기를 들어보기로 했다. 왜 미꾸라지를 하려고 하고, 마을의 환경이 어떤지에 대한 보따리를 풀어내기를 기다렸다.

이야기를 쭉 풀어보니 다음과 같은 내용으로 정리되었다. 할머님들이 사시는 마을은 전형적인 농산촌 마을이었다. 마을 뒤편에 초피(제피)[1]나무와 산초나무 군락지가 있고, 다랭이논[2]에서 농사를 짓고 있는 마을이다. 다랭이논 작물의 수입이 많지 않아, 뒷산에 있는 초피나무와 산초나무를 베어다 말려서 판매하는 형태의 수입구조를 가지고 있다. 초피나무는 추어탕집에 산초나무는 한방약재로 팔고 있었다. 초피나무 열매는 미꾸라지를 원료로 하는 추어탕집에서 향신료로 사용되고 있다.

마을기업을 하기 위해 주민들이 모여서 무엇을 할 것인가를 논의

---

1) 초피는 잎을 따 생으로 사용, 열매 껍질을 벗겨 말린 뒤 농축해 활용한다. 열매는 완전히 익기 전 여름에 수확해 말린다. 초피 가루는 말린 열매를 구워 갈아야 본연의 풍미가 강해진다. 영어로는 '쓰촨 페퍼'(Sichuan pepper)로 불린다. 국내서는 주로 추어탕에 뿌리는 향신료로 사용된다. 초피는 미꾸라지의 비린내와 찬 성질을 중화시키는 역할을 한다. 흔히 추어탕에 치는 향신료를 산초 알고 있으나 엄밀히 초피가루(말린 열매를 분쇄한 것)이다. 초피 열매는 예부터 소화불량, 구토, 이질, 설사, 신경쇠약, 기침 등을 치료하는 데 쓰였다. 흔히 초피는 산초와 헷갈리기 쉽다. 산초는 산초나무 열매로 중부 내륙 지방에 자생한다. 초피와 생김새가 비슷하지만 쓰임새는 완전히 다르다. 산초는 초피에 비해 매운맛도 없으며 시지도 않다. 향은 비누 냄새와 비슷하다. 무엇보다 향신료로 사용하지 않는다. 열매의 씨앗에서 기름을 짜 사용한다. 브릿지경제(2016.5.30). 출처: http://www.viva100.com/main/view.php?key=20160530020016706

2) 계곡이나 구릉지에 자연적으로 형성된 계단식의 작은 논 또는 경사진 산비탈을 개간하여 층층이 만든 계단식 논을 말한다.

하다가, 초피나무를 중간도매상에게 맡기지 말고 직거래를 하는 방안을 구상했다. 그러는 과정에 마을에서 직접 키운 미꾸라지와 함께 팔면 더 많은 소득이 발생할 것으로 생각이 들었다. 미꾸라지는 마을 공동소유인 임야에서 땅을 파고 비닐하우스를 만들어 배양하면 쉽게 해결될 것 같았다. 모든 것이 가능해보였다. 마을주민들이 결심만 하면 해결되는 사업이다. 이렇게 전체적인 그림을 그린 상태에서 교육에 참석한 것이다.

이러한 구상을 하고 참석을 했지만 막상 구체적인 사업계획서에 담아내려니 막연한 상태가 된 것이다. 평생 사업계획서라는 것을 써 보지도 않았던 구성원들의 연령대를 생각하면 조금은 이해되는 대목이다. 생각은 쉬운데, 글로 표현하고, 수입과 지출계획서를 수립하는 일이 어르신들에게는 벅찬 일이다.

필자가 생각하기에는 이러한 행정적 서류작성보다 더 중요한 것이 있었다. 이른바 스토리텔링(Storytelling)[3]이 필요했다. 왜 마을기업을 하려고 하는지, 지역의 인재와 물적 자원을 활용해 무엇을 하려고 하는 것인지, 그를 위해 무슨 작업이 필요한지에 대한 내용이 필요했다. 해당 마을은 마을기업을 할 수 있는 환경적 요소는 충분히 갖추었다고 판단했다. 이에 다음과 같은 내용으로 사업계획서가 작성이 되었으면 좋겠다는 조언을 드렸다. 가능한 마을기업에 진입하려는 참여자들에게 사업의 아이템 구상 등을 포함해 간섭을 하지 않는다. 그들 자신들의 생각과 합의에 의한 마을기업이 되어야 후회를 하지 않는다. 외부 전문가의 도움은 한계가 있다. 너무 깊숙이 개

---

3) '스토리(story)+텔링(telling)'의 합성어로서 말 그대로 '이야기하다'라는 의미를 지닌다. 즉, 상대방에게 알리고자 하는 바를 재미있고 생생한 이야기로 설득력 있게 전달하는 행위이다.

입하는 것은 해당 주민들의 의존하려는 마음만 더욱 부채질하는 모양새가 된다. 처음부터 자립적으로 스스로 주도적인 생각을 가지고 진입할 수 있도록 해야 한다.

이러한 생각으로 지내온 필자이었지만, 그날은 그렇게 평소와는 다르게 사업에 대한 계획의 그림을 그려주고 있었다. 아마도 연세가 있으신 어르신들의 모습을 보고 무엇이라도 될 수 있도록 하기 위한 내면적 발동이 재현된 것이라 생각한다.

그래서 스토리텔링은 이렇게 시작되었다. 해당 마을은 다랭이논 이외는 특별히 소득이 될 만한 것이 없는 취약한 농산촌 지역이다. 마을 뒷산에 있는 초피와 산초나무를 베어 도매상에게 넘기는 부수입을 올리는 정도의 마을이다. 초피나무 열매가 추어탕집 향신료로 비싸게 팔리는 것을 알고 있다. 해서 추어탕집과 직거래를 할 수 있는 방법을 모색하다가, 초피나무 열매뿐만 아니라 미꾸라지도 함께 팔면 더욱 많은 수입이 될 수 있다. 미꾸라지는 대량 양식방식으로 배양하기보다는 마을의 자연을 그대로 이용하기로 했다. 다랭이논에 미꾸라지 치어를 방목하여 자연적으로 배양하는 방식을 선택했다.

다랭이논에 치어를 방목하는 순간부터 사진을 찍는다. 커가는 모습을 지켜보며 성장과정을 사진에 담는다. 초피나무를 직접 베고, 말리는 작업을 하는 것도 사진에 담는다. 초피나무 원목을 팔기보다 열매를 가공해 가루로 파는 것이 더 수익에 도움이 된다. 이때 마을기업을 통해 가공하는 기계와 초피열매를 가루로 담는 포장재, 포장기 등을 구입하는 비용을 계산한다. 미꾸라지 치어구입의 일부분 비용도 사용가능하다.

이렇게 마을기업은 지역의 고민을 공동체가 주도적으로 풀어나가는 과정에서 필요한 지원을 하는 사업이다. 마을의 어르신들이 산에서 초피나무를 가꾸고 직접 채취하여 가공하여 분말가루로 포장하는 모습이 사진에 나온다. 다랭이논에서 성장한 미꾸라지를 직접 잡아서 그대로 추어탕집으로 보내는 순수 자연산 미꾸라지 사진이 출력된다. 추어탕집에선 자연산 미꾸라지뿐만 아니라 국내산 초피가루가 향신료로 배달된다. 제품과 함께 출력된 사진 또는 USB 메모리 칩에 사진을 담아 함께 건넨다.

추어탕집의 입장에서는 신선한 재료구입은 물론 함께 동봉된 사진을 홀에 액자를 만들어 게시한다. 사진마다 미꾸라지와 초피열매 등 생생한 그림들을 볼 수 있다. 식사를 하러온 손님이 그러한 액자를 보면서 무슨 생각을 할까? 주변 추어탕집과 차별화가 이루어진다. 중국산 수입품이 많은 미꾸라지하고 비교가 된다. 확실히 국내에서 채취한 초피가루이고 미꾸라지라는 것을 확인한 순간부터 고객은 증가하게 되어 있다. 해당 추어탕집의 매상이 증가하면 할수록 해당 마을기업의 매출도 동시에 확대되는 구조다.

이렇게 지역별로 추어탕집들과 사전계약, 일종의 계약재배 방식으로 하면 된다. 제품의 판매처가 확보되면 안정적인 수입구조를 이룰 수 있다. 즉, 지속가능한 마을기업으로 성장이 가능한 구조다.

설명이 상당히 구체적이고 길었던 모양이었다. 모두가 고개를 끄덕이는 것을 확인하고 자리에서 일어나려고 하자 옆 테이블에 있던 사람이 손을 잡았다. 우리도 봐달라는 것이다. 계속 옆에서 지켜보며 듣고 있었다고 한다. 난감해졌다. 현재 자리에서 너무 많은 시간을 소비하면서 다른 일정에 지장을 줄 것 같았다. 시간이 없다고 이야기하자 불 같은 화로 돌아온다. 사람 차별하지 말라는 말 한마디에 아무 소리 못하고 그 자리에 앉게 되었다.

이렇게 시작된 테이블 대화는 사업을 하려는 이유를 찾아내기까지 상당한 시간이 소요되었다. 두 번째 상담을 하게 된 테이블 구성원들도 농촌지역에서 오신 어르신들이었다. 지렁이를 키워 판매하신다고 한다. 미꾸라지를 팔아 마을에 도움이 되는 일을 하겠다는 옆 테이블과 같은 양상을 보였다. 왜 지렁이를 생각하셨는지, 스무고개가 시작되었다.

마을과 지렁이의 관계를 엮을 만한 스토리 찾기가 어려웠다. 마을 환경이 지렁이가 많이 있는 지역도 아니고, 지렁이와 관련된 전설이 있는 것도 아니다. 이야기 도중에 낚시꾼들에게 지렁이를 팔아야겠다는 이야기다.

해당 A마을은 지렁이와 낚시꾼과는 아무런 상관관계가 없다. 인근 지역에 조그만 저수지 등 낚시터가 몇 군데 있었다. 그 낚시터를 가려면 A마을을 반드시 지나가야 한다. 지형상 낚시터에 진입하기 전에 거쳐야 하는 입구인 셈이다. 지렁이 사업을 시작하게 된 배경은 다음과 같다. 마을을 지나가는 낚시꾼들이 마을입구에 쌓여 있는 퇴비 속을 뒤지며 지렁이를 잡아간다고 한다. 남의 거름을 뒤지는 것은 유쾌하지 않지만, 낚시 미끼로 지렁이를 몇 마리 가져가는 것에 대해 야박스럽게 하기도 어렵다. 이렇게 마을 퇴비 속에 있는 지렁이를 그 낚시꾼들에게 팔아보면 어떻겠냐는 이야기로 마을기업 참여를 했다고 한다.

A마을을 통과해 지나가는 낚시꾼이 상당했다. 주중은 물론이고 주말에는 상당수의 인원이 지나가는 모양이다. 낚시 할 만한 곳이 여러 곳 있고 소문도 나 있는 상황이다. 그들에게 지렁이 몇 마리 팔

아서는 돈이 될 것 같지 않았다. 해서 지렁이 분변토를 활용한 사업 제안을 해보았다. 마을의 음식물 쓰레기를 처리해주는 지렁이 양식장 시설을 갖추고 지렁이에서 나오는 분변토를 퇴비로 사용해 지역 농산물을 키워내는 것이다. 낚시꾼들에게 A마을은 지렁이 분변토로 키운 오이, 토마토, 고구마 등 다양한 밭작물을 파는 곳으로 인식시키는 것이다. 유기농법의 판매장도 있으면 금상첨화(錦上添花)다.

낚시를 하다보면 식사를 해야 하고 식재료가 필요한데, 도심에서 가져오기보다는 지나가는 길목에 천연재료를 그것도 저렴하게 파는 곳이 있다면 찾게 될 것이다. 처음에 적응하기 어렵겠지만 입소문이 나고 한번 찾게 되면 의존성이 강해지기 마련이다. 아이디어는 나왔다. 아이디어를 수립하고 실행하는 것은 A마을 주민의 몫이다.

5. 사업계획서 작성 방법

마을기업을 도전하는 주민들에게 가장 힘든 것이 사업계획서를 작성하는 일이다. 마을기업 아이템은 무엇으로 하고 그것을 어떻게 제조하고 판매하는 것에 대해서는 거침없는 발언이 나올 수 있다. 한 의제(agenda, 議題)에 대해 각자가 가지고 있는 생각을 말로 표현하는 일도 쉽지는 않다. 더구나 구체적인 실행방안을 말이 아닌 글로 작성해야 하는 것은 대략 난감한 일이다. 일반 회사에서 기획서를 다루는 오랜 경력의 회사원도 사업계획서를 작성하는 일에는 진땀을 흘리기 마련이다.

마을기업 설립 전 교육 프로그램을 진행하면서 컨설턴트들이 상담해준다고는 하지만 실제 작업은 참여자들이 해야 하기 때문이다. 컴퓨터 앞에서 직접 사업계획서를 작성하는 일이다. 문서활용 능력도 있어야 하고, 키보드 치는 것도 능숙해야 한다. 더욱 중요한 것은 구두로 쏟아져 나온 내용을 일목요연(一目瞭然)하게 정리를 해야 한다. 내용뿐만 아니다. 향후 3년간 정부지원금과 자부담을 합한 총사업비용을 어떻게 사용할 것인지에 대한 예산계획서도 작성해야 한다.

어떤 아이템을 판매해서 얼마만큼의 수익이 나고, 제품을 제조하고 판매하기 위해서 들어갈 비용들에 대한 지출내용 계획을 수립해야 한다. 이 정도 상황이 되면 참여자들의 반응은 여러 형태로 나타난다. 참여자들 중에 가장 젊거나 컴퓨터를 능숙하게 하는 사람에게 시선이 집중된다. 교육을 진행하는 주체인 마을기업 지원기관 담당 직원에게 슬쩍 떠넘겨보려 한다. 주변 사람들에게 도움을 청하기 시작한다. 참여자들의 사돈의 팔촌까지 동원해서 사업계획서를 쓸 줄 아는 사람을 찾는다. 참여자들의 답답한 마음을 문서로 해결해줄 '수호천사'를 찾기 시작한다.

이렇게 찾다가 도저히 안 되는 상황이 되면 불법적인 거래를 시도하는 곳도 있다. 일종의 사업계획서만 전문적으로 써주는 소위 '브로커'를 찾는 일이다. 한 건당 일정 금액을 받고 사업계획서를 써주는 그들에게 일을 맡기는 것이다. 대학교 주변에 석사와 박사학위 논문을 대필해주고 돈을 받는 사람이 있다는 사실은 언론보도를 통해서 자주 접할 수 있다. 그와 유사한 형태로 정부의 각종 보조금 사업에 대해 해당 마을의 사업계획서를 써주고 돈을 받는 브로커가 있다는 사실은 공공연한 비밀이다.

이는 심사를 하는 과정에서 찾아볼 수 있다. 마을기업 사업신청서

인데 필요 이상으로 사업계획서가 치밀하고 면밀한 구석이 보인다. 마을기업의 필요성에서부터 해당 참여자들의 수준을 뛰어넘은 단어들이 보인다. 수입과 지출내역도 구체적이다. 도표와 사진이 적절히 포함되어 있다. 마을기업을 통해 무엇을 하려는지 명확하다. 제조는 물론 판매전략도 실현가능하게 보인다. 심사위원의 입장에서는 딱히 뭐라고 집어낼 것이 없다. 이러한 사업계획서를 작성해주는데 건당 몇 백만 원씩 준다는 소문이다.

마을기업에 참여하려는 주민들의 입장에서 이것도 안 되고 저것도 안 되는 상황에 놓이면 고민스러울 것이다. 부당한 행위인줄은 알지만 마을기업에 지정이 되려면 구체적인 사업계획서를 작성해서 제출해야 한다. 그렇게 시작된 마을기업이 순탄하게 잘 진행되리라 생각하는 것은 너무 어리석은 일이다.

마을기업 사업이 서류심사만 가지고 선정한다면 이러한 불법으로 작성된 사업계획서가 통과될 수 있는 개연성이 있다. 하지만 마을기업은 17개 광역시도 심사에서 반드시 대면심사를 하게 되어 있다. 필요에 의해 기초지자체에서도 대면심사를 할 수 있다. 해당 공무원과 지원기관의 현장조사는 물론 중앙의 심사 전에 다시 현장 대면조사를 하게 된다. 이러한 과정에서 자연스럽게 사업계획서가 참여자들이 직접 작성한 것인지, 누구 도움을 받은 것인지, 브로커에게 돈을 주고 맡긴 것인지를 밝혀낼 수 있다.

대면심사에서 발언을 하는 대표의 수위 및 분위기는 가장 기본이다. 필자의 경우는 사업계획서상의 몇 가지 부분에 대해 점검을 하면 바로 체크할 수 있다. 7년 넘은 기간 동안 수많은 심사를 하면서 얻은 노하우다. 99.9%의 정확성을 자랑할 수 있을 정도라 할 수 있을 정도다. 2차 광역시도의 심사과정에서 전국 심사를 모두 다 참여하는 것은 아니다. 비슷한 시기에 동시에 심사가 개최되기 때문이다. 또한 심사후보자 명단에서 추첨되어 선정되어야만 참여하는 방식이다. 따라서 일부 지역에 참여하게 되기도 하고 대다수 심사에 참여하는 행운을 얻기도 한다. 이러한 과정에 필자에게 걸리는 사업계획서는 운이 없다고 보면 된다.

지역심사에 참여하다 보면 여러 가지 상황을 접하게 된다. 5분의 발표시간과 질문 5분 등 10분 안에 사업계획서의 내용을 보고 미비한 사안에 대한 질문을 해야 한다. 사전에 사업계획서를 보내주어 검토를 하지 않는 한 꼼꼼히 본다는 것은 불가능한 시간이다. 지역에 따라서는 1장으로 정리를 하여 심사위원들의 판단을 빠르게 도와주는 곳도 있다. 필자의 경우는 없는 시간을 내어 지방에까지 간 것에 대한 몫을 다하려는 경향이 강하다. 미리 도착하여 심사 자료를 보거나, 발표하는 시간에 최대한 집중하여 사업계획서를 훑어본다. 이러한 시간이 반복되면서 아주 짧은 시간에도 문제점을 찾아낸다. 서류상 미미한 부분도 있고, 사업적으로 맞지 않는 부분도 있고, 수입과 지출내역이 아귀가 맞지 않는 것을 찾아낸다. 그리고 그것에 대해서 질문을 한다. 발표하는 대표가 대답하기 어려운 질문만 찾아내 공략하는 경우도 많다.

사업에 대한 내용이나 비용사용에 대한 내용은 현장에서 응답이 가능하다. 문제는 가장 기본적인 서류의 미비 또는 누락이다. 마을기업 육성사업 시행지침에 나와 있는 내용에 대한 서류 또는 내용을 채우지 못할 경우이다. 나중에 보완하겠다고 하지만 이미 심사장 안에 서류가 있고, 심사를 하는 과정이다. '선(先) 조치 후(後) 보완' 할 심사가 아니다. 이 부분에서 이성과 감성이 충돌한다. 지역사회의 입장에서는 중앙심사 가기 전에 보완하면 되는 것 아니냐는 입장이 있을 수 있다. 마을기업 사업 참여자가 감소하는 상태에서 그리 큰 문제가 아니면 넘어가자는 분위기도 있다. 정해진 사업비를 소진하기 위해서는 다소 부족하더라도 채워나가면 되지 않느냐는 볼멘소리도 들을 때가 있다. 한 사람의 지적이 맞는 내용이라 할지라도 다수의 위원이 동의하지 않는 분위기에서는 다른 방법이 없다. 중앙심사에서 걸러지기 바랄 뿐이다.

이렇게 사업계획서상의 문제가 발견되는 것은 이유가 있다. 참여자들이 모여서 만든 계획서라기보다는 한 사람이 주도적으로 작성을 했기 때문이다. 또한 다른 누군가가 대신 작성하였고, 그것에 대한 서로의 공감이 확보되지 않은 상태에서 심사장에 왔기 때문이다. 어떤 경우에는 간사 또는 총무라고 하는 사람이 발표를 하는 경우가 있다. 귀농귀촌한 사람이라며 발표를 하고 대표는 뒤에 앉아 있거나, 보이지 않는다. 이런 경우도 전체가 모여 사업계획서를 작성했다고 보기 어렵다. 참여자들이 모여서 만든 사업계획서가 아닌 경우는 사업으로 선정이 되어도 문제다. 내용을 모르는 사람들이 모여 만든 마을기업으로 반드시 갈등이 발생하기 때문이다.

필자는 사업계획서는 참여하는 주민 5명 이상이 모여서 수립해야 한다고 주장한다. 내용이 다소 부족하더라도 합의에 의한 내용과 실행계획이어야 한다고 말한다. 마을기업에 참여하고자 하는 주민 한 명 한 명의 이야기를 듣고 그 의견을 모두 담아낼 수 있는 작업이 필요하다. 기획능력과 컴퓨터 작업이 가능하다 해서 혼자 작업하는 방법은 좋지 못하다. 처음부터 다른 사람은 제외된 상태에서 시작된 마을기업이기 때문이다.

모두가 참여할 수 있는 사업계획서 작성 방법은 어떤 방식일까? 마을기업 설립 전 교육에 참여하는 필자는 이러한 방법론을 제시한다. 대부분 필자는 첫날 마을기업에 대한 이해교육을 진행한다. 그 누구보다도 마을기업에 대해 가장 잘 설명할 수 있는 장점이 있다고 자평한다. 그러한 것들이 인정받아서인지 첫날 마을기업 분위기를 잡아가는 데 투입된다. 필자는 강의 중에 참여자들에게 이러한 부탁을 한다. 첫날 교육이 끝나면 집으로 바로 가지 말고 모임을 가져라. 대부분 참여한 사람 중의 한 집을 정하여 그 집에서 모여라. 개인 집이 불편하면 마을회관도 좋고, 참여자가 모두 모여서 이야기를 나눌 수 있는 조용한 공간을 선택하라.

모임장소가 정해지면 해당 장소에 가기 전에 문방구에 들러라. 구매할 것은 2~3가지다. 도화지보다 훨씬 더 큰 전지 20장 정도 구입한다. 전지에 글을 쓸 칼라 유성펜을 산다. 5명이면 5가지 색, 10명이면 10가지 색 이상이 들어 있는 것으로 선택한다. 그리고 마을회관 등 벽에 공간이 있어서 전지를 붙일 수 있으면 청테이프 또는 스카치테이프 혹은 압정 등을 준비한다. 준비가 끝나면 회의장소로 가기 전에 가볍게 이른 저녁을 하면서 분위기를 조성한다. 같은 테이블에서 식사를 하면서 긴장을 풀고 평안한 상태를 만들어놓는 것이 중요하다.

이제 모두가 둘러앉는다. 장소에 따라서는 벽에 전지를 붙일 수도 있고, 바닥 한가운데에 20장을 놓는다. 모임의 대표가 될 사람이 사회를 보면 된다. 어려운 이야기 하려고 모인 것이 아니다. 전지 20장이면 20가지 이야기를 정하면 된다. 둘러앉은 참여자들의 손에는 각

각 다른 색상의 컬러펜을 나눠준다.

처음부터 어려운 이야기 또는 주제를 꺼내놓으면 진행하기 어렵다. 그래서 간단한 이야기부터 시작한다. "우리는 어떤 것을 가지고 마을기업을 할까요?" 이 질문에 참여자들이 생각하는 내용에 대한 반응이 나온다. 이때부터가 중요하다. 본인의 의사표현을 말로 아닌 글로서 나타낸다. 글로 표현하지만 길게 쓰지 않고 최대한 간단하게 적는다. 본인이 들고 있는 컬러펜을 가지고 또박또박 적어간다. 10명이 모였으면 10가지 색상의 글씨가 적혀 있어야 한다. 간혹 글씨를 잘 못 써서, 혹은 눈이 침침해서 쓰기 어렵다는 분이 계시면 옆에서 대신 써줄 수는 있다. 그러나 가능한 스스로 한두 글씨라도 적을 수 있도록 분위기를 만들고 격려한다.

어떤 사안에 대해 말을 할 때는 누구나 편안하게 하고 싶은 이야기를 다한다. 그러나 그 표현을 글로서 하자고 하면 말이 적어지고 불편해한다. 자연스럽게 아무렇게나 나오는 대로 이야기 하는 것이 아니다. 한 번 더 생각을 하게 만든다. 내가 펜을 가지고 종이에 흔적을 남기게 때문이다. 이렇게 잠시라도 고민을 하고 한 글자 적어 넣기 시작한다. 처음 시작이 어렵다. 서로 눈치를 보지만 누군가 글을 쓰기 시작하면 이내 지면에 글씨가 빼곡히 채워진다. 전지 1장에 이야기가 모아지면 바로 실행해야 할 일이 있다. 대표 또는 총무를 맡은 사람이 핸드폰으로 사진을 찍어 놓는 것이다. 몇 번 찍어서 가장 잘 나오는 것을 확보한다.

이 자료는 참여자들의 의사소통 구조인 밴드 등 온라인에 올려놓는다. 참여자 10명 모두가 바로 확인할 수 있고, 언제든 열어서 내용을 볼 수 있는 구조를 만든다. 이렇게 한 주제가 마무리되면 한 프레

임씩 정리하여 밴드에 탑재한다. 사회자가 질문을 하고 나머지 참여자들은 종이에 글만 쓰는 방식은 아니다. 중간 중간 의견을 표시할 수 있으면 한다. 상대방의 의견 속에 본인의 아이디어를 생각할 수도 있다. 또한 상호 갑론을박(甲論乙駁)하는 과정에 의견이 모아지는 효과도 있다. 이 또한 서로에 대한 의사표시를 저장할 수 있는 도구가 필요하다. 준비할 수 있으면 녹음기를 준비한다. 여의치 않으면 다른 누군가의 핸드폰 녹음 기능을 이용해 회의 처음부터 마무리될 때까지 녹음을 한다.

이 녹음 파일 또한 전체가 들을 수 있도록 공유한다. 녹음과 사진이 가져다주는 효과는 상당히 긍정적인 내용으로 쏟아진다. 발언 한마디가 중요하고 글씨 한 자가 중요하다. 회의 내용과 동떨어진 이야기로 방해할 수 있는 분위기를 방지한다. 모두가 집중할 수밖에 없다. 나의 말과 글씨가 기록되고 공유되고 있기 때문이다. 이렇게 한 장씩 전지를 넘긴다. 마을회관 등 장소가 넓고 벽을 사용할 수 있다면 벽에 붙여놓은 전지에 다양한 칼라 글씨가 적힌 풍경을 상상해봐라.

어떤 것을 가지고 마을기업을 할 것인지, 얼마 출자를 할 것인지, 실제 참여가 가능한지, 사무실은 어디에 둘 것인지, 사업장 확보가 가능한지, 나는 무슨 역할이 가능한지, 생산은 누가 맡을 것인지, 판매는 누가 담당할 것인지, 행정업무는 누가 볼 것인지, 회계 및 총무 역할은 가능한 사람이 있는 것인지, 전담할 사람이 필요하면 고용할 것인지, 고용한다면 누가 생각나는 사람이 있는 것인지, 제품생산에 필요한 환경은 되어 있는 것인지, 허가를 받아야 하는 것은 없는지. 대표는 누구로 할 것인지, 홍보는 어떤 방식이 좋은지, 전업으로 할 사람은 누구이고, 부업으로 참여할 사람은 누가 가능한지, 첫해 매출은 얼마를 생각하는지, 마을기업 사업비 이외 사업자금 확보가 가능한지 등등 함께 논의하고 상의하고 의견일치를 봐야 할 내용이 많다.

이렇게 하나의 주제에 대한 참여자의 진중한 대답과 글씨는 시간이 흘러 가득 지면을 채운다. 처음에는 서로 쑥스럽고 냉정한 것 같았지만 한 장 넘어갈 때마다 분위기는 일반 회사 경영 회의하는 모습이 되어 간다. 모처럼 오랜만에 진지한 논의를 하는 것 같다. 이렇게 공개적으로 서로의 의견을 확인하는 일도 처음이다. 회의를 마치면 누군가 해야 할 일이 있다. 참여자 중에서 가장 정리도 잘하고 문서능력도 우수한 한 사람이 오랜 시간 동안 논의되었던 내용을 취합하고 정리하면 된다. 마을기업 사업계획서를 하나씩 채워나간다. 지금까지 이야기한 내용을 그대로 계획서 지면에 녹아내면 되는 것이다.

내용이 풍부하다. 한 사람이 혼자 기획서 작성하듯이 만들어진 것이 아니다. 참여자들이 모두 모여 의견을 말하고 합의하고 정리된 내용이다. 상당히 실천적이고 실행력이 가능한 사업계획서가 된다. 나름 근거 있는 내용들을 가지고 발언을 했고 전지에 마음을 담아 적었기 때문이다. 이렇게 작성된 사업계획서는 지속가능성을 충분히 담보하고 있다. 권리를 주장하기 전에 책임을 지겠다는 발언과 내용이 녹아 있기 때문이다. 더욱 중요한 것은 참여자들의 갈등구조를 사전에 방지하는 효과가 있다. 사진과 녹음기 속에 본인의 글씨와 육성이 담겨져 있기 때문에 후에 다른 소리를 할 수가 없다. 서로 그때 그렇게 이야기하지 않았느냐고 다툴 필요가 없다. 그러한 개연성을 사전에 차단한 사업계획서 작성과정이 있었기 때문이다.

제7장

마을기업박람회

1. 대한민국 마을기업박람회 현황

2010년 하반기 시범사업으로 출발한 마을기업이 박람회를 처음 개최한 것은 2년 후의 일이다. 2012년 사업계획에 포함되지 않았던 박람회가 열린 것이다. 당시 대구시에서 행정안전부로 파견 나온 마을기업 책임자의 의지가 반영된 것이다. 현재 마을기업팀으로 운영되고 있지만 그 당시는 '일자리사업 추진단' 명으로 유지된 시절이었다.

2011년부터 마을기업명으로 자리를 잡아가는 상황이었고, 2012년에 사회적기업과 통합논의로 몸살을 앓고 있었다. 2007년 7월에 시작된 사회적기업은 자체적으로 사회적기업박람회를 진행하고 있었다. 그 당시 마을기업은 사회적기업박람회에 참가하지 못하거나 참가하더라도 구석진 곳에 게스트로 인식되는 수준이었다. 마을기업만의 단독 박람회가 필요했다. 하지만 행정안전부의 예산이 마련되지 못한 상태였다. 행사를 개최하려면 전년도에 통과된 해당항목의 사업비가 있어야 가능하다. 2011년도에 그에 대한 준비가 되어 있지 못했다. 박람회 개최 필요성이 논의되었지만 사업예산으로 더 이상 진행되지 못했기 때문이다.

<표 7-1> 마을기업박람회 진행 현황

박람회 공식명칭	시행년도	개최장소	슬로건
2012 대한민국 마을기업박람회	2012년 10.6~10.7	경상북도 **문경**시 문경새재 도립공원 1관문 앞 잔디광장	지역의 희망, 마을기업! 일자리 창출, 마을기업이 희망입니다
2013 대전충청권 마을기업박람회	2013년 6.15~6.16	대전광역시 엑스포시민광장	고용노동부 사회적기업박람회와 공동개최
2013 경기도 마을기업 엑스포	2013년 7.1~7.3	경기도 고양시 일산 킨텍스 제1전시장	2013 사회적기업박람회 고용노동부와 경기도 공동개최
2013 대한민국 마을기업박람회	2013년 9.6~9.8	전라남도 **순천**시 순천만국제정원박람회장	지역희망, 마을기업!
응답하라 2014 대한민국 마을기업박람회	2014년 6.13~6.15	인천광역시 문학경기장 동문광장	국민과 지역을 부자 만드는 마을기업! 도희/마을기업 홍보대사
2014 대한민국 마을기업박람회	2014년 10.1~10.3	경상남도 **진주**시 칠암동 남강 둔치 일원	지역경제의 희망, 우리 지역과 대한민국을 부자로 만듭니다 도희/마을기업 홍보대사
2015 대한민국 마을기업 **한마당 장터**	2015년 9.18~9.20	강원도 **춘천**시 춘천역 앞 행사장 (구 캠프페이지)	지역과 소비자가 만나는 전국 마을기업 대축제
2016 대한민국 마을기업박람회	2016년 9.30~10.2	**세종**특별자치시 정부세종컨벤션센터	마을기업이 희망입니다 송소희/마을기업 홍보대사
2017 대한민국 마을기업박람회	2017년 10.27~10.29	경상남도 김해시	

이 시점에 당시 경상북도 부지사의 도움과 경상북도지사, 전국시도지사협의회, 해당 지역의 국회의원, 문경시 등의 협력으로 처음으로 독자적인 마을기업박람회를 치룰 수 있게 되었다. 2012년 10월 6일과 7일, 1박2일 동안 경상북도 문경시 문경새재도립공원의 제1관문 앞 잔디광장에서 개최되었다. 2012년 대한민국 마을기업박람회(KOREA COMMUNITY BUSINESS EXPO)는 행정안전부와 전국시도지사협의회가 주관하고, 경상북도가 주관했다. 후원기관은 중소기업청, 문경시, 대구일보, 한국관광공사, 소상공인진흥원, 코레일

유통, 한국우편사업진흥청, 대구경북마을기업통합지원센터다.

중앙부처가 진두지휘하는 박람회는 빠른 속도로 준비를 해나갔다. 당시 전국적인 마을기업협회가 없었던 시절이라 주체 및 주관명에 마을기업 당사자들의 조직명은 빠져 있었다. 16개 시도별로 마을기업 참여모집이 있었고, 전국에서 141개의 마을기업이 참여하게 되었다.

필자 또한 지속적으로 마을기업 관련 업무 및 자문역할을 하고 있는 상황에서 참여하였다. 필자의『마을기업과 사회적기업 거버넌스』책이 2012년 9월 초에 발간되었다. 2012년에 사회적기업에 통합되지 않으려는 마을기업의 노력이 있었고, 정체성 확립을 위한 목적으로 글을 쓴 것이다. 동시에 마을기업과 사회적기업이 어떠한 차이가 있고 구별가능한지를 보여주는 책이다. 이 책으로 인하여 마을기업의 핵심적인 정책전문가로 활동할 수 있는 기반이 되었다. 또한 박람회에서 전국 각 마을기업 대표자들을 만나서 함께하는 기회의 장이 되었다.

2012년 마을기업박람회에서 서울시 종로구 통인시장 도시락카레로 유명해진 우수마을기업 '도시락 통'의 사례를 통해 시장상인회간 공동체회복이 가능함을 보았다. 또한 나뭇잎 하나로 연간 30억 원의 매출을 올리고 있는 일본 도쿠시마 현 소재 마을기업 '이로도리'의 요코이시 토모지 대표를 초대해 마을기업의 성공사례를 들었다. 일본에서 공부했던 경험을 살린 필자가 요코이시 토모지 대표를 초대하고, 통역까지 맡았다.

2013년에는 추경예산까지 편성되면서 마을기업의 예산이 거의 2배로 확대되었다. 마을기업 지정 개수가 증가하면서 지역사회에서 마을기업을 제대로 알리는 기회가 되었다. 박람회 예산도 2012년 2억 수준에서 5억까지 늘어났다. 이 때문에 2013년은 지역박람회 개념의 행사를 2번 치루고, 가을에 본 박람회를 개최했다. 6월에 사회적기업들과 마을기업이 함께 박람회를 개최했다. 대전광역시가 고용노동부와 안전행정부에서 박람회를 수주하면서 공동으로 치뤄졌다. 7월에는 경기도 일산 킨텍스에서 2013년 사회적기업 박람회가 경기도와 공동으로 개최되었다. 이 때문에 경기도 몫으로 경기도 마을기업을 중심으로 지역박람회 수준의 참가가 이루어졌다. 전국 우수한 마을기업들의 참여도 함께 이루어졌다. 동년 9월에 전라남도 순천시에서 명실공히 제2차 전국 마을기업박람회가 개최되었다. 2012년에는 마을기업협회가 체제를 정비하기 전에 개최되었지만 순천박람회는 처음으로 마을기업협회가 공동주최자로 이름을 올렸다. 2013년부터 2015년까지 한국마을기업협회가 공동주최자로 활동했다. 2016년 세종박람회에서는 주최자가 아닌 주관으로 밀려났다. 2016년 상반기 마을기업협회의 분란이 가져온 현상이었다.

2013년 6월 대전과 7월 경기에서의 지역박람회는 행사 전체를 놓고 볼 때는 규모 있게 보였다. 하지만 마을기업 당사자들에게는 경제적으로 큰 도움이 되지 못했던 것 같다. 2013년 9월 순천박람회에서는 한국마을기업협회 주관으로 전국 마을기업 사생대회도 열렸다. 마을기업을 널리 알리기 위한 홍보활동 차원에서 진행되었다. 사생대회 참가절차는 간단했다. 주변에 있는 마을기업을 방문하여 보고 느낀 점을 그대로 그려서 제출하는 방식이었다. 방문한 마을기업 대표의 확인서명이 들어간 그림만 참여할 수 있도록 했다. 이렇게 전국에서 접수된 그림을 가지고 서울시 동대문구 2층 대강당에 펼쳐

놓고, 행정, 협회, 전문가들이 참여해 심사를 했다. 초등부, 중등부, 고등부 각각 장관상, 전라남도지사상, 순천시장상 등을 정하였다.

최우수상과 장려상까지 약 30여 점을 순천만 국제정원박람회장 내에 자리를 마련한 마을기업박람회장 입구에 전시를 했다. 행사 마지막 날 폐막식에 입상자들을 대상으로 시상을 하였다. 마을기업 사생대회의 의미는 명확했다. 마을기업을 아이들과 함께 방문한 부모들에게 마을기업이 무엇인지에 대한 홍보활동이 가장 중요했다. 두 번째는 아이와 찾아와 마을기업 대표자에게 설명을 듣고 확인서명까지 받은 부모의 입장에서 그냥 그대로 나오기는 어려울 것이라 판단했다. 무엇이라도 해당 마을기업에서 판매되는 제품을 구매할 수 있을 것 같은 판단이 들었다. 이렇게 마을기업 사생대회는 마을기업의 제품 판매전략의 일환으로 진행되었다. 당시 한국마을기업협회의 정책위원장으로서 행사를 계획하고 실행했던 당사자로 지속적으로 개최하지 못한 것이 아쉽다.

2014년에도 상반기와 하반기 2차례의 박람회 개최이 잡혀 있었다. 상반기에는 인천, 하반기에는 진주 남강 유등축제가 이루어지는 곳에서 동시에 개최되었다. 그러나 상반기 행사는 지방자치단체 선거와 세월호 사건 등의 여파로 초기 계획일보다 2달 정도 뒤로 밀렸다. 6월 인천문학경기장 동문 앞 공간에서 치러진 박람회는 조용하게 진행되었다. 인천마을기업협회 회원사들이 중심이 되어 치룬 지역박람회였다. 마을기업들이 주체가 되어 진행한 행사라는 차원에서 기대도 많았다. 반면 준비되지 못한 결속력과 행정과의 협치 부분이 원활하지 못했다는 평가를 받기도 했다. 이때 처음으로 도희[1]라는 가수가 마을기업 공식 홍보대사로 지명되었다. 2016년에는 판소리로 유명한 송소희가 홍보대사가 되었다.

2014년 10월에는 경상남도 진주시 남강에서 대한민국 마을기업 박람회가 개최되었다. 공식적으로 제3회가 되어야 하나, 지역박람회 등이 혼재되면서 몇 회라는 것을 사용하지 못하고 있다. 대신 해당 년도를 표시하는 것으로 박람회를 알리고 있다. 진주에서 박람회는 경상남도의 매칭금액이 작고 진주시가 1억 원이 넘는 금액을 매칭하면서 행사의 중심이 진주시 의도대로 진행되었다. 상반기에 마을기업들이 중심이 되어 진행되었던 것이 진주에서는 지역 케이블방송국이 선정되면서 뒤로 밀려났다. 전국에서 지자체 축제로는 가장 늦으면서 가장 규모가 크다고 알려진 남강유등축제에 참여한 관광객은 기대 이상이었다. 하지만 유등축제의 손님이 대부분이었고, 인근 먹거리 장터에 손님이 모여들면서 기대 이하의 타격을 받았다.

2015년에는 강원도 춘천역 앞 광장에서 박람회가 개최되었다. 2014년까지 대한민국 마을기업박람회라는 공식명칭이 마을기업 한마당장터로 변경되었다. 협회에서 공식 항의하는 등 문제제기를 했으나, 성과와 실적의 명분 뒤로 밀려났다. 마을기업박람회라는 이름이 사라진 것이다. 같은 날 춘천역 앞 광장은 마을기업만의 행사가 열린 것은 아니었다. 유사한 성격의 행사가 함께 개최된 것이다.

여기에서도 2014년 진주 유등축제의 악몽이 그대로 재현되었다고 해도 과언이 아닌 상황이 나타났다. 또한 행정 주도로 마을기업학회가 아닌 지역공동체학회가 출범되었다. 학회명은 지역공동체였지만 내용은 마을기업이다. 문제는 창립축하 세미나를 하는 행사장에 마을기업 관련자는 초대를 받지 못했다. 전문가, 지원기관, 마을기업

---

1) 도희는 걸그룹 타이니지라 멤버이며, 응답하라 1994에서 출연한 윤진이 역할을 했던 사람이다.

대표들이 아닌 마을기업이 무엇인지도 모르는 학자들 위주의 전시성 행사를 보여준 것이다. 전야제 전날 치르는 우수마을기업의 상금도 일관성 없이 최우수상 7천만 원, 우수상 5천만 원, 장려상 3천만 원으로 인상하여 선정되었다. 모든 것이 마을기업 당사자들의 위주로 진행되는 것이 아님을 확실히 보여준 사례였다.

2016년에는 세종특별자치시에서 개최되었다. 심사과정에서 뒷말도 많았지만, 대부분 중앙부처가 몰려 있는 세종에서의 박람회는 나름 의미가 있을 거라 판단했다. 문제는 여기서도 마을기업협회는 뒤로 밀린 상황에서 중앙부처와 지자체, 그리고 행사업체들만의 박람회가 되었다는 평가를 받고 있다. 통상 마을기업박람회는 중앙부처에서 2억 원, 광역지자체에서 1억 원을 매칭하여 행사를 진행했다. 그런데 세종에서는 7억 원이 넘는 돈으로 세금낭비가 우려되는 행사들이 개최되었다. 2016년 마을기업 지정심사에서 탈락이 많아지면서 남아도는 예산으로 돈 잔치를 했다는 비판도 나왔다. 송소희라는 새로운 홍보대사를 지명했다. 2014년에 지정된 마을기업 홍보대사 도희는 사라졌다.

예산이 많았던 만큼 다양한 행사가 개최되었다. 한중일 국제 컨퍼런스, 프리마켓, 열기구 레이저쇼, 마을기업 토크 콘서트, 마을기업 창업 아이디어 공모전, 보드게임, 동물장기 만들기, 열무김치 담그기 체험, 한복 입기 체험 등 남녀노소 누구나 쉽게 할 수 있는 프로그램 등이 열렸다. 정부컨벤션센터 2층 기획전시장에 부수를 설치했지만 예년보다 작은 70여 개의 마을기업들이 참석했다. 한중일 국제 컨퍼런스도 마을기업보다는 지역공동체를 주제로 한 행사로 공동체 행사에 마을기업이 주변을 감싸는 모습이 연출되었다. 2015년 말 기준으로 마을기업은 1만 2천여 명의 일자리를 창출했다. 총 1,342개 마을기업이 약 1,183억 원의 매출을 올렸고, 참여주민은 약 5만 명에 달했다. 2016년 행사에서 알려진 내용이다.

2017년 대한민국 제6회 마을기업박람회는 경상남도 김해시에서 개최된다. 2012년에 경북 문경에서 시작된 마을기업박람회는 2013년 전남 순천, 2014년 경남 진주, 2015년 강원 춘천, 2016년 세종특별자치시, 2017년 경남 김해에서 펼쳐질 계획이다. 지역박람회 개념으로 대전, 경기 고양, 인천광역시 등에서도 개최된 바 있다.

이렇게 오프라인 마을기업박람회와 함께 2015년부터는 온라인 마을기업판매전이 이루어지고 있다. 2015년에 개최한 '대한민국 마을기업 온라인 페어'는 2015년 6월 29일부터 약 1달간에 걸쳐서 이베이코리아에서 판매전을 개최했다. 주최는 행정안전부와 한국마을기업협회였다. 2016년에 제2회 대한민국 마을기업 온라인 박람회로 행사명이 변경되었다. G마켓-2016 마을기업 온라인 박람회, 옥션-2016 마을기업 온라인 박람회 등의 이름으로 진행되었다. 온라인 프로모션을 통한 제2회 대한민국 마을기업박람회 홍보 및 우수상품 250개 마을기업 제품이 판매되었다. 이베이코리아 매칭예산 약 1억 원 추가 광고 및 쿠폰, 이벤트 경품 지원도 이루어졌다. 온라인 판매를 통해 상당한 매출을 올린 마을기업도 등장했다.

2. 마을기업박람회 주체와 객체

마을기업인들의 큰 잔치인 대한민국 마을기업박람회의 주인은 마을기업이라 할 것이다. 마을기업의 판로확보를 촉진하는 이벤트로 다양한 홍보활동을 할 수 있는 장을 마련하는 자리다. 박람회에 참여하기 위해서 마을기업 스스로 홍보물을 만들고, 품질을 개선하고, 포장재를 신규로 교체하는 등 나름의 노력을 하고 있다. 2012년부터 2016년까지 개최된 전국단위 또는 지역단위 마을기업박람회장은 항상 비슷한 성과와 문제제기가 있었다. 처음 시작은 새로운 고객을 맞이하는 맞선을 보는 신부의 입장이지만 잔치가 끝나면 공허함만 밀려온다. "박람회에 참여하면 할수록 손해만 나고, 화만 난다"는 마을기업도 상당수 존재한다. 기대가 큰 만큼 실망도 많다는 것을 여실히 보여주는 박람회였다. 이러한 현상은 왜 나타날까? 너무 많은 것을 기대하고 참가해서 그럴지도 모른다. 하지만 확실한 것은 마을기업박람회에 마을기업이 주인공이 되지 못하는 경우가 많았다는 것이다.

여러 가지 상황들이 마을기업인들에게 그러한 영향을 미치고 부정적인 생각을 가지게 만든 내용이 있다. '아이의 돌잔치에 아이는 배고프다고 울고 있는데, 축하해주러 온 손님들은 자기들 기념사진 찍기에 바쁘다.' "원래 아기는 저렇게 우는 것이라고, 목청 좋으니 나중에 가수되겠다"는 말을 던지고 홀연히 사라진다. 마을기업제품 한두 개 사는 모습을 카메라에 담고 왔다 갔다는 흔적만을 남긴다.

2012년 문경에서 열린 박람회 개막식에서 마을기업 대표자의 인사말은 처음에 없었다. 물론 전국단위의 마을기업협회가 공식화되기 전이었으니 이해는 갔다. 박람회 개막식 전날 전국에서 모인 지역단위 마을기업 대표자들이 모여 전국회장을 선출했다. 이러한 사실을 행정에 알렸지만 기존 식순에서 추가로 인사말이 들어가기 쉽지 않았다. 결국 언쟁이 오가고 마지막 순서에 인사를 하게 되었다.

2013년부터는 박람회 행사개최 계획수립 태스크포스(TF)팀에 한국마을기업협회장도 참석하게 되었다. 행사의 순서 및 내용은 물론 차기년도 박람회 개최심사에도 참여했다. 표면적으로는 마을기업 대표자를 통해 마을기업들의 의견을 포용하고 있었다. 하지만 어디까지나 많은 참여자의 한 사람으로의 역할 그 이상도 이하도 아닌 상태다. 행정에서 상의는 하지만 결론을 내릴 때는 행정이 생각하는 방향으로 진행되었기 때문이다. 중앙부처 담당자와 광역 또는 기초지자체 담당자들의 생각이 우선적으로 고려되었다. 내면적으로는 고급간부 또는 선출직 공무원인 단체장의 생각이 아래로 전달되면서 나타난 모습이었다.

박람회 관련 다양한 행사 프로그램에 대해 마을기업협회와 논의는 하지만 결과적으로 결정함에 있어 큰 영향력을 발휘하지 못한다. 재원을 마련한 정부와 지방비를 매칭한 지자체장의 입장이 항상 우선순위에 있기 때문이다. 마을기업협회의 역할은 정해져 있다. 각 지역마다 어떤 마을기업들이 참여를 할 의사가 있는가, 애초 계획보다 참가자수가 적으면 협회를 통해 참가독려를 하고 관리를 한다. 일종의 동원이다. 스스로 참가하는 마을기업이 대다수이지만 어쩔 수 없이 자리를 메꿔주는 역할을 하는 마을기업도 나타난다. 이러한 마을기업들은 개막식이 끝나고 당일 저녁이면 하나둘 슬그머니 짐을 싸고 떠난다.

차비와 숙박비까지 지원기관에서 지원을 받았지만 매출이 없다는 이유로 바쁘다는 이유로 사라진다. 통상 2박3일간 치러지는 마을기업박람회는 마을기업 입장에서는 4일간의 시간을 비워야 한다. 개막식 전날, 도착해서 우수마을기업 경연에도 참석해야 한다. 중요한 것은 전날 행사장 부스에 본인들의 제품을 설치하고 전시해놓아야 하기 때문이다. 3박4일 동안의 숙박과 식사비가 고려되어야 한다.

2012년 경상북도 문경새재도립공원에서 치러진 대한민국 마을기업박람회, 2013년 지역과 전국단위 박람회 3회 개최에 모두 참석한 마을기업들의 불만은 한 가지로 모아진다. 마을기업만의 독자적인 행사를 원했다. 사과축제에 같이 맞물리거나, 사회적기업 행사에 참여하거나, 국제정원박람회 행사에 자리를 빌려 진행되는 일에 대한 불만이 많았다. 마을기업에 대한 정체성도 희박한 상황에서 주체적이고 주도적인 행사가 필요했지만 현실은 외부에 보여주는 행사에 그쳤기 때문이다.

하지만 이러한 불만은 2014년 진주와 2015년 춘천에서도 의견이 받아들이지 못한 채 진행되었다. 2014년 진주에서는 남강 유등축제 화려한 전야제 위상은 마을기업박람회의 초라한 모습과 비교되었다. 박람회에 참여한 마을기업인들조차도 옆에서 불꽃 쏘고 화려한 등이 있는 유등축제장으로 몰려갔다. 마을기업박람회 부스는 포탄 맞은 것처럼 조용했다. 수많은 관광객은 유등축제장에서 먹을거리 등에 소비하느라 마을기업을 둘러볼 여유조차 없어 보였다. 조깅 나왔다가 산책 나왔다가 지나가는 진주시민들만이 마을기업 부스를 둘러볼 뿐이었다.

2015년 춘천박람회에서도 같은 현상이 벌어졌다. 춘천역 앞 광장에서 개최된 마을기업박람회도 독자적인 박람회가 아니었다. 지역특산품 축제와 정보화마을 축제까지 맞물리면서 또 다시 위축된 박람회가 되었다. 특히나 마을기업들의 주력 생산품과 유사한 제품들이 다른 박람회 및 장터에서 팔리고 있었다. 자연스럽게 마을기업인들의 불만이 쏟아져 나왔다.

마을기업박람회에 참여하면 돈을 벌지 못하더라도 3박4일 동안의 경비는 해결되어야 되는 것이 아닌가? 가져온 제품을 다 팔지 못하고 대부분 다시 가져가는 대표들의 마음은 어떨까? 조금은 기대를 하고 멀리까지 달려왔는데, 왕복 교통비와 숙박과 식사비조차도 해결하지 못하는 마을기업들이 나타났다. 물론 일부분 완판을 한 마을기업도 있었지만 극히 일부분 사례에 그친다. 이렇게 대부분 마을기업들은 마을기업박람회에서 경제적 이익은 생각하지 못하는 박람회장으로 인식하기에 이르렀다. 참여하면 할수록 손해를 보는 것 같은 마을기업박람회 행사가 되었다. 이러한 현상과 불만은 그대로 2016년 세종박람회장으로 연결되었다. 2017년 김해박람회장에서도 같은 현상이 나타날 것은 예상할 수 있다. 더 이상 마을기업인이 박람회 행사를 외면하지 않도록 근본적인 대책을 마련해야 할 시기다.

이러한 문제의 근본은 행정이 마을기업을 동등한 입장에서 고려하지 않고 있다는 데에 있다. 마을기업은 박람회 개최에 있어 자리를 채워주는 역할에 머물러 있기 때문이다. 기념티셔츠 나눠주고, 팸플릿에 마을기업명 하나 들어가고, 해당지역 공무원들이 제품 한두 개 구매해주는 것으로 생색내지 말아야 한다. 2014년 6월, 인천지역박람회와 같이 마을기업인들이 중심이 되어 박람회를 운영할 수 있는 구조로 전환해야 한다. 보여주기식 이벤트와 가수들을 초대하고 홍보대사로 임명하여 비용지출하고, 관련 없는 학자들 데려다 포럼 개최하고 몇 명 참여하고 매출이 얼마나 올랐다는 방식의 홍보전략으로는 한계가 있다. 투입비용이 3억이 넘어가는 행사에 200개가 넘는 마을기업이 참여해서 매출 전체가 투입비용도 되지 않는 박람회의 문제는 처음부터 다시 고민해야 한다.

행정의 입장에서는 담당자의 자리에서는 이벤트와 실적이 중요할 수 있다. 하지만 마을기업의 입장에서는 제대로 된 홍보와 특화된 매출이 중요하다. 처음 기획단계에서부터 마을기업과 함께하려는 자세가 중요하다. 행사진행과정에서도 마을기업의 역할이 중요하고 정리단계에서도 협조가 필요하다. 마을기업을 위한 마을기업박람회가 되어야 한다. 마을기업인들의 참여가 넘쳐나면서 추첨을 통해 참가자를 선정하는 꿈을 꿀 수 있어야 한다. 외면하지 않는 마을기업박람회, 적극적으로 참여하는 마을기업박람회를 위한 고민을 새롭게 해야 한다. 특히 다른 행사와 결합하여 시너지를 낼 수 있다는 계획은 그동안 몇 차례 행사를 진행하면서 실패했다는 것이 드러났다. 마을기업인들이 웃고 즐기고 여유를 부릴 수 있는 박람회가 필요하다.

3. 전시행정과 홍보전략 한계

마을기업박람회에 참가해본 마을기업은 경제적 이익이 크지 않다는 점에서 불만을 표시한다. 이러한 현상은 비단 박람회장에서만 경험하는 것은 아니다. 1년 사계절 수많은 크고 작은 장터, 백화점 순회판매, 입점판매, 공공기관 우선구매 등 다양한 판매활동을 하고 있지만 생각만큼 큰 기대를 가지기 어렵다. 현실적인 내용을 살펴보면 자연스러운 현상이고 흐름이라는 것을 알 수 있다.

마을기업의 제품 중에는 HACCP 인증도 받고, 품질은 물론 깔끔

한 포장으로 백화점에 전시해도 밀리지 않을 정도의 제품도 많다. 많은 사례는 아니지만 단체장들이 외부손님에게 건네는 선물 중 상당수가 마을기업들이 납품한 제품이다. 고유명절인 추석과 설에 가장 많은 주문을 받고 있는 제품 중의 하나가 마을기업 생산품이다.

2017년 7월 기준 약 1,500여 개 마을기업 중에 위 조건을 갖추고 자랑스럽게 팔리고 있는 제품은 생각보다 많지는 않다. 대다수 마을기업들이 노력을 하고 있지만 대기업들이 쏟아내는 유사한 제품과 차별화가 쉽지 않다. 차별화를 떠나서 일반기업 제품의 수준에 미치지 못하는 경우도 많다. 품질은 물론 외부 포장재, 서비스에 이르기까지 경쟁에서 밀리는 분위기다. 일반기업과 달리 출발선상이 달랐기 때문에 어쩔 수 없다고 실망하기에는 현실은 냉혹하다. 제품을 구매하는 소비자의 입장에서는 해당 제품이 마을기업 물건이든 일반기업 제품이든 품질 좋고 저렴하면 구입한다.

마을기업이 추구하고 있는 지역사회 공동체 회복을 실현하는 촉매수단이라는 가치를 알아보지 못한다. 마을기업이 안고 있는 가치의 내면까지는 파악할 수 없을지라도 일반기업의 제품수준은 되어야 한다. 같은 매장에 비슷한 품질과 내용으로 진열되어 있다면 어느 것을 선택할까? 마을기업의 브랜드가 높지 않은 상황에서 소비자의 손길이 쉽게 다가오지 않는다.

마을기업을 운영하는 대표와 구성원들의 고민이 많다. 열악한 자본력과 기술의 한계, 끈끈하지 못하는 지역사회 관계망 속에 자구적 노력만으로는 한계가 있다. 무엇이든 출구전략이 필요하고 그러한 맥락에서 마을기업박람회 참가는 필수적이다. 일단 알려야 한다. 박람회가 단순히 물건을 팔고 사는 장소만은 아니다. 인근 지역의 마을기업 사람들을 만나고 전국 17개 광역시도에서 온 마을기업인들과의 네트워크를 할 수 있는 공간이 된다. 유사한 제품을 제조하고 판매하는 마을기업을 직접 볼 수가 있다. 그러한 제품을 보면서 갖게 되고 느끼게 되는 것은 벤치마킹하는 것 그 이상이다. 일부러 시간 내고 비용 들여 멀리까지 가지 않아도 마을기업박람회에서 다 만나볼 수 있다.

조금 더 서둘러 개막식 전날 참석하면 우수마을기업 경진대회도 볼 수 있다. 그곳에서 전국에서 선정된 우수한 마을기업 대표들이 어떻게 마을기업을 이끌어 왔는지 직접 목소리를 들을 수 있다. 그러한 모습을 보면서 차기 우수마을기업을 꿈꿀 수 있다. 다른 마을기업을 보기 전에는 암울했던 마케팅, 홍보전략 등이 하나씩 해결되어가는 느낌을 가질 수 있다. 은근 경쟁심마저 들게 만든다. 비슷한 제품인데 유독 잘 팔리는 이유가 무엇일까라는 고민은 옆에서 지켜보면 바로 알 수 있다.

다른 마을기업들도 본인의 마을기업을 유심히 지켜보고 있다는 것을 알아야 한다. 내가 다른 마을기업을 부러워서 쳐다보듯이 타 마을기업도 우리 마을기업을 부러워한다. 그것이 제품이든 포장재이든 참여하는 구성원들의 화목이든, 지원기관 또는 행정과의 교감이 많은 마을기업이든 관심을 가지고 있다. 상호 친목도모는 물론 네트워크가 형성될 수 있다. 같은 지역에서조차 자주 만날 수 없었던 마을기업들이 편안한 자리에서 자연스러운 모임을 가진다. 다른 마을기업들의 행동 하나하나가 소중한 경험으로 돌아온다. 이렇듯 마을기업박람회는 제품을 사고파는 장소만 아니라 마을기업들에게 새로운 경험을 통한 혁신을 이루게 만들어주는 동기부여(動機附興)의 장이다.

앞에서도 논했듯이 마을기업박람회에서 매출을 올리기에는 한계가 있다. 박람회 개최장소의 환경적 요소와 다른 행사와 병합하면서 고객들의 분산이 이루어지고 있다. 현재 방식으로는 식비와 숙박비는 물론 왕복 교통비 마련하기도 급급할 정도다. 행정에서 지원하는 제품의 시식비로 버티어내는 마을기업도 많다. 여러 번 참가한 경험이 있는 마을기업들은 큰 기대를 하지 않는 눈치다. 대부분 지역단위 임원을 맡고 있는 마을기업일수록 이러한 태도를 보인다. 행정의 요구에 그리 큰 손해만 나지 않으면 된다는 식의 참여자도 보인다. 때로는 마을기업들끼리 제품교환으로 물건을 사고 팔아주는 광경도 볼 수 있다. 행정과 지원기관에서 지원되는 행사비가 마을기업의 제품을 사고파는 내부거래 자금으로 사용되기도 한다. 그렇게 해서라도 차비를 마련하려는 눈물겨운 사연도 있다.

그럼에도 불구하고 박람회 참여를 권하는 이유가 있다. 기본적으로 박람회 참여 횟수에 따라 향후 우수마을기업을 도전할 수 있는 기회가 주어진다. 마을기업박람회 참여가 단순히 매출을 높이는 도구로만 생각해서는 안 된다. 지역과 전국의 마을기업인들의 네트워크 구축이 이루어진다. 관련 전문가 또는 행정이 꾸준히 지켜보고 있다. 누가 열심히 박람회장과 장터 등 다양한 판촉행사에 참여하고 있는지를 말이다. 오랜 시간 동안 꾸준히 참여하는 열정을 지켜보는 것만으로도 향후 어떠한 긍정적인 영향을 미칠지 모를 일이다. 필자의 경우만 보더라도 자주 보게 되는 마을기업이 연상되면서 마을기업 제품이 필요한 기관에 연결해주는 일도 많았다. 내용을 알고 있어야 그러한 찬스가 생길 때 권유할 수 있다.

마을기업박람회장에 가면 지난 1년 동안 급격히 성장한 마을기업을 만날 수 있다. 제품은 좋은 데 포장재 및 용기가 허접했던 제품이 향상된 풍경을 지켜볼 수 있다. 손님의 눈길을 단번에 사로잡을 만큼 업그레이드되어서 나타난다. 1년 동안 얼마나 성장했는지를 알아보는 순간이다. 그러한 성장과정은 마을기업박람회 참여를 통해서도 일어난다. 1년 전 참여했던 마을기업이 유사한 제품을 판매하는 다른 마을기업을 유심히 관찰했다. 필요하면 제품도 구매했다. 제품의 품질도 궁금하고 포장재, 홍보방법 등 소위 벤치마킹의 대상으로 놓고 연구한 결과로 나타난 것이다. 이렇게 매년 성장하는 마을기업들이 많다. 시기하지 않고 하나라도 배워서 더 향상시키려는 마음자세와 기업마인드를 가지려는 대표들이 점점 증가하고 있다.

마을기업박람회장은 마을기업인들만 있는 것은 아니다. 해당 지자체의 담당공무원과 관계자는 물론 지원기관도 참여하고 있다. 모두가 협력하고 격려하고 지원하는 차원에서 도와주고 있다. 다른 시도에서 다녀간 흔적은 다른 시도마을기업에게 영향을 미친다. A시도 담당자가 와서 물건을 얼마쯤 구매해줬느니, 저녁식사를 대접해줬느니, 민원을 해결해주었다 등등 이야기는 좁은 박람회장에서 빠르게 퍼져나간다. 다른 지자체가 모른 체하기에는 부담스러운 현상이다.

마을기업박람회장을 찾는 높으신 분들에 대한 의전이 과도하다는 지적도 많다. 전야제 행사로 진행되는 우수마을기업 경연대회는 물론 행사 개막식과 폐막식에 단체장 등 지역유지 참여가 있다. 행정의 입장에서는 장관 또는 차관, 관련부서 실장과 국장의 방문이 영광스럽기도 하지만 부담스럽기도 하다. 지역소재 국회의원, 도지사, 시장, 군수, 도의원과 시의원, 군의원 등 선출직 공무원까지 다 의전을 해야 한다.

　대략 30분에서 1시간 정도 관련부서 공무원들이 높으신 분들의 의전에 투입되느라 박람회 행사의 시계가 멈춘다. 그 시간에 발생되는 마을기업의 다양한 민원성 내용에 대응하기가 어렵다. 컨트롤타워(control tower)가 비어 있는 상태에서 공백을 메울 만한 대체방안이 부족하다. 여기에 지역별 마을기업협회장 등 임원들도 동원된다. 그들도 개별 마을기업 대표들이다. 박람회장에서 열심히 홍보하고 제품판매에 집중해야 할 시간에 고관대작(高官大爵)의 행차에 동원되어 이리저리 몰려다니는 모습은 썩 좋은 풍경으로 보이지 않는다. 꼭 바쁜 시간에 참석해야만 하는지, 판매시간이 지난 초저녁에 찾아와 격려하는 모습을 보여줄 수는 없는지에 대한 고민이 필요하다.

4. 마을기업 참여자의 고민

　마을기업박람회에 참여한 마을기업인들의 만족도는 그리 높지 않다. 투입대비 산출의 효과가 크다고 느끼지 않기 때문이다. 참여하지 않고 있는 마을기업들의 경우는 무관심 또는 방관하고 있다. 참여할 시간적, 경제적 여유가 없다는 이유도 있지만, 박람회에 전시할 제품의 열악함 등의 원인이 있다. 재화형 마을기업의 경우 제품출시가 가능하면 적극적으로 검토를 하는 편이다. 반면 서비스형 마을기업은 소극적 양상을 보인다. 일부 체험형 마을기업이 참여를 하고 있지만 박람회는 여전히 제품을 생산하고 있는 마을기업들이 대다수를 차지하고 있다.

그동안 마을기업박람회 참여는 약 200여 개 내외의 마을기업이 참여하는 수준이었다. 2016년 말 기준으로 전체의 1/7 정도가 참여하고 있다고 보면 된다. 이는 박람회장의 규모와 공간의 한계로 전체 마을기업을 담아내기 어렵다는 현실적인 이유가 있다. 반면 참여 마을기업 희망자를 모집하면 처음부터 200개 마을기업을 채우기 어렵다. 행사 주최를 하는 지역의 마을기업들이 상당부분의 부수를 차지해줌으로써 전체 규모를 맞춘 적도 있다.

이러한 문제는 마을기업박람회에 참여할 정도의 제품의 품질, 홍보 마인드, 재정적 여유, 행정과의 교감, 지원기관의 협조, 마을기업 내부동력과 역량 등 복합적으로 엮여 있다. 마을기업박람회에 참여하면 무엇인가 이점이 있다는 것이 정확히 전달되지 못한 부분도 있다. 우수마을기업 신청, 2차년도 지정, 지역장터 개최 시 우선적 배정 등 마을기업에게 실익적인 부분을 제공할 필요가 있다. 즉, 마을기업박람회에 참여할 명분과 실익을 동시에 제공해야 한다.

박람회에 마을기업들이 많이 참여할 방안을 논의한 적이 있다. 2011년에는 16개 광역시도별 1개씩 선정을 위한 행사를 별도로 개최했다. 이후 마을기업박람회가 시작된 2012년부터 2015년까지는 박람회 전날 이벤트 행사로 우수마을기업을 선정했다. 2016년의 경우, 9월 30일부터 10월 2일까지 세종특별자치시에서 개최된 마을기업박람회에서 행사를 치루지 못했다. 이후 50여 일이 지난 2016년 11월 18일 정부서울청사 별관3동 국제회의장에서 해당 마을기업만 참여한 상태에서 최우수상, 우수상, 장려상을 가리는 행사를 가졌다.

2012년부터 지속적으로 우수마을기업 심사 때 전국 모든 마을기업들이 참여할 수 있는 방법에 대한 다양한 이야기가 있었다. 그중의 하나가 마을기업박람회 활성화를 위해 우수마을기업 지정받은 시도의 해당 마을기업만 참여하는 형태에서 벗어나자는 논의가 가장 많았다. 다소 부족하더라도 전체가 참여하는 방향으로 진행되어야 전야제부터 박람회 분위기를 형성할 수 있다고 보는 견해가 많았다. 동시에 박람회 폐막식 행사로 진행하자는 의견도 있었다.

서면심사와 현장심사로 정해진 우수마을기업 대상자만 우수마을기업 경진대회에 참여하다 보니 그들만의 잔치라는 비판을 받는 경우도 있다. 경진대회에 참여하는 마을기업은 기본적으로 우수마을기업에 지정된 것이고, 그중에서 최우수상, 우수상, 장려상으로 다시 분류하는 행사이기 때문이다.

마을기업박람회에 참여하는 마을기업들이 현 회장단 중심의 인맥으로 동원되는 경우도 많다. 회장단 직위를 갖고 있는 마을기업의 경우 박람회 참여를 적극적으로 하는 편이다. 일반 마을기업들이 적극적으로 나서지 못하는 이유 중의 하나도 정보부족일 것이다. 개별적으로 물건을 싣고 박람회 전날 참석해서 진열해야 하고, 경우에 따라서는 숙박도 개인적으로 해결해야 되는 문제 등 모든 것이 번잡하고 귀찮다고 생각할 수도 있다.

지역에 따라서는 지원기관이 숙박과 식사 장소까지 정해주고 단체행동을 할 수 있도록 지원하는 곳이 많다. 그럼에도 불구하고 마을기업 입장에서는 동원된다는 생각을 하게 되면 소극적 활동으로 이어진다. 더구나 박람회 참석하고 난 후 경제적으로 마이너스가 된다면 더욱 고민스러울 것이다.

박람회 개최장소가 해당 지역과 원거리에 있을 경우 해당 지역의 마을기업 참여도는 낮을 수밖에 없다. 서울에 있는 마을기업이 경상남도 진주시 또는 전라남도 순천시 행사장으로 짐을 싣고 찾아가려면 큰 결심을 해야 한다. 반대로 전라남도 또는 경상남도 마을기업들이 강원도 춘천까지 오려면 적지 않은 비용이 수반된다. 제주도 마을기업의 경우 비행기를 타고 박람회에 참석한다. 왕복 교통비는 물론 숙박에 식사비용 등까지 더하면 박람회 참석이 결코 쉽지 않은 결정이다.

2014년부터 한국마을기업협회 가입을 의무화시켰다. 1차년도는 물론 2차년도에도 마을기업 신청을 하려면 의무적으로 협회에 가입을 하고 회비는 낸 영수증을 첨부해야 한다. 회비를 낸 회원들에게 무엇인가는 혜택을 주는 것이 바람직하다. 그래서 혜택의 한 방법으로 마을기업박람회 참여권을 부여하는 논의가 있었다. 판매실적은 개별 마을기업의 제품과 노력 등에 따라 달라질 수 있다. 하루 만에 완판하는 마을기업도 있고, 3일 내 매출이 미미한 경우도 있다. 박람회에 참여하면 지역별로 시식비 개념의 지원비도 있고, 이러저러한 혜택도 있다. 대기업 또는 공공기관들의 제품구매에 우선적으로 물량이 배당되는 경우도 있다.

그런데 회비를 납부하지 않은 마을기업들이 박람회장에 참석하여 그 혜택을 똑같이 가져가는 문제로 갈등이 발생했다. 협회에서는 회비를 납부하지 않는 마을기업에게 같은 혜택을 부여할 수 없다며 참가신청을 받지 말자는 입장을 고수했다. 반면 행정의 입장에서는 회비를 의무적으로 낼 수밖에 없는 해당연도 1차와 2차 지정된 마을기업은 논할 필요가 없지만 지정에 탈락되거나 보조금 지원이 종료된 마을기업에 대한 제재를 할 수 있는 환경이 아니라는 점을 들어 소극적인 자세를 보였다. 또한 참여하고자 하는 마을기업 개수가 부족한 상태에서는 어쩔 수 없다는 항변이다. 회비는 납부하지 않고도 박람회에 참석해 주변 마을기업보다 많은 매출을 기록하는 모습을 지켜보는 마을기업의 입장에서 보면 당황스러운 일이다. 집단 이기주의라는 비난보다는 협회 공동체 나름대로의 규칙을 준수해야 하는 것이 더 바람직스러울 것이다.

박람회에 참석을 하게 되면 기본적으로 해당 마을기업을 널리 알리는 기대효과가 있다. 제품판매에 대한 매출이익은 기본이고 브랜드를 알릴 수 있다는 측면에서 적극 권장하고 있다. 지역별로 마을기업들의 인적 네트워크를 구축할 수 있다. 전국 단위 협회 차원의 네트워크에 합류가 가능하다. 이러한 인적 네트워크 경험은 마을기업을 운영함에 있어 긍정적인 영향을 미친다. 지역별 정보와 제품에 대한 교류가 해당 마을기업의 제품의 향상을 가져오고 벤치마킹을 통해서 더욱더 성장할 수 있는 기회의 장이 되기 때문이다.

제8장

한국마을기업협회

1. 마을기업 전국조직 태동

　2017년 8월 기준, 전국 각 지역에서 활동하고 있는 약 1,500여 개 마을기업의 구심점은 전국 단위의 협회 중앙조직이다. 17개 광역시도 지역협회가 있고 중앙에 사단법인 한국마을기업협회가 존재한다. 마을기업들의 권익을 보호하고 발전을 위한 행정과의 거버넌스를 통해 선도하는 역할을 한다. 지원기관과 행정기관의 협조를 토대로 마을기업의 전국 조직과 지방조직의 활성화를 도모하고 있다.

　행정안전부에 등록된 한국마을기업협회는 사단법인격을 가지고 있다. 이러한 한국마을기업협회는 2010년 하반기 마을기업 시범사업과 함께 출발한 것은 아니다. 2011년 마을기업명으로 본격 출발한 상태에서 중앙 단위의 조직체를 구성하기에는 한계가 있었다. 마을기업들의 안정화를 위해 사업을 구현하는 입장에서 옆을 돌볼 여유는 없었을 것이다. 이때만 해도 행정과 지원기관과 마을기업의 관계는 공급과 수요의 구조에서 벗어나지 못한 시기였다. 마을기업들과의 교류도 원활하지 못한 상태였다. 물론 지역에 따라서는 지역 협회조직 구성을 위한 움직임도 있었다.

　2012년이 들어서면서 지역단위의 협회가 조직되었다는 소식도 들리고, 준비과정에 있는 지역도 나타났다. 마을기업 교육과정에서 또는 행정과의 동반모임에서 장터 등 행사장에서 이렇게 저렇게 알게 된 마을기업들의 작은 모임이 시작된 것이다. 이러한 모임인 경우 주로 적극적으로 나서는 사람들이 중심이 되는 것이 보편적 현상이다. 이들의 지역단위의 마을기업협회들이 중앙조직을 구성하도록 한 계기가 있다. 2012년 가을, 경상북도 문경시 문경새재도립공원 내에서 개최된 '2012 대한민국 마을기업박람회'다. 당시 박람회가 없었다면 전국 단위의 협회 구성이 많이 늦어졌는지도 모른다.

박람회 관련 마을기업 대표들의 회의가 개최되었다. 지역별 대표가 정해진 시도협의회장들이 모였다. 2012년 7월 31일, 행정안전부 대회의실에서 13개 시도협회장들이 공식 모임을 가졌다. 첫모임을 계기로 지역협의회장들의 관계망이 시작되었다. 인근 협의회장들끼리의 작은 모임도 있고, 친분을 다지는 시간들이 있었다. 이후 두 번째 공식모임이 문경박람회장이었다.

필자도 경북 문경박람회에 참석하게 되었다. 2010년부터 마을기업 토론회, 연구를 해왔던 입장에서 참석은 당연한 것이었다. 또한 첫 박람회였던 상황에서 외국 우수한 마을기업 대표를 초청하고 통역을 맡는 일을 하게 되었다. 일본에서 공부한 경험이 있는 필자의 일본어 능력을 발휘할 수 있었다. 국내에 『나뭇잎의 기적』이란 책으로 번역까지 되었던 일본의 '이로도리 주식회사'의 대표 '요코이시 토모지'를 초대했다. 몇 개월 전부터 연락하고 초대장 보내고, 공항 픽업해서 박람회장까지 동행했다. 특별강연 시 통역하고, 참여자들의 질문과 응답에 대한 내용까지 전달했다. 박람회장에서 다시 서울로 왔고, 새벽 동대문시장도 안내하고 관광가이드하고, 다시 공항으로 떠날 때까지 2박3일 동안 동행했다.

필자와 같은 소속 연구원인 김정훈 박사가 2012년 우수마을기업 후보대상을 상대로 현지실사를 한 적이 있다. 필자는 대구와 경상북도를 맡았고, 김 박사가 부산, 울산, 경상남도를 맡았다. 현시 실사과정에서 해당 지역의 지역 협회장들을 만나게 되었고, 이것이 마을기업협회 인연의 시작이었다. 문경새재도립공원 입구에 있는 관광호텔 커피숍에서 우연히 A지역협회장을 만나게 되었다. 서로 명함을 주고받게 되었고, 당시 필자가 출간한 『마을기업과 사회적기업의 거버넌스』 책을 사인하여 전달했다. A지역협회장을 통해 당일 저녁시간에 전국에서 참여한 회장들이 모여 전국회장을 선출할 것 같다는 정보를 받았다.

지금 생각해보니 박람회장 근처 음식점이 많지 않았던 것 같다. 일본 손님을 모시고 연구원들과 함께 저녁을 먹으러 들어간 식당에서 다시 A지역협회장을 만나게 되었다. 서울을 포함한 3개 지역은 지역협회장 선출이 안 되어 참석을 못했다. 그렇게 모인 10명이 조금 넘었던 지역협회장들이 모여 전국 마을기업협회장을 선출했다. 말 그대로 명함 정도만 주고받는 정도의 안면이 있는 상태에서 모여 전국 회장을 선출한 것이다. 전국회장 선출과정을 옆에서 지켜본 것이 아니기 때문에 정확히 알 수 없으나, 몇 명 지역회장들에게서 들은 이야기를 종합해보면 이렇다. 모두들 눈치를 보고 있는 상황에서 A지역협회장이 발전기금을 1천만 원 내겠다는 이야기로 기선제압을 했다고 한다. 그 상황에서 다른 지역협회장들은 출마할 생각도 못했다고 한다. 그렇게 해서 전국 마을기업협회장이 탄생되었다. 회장은 부산, 부회장은 지역별 안배로 경북, 전남, 인천이 지명되었고, 감사는 강원과 충남이 맡게 되었다.

다음날 2012 대한민국 마을기업박람회 개막식에 앞서 행정안전부 담당팀장과 전날 선출된 전국 마을기업협회장과의 갈등이 일어났다. 개막식 전날까지도 전국 단위의 협회장도 없었던 상황이라 개막식 순서에서 소개 및 인사말은 제외된 상태였다. 긴급하게 결정되고 진행되었던 마을기업의 첫 전국단위 박람회였다. 당시 상황에서 마을기업협회 차원의 이름을 올리기 어려운 상황이었다. 준비되어 있지 않았기 때문이다. 중앙부처와 지방자치단체가 행사비를 마련하고 기획하고 준비한 박람회란 차원에서 관 주도의 행사였다. 그런데 개막식을 불과 1~2시간 앞둔 상황에서 식순 변경과 인사말 요구가 있으니, 행정의 입장에서는 쉽게 수긍하기 어려웠던 모양이었다. 결국 의견조율을 통해서 협회가 마지막 인사말을 하게 되었다.

개막식 전날 만났던 인연과 개막식과 박람회 기간 내내 이런저런 인연들을 만나게 되었다. 지역협회장들과의 안면도 시작되었다. 서울지역의 협회구성이 안 되어 있는 상황에서 자연스럽게 서울지역 역할을 하게 되었다. 책임지고 서울협회 구성을 위해 노력하겠다는 약속을 하였다. 중앙협회 차원의 모임이 시작되었다. 전국 마을기업협회장이 정책위원장을 맡아 마을기업 발전을 위해 힘을 보내달라는 요청을 해왔다. 당시 2010년부터 마을기업을 추진한 행정안전부 일자리추진단과 연구를 해왔던 필자가 중간역할을 해주길 바라는 차원이 더 많았던 것 같았다. 필자는 이때부터 마을기업협회와 본격적인 인연을 맺게 되었다. 전국 협회장으로 선출된 A회장과 만남이 많아졌다. 2013년도 박람회 개최장소, 전국 우수마을기업 심사, 사회적기업과 강제적으로 통합되어진 절반 이상의 지원기관 독립성 문제, 마을기업 지원법안 제안, 지역협회 차원의 문제 등 다양한 이슈에 대한 의견교환이 오갔다. 당시는 행정과 협회의 생각차이가 많았다. 자연스럽게 필자가 한국마을기업협회 정책위원장이란 신분으로 중재자 역할을 하게 된 것이다.

전국 마을기업협회로 출발은 했지만 명칭변경을 해야 할 필요성이 제기되었다. 대한민국 마을기업박람회를 개최한 상황에서 전국이라는 명칭보다는 한국이라는 단어의 선호도가 높았다. 문경에서 마을기업박람회가 끝나고 지역협회장들의 정기만남이 이어졌다. 서울과 부산까지 각 지역을 돌면서 중앙협회의 회의가 진행되었다. 이 자리에서 한국마을기업협회로 출발하기로 된 것이다. 마을기업 발전을 위한 간담회는 물론 행정과 공동으로 토론회도 개최했다.

2013년은 마을기업의 입장에서 바쁜 시기였다. 2012년 10월에 한번 개최된 마을기업박람회가 2013년에는 3번에 걸쳐서 지역과 중앙으로 분리되었기 때문이다. 2012년 박람회 컨벤션 효과라 할 수 있었다. 2013년 6월 15일과 16일은 대전광역시 엑스포시민광장에서 고용노동부와 사회적기업박람회를 공동개최하였다. '2013 대전충청권마을기업박람회'란 주제로 참여를 하였다. 동년 7월 1일부터 3일까지는 경기도 고양시 일산 킨텍스 제1전시장에서 2013 사회적기업박람회가 고용노동부와 경기도의 공동개최로 열렸다. 이곳에 '2013 경기도 마을기업엑스포'란 주제로 행사를 같이 진행했다. 그리고 9월 6일부터 8일까지 전라남도 순천시 순만국제정원박람회장 내에서 '2013 대한민국 마을기업박람회'를 개최한 것이다.

이렇게 공식행사를 1년에 3번씩 치르다 보니 전국에서 활동하는 마을기업뿐만 아니라 각 지역 협회장으로 구성된 마을기업협회의 임원들이 자주 모이게 되었다. 매번 행사 전에 기획단계에서부터 행사기간과 마무리 단계에 이르기까지 적극적으로 참여를 해야 하는 환경이었다. 이런 과정에서 각 지역협회장들의 빈번한 교류가 오갔다. 필자 또한 많은 시간들을 마을기업협회의 공식 또는 비공식 모임에 자주 불려가게 되었다. 2013년 각 지역협회장들이 함께할 시간이 많았다는 것은 긍정과 부정, 두 시각에서 볼 수 있었다. 사단법인 등록이 되고, 협회의 위상이 높아지면서 많은 이해관계가 형성되었다. 협회장의 권한이 많은 것처럼 이해되고 느끼게 되면서 또 다른 갈등의 시작되었고, 현재에 이르기까지 지속되고 있다고 해도 과언이 아니다.

2. 지역조직과 대표성 논란

2012년 7월, 17번째 광역자치단체로 출범한 세종특별자치시 이전에는 16개 광역시도 체제였다. 세종특별자치시가 시작된 지역은 구충청남도 조치원읍이 배경이다. 따라서 조치원 소재의 마을기업이 지역협회로 구성하기에는 마을기업 숫자 등 문제로 상당히 지연되었다. 2014년 중반에 한국마을기업협회에 참여하게 되었다.

2012년 문경에서 개최된 박람회 개막식 전날 출범한 한국마을기업협회는 2013년에 조금씩 전국 규모의 체제를 갖추기 시작했다. 그럼에도 불구하고 서울 등 일부지역이 지역협회가 구성되지 못하는 문제가 있었다. 지역적 환경에서 활성화되어 있지 못하는 경우도 있었고, 행정과의 협조적이지 못한 경우 등이 있었다. 2013년 말까지 각 지역별로 선출된 지역협회장의 경우 대부분 추대형식이었다. 해당 지역에서 모임을 갖고 참여한 마을기업 대표들이 모여서 후보를 추천하고 만장일치로 추대하는 방식이 대부분이었다. 이렇게 탄생한 지역협회장들이 1기 마을기업 지역협회장들이다. 이러한 흐름은 2기 협회장까지 이어졌다.

지금처럼 지역 내에서 인지도 및 위상이 그리 높은 상황이 아니었고, 무한한 봉사를 해야 하는 인식이 강했다. 마을기업의 상황이 다소 여유가 있어 대표가 외부활동을 해도 무리가 없는 경우가 많았다. 2017년 기준으로 지역에 따라서는 3기 또는 4기 지역협회장들이 탄생한 곳도 많다. 1기와 2기 지역협회장 선출이 대부분 한 사람을 추대하는 방식이다 보니 지역에 따라서는 불만도 나타났다. 가까운 사람들을 중심으로 모이고 그 모임 안에서 차기 회장을 지명하는 경우도 발생하고 있기 때문이다.

한 지역 내에서 마을기업의 숫자가 많지 않은 경우에는 이러한 추대방식이 적합할 수 있다. 또한 초기에는 상대적으로 적극적인 활동력을 보이는 마을기업 대표의 헌신 등이 필요하다. 지역협회장을 한다고 해서 특별히 행정으로부터 나오는 월급은 없다. 지역협회에서 회원들의 회비를 걷는다 해도 그 돈이 큰돈도 아니고 회장의 판공비조차 해결하기 어려운 상황이다. 마을기업을 하시는 주요 연령대가 40대에서 60대다. 이러한 단체의 지역협회장이 어떠한 역할을 해야 하는지는 살아온 경험을 통해 체득하고 있다. 따라서 시간을 뺏기고 때로는 본인의 사비도 털어내야 하는 회장의 역할에 망설일 수밖에 없다.

2010년과 2012년 사이에 지정된 마을기업의 경우는 마을기업의 정체성도 파악하지 못하고 교육도 제대로 받지 못한 경우가 많았다. 본인들의 마을기업을 운영하기도 바쁜 시기였다. 2010년 시범사업의 경우는 법인도 설립되지 않은 상태에서 마을기업으로 지정받을 수 있었다. 그러한 마을기업이 지금도 남아 있다. 2012년까지는 임의단체 수준의 느슨한 모임도 마을기업을 신청할 수 있었다. 이후 중앙부처로부터 마을기업 지정이 되면 기초지자체와 서면계약을 하기 전까지만 법인을 설립하면 되었다. 탈락하면 법인 설립할 필요도 없다. 마을기업으로 꼭 진입해서 지역의 다양한 문제를 해결하는 촉매역할을 하겠다는 생각보다는 정부보조금 사업이라는 인식이 강했다. 이러한 문제 등으로 2013년 하반기에 설립 전 교육을 시범적으로 실시했고, 2014년부터는 전면 실시하기에 이른 것이다. 또한 2015년부터는 사전에 법인을 설립해야만 마을기업을 신청할 수 있도록 했다. 사전교육과 법적제도 강화 등으로 마을기업 참여자의 인식과 수준이 달라졌다고 해도 과언이 아니다.

초기의 느슨한 제도적 빈약함 속에 출발한 마을기업과 시간이 흐를수록 강화되는 다양한 제약 속에 참여한 마을기업의 차이는 분명하다. 공동체를 이야기하고 마을기업이 어떠한 역할을 해야 하는지에 대한 참여자들의 의지가 강해졌다. 개별 마을기업의 목소리도 높아져갔다. 이러한 현상은 지역에서 마을기업들의 권익을 보호하기 위한 협회의 위상격상으로까지 이어졌다. 시간이 지날수록 행정과 지원기관이 바라보는 지역협회의 내용이 달라진 것이다. 집중을 받으면 참여자들의 관심이 많아진다. 이러한 관심이 지역협회의 운영 및 활동에 대한 참여 또는 비판으로 이어진다. 이러한 과정 속에 2기, 3기, 4기 회장들이 탄생하게 되었다.

2012년에 대부분 지역협회장이 선출되었고, 2013년에 서울, 2014년에 세종이 참여하면서 명실공히 전국조직의 체계를 갖추었다. 2012년 하반기부터 2013년 3월에 서울마을기업협회가 출범하기까지 산파역할을 했던 필자가 경험한 내용이다. 당시 한국마을기업협회 정책위원장을 겸임하고 있던 필자에게 전국의 지역협회장들이 서울협회를 빨리 만들어 달라는 요청을 해왔다. 2012년 서울지역 마을기업의 컨설팅 일부를 담당했던 경험이 있기에 해당 컨설팅업체를 통해 대표역할을 할 사람을 찾기 시작했다. 당시 서울과 세종을 제외한 지역협회장은 경상남도만 유일하게 여성이 지역협회장을 맡고 있었다. 따라서 가능한 여성대표를 찾아봐 달라는 요청이 있었다.

이렇게 시작한 서울협회장 찾기의 시작은 금천구의 아이미래와 꿈 이동희 대표를 찾게 되었다. 당시 서울지역 컨설팅을 수행했던 컨설턴트들의 의견이 하나로 모아진 결과였다. 여성이며, 자체적으로 여유가 있고, 대표가 외부활동을 해도 무리가 없는 마을기업을 찾았기 때문이다. 필자가 아이미래와 꿈 대표를 만나고 상황을 설명하고 어렵게 승낙을 받아냈다. 이후 전국 마을기업협회 행사에 분위기를 파악하시라는 차원에서 같이 참여를 했다. 2012년 11월 30일 부산에서 마을기업발전 대토론회가 열렸다. 이 자리에 서울마을기업협회 준비모임 위원으로 배석을 시켰다. 동시에 서울지역 마을기업협회를 구성하기 위해 개별 마을기업 대표들을 접촉하기 시작했다.

이 시기에 서울마을공동체종합지원센터(서마종)에서 근무하는 활동가들이 주관이 되어 서울지역 마을기업협회를 설립하기 위한 준비모임을 가지고 있다는 소식을 접하게 되었다. 몇 번의 준비모임이 있었고, 강남구의 JVH 김의곤 대표를 초대 대표로 추대하려 한다는 이야기도 전달받았다. 이후 필자는 아이미래와 꿈 대표와 함께 해당 준비모임에 참석하게 되었다. 별도로 개별마을기업들을 모아 모임을 구성하지 않아도 되는 상황이었기 때문이다. 2012년 12월 27일, 서울시의회 별관 2층에서 19개 마을기업 대표가 참석한 서울마을기업협회 창립 준비모임을 가졌다. 11개 마을기업이 준비위원이 되었다. 그렇게 서울마을기업협회 준비모임이 몇 번 더 이루어졌다. 필자는 전국 상황과 그동안 진행되어온 내용을 전달했다.

2013년에는 서울 마을기업의 지원기관은 서마종이었다. 그 안에 서울마을기업사업단 형태로 마을기업의 지원기관의 역할을 수행했다. 지원기관으로 지정받고 나서도 중앙과의 교류가 전혀 없었던 상황이었다. 즉, 중앙은 중앙대로 서울협회장을 찾고 있었고, 서울은 서울대로 준비모임을 별도로 가지고 있었다. 이후 서울협회장 선출에 대한 건으로 서마종의 활동가 2명과의 만남이 있었다. 준비모임을 주도했던 JVH 김의곤 대표를 서울지역협회장으로 추대해달라는 요청을 받았다. 그동안 10여 차례의 준비모임을 진행했던 내용과 참여마을기업들의 상황, 지원기관의 입장 등을 고려했다. 이후 JVH 대표와 별도로 만남이 있었다. 필자 회사에 찾아온 마을기업 대표와 오랜 시간 동안 마을기업에 대한 이야기를 나누었다. 열정과 의지와 미래에 대한 계획에 대한 이야기를 들었다. 이후 아이미래와 꿈 대표에게 상황을 설명하고 양보를 받았다.

2013년 1월 29일 한국마을기업협회 제2차 전국시도회장단 및 중간지원기관 회의가 대전시에서 개최되었다. 이 자리에 서울마을기업협회 준비모임 추진위원장 자격으로 김의곤 JVH 대표가 함께 참석을 했다. 동년 2월에는 서마종 활동가들과 최종적으로 JVH 마을기업 대표를 서울마을기업협회장으로 추대하기로 합의를 했다. 이런 내용은 당시 마을기업 사전모임에 참석하고 있었던 마을기업들에게도 공유가 된 상황이었다.

2013년 3월 8일, 서울특별시의회 별관 2층 대회의실에서 서울마을기업협회장 선출을 위한 창립총회가 있었다. 당시 세종시의 규모로는 지역협회를 만들기 어렵다 판단하고 있는 상황에서 유일하게 지역협회가 없던 서울이었기에 전국의 관심이 모아졌다. 행정안전부 담당사무관, 서울시 담당팀장, 한국마을기업협회장과 임직원 등이 참석했다. 현 서울특별시의회 김선갑 시의원(광진구)과 전철수 시의원(동대문구)도 격려차 방문했다. 서마종 윤호창 팀장, 사회설계연구소 정선철 박사 등 마을기업 관련자들이 많은 참석을 하였다. 당시 마을기업에 관심이 많았던 예결산위원장인 김선갑 시의원은 서울시의회 대표로 축사를 해주었다. 필자가 전체 사회를 맡아 진행했다. JVH의 김의곤 대표의 서울협회장 추대를 위한 자리였기에 마을기업 대표들보다도 관련 인사들의 숫자가 더 많았다.

식순에 따라 축하와 격려사가 있었고, 회장선출을 위한 시간이 되었다. 사회를 보고 있던 필자는 자연스럽게 JVH 김의곤 대표의 추천이 나오자마자 추대하는 방향으로 이야기를 꺼내고 있었다. 그 순간 객석에서 회장후보를 추천하겠다는 발언이 나왔고, 강동구의 국악나루 대표를 추천했다. 창립총회에 참석한 대부분 사람들이 추대를 통해 회장을 선출하는 것으로 알고 있는 상황에서 돌발변수가 나타난 것이다. 사전에 합의를 해서 한 사람을 추대하기로 했다는 소리조차 할 수 없었다. 출마를 하겠다는 사람이 있고 경쟁을 하겠다고 일어나는데 민주주의 사회에서 막을 방법이 없었다.

사회를 보고 있던 필자가 객석을 천천히 둘러보았다. 그제야 보이기 시작했다. 그동안 서울마을기업협회 준비모임에 한 번도 참석하지 않았던 사람들의 모습이 보였다. 필자와 합의를 했던 활동가 중 한 사람은 어딘가에 전화를 하는지 계속 바쁜 상황이었다. 축하해주려고 참석했던 외빈들의 허탈한 표정을 쳐다볼 수밖에 없는 상황이었다. 당황스러움과 창피함, 그리고 분노가 치밀어 올랐다.

2명의 후보가 추천되었고, 후보들의 정견발표가 이어졌다. 그리고 마을기업 대표들만 참여하는 비밀투표가 진행되었다. 생각지도 못했던 투표와 개표과정으로 외부 참여자들이 투표와 개표절차를 도와주는 모습이 연출되었다. 투표가 종료되고 나서도 한두 명의 또 다른 마을기업 대표가 참석하는 모습이 보였다. 드디어 개표시간이 다가왔다. 단독후보로 추대를 받기로 되어 있는 상황에서 복수후보로 경쟁을 하고 투표까지 이어지는 상황은 지켜보는 이들의 긴장감을 갖게 만들기 충분했다.

한 표 개표 후 이름을 말하면, 칠판에 하나씩 바를 정(正)자로 표시를 하는 방식이었다. 그렇게 시작된 개표는 두 사람에게 똑같은 지지표를 준 결과로 나타났다. 마지막 한 장을 남겨두고 두 사람 후보자 표는 동수였다. 한 장을 움켜준 개표위원 정선철 박사의 목소리가 떨리기 시작했다. 사회를 보고 있었던 필자조차도 숨소리조차 내기 어려운 분위기였다. 승리의 여신은 처음에 합의를 보았던 JVH의 김의곤 대표로 돌아갔다. 아쉬운 탄성과 안도의 한숨이 뒤섞이면서 김의곤 대표의 당선인사말이 이어졌다. 단독후보로 회장이 될 것으로 알고 있었기에 당선수락 연설문까지 가져오신 상황이었다. 수락연설문을 양복 안주머니에서 꺼내는 것을 본 필자가 "이번에 당선안 되었으면 그 종이 어떻게 하실 뻔했어요?"라는 멘트를 하면서 장내가 웃음바다가 되었다.

상대적으로 얼굴이 파랗게 변해버린 활동가 B씨가 어디론가 전화를 걸더니 자리를 슬그머니 비웠다. 축하해주는 사람의 얼굴과 당황스러움에 어찌할 바 모르는 사람들의 얼굴을 볼 수 있었다. 필자가 앞 연단에서 사회를 보고 있었기 때문에 유일하게 객석의 표정을 보았기 때문이다. 감사는 목화송이 대표와 로닉토 대표 2인이 추대되어 선출되었다. 행사가 끝나갈 무렵에 성북구 A마을기업 대표가 뒤늦게 도착했다. 창립총회가 끝나고 모두 참여하는 저녁식사 시간에서 A마을기업 대표의 한마디가 필자의 머리를 강하게 때렸다. "내가 늦게 참석한 것에 대해 감사하게 생각하라. 양심상 일부러 늦게 왔다"란 말을 들었기 때문이다. 창립총회가 끝나고 난 이후 다양한 루트를 통해서 황당한 이야기들을 들을 수 있었다. 본인들이 추천한 마을기업 회장후보가 필자와 친해졌다. 현 회장후보로는 본인들의 뜻에 따를 것 같지 않다 등등 이러저러한 이유들로 며칠 전 다른 후보추대논의가 이어졌고, 참석 동원령이 있었다는 이야기를 들었다. 하지만 결과는 사필귀정(事必歸正)이었다. 그들은 반성할 줄 몰랐다. 이러한 태도와 자세는 다시 서울지역 마을기업을 둘로 나뉘게 만드는 원인의 시작이 되었다.

3. 사단법인 등록과 협회비 지침

2012년 10월 5일, 경상북도 문경시 문경새재도립공원에서 결성된 한국마을기업협회는 당시 법적자격을 취득하지 못했다. 법적인 부분 뿐만 아니라 사무실조차도 낼 수 있는 형편이 아니었다. 지역협회별로 회비를 내자는 이야기는 회의 때마다 주요 안건으로 나왔지만 그대로 실천되는 경우는 거의 없었다.

초대 한국마을기업협회장은 부산이었다. 정부서울청사에 있는 행정안전부 지역경제과 마을기업팀과의 업무협조 등을 위해서는 서울에 사무실 마련이 필요했다. 한국마을기업협회 정관상에도 서울지역에 사무실을 개설하는 것으로 되어 있었다. 문제는 회비 하나 걷히지 않은 상태에서 사무실 유지는 감히 생각도 못하는 구조였다.

그럼에도 불구하고 사단법인을 만들기 위한 작업이 시작되었다. 한국마을기업협회 임원이 된 지역협회장들을 대상으로 출자금 요청 등은 전국회장이 맡았다. 반면 협회라 하지만 실무를 볼 사람을 고용하는 것조차 버거운 상황에서 다른 누구에게 행정업무를 맡기지도 못했다. 결국 필자 회사의 연구원 한 명이 한국마을기업협회의 업무를 대신 봐주는 모양새가 되었다. 필자의 입장에서 협회의 열악한 상황을 잘 알고 있었기에 다른 방안을 모색하기도 어려웠고 거절하기도 난감했다.

사단법인 한국마을기업협회의 정관을 만들고, 창립총회를 열고 서류를 작성하고 행정안전부로부터 사단법인 인가증을 받고 세무서에서 사업자등록증을 받을 때까지 필자 회사의 연구원 한 명이 전담하여 처리했다. 협회 사무실을 낼 수 있는 형편이 안 되는 구조였다. 협회의 부탁으로 필자 회사의 공간에 협회사무실을 만들었다. 건물주의 동의를 얻어 공간 일부분을 무상 임대하는 재계약을 하였다. 이러한 노력을 통하여 한국마을기업협회가 법적 체계를 갖추게 된 것이다.

한국마을기업협회가 사단법인으로 법인격을 갖추는 과정에서 두 가지의 난제가 발생했다. 충분한 출자금이 확보되어야만 사무실도 얻고 집기도 구비해야 되는데, 자금을 마련할 방법이 쉽지 않았다. 즉, 참여할 지역협회장들이 선뜻 출자금을 내지 못했다.

두 번째는 시작단계의 협회조직을 신뢰하지 못하는 행정의 입장에서 누군가를 통해서라도 안전장치를 하고 싶은 생각이 있었다. 당시 협회의 정책위원장을 겸직하고 있었던 필자를 협회의 감사로 지명해달라는 요청을 했다. 일종의 민과 관의 중간고리 또는 매개역할을 필자를 통해서 하고 싶다는 의사전달이었던 셈이다. 협회 입장에서 필자가 다른 사람도 아니고 정책위원장 역할을 하고 있는 상황에서 흔쾌히 받아들였다. 이렇게 필자가 한국마을기업협회의 감사가 된 사연이다. 필자는 사업감사, 공인회계사가 회계감사를 맡게 되었다. 2014년 1월부터 2016년 1월까지 2년 동안 사업감사의 역할을 수행했다.

필자 회사의 연구원이 행정서류 등을 만들어 전국회장에서 전달했다. 이후 법무사를 통해 등기를 하는 과정은 전국회장이 본인의 지인에게 처리한다고 서류를 가져갔다. 그리고 법인등기부등본이 발급되고 나서 다시 사업자등록증을 발부받기 위해 필자 회사의 연구원에게 부탁하였다. 후에 협회의 갈등이 있어나면서 사업감사와 회계감사를 등기부등본에 포함시키지 않았던 사실이 드러났다. 법적으로 필수적으로 기재되지 않아도 된다는 이유에서 포함하지 않았다는 초대 전국회장의 변명이 있었다.

통상 사단법인을 설립하려면 출자금액이 일정한 금액 이상이 되어야 한다. 그런데 협회의 경우는 그럴 정도의 자금을 모으기가 쉽지 않았다. 회장과 임원 등 7명이 소정의 금액을 출자하여 서류를 제출하게 되었다. 이 과정에서 출자금을 이후에 받기로 하고 전국회장이 대납을 하게 되었다. 그렇게 해서 사단법인을 인가받았으나, 대납한 돈을 회수하는 과정에서 해결이 쉽지 않았던 모양이다. 그로 인해 지역협회장들 간의 갈등이 발생했다.

한쪽에서는 출자금 내기로 한 돈을 주지 않는다고 주장한다. 반면 본인이 일방적으로 정해놓고 진행했기 때문에 동의할 수 없다고 한다. 여기에 2012년 제1회 대한민국 마을기업박람회장에서 전국 회장으로 나서면서 발전기금으로 내놓기로 한 1천만 원이 법인 통장에 입금되지 않은 상황이 문제가 되었다. 그동안 서울 출장 다니고 전국 회의하러 다닌 돈을 다 합하면 1천만 원이 넘어간다는 주장과 영수증을 보자는 주장이 대립했다. 결국 그 돈이 출자금이고 그 돈이 발전기금이라는 각자의 주장 속에 근원적 해결을 보지 못하고 세월이 흘러갔다.

2013년에 본격적으로 한국마을기업협회가 출범을 했지만 항상 고민은 부족한 재정문제였다. 지역적으로는 지역협회비를 걷어 운영하는 곳도 일부 있었다. 그 상황에서 전국단위로 회비를 납입하는 부담은 피하려는 입장이 많았다. 그래서 각 지역협회장들이 회의에서 합의한 내용은 직위에 따라서 의무적으로 회비를 걷는 방식을 결정했다. 회장 100만 원, 부회장 50만 원, 지역회장 20만 원씩을 걷어 중앙회비로 사용하기로 했다. 하지만 제대로 지켜진 적이 없었다. 일부 지역회장들만 회비를 냈기 때문이다. 매번 회의 때마다 회비독촉을 하고 결의를 하였지만 행동에는 적극적이지 못했다.

이러한 열악한 상황을 극복하기 위한 논의가 있었다. 어느 단체이든 회비를 내는 회원과 그렇지 않은 회원을 구분할 필요성이 제기되었다. 예를 들어 박람회 참석, 우수마을기업 추천, 스타기업 선정 등 직간접적으로 지원과 혜택을 받는 것에 구분을 두어야 한다는 것이다. 정부보조금 5천만 원을 지원받으면서 회비도 내지 않는 것은 문제가 있다는 인식이 팽배해졌다. 이러한 분위기 속에 나온 것이 회비납부 의무화제도였다. 해당년도에 정부의 보조금을 받는 1차년도와 2차년도 마을기업들은 마을기업협회비를 수납한 영수증이 있어야 지자체와의 계약을 할 수 있도록 정한 것이다. 보조금 지원이 종료된 마을기업은 중앙협회비 납부가 아닌 지역협회에 납부를 유도하여 전체가 회비를 내는 구조를 형성하자는 의견이었다. 사업비를 받는 마을기업이 내는 연회비는 30만 원으로 정해졌다. 30만 원의 협회비 중 10만 원은 중앙협회의 사무국장 등 인건비와 운영비, 10만 원은 중앙단위의 사업비, 10만 원은 지역협회의 운영비 몫으로 하기로 했다. 이 기준은 2014년도 기준이었다. 1년 과정을 거쳐 2015년도에는 중앙과 지방이 50대50으로 협회비를 배분하는 것으로 결정했다. 이 모든 결정은 전국에서 모인 지역마을기업협회장들이 모여 결정하는 내용이다.

필자가 정책위원장으로서 이러한 과정을 지속적으로 참석해서 지켜보았기 때문에 중앙단위의 협회비 의무화에 대한 이해를 하고 있었다. 공식적으로 협회의 민원을 받은 상태에서 2013년도 마을기업 육성사업 시행지침 TF에서 협회비 논의가 있었다. 갑론을박(甲論乙駁) 과정을 거쳐 최종적으로 지침에 협회비 납부를 포함시켰다. 이를 통해 2014년부터 현재에 이르기까지 마을기업으로 지정이 되고 기초지자체와 계약을 맺을 시 필수서류로 협회비 납부 영수증이 있어야 한다.

협회비 납부 관련 전체 자금규모에 대한 판단 오류가 있었다. 협회비 의무를 계획하고 그 기준으로 삼았던 연도가 2013년이다. 2013년에는 마을기업박람회도 전국과 지역을 합하여 3번에 걸쳐 시행되었다. 마을기업 지정수도 일자리 창출 독려에 따라 추경예산이 확보되었고, 전년도 대비 2배에 가까운 마을기업이 탄생했다. 350여 개에 가까운 마을기업이 지정이 된 2013년을 기준으로 하면 1억 원이 넘는 액수였다. 사용해보지도 않고 가늠해보지도 않은 1억 원은 보기에 큰돈으로 인식되었던 상황이었다. 그래서 중앙의 인건비와 운영비, 사업비, 지역협회의 운영비 등으로 배분할 생각을 했었다.

2013년 말까지 필자 회사에 더부살이를 했던 한국마을기업의 입장에서 공식 회비가 들어오는 2014년부터는 자체 사무실을 얻고 사무총장 제도를 마련하여 인건비를 지급하기로 했다. 2014년 마을기업 숫자는 전년도 대비 40% 이상 감소된 결과로 나타났다. 2013년처럼 추경예산도 마련되지 못한 상황이었다. 2014년 협회비 수납은 6천만 원을 조금 상회한 상태가 되었다. 6천만 원이란 돈으로 중앙협회의 인건비, 사무실 운영비, 사업비, 지방의 운영비까지 해결해야 되는 상황이 되었다. 지역협회장들이 모여서 합의한 내용대로 분배할 자금이 턱없이 부족한 상태가 되면서 갈등이 시작되었다. 초기 기획과 의도는 좋았지만 현실적으로 너무나 부족한 구조로 전락했다. 2015년도 부족한 재정으로 갈등이 재현되었고, 2016년에는 100여 개가 조금 넘는 수준의 마을기업 지정으로 협회비 예산으로 중앙협회 인건비와 사무실 운영하기도 어렵게 되었다.

지방은 지방대로 협회비를 낸 마을기업들의 불만이 많아졌다. 개별적으로는 30만 원이라는 큰돈을 회비로 냈는데, 체감할 수 있는 내용이 전무하다는 판단에서다. 지역협회장의 고민도 커지고, 중앙협회의 빈약한 상태가 맞물리면서 지속된 논란이 되고 있다.

4. 협회장 선거와 자격유무

사단법인 한국마을기업협회의 초대 회장은 부산지역협회장인 A씨다. 협회를 구성하고 사단법인으로 제도권에 진입하고, 전국 17개 시도 네트워크를 구축한 공로가 있다. 제2대 회장은 경기지역협회장인 B씨다. 2014년과 2015년 마을기업 전환과 성장단계에서 핵심적인 역할을 했다는 평가다. 이 시기에 한국마을기업협회의 위상을 대내외적으로 끌어올렸다. 이후 제3대 전국회장 선출과정부터 갈등이 시작되었다. 중앙협회가 기존 이사회를 중심으로 하는 협회와 일부 회장단을 중심으로 하는 협회로 분리되는 아픔이 있었다. 2016년 내내 양쪽 진영이 내세운 후보들이 나오고 별도로 총회를 개최하여 각각 회장을 선출하였다. 경북과 충북 지역협회장이 양쪽 진영의 회장으로 나서게 되었다. 두 진영의 통합을 위해 많은 사람들이 나서고 조정했지만 이해관계 등으로 갈등의 골만 짙어져 가는 모양새가 되었다. 다시 한쪽 진영에서는 충북이 물러나고 충남이 대표로 선출되었다. 양 진영이 모여 C모씨가 회장, D모씨가 수석부회장으로 협의를 하고 사무총장까지 지명하는 등 합의를 했지만 돌아서면 다시 원점으로 돌아가는 지난한 싸움이 지속되었다.

결국 C모씨가 활동을 포기하면서 D모씨가 회장역할을 하고 있다. 3대 회장의 선출자격에 대한 법적인 부분에 대한 해석이 분분하다.

사원회원, 이사회 구성인원, 회원의 범위와 자격, 총회개최의 법적 요건 등 다툼의 여지가 많은 상황에서 D모씨가 회장으로서 활동을 하고 있다. 한국마을기업협회를 이끌어온 1기와 2기 그룹이 상호 다툼을 벌이면서 마을기업의 위신이 떨어지고 무너지는 결과를 원치 않았다. 법적, 제도적, 행정적 권리와 의무 등에 대한 문제제기가 있었지만 한쪽이 포기하는 모습을 보였다.

현재 한국마을기업협회를 3기로 볼 것인지, 4기로 볼 것인지에 대한 정의도 명확하지 않다. 2기 이후에 벌어진 다양한 사태로 인한 명분과 정당성 등에 있어 불명확성이 존재하기 때문이다. 이 시기에 그동안 행정과 거버넌스 관계를 잘 유지해온 협회는 위상이 추락되는 수모를 겪게 되었다. 한 예로 2016년 세종시에서 개최된 마을기업박람회에서 주최기관으로 이름을 올리지 못했다. 2013년부터 2015년까지 중앙부처와 동등하게 공동주최 기관으로 기록되었다. 하지만 마을기업 지역협회장들끼리의 3기 회장단 구성관련 갈등문제 등으로 2016년에는 자리를 빛내지 못한 것으로 풀이된다. 주관사로 이름을 올리기는 했지만, 주연보다는 조연의 한계를 벗어나지 못한 것이다.

중앙협회의 회장 선출에 대한 문제는 지역협회에서도 나타나는 경우가 많았다. 지역협회비를 다른 용도로 사용했다가 다시 채워놓은 일로 회장에서 물러난 사례가 여러 지역에서 나타났다. 회장으로 선출되었다가 임기를 채우지 못하고 바로 사퇴한 경우도 있다. 개인적인 문제 등이 불거지면서 스스로 물러난 경우다. 중앙협회에 참석은 하면서 지역협회를 개최하지 않고, 시간 보내기를 하는 회장도 있었다. 지역협회에서 임기가 끝나기 전에 정기총회를 개최하여 차기 회장을 선출하거나 본인의 거취를 밝혀야 하는데, 총회 시기만 돌아오면 2~3개월 연락을 끊고 잠적하는 경우도 발생했다. 지역협회 모임에는 보이지 않고, 해당 마을기업에도 나타나지 않는데, 광역지자체 담당부서에는 나타나는 모습도 있었다. 중앙에서 내려보낸 지역협회비를 해당 지역의 마을기업 회원들과 상의하지 않고 개인적인 판단으로 집행을 하고, 이러한 사실에 대해서 지역총회에서 계속 숨기고 있다가 들킨 경우도 있다. 이 때문에 자리에서 물러나겠다고 공언해놓고도 시간이 흐르면 다시 회장역할을 자임하고 다니면서 마을기업 간 갈등을 일으킨 사례도 있다. 현재도 그러한 사람이 한쪽에서 회장행세를 하고 있다.

지역협회장 대행을 하는 마을기업 대표가 어느 날부터는 회장 명함을 돌리고, 본인이 회장이라고 소개를 한다. 행정과의 계약 등을 위해 설립하는 가장 기본적인 법적요소를 만드는데, 지역협회장 모르게 진행한다. 법인으로 보는 단체명에 현재 지역회장이 있는데도 불구하고 대행역할을 했던 사람의 이름이 대표로 등재되었다. 몇 개월 숨기다가 행정에 의해 알려지고, 그로 인해 갈등이 불거졌다. 이 때부터 상호 진실게임이 벌어진다. 한쪽에서는 몰랐다 주장하고, 한쪽에서는 지나가는 소리로 이야기했으니 문제없다고 한다. 이 둘 사이에 이해관계자들이 모여든다. 각 지역별로 지역협회장 선출을 두고 갈등이 일어나면 한쪽의 절대적 승리자가 나오지 않는다. 양쪽 모두 언어폭력과 진실이 규명되기 어려운 주장들로 인하여 상처를 입는다. 상처치유하기에 어려울 정도까지 가면서 한쪽이 포기하는 양상을 보인다. 지치거나, 흙탕물에 빠져 허우적거리는 시간이 아깝다고 판단했을지도 모른다.

사단법인 한국마을기업협회는 17개 지역별로 지역협회라는 명칭을 사용하기로 합의했다. 하지만 대전과 서울은 협회가 아닌 연합회란 명칭을 사용하고 있다. 대전은 처음부터 연합회로 사단법인을 설립하여 운영하는 상태였기 때문에 나름 명칭을 인정하고 넘어갔다. 하지만 서울의 경우는 서울마을기업협회가 있는 상태에서 서울마을기업연합회 조직이 등장하였다. 둘 사이의 갈등은 전국 마을기업협회장 선거와 유사한 형태로 흘렀다. 한쪽이 포기하면 한쪽이 득세하는 모양세가 나타난 것이다. 법적 구성은 물론이고 마을기업 양심 등은 전혀 고려하지 않는 형국이다.

전국에서 유일하게 선거과정을 거쳐 지역협회장을 선출한 곳이 서울이다. 김의곤 전 서울마을기업협회장이 경쟁한 후보를 부회장으로 임명하였다. 출발하기 전, 합의를 깨고 벌어진 투표로 인한 선출로 인해 갈등이 있을 것이란 예상을 깨고 무난한 출발을 했다. 임원 구성을 마치고 매달 한 번씩 임원회의를 하고 서울시 담당부서 미팅과 지원기관과 업무협조는 물론 행정안전부와 면담을 통해 서울소재 마을기업들의 발전을 위한 노력 등을 진행했다.

그러던 중 서울마을공동체종합지원센터 마을기업지원단의 주선으로 마을기업들이 별도의 모임을 갖고 있다는 사실을 접하게 되었다. 서울의 경우는 기존 행정안전부가 진행하는 사업비 지원방식 이외 사무실 및 사업장의 임대료 보증금을 지원하는 일명 서울형마을기업제도가 있었다. 사업선정은 사업비 방식과 유사하게 진행하지만 지원방식은 전혀 달랐다. 서울지역의 임대료 문제는 사업비 방식의 지원비로는 해결할 수 없는 문제를 극복하고자 기획되었고, 2년 동안 시행되다가 중단된 사업이 있었다.

초기 1억 원에서 8천만 원까지 금액을 낮췄고, 5년 동안 무이자로 지원금액을 갚아나가는 제도였다. 이를 통해 많은 서울형마을기업들이 선정되고 활동하는 상태였다. 바로 이들을 중심으로 기존 사업비 방식의 마을기업 일부를 포함하여 새로운 협회를 구성하였다. 서울마을기업연합회 준비를 맡았던 간사 A씨가 회의에 참석했던 마을기업 대표들에게서 "기존 서울마을기업협회가 있는데, 왜 또 협회를 만드느냐"는 소리를 듣고 필자를 찾아왔다. A씨로서는 서마종으로부터 기존 협회에 대한 내용을 듣지 못한 채 준비를 하다가 뒤통수를 맞은 상황이었다. 한국외국어대학교 이문동캠퍼스에서 강의를 하는 필자를 기다리기 위해 학교 앞 커피숍에서 두 번의 만남이 있었다. A씨도 당황스럽고 필자의 입장에서도 황당한 상황이었다.

두 번에 걸쳐서 한국마을기업협회와 서울마을기업협회 설립과정에 대한 이야기를 들려주었다. A씨에게 서울마을기업연합회 모임을 주선하라고 지시한 서마종 활동가 B씨와 C씨가 당시 합의를 했던 인물이란 점을 분명히 했다. 서울마을기업협회장을 합의로 추대하기로 해놓고 창립총회에서 다른 사람이 출마를 한 사실, 1표 차이로 현 회장이 당선된 내용, 그동안의 활동 등을 전해 듣는 A씨의 표정은 굳어갔다. 필자의 이야기를 듣고 C씨를 찾아가 항의했지만, 얼마 뒤 간사가 교체되었다는 사실을 확인했다.

이렇게 시작된 서울마을기업연합회는 서울형마을기업을 중심으로 행정안전부 사업비 방식의 마을기업들을 흡수하는 방식을 취했다. 기존 이러한 사실을 알고 있는 초창기 마을기업보다는 2014년, 2015년 신규로 진입하는 마을기업들을 끌어들였다. 이러한 것이 가능한 것은 서마종 마을기업지원단이 지원기관의 경쟁 없이 서울의 지원기관의 역할을 그대로 물려받았기 때문에 가능했다.

서울은 사회적기업, 마을기업, 협동조합, 자활기업 등이 모여서 서울사회적경제협의회 조직을 운영하고 있다. 일반적이라면 사업비 방식으로 모인 서울마을기업협회장이 참석해야 하지만, 연합회장이 참석하면서 내부 논란이 많았다. 정당성 여부와 진위논란은 오래 가지 못한다. 자주 보고, 앞에서 대놓고 뭐라 할 수 없는 구조에서는 슬그머니 자리를 깔고 눌러 앉는 결과로 나타난다. 연합회는 법인을 설립하고 서울을 대표하는 마을기업협회의 역할을 하고 있다. 처음 시작된 협회는 보조금이 종료된 오래된 마을기업 대표들이고 현실적으로 적극적으로 참여하기 어려운 상황이다.

그동안 몇 번에 걸쳐 양쪽 협회를 통합하여 정상적으로 2대 서울협회장을 선출하자는 이야기가 있었지만 실행되지 못했다. 서울마을기업연합회 문제는 1기와 2기 한국마을기업협회 협회장 회의에서 몇 번 안건으로 거론되었다. 사업비 방식이 아닌 보증금 지원하는 방식인 서울시만의 독특한 지원방식으로 선정된 서울형마을기업들을 회원으로 받아들일 것인가 논의가 있었다. 하지만 같은 방식이 아니고 심사과정도 다르고, 전국적으로 획일성을 유지해야 한다는 차원에서 통과되지 못했다.

서울마을기업연합회 2기 간사역할을 맡은 F씨가 2014년부터 시행되어온 마을기업협회비 의무화제도에 대한 문제제기를 해왔다. 사업비 방식으로 지정받은 마을기업들에게 의무적으로 회비를 강제하고, 이를 필수서류로 하는 것은 위법하다며 국민권익위원회는 물론 청와대에 진정서를 제출했다. 한국마을기업협회가 공식적으로 의견을 제시해 결정된 안건에 대해 공식 지역협회가 아닌 단체가 문제를 제기한 것이다. 이 사건을 계기로 행정과 불편한 관계를 만들었다.

행정의 입장에서는 민간단체의 의견을 수용하고 진행해준 결과가 민원으로 불거졌으니 불편했을 것이다.

이 문제로 당시 서울마을기업협회장 김의곤 회장과 필자, 그리고 서울마을기업연합회 회장역할을 하는 E씨와 1기 간사, 지원기관 G씨 5명이 종로에서 만났다. 3시간이 넘도록 언쟁이 오고 갔고, F씨 명으로 접수한 민원을 철회하고 서울형마을기업을 준회원으로 안건에 붙인다는 약속을 하였다. 연합회 준비모임 1기 간사는 물론이고 E씨와 G씨의 경우는 서울마을기업협회가 어떻게 탄생했는지에 대해 처음 들어보는 것 같았다. 당황스러운 표정을 감추지 못했다. 협회가 있는 상황에서 명분과 도덕적으로 용인되지 못하는 연합회 출범에 대해 더 이상 이야기를 하지 못하는 심정을 지켜봐야 했다.

이러한 경우는 비단 마을기업 분야에서만은 아니다. 사회적기업과 협동조합 분야에서도 나타난 현상이다. 경기도의 경우는 사회적기업 관련 협회가 3개가 넘었다. 통상 경기도사회적기업협회 또는 협의회가 존재해야 한다. 그러나 협회, 협의회, CEO협의회, 네트워크 등 다양한 형태의 이름을 내세운 조직이 나타난다. 경기 남부 쪽 사회적기업만 모인 단체, 북부를 중심으로 한 단체, 일부 대표들만 모인 단체, 활동가 중심으로 모인 단체 등 다양각색(多樣各色)이다. 초기에 경기도사회적경제협회란 이름으로 경기도에 등록된 단체의 경우에는 마을기업과 협동조합이 들어가 있지 않은 상태에서 명칭을 선점한 경우도 있었다. 원칙적이라면 사회적기업, 마을기업, 협동조합, 자활기업 각 대표 및 회장들이 모여서 사회적경제협회의 회장을 선출하는 것이 맞다. 하지만 그러한 정상적인 절차를 밟지 않고 진행되는 경우가 비일비재(非一非再)하여 지역마다 갈등구조가 형성되고 지속적인 문제를 일으키고 있다.

협동조합의 경우도 협동조합기본법에 의한 협동조합들의 협회가 아니고 기존 8개 개별법에 의해 활동하는 단체가 섞여 있는 경우가 대부분이다. 열악한 환경에 있는 기본법에 의해 설립된 협동조합의 경우와 규모화되어 있는 협동조합이 한 집에 두 가지 살림을 하는 경우이다. 이것 때문에 갈등이 일어나고 별도로 협회를 구성하고 해산하고 별도로 모이고 다시 흩어지는 구조가 이어지고 있다. 이러한 과정에서 끊임없이 주도권을 장악하려는 일부 사람들로 인해 핵분열이 이어지고 있다고 보는 견해가 많다. 사회적경제분야 또는 사회적경제기업에 소위 전문꾼들이 활개를 펼치고 다니고 있다. 이들의 실체는 기업활동을 통해 새로운 시장을 만들어가는 역할을 하기보다는 단체 설립 과정과 활동을 통해 조직확대를 도모하는 정치를 하는 경우의 사람이 많다. 정부보조금 사업이 일부 정치조직에게는 소소한 활동비로 작동하고 있다는 시장의 비판이 무리한 시각이 아님은 금방 알 수 있을 정도로 그 폐해도 상당하다. '적폐청산' 해야 할 대상이 멀리 있는 것은 아니다. '상처 입은 영혼'이 사회적경제 분야에 많다.

5. 사회적경제조직과 마을기업협회

한국마을기업협회의 역사는 오래되지 않았다. 2010년 하반기 시범사업으로 출발한 마을기업과 달리 협회는 2012년 10월에 전국조직을 결성하기 시작했다. 2014년 초에 행정안전부로부터 사단법인 인가를 받고 법적 체제를 갖추었다. 불과 4년이 되지 못한 역사를 가진 마을기업협회다. 그동안 자리를 잡기 위한 내홍이 많았다. 그 여파가 아직도 여진으로 남아 흔들리는 모습을 간혹 볼 수 있다. 지도부의 위상이 예전처럼 서 있지 못하다는 비판도 있다. 내부적 갈등과 외부 비판적 시각이 존재하지만 중앙협회와 지역협회가 존재함은 분명하다.

필자가 2012년 한국마을기업협회 출발부터 지켜본 마을기업의 리더그룹 모습이다. 사회적기업이 자활공동체를 배경으로 한 활동가 중심으로 성장하는 모습을 보았다. 협동조합이 개별법 신용협동조합과 생활협동조합을 토대로 활동한 인물들이 중심이 되어 기본법으로 제정된 협동조합의 중심에 서 있는 것을 보고 있다. 사회적경제기본법 제정을 위한 수많은 공청회와 토론회에서 활동도 사회적기업과 협동조합의 활동가들의 목소리만 들린다. 대통령 선거, 국회의원 선거, 지방자치단체 선거에서도 마을기업인들의 활동과 목소리는 보이지 않고 들리지도 않는다. 상대적으로 비교가 많이 되는 상황이다.

한쪽의 평가는 다른 이야기도 나온다. 마을기업을 하시는 분들은 사회적기업이나 협동조합처럼 억세지 않다는 이야기를 한다. 마을봉사를 하는 순박한 농촌의 어르신 같은 이미지가 있다고 한다. 광장에서 목소리를 높이기보다는 조용히 묵묵하게 마을기업의 일만 열심히 하는 모습이라 말한다. 그리 개방적이지는 못하지만 외부손님에 대해 호의적 태도를 보이는 착한 사람들이라 말한다. 이러한 모습이 외부적 시각에서는 혁신적이고 개혁적인 태도보다는 보수적으로 보일 때가 많다고 한다.

마을기업과 관련된 자료들이 외부에 공개되지 않음으로 인해 때로는 궁금증을 유발하고 있다. 호기심에 마을기업을 탐색해보지만 자료는 쉽게 찾을 수 없다. 마을기업 숫자가 1,500여 개가 넘어간다는데, 어떤 곳인지 확인이 안 되는 곳이 많다. 마을기업 협회장 또는 임직원에 대한 정보도 극히 제한적이다. 사회적경제 분야에서 외부 활동을 자제하고 있는 것인지, 안 하고 있는 것인지 판단이 서질 않을 정도로 조용하다. 내부적으로만 시끄러운 소리가 들리고 외부에는 잘 알려지지 않은 마을기업이다. 칭찬도 많지 않고 비판도 많지 않은 현실에 안주하고 있다는 느낌마저 드는 형국이다.

한마디로 마을기업 전체가 소극적인 스탠스를 유지하고 있다는 이야기다. 최근 열성적인 리더들이 나타나고 있지만 전체를 아우르기에는 역량의 한계를 보이고 있다. 마을기업을 이제는 외부에 개방하고 그동안의 노력에 대한 내용에 대해 냉정한 평가를 받아야 되는 시점이 도래했다.

최근 몇 년간 사회적경제 기본법안 논의에 적극적으로 참여하지 못한 결과는 참담하다고 할 수 있다. 이는 비단 마을기업만의 문제는 아니다. 해당 주무부처인 행정안전부도 책임을 피할 수 없다. 해당 법률내용에 잘못 되어 있는 마을기업의 조항에 대해 공개적으로 이의제기를 적극적으로 해야 한다. 행정의 입장에서는 정치권의 눈치도 봐야 하는 등 현실적 환경제약이 있다고 하지만 마을기업인들의 입장은 자유스럽다.

특히 마을기업의 지원금이 종료된 자립형 마을기업일수록 마을기업 전체를 위한 목소리를 내줘야 한다. 현재 지원금을 받는 마을기업의 경우는 혹시라도 불편한 일을 겪을 수 있다는 판단이 들게 되면 소극적인 자세를 취할 수밖에 없기 때문이다. 자립형 마을기업, 선배마을기업으로 불리는 이들 마을기업의 대표들이 마을기업 육성법을 위한 목소리를 높여야 한다.

2010년 9월에 시작된 마을기업이 2017년 8월 현 시점에서 역산하면 대통령선거 2회, 국회의원선거 2회, 지방자치선거 2회 등 총 6회의 선거가 있었다. 중요한 선거 때가 되면 사회적기업과 협동조합 진영에서는 선거후보자에게 주요 정당에게 사회적기업과 협동조합 육성을 위한 민원을 제기한다. 때로는 정책개발집을 발간하여 공약사항에 그대로 반영될 수 있도록 적극적으로 집요하게 밀어붙인다. 국회의원 한 명을 상대로 전 국회의원을 대상으로 홍보하고 알린다. 지방자치단체장들을 대상으로 사회적경제지방정부협의회 구성을 위한 노력에도 적극 나섰다. 사회적경제를 옹호하는 국회의원 모임결성과 지지에도 발품을 아끼지 않는다. 이러한 노력들의 결과가 문재인 정부의 사회적경제비서관 제도의 도입으로 나타났다.

2017년 7월 21일자로 발표된 '신정부 사회적경제 활성화정책'의 내용은 사회적기업과 협동조합 일색의 육성정책으로 되어 있다. 간혹 마을기업의 내용이 담겨 있지만 청년 일자리 창출의 일환으로 마을기업을 활용하겠다는 다소 현실과 동떨어진 모습이 보인다. 생활협동조합, 신용협동조합 등 개별법에 의한 협동조합 육성도 포함되어 있는 상태에서 마을기업은 초라한 생색내기에 몰려 있는 형국이다.

왜 마을기업만 차별받고 부각되지 못하는가에 대한 반성이 필요하다. 근거법안이 없어서 뒤로 밀릴 수밖에 없다는 핑계는 어불성설(語不成說)이다. 그동안 마을기업 지도부 또는 리더그룹의 노력이 부족했다고 인정해야 한다. 마을기업의 지속가능한 성장을 도모하고 마을기업인들의 권익을 보호할 수 있는 사람은 마을기업의 대표들이다. 행정과 지원기관, 학자, 활동가 등 지원그룹에 기대어 핑계를 대는 자세는 바람직스럽지 못하다. 대통령, 국회의원, 지방자치선거에 공약사항 하나 건의하지 못하는 마을기업 리더그룹이라면 처절한 반성을 해야 한다. 재정부족과 인력부족으로 정책을 개발하지 못했다면 민원이라도 제기했어야 했다.

필자가 지켜본 마을기업 대표들은 지역의 정치인들과의 관계가 두터운 편이다. 지역주민들 중심으로 구성되어 있어 해당 지역의 선출직 공무원의 입장에서는 관심의 대상이다. 활동은 A지역에서 하고 B지역에서 살고 있는 형태가 많은 다른 사회적경제기업과 차별화가 보이는 마을기업의 구조다. 거주와 기업의 활동이 같은 지역에서 이루어지고 있는 마을기업의 힘은 지역 내에서 무궁무진(無窮無盡)하다 할 수 있다. 이러한 장점을 이끌어내고 지역사회에서 마을기업 간의 협력을 통해 상호 시너지를 낼 수 있는 마을기업을 선도할 수 있는 리더그룹이 필요하다. 당장 눈앞에 떨어질 것 같은 이익에 매몰되지 않고 전체 마을기업을 위한 신뢰와 진정한 리더십을 보여주는 리더그룹으로 태어나야 한다.

2017년 5월 탄생된 문재인 정부의 사회적경제 분야에 대한 정책은 상당히 적극적이다. 취임초기 제주도에 내려간 대통령이 제주도 농촌지역을 방문한 곳이 '무릉외갓집'이란 마을기업이다. 깊은 인상을 받은 최고 정책결정자가 새로운 방식의 마을발전을 위한 정책이라는 점을 강조한 것을 인지하고 공유해야 한다. 사회적경제기본법 제정에 앞서 2% 부족한 잘못 적용되고 있는 마을기업의 현실을 그대로 알려야 한다. 마을기업의 불완전성으로 인하여 사회적경제기업의 마차가 제대로 굴러 갈 수 없음을 설득하는 적극적 자세가 필요한 시기다. 이를 위해서는 한국마을기업협회장 이하 모든 회원과 관련 행정, 지원기관, 활동가, 학자들이 힘을 한곳으로 모아야 한다.

제9장

마을기업 지원기관

1. 마을기업과 행정의 중간역할

2010년 하반기 시범사업으로 시작된 마을기업은 2012년까지 중심을 잡지 못했다고 해도 과언이 아니었다. 2011년과 2012년에 사회적기업의 한 유형으로 치부되는 상황에서 독자적인 정책을 구현하기 어려웠던 상황이었다. 심지어 마을기업을 지원하는 지원기관조차 사회적기업과 통합적으로 운영하라는 강력한 권고가 있었다. 이명박 정부의 청와대에서 내려온 권고사항이었지만 현장에서 무시하기 어려운 현실이었다. 이에 절반 가까운 지원기관이 사회적기업과 통합적으로 운영되기도 했다.

「2012년 마을기업 육성사업 시행지침」 첨부2(마을기업·사회적기업 지원기관 통합방안, p.46)에서 검토배경은 다음과 같다. 2011년 6월 9일 국민경제대책회의에서 VIP에게 보고한 내용이다. "사회적기업과 유사한 지역개발사업[1] 참여기업을 예비사회적기업으로 간주, 사회적기업 전환을 적극 지원한다. 또한 사회적기업 지원기관을 중심으로 각 사업별 지원기관을 통합적으로 운영하여 일원화된 육성체계를 마련한다"로 되어 있다.

---

1) 농어촌공동체회사(농식품부) 등.

이러한 이유를 들어 1개 광역자치단체에 1개 지원기관을 선정하는 것을 원칙으로 관계기관이 공동으로 지원기관 운영비용 등을 부담하기로 되어 있다. 또한 협력적 사회적기업 생태계 조성을 위하여 관계기관이 지원기관 선정과 운영 전 과정에 참여하는 협력체계를 마련하는 것으로 정했다. 하지만 이명박 정부의 강력한 권고에도 불구하고 절반 가까운 지방자치단체는 통합을 거부하거나 할 수 없는 문제 등으로 별도로 지원기관을 운영했다.

<표 9-1> 마을기업과 사회적기업 지원기관 현황(2011년)

구분	지역	마을기업 지원기관	사회적기업 지원기관	비고
1	서울특별시	서울신용보증재단	(사)사람사랑	
2	인천광역시	㈜씨에프	인천광역자활센터	
3	부산광역시	(사)사회적기업연구원	(사)사회적기업연구원	동일기관
4	울산광역시	울산발전연구원	(사)사회적기업연구원	
5	대구광역시	(사)대구사회연구소	(사)대구사회연구소	동일기관
6	대전광역시	풀뿌리사회적기업네트워크	(사)한국창업경영컨설팅협회	
7	광주광역시	(사)한빛경영연구소	사회적기업경영연구소	
8	강원도	강원발전연구원 등 2개소	강원사회적기업협의회	
9	경기도(북부)	경기중소기업종합지원센터	(사)민생경제정책연구소	
	경기도(남부)		경기복지재단	
10	충청북도	충북발전연구원	충북대학교 사회과학연구소	
11	충청남도	충남발전연구원	호서대학교 산학협력단	
12	전라북도	전북발전연구원	전북경제통상진흥원	
13	전라남도	㈜케이넷 등 2개소	목포대학교 산학협력단	
14	경상북도	(사)대구사회연구소	(사)대구사회연구소	동일기관
15	경상남도	지역활성화센터 등 2개소	창원대학교 사회적기업지원센터	
16	제주도	IMC컨설팅	제주경상학회	

2011년도 마을기업 지원기관은 광역자치단체가 선정을 하였고,

사회적기업은 고용노동부와 광역자치단체가 공동으로 선정을 했다. 마을기업 지원기관의 역할은 교육·홍보·경영·모니터링 및 우수 마을기업 벤치마킹 등 1:1 맞춤형 종합컨설팅 지원, 재능나눔POOL 구성·운영 등이다. 사회적기업 지원기관의 역할은 인증지원, 상시컨설팅, 교육, 네트워크 구축 외에도 자원연계, 신규 사업모델 발굴·전파 등 업무수행으로 되어 있다.

2012년도는 마을기업과 사회적기업 지원기관의 강제성을 보인 통합유도정책의 시작이다. 2011년까지 대학 및 공공기관도 지원기관으로 활동하였지만 2012년에는 민간단체만 참여할 수 있도록 막았다. 이 때문에 지원기관의 사람은 그대로면서 포장만 민간단체 옷으로 갈아입는 단체가 탄생했다. 고용노동부의 고용센터와 광역자치단체, 사회적기업과 마을기업의 담당 국·과장, 사회적기업가, 마을기업 협의체 관계자, 민간전문가 등으로 위원회를 구성하여 심사하도록 하였다.

2012년도에는 지역별 발전연구원 등 공공기관의 경우 민간단체와의 밀접한 관계형성에 한계가 있다는 지적('11.10.12, YTN 마을기업 기획보도 중)을 근거로 지역 대학교의 산학협력단이나 공공기관의 성격을 가진 단체·법인·연구원 등은 주계약자에서 배제할 필요가 있다고 했다. 필요한 경우 복수의 기관을 컨소시엄 형태로 선정하되, 민간단체를 주계약자로 구성토록 유도하도록 했다.

이러한 정부의 정책변화로 마을기업과 사회적기업의 지원기관 시장환경이 크게 격동했다. 사회적기업의 경우 2007년부터 마을기업은 2010년부터 지원기관의 역할을 해왔던 대학교의 산학협력단 또는 공공기관의 참여를 원천적으로 배제하는 내용으로 나타났다. 그

야말로 민간단체들의 시대가 열렸다고 해도 과언이 아니다. 이때부터 민간단체들의 지원기관 참여가 봇물처럼 일어났다. 그러나 준비되지 못한 상태에서 지원시스템의 부재와 경험 미숙 등으로 현장에서 민원이 많이 발생되었다.

2012년과 2013년 2년 동안 진행된 지원기관의 물리적 통합은 화학적 융합을 이루어내지 못했다. 물리적 통합으로 '적자(嫡子)'와 '서자(庶子)' 논란을 일으켰다. 사회적기업 지원기관 경험이 있는 단체와 마을기업 지원기관 경험이 있는 단체가 통합 지원기관의 선점을 위해 제안을 하고 심사를 받게 되는 경우 사회적기업 경험이 있는 단체가 지정을 받게 되어 있다. 정량적 평가에서 2007년부터 시작되어 경험을 쌓은 사회적기업이 2010년과 2011년, 2년도 되지 않은 경험을 가진 마을기업 지원기관보다 우수한 점수를 받기 마련이다. 이러한 불평등한 조건 속에 2년의 경험을 가진 단체와 활동가들이 현장에서 사라지는 비운을 맞게 되었다. 심사과정 중 통합되는 기관에 조건부로 마을기업 분야 컨설팅을 기존 경험한 활동가를 우선 배치해달라는 부탁을 했으나, 현장에서 그것을 지키는 경우는 드물었다. 물리적 통합이 화학적 융합으로 이어지지 않는 사례를 그대로 보여주었다.

이렇게 이명박 정부와 박근혜 정부에서 마을기업과 사회적기업을 강제적으로 통합을 유도하였지만 광역지자체에서 실행은 50%를 갓 넘는 선에서 이루어졌다. 지자체 내부 사정과 독자적 구조를 이루어놓은 지자체의 경우 마을기업과 사회적기업의 지원기관을 분리하여 선정하고 운영하였다. 별도로 운영한 지자체는 서울, 경기, 충북, 전북, 전남, 울산, 경남이었다.

□ 지원기관 역할

o 마을기업 대상 교육 및 컨설팅
 - 선정된 마을기업과 자립형 마을기업 을 포함하여 대표자 및 종사자
   에 대한 교육 및 컨설팅
o 마을기업을 희망하는 마을 단체에 대한 교육 및 컨설팅
 - 공동체 형성, 법인 설립, 사업계획서 작성 등 마을기업 육성을 위한
   교육 및 컨설팅 추 진
o 마을기업 현황 파악 및 모니터링
 - 월 회 주기적 점검으로 마을기업 운영상태 모니터링
 - 각종 마을기업 통계 등 현황자료 작성
o 마을기업 지원을 위한 지역별 네트워크 구축 및 지원연계
 - 여러 정부부처, 자치단체, 종교단체, 기업, 학계, 공공기관, 자원봉사
   자 등
 - 재능나눔과 마을기업 간 연계
o 홍보교육 등 기타 필요한 업무
 - 마을기업 성공사례 발굴 및 홍보자료 제작·배포
 - 마을기업박람회, 직거래 장터 등 각종 행사 지원
 - 그 밖에 마을기업 발굴·육성을 위해서 필요한 사항 등

자료: 2013 마을기업 육성사업 시행지침(pp.18~19)

2012년 통합적 운영을 하는 지역과 마을기업 단독으로 지원하는 지역의 편차가 극명하게 드러났다. 통합지원이라는 명목하에 마을기업은 뒤로 빠지고 관심의 대상에서 멀어져 가는 상황이었다. 전국 마을기업들의 민원이 쏟아지기 시작했다. 지역에 따라서는 통합컨설팅 지원기관의 지원을 거부하는 사태도 발생했다. 필자 또한 이러한 현장의 상황을 잘 알고 있는 상태에서 2012년과 2013년 마을기업 육성사업 시행지침 태스크포스(TF) 회의에서 독자적 생존을 위한 방안을 주장했다. 2012년 9월 초에 발간한『마을기업과 사회적기업

의 거버넌스』에서도 마을기업의 지속가능성을 위해서는 독자적인 지원기관의 필요성을 제기했다.

마을기업과 사회적기업의 지원기관을 통합함에 따라 나타난 현장의 다양한 역기능이 발생하면서 2014년에 다시 분리된 정책으로 방향을 전환했다. 시도의 자율권 확대, 참여제한 폐지, 선정위원회 마을기업 참여확대의 3가지 개선방향을 2014 마을기업 육성사업 시행지침에 담았다. 첫째, 지자체 사정에 따라서 지원기관의 통합 또는 독자운영 여부를 선택할 수 있도록 자율권을 보장한다. 둘째, 공공기관 및 대학 등도 지원기관 선정이 가능하도록 참여제한 규정을 폐지하여 경쟁력 있는 기관이 선정될 수 있도록 참여를 확대하여 투명성과 안정성을 확보한다. 셋째, 경쟁력 있는 기관이 선정될 수 있도록 행정안전부 추천 관계자와 지역별 마을기업 대표가 참여하여 지원기관이 현장 수요자의 요구에 부합하여 선정될 수 있도록 추진한다.

2011년까지 분리, 2013년까지 통합, 2014년부터 다시 분리과정을 겪은 마을기업 지원기관은 각 지역에서 나름 전문성을 쌓아가고 있다. 하지만 일부 지역에서는 지원기관이 광역단체장의 당선과 성향 등 정치적 환경변화에 따라 바뀌는 경우가 나타나고 있다. A지역의 경우는 조례에 의거하여 지명식 지원기관 역할을 하면서 집중하지 못하는 행태를 보이고 있다. B지역의 경우는 초기부터 오랫동안 지원기관 역할을 하면서 마을기업의 상위기관 행세를 한다는 비판이 있다. C지역의 경우는 2010년부터 2017년까지 매년 지원기관이 달라지는 문제가 발행하는 곳이다. D지역은 단체장의 힘에 의해 지원기관 활동가들이 기관을 옮겨 다니는 현상이 발생했다. 뺏고 빼앗기는 권력의 형태를 그대로 보여주는 곳도 많다. 권력을 행사하는 집단에게는 내실 있는 지원정책과 실행으로 성장하는 마을기업이 보이지 않는 모습처럼 비쳐진다.

단체장의 성향에 따라 달라지는 곳도 있지만 담당부서장과의 갈등으로 변경되는 곳도 있다. 또한 해당 지역의 국회의원들의 압력으로 해당 지역에 주소를 둔 새로운 법인체를 설립하여 진입하는 경우도 나타났다. 이렇게 외부의 바람과 압력에 의해 지원기관이 지속가능성을 담보하지 못하는 구조로 운영되고 있다. 불안한 형태의 조직은 내부에서 근무하는 직원들의 고용불안에까지 영향을 미친다. 새로운 법인과 인력이 나타났다가 사라지고 또 다른 법인과 인력이 출현하는 경우가 꼭 나쁘다고 말할 수는 없다. 마을기업의 확장성과 대중성 확보를 위해 많은 전문가 그룹의 참여가 필요하다. 하지만 1년도 되지 못하는 기관일지라도 그동안에 쌓아놓은 인적 네트워크와 노하우를 살리지 못하는 현재의 지원기관 선정시스템 개선이 필요한 시점이다.

2. 마을기업 지원기관 전문성

마을기업 지원기관의 조직형태는 크게 3가지로 구분된다. 관설관영(官設官營), 관설민영(官設民營), 민설민영(民設民營)이다. 행정이 설립한 공공기관에 지원기관 업무를 위탁하고 공공인력이 운영하는 경우가 관설관영 형태다. 행정이 설립한 산하기관에 지원기관 업무를 이관하고 민간단체에 운영을 위탁하여 운영하는 형태가 관설민영이다. 민간단체가 행정으로부터 업무를 수주받아 민간단체의 구성원들이 운영하는 방식이 민설민영의 형태다.

2017년 기준 전국에서 활동하고 있는 마을기업 지원기관은 위 3가지를 다 보여주고 있다. 광역지방자치단체의 산하기관에 마을기업 지원기관의 업무를 위탁하는 관설관영의 경우는 조직의 안정성과 조직이 갖고 있는 다양한 기술 및 네트워크를 활용한다는 장점이 있다. 반면 조직의 전체 업무에서 마을기업이 차지하는 비중 및 역할의 한계로 외부인력을 활용하여 운영하는 경우가 많다. 이러한 경우에도 정식직원으로 고용하기보다는 계약직 직원으로 고용하여 운영하며, 내부사정으로 계약연장을 하지 못함으로써 마을기업 전담인력을 육성하지 못하는 단점을 보인다. 이 경우는 매년 또는 2년에 한 번씩 담당인력이 교체되는 문제가 발생된다.

광역자치단체가 조례를 토대로 사회적경제지원센터 또는 마을기업지원센터를 설립하고 운영을 민간단체에 위탁하는 관설민영의 경우에는 행정이 책임을 진다는 의미에서는 조직의 안정과 지속가능성을 보여주는 장점이 있다. 행정과 민간이 협업하는 형태의 거버넌스 조직이라 할 수 있다. 반면 민간위탁 단체를 상대하는 담당부서의 환경과 부서장의 생각에 따라 보고서 만들기에 바쁜 조직으로 전락할 수 있다. 현장에서 지원업무를 하는 일보다는 행정의 입장에서 수족역할을 하는 지원역할에 매몰될 위험성이 있다. 역으로 수탁을 받은 민간단체가 현직 광역단체장과의 관계가 밀접한 경우는 담당부서의 역할과 기능이 축소되는 반대현상이 나타난다. 행정이 민간단체 대표의 눈치를 보는 경우도 나타난다. 행정과 민간단체가 수평적 의사결정 구조를 가지고 협업하는 모습을 보이면 가장 이상적인 협치구조의 지원기관이 될 수 있는 형태라 할 수 있다.

민간베이스의 단체들이 마을기업 업무를 위탁받아 운영하는 민설민영의 형태가 17개 시도의 절반에 가깝다. 의사결정 방식도 빠르고, 마을기업을 대하는 업무자세도 적극적인 형태를 보인다. 탄력적인 업무진행과 빠른 대응력은 마을기업과 호흡하기에 적합한 구조를 가지고 있다. 나름 효율성을 추구하는 조직이라 할 수 있다. 반면 매년 심사를 통해 선정되어야 하는 구조로 인하여 미래를 예측하기 어려운 조직이다. 매년 새로운 조직의 도전으로 안정적으로 운영을 보장하지 못하는 상황이다. 이곳에서 근무하는 직원의 경우 규모가 큰 경우는 자체인력을 활용할 수 있지만, 연간단위 계약을 하는 입장에서는 정규직을 고용하기 어려운 현실에 직면한다. 매년 심사를 받아 선정되어야 하는 입장에서는 행정과 지역마을기업협회 등 이해관계자 사이에 눈치를 봐야 한다. 당당하게 거절할 수 있는 구조가 아니다. 가장 큰 문제는 내년이 보장되지 않다 보니 불확실성으로 인하여 미래가 없다는 것이다.

관설관영이든, 관설민영이든, 민설민영이든 공통적인 것이 있다면 내부인력의 고용이 불안정하다는 것이다. 일반기업의 컨설턴트와 달리 사회적경제기업의 지원기관에서 근무하는 직원 및 활동가의 근무조건은 유리하지 않다. 임금과 복지환경도 열악한 수준에 머무르고 있다. 반면 찾아가야 할 대상의 마을기업이 많고 민원도 많다. 책상에 앉아 있는 시간이 거의 없다고 보면 된다. 항상 현장에서 대기하고 현장에서 마을기업들을 만나야 한다. 열악한 근무환경과 임금체계는 내부인력이 장기간 근무할 수 있는 분위기를 만들어주지 못한다.

관설관영에서는 계약직의 한계를 벗어나지 못하고 있고, 관설민영에서는 행정과의 마찰 또는 수탁기관의 정체성에 부합되지 못하는 인력은 도태되는 소위 '집단따돌림문화'가 존재한다. 민설민영은 10개월짜리 계약직에서 벗어나지 못하며, 경력을 쌓아가기도 어렵다. 세 분야 모두 직원의 평균 근무연수가 2년이 채 되지 못하는 것 같다. 2010년부터 지속적으로 지켜본 필자의 눈에는 극히 일부분의 인력을 제외하고는 마을기업 지원시스템 경험을 쌓은 많은 인력들이 나타나고 사라지고를 반복하는 것을 지켜본 경험에서 말하는 것이다.

이러한 경향이 나타남으로써 지역 마을기업의 출신, 또는 마을기업 관계자들이 지원기관을 신뢰하지 못하는 경우가 발생한다. 초짜 직원이 나타나서 이야기하는 것을 지켜보면 차라리 내가 더 낫다는 생각이 마을기업 경험을 가진 인력들이 별도로 단체를 만들어 지원기관에 도전하려는 움직임으로 나타난다. 문제는 진짜 전문가 그룹이라기보다는 개별적으로 마을기업을 운영해본 현재도 마을기업에 종사하고 있는 사람이 참여를 하려는 자발적 의지에서 새로운 갈등이 발생하고 있다. 실제로 마을기업 출신들과 마을기업 관련 활동을 한 사람들이 결합하여 단체를 만들어 지원기관의 역할을 하고 있다. 이들이 관설민영 또는 민설민영의 형태에서 등장하여 활동하고 있다.

이런 경우를 방지하고자 마을기업 종사자들이 모여 만든 단체는 마을기업 지원기관에 신청을 할 수 없도록 지침에 넣어 놓았다. 하지만 현재 마을기업을 탈퇴하고 새로운 단체에 합류하는 전직 마을기업인 또는 이해관계자의 참여를 제도적으로 막을 수 있는 방법은 없다. 이들의 참여가 시장질서를 무너뜨리는 역기능적인 문제로 나타난다. 마을기업을 선정하는 초기 단계에서부터 '줄 세우기'를 한다는 지적과 비판이 나오는 이유다. 본인이 몸담고 있는 마을기업이 보조금 종료가 된 후에 마을기업에 집중하기보다는 지원기관 역할에 매몰되어 있는 기현상이 나타나고 있는 것이다.

이들의 특징은 상당히 정치적인 성향을 보이고 있다는 점이다. 지역 내 유력 정치인들의 힘을 빌려 행정을 압박하고 그러한 관계망으로 지원기관 수주를 받았다는 오해가 나오고 있는 이유다. 누구와 손잡지 않으면 어떤 정치인과 결합하지 않으면 지원기관의 수탁기관으로 되지 못한다는 시장의 소문을 무시할 수 없다. 이러한 상태에서는 마을기업의 진정한 지원기관 인력의 전문성과 노하우를 담보하기 어렵다.

따라서 마을기업 지원기관의 선정업무는 중앙차원의 위원회를 만들어 공정한 심사를 해야 한다. 포괄보조금이 시행되고 대부분의 업무가 지방으로 이관되는 지방분권화 시대에 역행되는 소리라 비판받을 수 있다. 하지만 지원기관의 역할이 마을기업의 지속가능한 발전과 지역사회에 뿌리를 내릴 수 있도록 전문성을 지원하기 위해서는 지역 내 정치권의 영향에서 좀 더 자유스러워져야 한다. 광역과 기초 지방자치단체장의 의도에 따라 마을기업을 관리하고 점검하고 구분하여 지원하는 형태의 구조로는 문제가 있다. 완전히 단절시킬 수는 없어도 최소한 독립적으로 운영되는 지원기관의 탄생과 성장을 위해서는 제도적 뒷받침이 마련되어야 한다. 이런 것조차도 마을기업 근거법이 마련되지 못해서 나타나는 현상이라 생각하면 답답한 상황이다.

열악한 마을기업 지원기관에서 활동하고 있는 인재들의 미래를 위한 제도적 장치마련이 필요하다. 10개월, 또는 1년 11개월 계약직의 그늘에서 벗어날 수 있는 방안마련이 필수적이다. 1년 365일을 현장에서 함께 활동을 하면서 얻어지는 다양한 노하우를 살리지 못하고 있다. 정해진 기간이 지나면 자동으로 소멸시키는 인력운영의 문제를 하루빨리 개선시켜야 한다. 이는 마을기업 관련 행정과 지원기관, 협회와 마을기업의 과제다. 미래가 담보되지 않는 지원기관 근무는 업무집중보다는 다른 생각에 빠질 수 있는 환경을 제공하는 것과 같다. 일을 하면서 다른 곳으로 이동하는 생각으로 가득한 인재들을 담을 그릇이 필요하다. 그릇을 준비하는 것은 중앙정부 담당부서와 지방자치단체의 몫이다. 지역의 인재를 육성해야 한다는 페이퍼 작성으로 포장하기보다는 현장의 문제를 파악하고 진정성을 가진 정책을 구현해야 하는 것도 행정의 업무라 할 수 있다. 마을기업의 미래는 오랜 경험을 가진 활동가 또는 전문가 그룹을 얼마나 확보하고 포용하고 담아내는가에 달려 있다.

3. 지원기관 불균형과 미래

마을기업의 지원기관의 참여자는 다양하다. 2010년과 2011년에는 대학교의 산학협력단과 지방자치단체의 산하연구기관이 주를 이루었다. 2011년 말 통합 지원기관 운영의 논리와 청와대의 권고에 따라 민간단체의 참여가 시작되었다. 2007년부터 성장해온 사회적기업 지원기관을 점하고 있는 민간단체들이 마을기업의 문턱을 넘기 시작한 것이다. 이로 인해 2012년과 2013년은 사회적기업 지원기관의 경험을 가진 단체들이 마을기업 지원기관의 절반에 가깝게 참여하는 계기가 되었다.

그러나 사회적기업과 마을기업을 동시에 운영하는 단체의 업무과다 현상과 2013년부터 협동조합 지원업무까지 병행하면서 마을기업을 등한시하는 문제가 발생했다. 이로 인해 2014년부터 다시 대학교, 지자체의 산하기관, 연구기관, 민간단체 등 전문성과 열정이 있는 기관은 누구라도 참여할 수 있게 된 것이다. 2014년이 지원기관의 전환점이 되었다면 2015년부터는 고착화 현상이 나타나기 시작했다.

2014년에도 몇 군데 지역은 경쟁자가 없는 상태로 단독 입찰 현상이 나타났다. 이러한 현상은 2015년부터 본격적으로 드러났다. 경쟁입찰일 경우에 그동안의 실적과 노하우, 인력 등을 판단하는 심사 구조상 새로운 조직이 참여하더라도 선정과정에서 한계를 보일 수밖에 없는 구조다. 2010년부터 지속적으로 지원기관을 운영해온 단체가 있는 지역일수록 이러한 현상은 두드러진다. 신규로 입찰을 준비하는 단체의 입장에서는 정량적 평가에서 상대적으로 밀리는 환경에 처하게 된다. 설사 사회적기업 또는 협동조합 등 일부 경험과 실적이 있다 하더라도 오랜 노하우를 가진 기존 단체와 경쟁에서 승리하기란 결코 쉽지 않은 상황이다.

신규로 참여하려고 하는 기관의 입장에서는 출발부터가 불리하다. 이러한 환경이 지속적으로 시간이 흐를수록 신규단체가 참여하기 어렵게 고착이 되어 간다. 이러한 사실을 알게 되고 소문이 퍼지면서 참여단체의 숫자가 줄거나 아예 나타나지 않게 된다. 제안서를 제출해봤자 들러리만 선다는 판단에 따라 경쟁하려는 단체가 없어지게 되는 것이다. 이러한 현상으로 17개 광역시도에서 절반가량이

1차 유찰, 2차 유찰 현상이 매년 반복되고 있다. 행정절차상 형식적인 과정을 보내고 나서 단독 입찰한 단체가 지원기관으로 선정되는 것이다.

전문성 누적이라는 차원에서 오랜 경험을 가진 단체의 지원기관 참여는 바람직스럽다. 단체의 누적된 데이터와 참여인력의 전문성이 결합되어 현장에서 시행되는 서비스의 다양성이 풍부하다. 마을기업에게 흔들리지 않는 서비스를 구현할 수 있다는 차원에서 장점이 있다.

반면 경쟁력이 담보되지 못하는 독주의 위험성이 존재한다. 지역 내 경쟁할 수 있는 단체가 없는 상태에서는 행정이 오히려 기존 지원기관에 목매는 현상이 나타난다. 새로운 조직이 선정되어 활동하게 되면 기존 조직보다는 내용적인 측면과 서비스적인 측면 모두 불안하게 보인다. 현장에서 마을기업들의 불만이 나타나면 그 피해는 고스란히 행정이 떠안게 된다는 생각이 먼저 앞선다. 따라서 행정의 입장에서는 오랜 경험을 가진 조직이 현장의 집행력을 발휘하기를 기대한다.

이러한 마을기업 지원기관의 서비스 편의성을 바탕으로 행정의 생각이 고정되면 될수록 기존 단체의 자리는 고정화된다. 문제는 시간이 흐를수록 처음과 같은 서비스가 발휘되지 못하는 모습이 나타나기 시작한다. 매년 반복되는 업무와 지역 내 경쟁자가 없는 상태에서의 활동은 자칫 자만심을 심어주고 우월감을 갖게 해준다. 이러한 이유로 때로는 나태한 업무를 보여줄 수 있다. 때로는 마을기업들의 교육과 심사과정에 직접적인 영향을 미칠 수 있는 권력마저 나타난다. 이른바 지원기관의 '갑질' 논란이다.

지역심사 또는 중앙심사 경험이 많은 필자의 입장에서는 이러한 현상을 많이 지켜봤다. 현장을 다니면서 들은 이야기도 많다. 그러한 정보는 마을기업 종사자, 광역과 기초지자체 담당자, 지원기관의 활동가, 해당 지역의 전문강사, 지역마을기업협회 관계자 등 정보 소스는 다양하다. 필자에게 전달해주는 이야기가 100% 사실만 있는 것은 아닐 것이다. 하지만 필자의 현장경험과 연구, 그리고 다양한 심사과정을 통해서 그러한 사실이 소문에 그치지 않고 있다는 사실을 확인했다.

A지역의 경우는 해당 지원기관의 활동가들과 이념적으로 같은 코드를 갖고 있는 마을기업을 중심으로 선정할 수 있도록 하는 경향이 강하다. B지역의 경우는 대표 또는 활동가들의 정치적 성향과 같은 당 소속의 마을기업 후보자들이 참여하여 활동할 수 있도록 지원하는 사례도 있었다. C지역의 경우는 설립 전 교육과 현장조사 등의 진행과정에서 밉보이면 마을기업으로 지정되기 어렵다는 소문이 파다하다. 그렇기 때문에 마을기업 지원기관의 활동가, 담당자, 대표에게 잘 보여야 한다는 내용이 그럴싸하게 돌아다닌다. 이러한 소문은 해당 지자체의 담당공무원도 듣고 있다.

이 모든 것들이 한 지역에서 경쟁하지 않고 무임승차하거나 저평가를 받아도 다시 선정되는 현실에서 비롯되는 현상들이다. 마을기업 지원기관의 실적은 매년 행정안전부에서 심사하고 평가하고 있다. 상위그룹과 하위그룹으로 나누어 차기년도 마을기업 선정 개수와 지원금을 결정하는 변수의 하나로 정하고 있다. 하지만 관설관영이거나 관설민영의 경우는 하위점수를 받아도 다시 지원기관을 맡는 경우가 허다하다. D지역의 경우는 조례에 의해 지원기관을 선정하기 때문에 중앙의 지원기관 심사결과가 아무런 의미가 없다. 해당 단체와 3년 계약을 했기 때문에 어쩔 수 없다고 나오는 지자체의 입장에 달리 다른 방법을 적용하지 못한다.

D지역 지원기관의 경우는 상당히 심각한 모습을 보여주었다. 그것도 3년간에 걸쳐서 개선의 여지가 없이 같은 모습을 보여주었지만 여전히 해당 지역의 지원기관 역할을 하고 있다. 다른 제재조항도 없고, 보란 듯이 그들 방식으로 운영하고 있다. 행정의 입장에서 참으로 멋쩍은 일들이 벌어지고 있었다.

지원기관의 평가를 받는 심사장에 제대로 된 보고서를 제출하지 않고 A4용지 출력본을 그대로 가져와 형식적 발표를 한다. 문제를 제기하고 지적하는 심사위원에게 해당 지자체 시스템의 문제라고 항변한다. 무책임하고 능력이 없는 것은 두 번째이고 뻔뻔스러운 태도와 답변에 심사위원은 물론이고 그 모습을 지켜보는 해당 지역의 공무원, 다른 지역에서 온 지원기관까지 혀를 내두를 정도였다. 이런 조직이 가장 하위점수를 받았지만 그들은 여전히 해당지역에서 지원기관 활동을 했다. 이후 광역지자체 정책변화에 따라 최근 유사한 역할을 하는 다른 산하기관으로 업무가 이관되었다.

마을기업의 지원기관의 심사는 고용노동부의 사회적기업 심사기준과 정책을 참고해야 한다. 사회적기업의 경우는 고용노동부가 참여하는 중앙심사 방식이며, 매년 상위 10%와 하위 10%를 정한다. 상위점수를 받은 지원기관은 차기년도 심사를 받지 않고도 해당 지역에서 지원기관의 역할을 할 수 있는 제도적 장치를 마련해준다. 하위 점수를 받은 단체는 차기년도에 지원기관에 참여할 수 없도록 제제를 가한다. 이러한 당근과 채찍의 효과로 사회적기업 지원기관의 적정한 긴장감이 사회적기업 현장에 그대로 녹아내린다.

  마을기업의 경우에는 매년 지원기관을 평가하고 그 점수를 해당 광역지자체에 통보하는 것으로 그치고 있다. 지원기관을 심사하고 선정하는 책임이 광역지방자치단체에 있기 때문이다. 2017년도 마을기업 육성사업 시행지침에 지원기관 평가에 대한 내용을 처음으로 명시했다. 전국 17개 광역지자체에서 1등부터 5등까지 우수지원기관으로 선정이 되면 장관상을 수여하고, 익년도 연속 계약이 가능하다는 내용이다. 하지만 하위그룹에 대해 어떻게 하겠다는 내용은 보이지 않는다. 중앙에서 처리할 수 있는 당근은 있지만 채찍은 없는 것이다. 이를 해결할 수 있는 방법은 지원기관의 심사만큼은 매칭자금을 활용하지 않고 국고로만 운영하는 중앙심사 방식으로 전환해야 한다. 그래야 마을기업의 일관된 정책을 전국적으로 균형 있게 시행하고 점검하고 평가할 수 있는 바탕이 되기 때문이다.

제 10 장

행정과 마을기업

1. 중앙행정기관과 마을기업 조직

마을기업 육성사업은 현 행정안전부 지역공동체과에서 업무를 맡고 있다. 2010년 하반기 시범사업으로 추진 당시는 지역희망일자리 추진단의 업무였다. 2013년이 되면서 지역경제과로 업무가 흡수되었고, 2014년에 마을기업팀이 신설되었다. 2017년에 지역경제과에서 지역공동체과로 업무 이관된 상태다. 그동안 마을기업을 육성해왔던 지역경제과는 2017년 2월 지역발전정책관에서 지역경제지원관 선임과로 변경되었다.

자립형 지역공동체사업으로 시작된 2010년 마을기업을 담당한 부처명은 행정안전부였다. 2013년 박근혜정부가 들어서면서 안전업무까지 맡게 되었고, 국가재난 등의 중요성을 이유로 안전행정부로 변경되었다. 그러나 불과 1년 만에 '세월호' 사건 이후 안전업무와 인사업무까지 빠져나가면서 행정자치부로 축소되었다. 그리고 문재인정부가 들어서면서 안전업무를 다시 포함하게 되었고, 현재 행정안전부 이름으로 되돌아왔다.

필자가 행정안전부의 업무와 명칭의 변경을 기술하는 것에는 이유가 있다. 행정안전부는 기존 총무처와 인사처의 통합으로 조직이 확대되면서 주요업무가 지방자치단체 관련업무와 조직과 인사였다. 지방자치단체 관련한 재정, 인사, 조직 등이 핵심 업무 영역이다. 이러한 조직에서 마을기업 업무가 중요한 자리를 차지하지 못하고 있다는 이야기를 하고 싶은 것이다. 마을기업팀이 속해 있는 지역발전정책관은 말 그대로 지방자치단체와의 교류 등의 업무가 주를 이루고 있다. 조직운영도 지자체에서 파견 나온 인력들이 상당수 업무를 대신하고 있다. 지자체의 입장에서는 긴밀하고 중요한 부서로 인식될지 몰라도 부처 내에서는 핵심부서로 인지하고 있지 않은 영역이다. 이곳에 마을기업팀이 있다.

조직 내에서 주요부서로 인식되지 않은 마을기업팀이지만 마을기업 업무로 인하여 득을 가장 많이 보는 행정안전부다. 행정안전부의 수요자는 대부분 지방자치단체이며, 그중에서도 17개 광역지자체가 주요 고객이다. 또한 각 부처 및 산하기관까지 조직관리에 대한 총괄업무를 보고 있다. 기획재정부가 전 부처처와 산하기관의 재정을 총괄하는 것처럼 행정안전부는 조직관리가 핵심이다. 지난 정부에서 지역공동체 업무 활성화로 시민들을 직접 상대하는 업무가 증가했지만 여전히 중앙행정과 지방행정의 업무교환이 핵심 프로세스다.

이러한 조직내부의 구조에서 지역희망일자리추진단에서 출발해 4년여 만에 마을기업팀이란 정식조직 구조로 변경한 것만 해도 다행스러울 정도다. 조직 내부에서는 빛을 보지 못하지만 업무를 맡았거나, 결제선상에 있는 인력들은 지난 7년간의 세월을 점검하면 1~2사람만 제외하고는 모두 출세했다고 봐도 과언이 아니다.

마을기업 업무를 보는 마을기업팀을 시작으로 지역경제과, 지역발전정책관, 지역발전정책실로 이어지는 라인의 인물들이 대부분 승진했거나, 정치권 진출을 했다. 조직의 구조상 승진할 시기가 되었고, 승진대상자가 되었기에 승진을 했다고 본다. 그것이 투명한 조직구조의 기본원칙이기 때문이다.

그럼에도 불구하고 외부인의 시각에는 모두가 출세하는 것처럼 보인다. 문재인 정부에서 처음 차관을 맡은 심보균 실장을 비롯하여 이전 2명의 차관도 마을기업 담당 국장 및 실장을 거쳐 간 인물이다. 3명 모두 마을기업에 대한 이해도가 높은 편이다. 몇 년 전 마을기업 담당부서인 지역발전정책관(기존 국장)을 역임했던 A씨는 현재 국회의원으로 활동하고 있다. 서기관이면서 과장 직위를 받지 못했던 사람들도 1~2년 근무 후에 다른 부서로 또는 산하기관으로 과장보직을 받고 나갔다. 어떤 이는 국장으로 승진을 했고, 어떤 이는 실장으로 올라섰다. 담당 주무관에서 사무관으로 승진한 사람도 많고, 사무관에서 서기관으로 승진한 인물도 보인다.

이렇게 외부인의 시각으로 마을기업 업무를 맡거나 결제라인에 있는 인물들이 빠른 승진을 하는 것처럼 보이는 이유는 무엇일까? 행정안전부에서 일반 민간단체를 상대로 국민들과 직접 부딪히는 사업을 하는 몇 안 되는 사업이 마을기업 육성사업이다. 마을기업의 지정심사는 2013년까지 광역지자체에서 거의 결정되는 구조였다. 중앙에서는 행정서류와 절차상 문제가 없는 한 마을기업으로 최종 지정을 해주는 프로세스다. 그랬던 지정과정이 2014년부터 중앙심사를 거치는 3단계 심사로 엄격해졌다.

마을기업 보조금의 50%는 국비, 나머지 50%는 지방비로 매칭을 하고 있다. 따라서 지자체의 심사가 우선적으로 중요하지만 그동안 다양한 측면에서 문제점이 발생한 것을 보완하기 위해 중앙심사를 시행하게 된 것이다. 2014년 중앙심사로 전환을 강력하게 주장한 필자는 다음과 같은 근거를 내세웠다.

첫째, 마을기업의 정책이 지자체에서 일관성 있게 집행되지 못하고 지역 간 편차가 너무 컸다. 마을기업을 바라보는 시각의 차이, 교육내용의 차이, 지원기관의 시각과 업무능력 차이, 광역지자체에서의 마을기업 업무의 중요성 차이 등 균형 잡힌 정책의 구현이 어려운 현실을 감안했다. 일예로, A지역의 경우는 마을기업 컨설턴트가 마을기업 육성사업 시행지침이 있는지도 모르거나 한 번도 읽지 않고 컨설팅과 교육을 하고 있는 것을 확인했다. 마을기업을 바라보는 시각이 정부의 사회적일자리 육성사업의 일환으로 보기보다는 본인들의 조직의 확산을 위한 일종의 도구로 인식하는 지원기관도 보았다.

둘째, 기초지자체에서의 심사와 광역지자체에서의 심사과정에서 외부의 압력과 입김의 작용이 초래하는 역기능의 문제다. 광역지자체 2차 심사를 대면심사로 정하고 있지만, 기초지자체에서 마을기업 신청자가 많을 경우 대면심사를 하게 된다. 각 지역마다 당해년도 마을기업 지정 개수가 정해져 있기 때문에 나타나는 현상이다. 기초지자체와 광역지자체의 숫자 맞추기도 한몫하고 있다. 기초지자체 심사과정 문제는 해당 지자체장하고 관련이 있는 경우와 적대적 관계에 있는 신청자의 선정과 탈락이 결정되는 문제가 발생하는 것이다.

기초지자체에서 심사의 경우 고도의 전문가들이 모여서 하기보다는 지역의 경제 및 일자리정책 관련 전문가 참여가 주를 이루고 있다. 이러한 상황에서 담당공무원의 말 한마디가 중요한 결정요소가 될 수 있다. 지역 내에서 쉽게 뿌리치지 못하는 관계망으로 나타나는 현상이다. 실제로 지방자치단체 선거에서 현 단체장과 대척점에서 있는 후보를 도와준 사람이 참여한 마을기업이라며 탈락을 시키거나, 중앙에서 지정받아 계약을 맺는 단계에서 거부하는 사례도 나타났다.

광역지자체 심사과정은 더욱 복잡한 양상을 보인다. 광역단체장과 같은 정당 소속의 기초단체장 지역에서 올라온 마을기업 후보와 그렇지 않은 후보와의 차별이 보인다. 심사를 하는 과정에서 특정 지역을 거론하는 경우도 있었다. 광역심사에서 통과되면 중앙심사 과정은 서류검토만 하는 상황이다. 이런 구조를 이용한 B지역의 마을기업은 특수한 관계로 이어진 후보들의 난립이 이어졌다. 실제로 C지역에서 마을기업에 참여한 인물이 D지역에서 같은 아이템을 가지고 들어오는 경우도 발생했다. 이런 경우, 현장의 내용을 정확히 파악하지 않은 상태에서는 걸러내기 어려운 것이 현실이다.

필자는 이러한 문제와 사례를 거론하며 중앙심사의 강화와 현장 재조사 과정의 도입을 지속적으로 제기했다. 지자체에서도 다양한 이해관계와 지역사회의 안면으로 인한 불편함 때문에 부담스러운 일은 중앙에서 처리했으면 하는 바람이 맞물렸다. 이렇게 시작된 문제제기로 인해 2014년부터는 중앙심사까지 3단계 엄격한 심사과정이 시작되었다. 중앙심사 전에 광역지자체를 통과한 마을기업 후보지를 행정안전부 공무원과 관계자들이 방문하거나 지자체 공무원들끼리 교차로 조사를 하는 방식을 통해 보고서를 작성하게 했다. 현장을 다녀온 조사자와 심사자, 그리고 광역지자체의 담당공무원과 지원기관이 모두 모여 질문하고 대답하는 과정이다.

과거보다 심사과정이 복잡하고 마을기업 제안서 접수 이후 최종 지정받는 시간까지 배 이상 증가하는 단점이 있었지만 결과적으로

건실한 마을기업을 선정한다는 평가를 받게 되었다. 그러나 이러한 중앙심사에서도 문제점은 나타났다. 중앙심사가 민간위원 중심으로 진행되었다면 그나마 외부의 입김과 압력의 영향이 덜할 수 있었을 것이다. 숫자는 외부 민간위원이 많지만 회의를 주관하고 이끌어가는 사람은 행정이다.

중앙심사에 참여한 필자의 경우는 독하다는 소리를 들을 정도로 제안서 구석구석을 살펴보고 질문하는 유형이다. 필자는 단순히 서류만 보고 판단하지 않는다. 전국적으로 형성된 다양한 네트워크를 통해서 사전에 정보를 입수하기도 하고, 민원을 접하는 과정에서 해당 지역에서 어떤 마을기업 후보자가 문제가 있는지를 아는 경우도 있다. 2차년도의 심사의 경우는 현장에서 듣는 내용과 활동과 접촉을 통해 얻은 사전정보 지식을 갖고 있다. 필자가 전국을 돌아다니며 강의, 조사, 심사, 방문 등을 통해 얻은 노하우이기도 하다.

중앙심사의 첫 시작은 냉정하고 엄격하게 이루어진다. 17개 광역시도에서 처음 심사를 맡게 되는 광역지자체의 경우는 상대적으로 불리한 편이다. 행정의 의지도 강하고 민간심사위원의 열정과 적극적 참여가 만들어낸 분위기로 인해 심사가 까다로운 축에 속한다. 봄에 진행되는 중앙심사가 끝나면 다양한 불만들이 쏟아진다. 이렇게 우수수 떨어뜨리면 남아 있는 예산의 소진문제, 지역에서의 사기 저하, 마을기업인들의 불만과 민원쇄도 등 다양한 이야기가 한꺼번에 몰려온다.

이러한 문제제기와 예산 등 현실적인 상황을 반영하여 여름과 가을, 심지어 겨울의 시작에서도 2~4차까지 마을기업 지정심사가 이어진다. 이 과정에서 해당 지역의 국회의원, 단체장, 지방의원은 물론 중앙부처에서 근무하다 지자체로 내려간 부단체장까지 새로운 관계가 형성이 된다. 보좌관의 전화, 비서의 방문, 기존 모시고 있던 윗분의 안부메시지 등 다양한 형태의 보이지 않는 무언의 압박이 시작된다. 이런 분위기가 감지될 시점에 하반기 심사과정에는 까다롭게 심사를 보는 위원들의 참석이 줄어든다.

필자의 입장에서는 지방의 심사과정의 불합리성을 개선하고자 중앙심사를 주장하고 도입했는데, 진행과정에서 또 다른 외생변수를 만나게 된 것이다. 한때는 E담당사무관이 민간위원 중심으로 민간위원장을 고정으로 하자는 계획서를 제안했다가 과장으로부터 거절을 당했다는 말도 들었다. 그 이후 지명된 민간위원의 역할이 점점 줄어들게 되었고, 견제를 받는 상황까지 이르렀다. 중앙심사 과정에서 외부로부터 밀려들어오는 다양한 민원을 피하고자 나름 민간인 위원으로 편성하여 위기를 면하고자 했던 기획안이 무산된 것이다.

이러한 과정이 발생되는 이유는 간단하다. 마을기업에 참여하는 사람들의 상당수가 지역민이고 많은 단체에 속해 있으면 지역에서 영향력을 발휘하는 사람이 많은 편이다. 매년 마을기업으로 신청자는 증가하지만 최종 지정숫자는 엄격해지고 감소하는 상태에서 그들이 마지막으로 기대는 곳은 인적 네트워크를 통한 청탁이기 때문이다. 이러한 부탁을 받은 지자체의 다양한 권력들의 입장에서는 많은 유권자의 청탁을 외면하기 어려울 것이다. 이러한 분위기가 자연스럽게 마을기업과 관련된 부서의 다양한 사람들에게 흘러들어갈 것이고, 그러한 내용을 쉽게 거절하지 못하는 구조가 있을 것이다. 그러한 과정 속에 생각지도 못한 거물급과의 관계망을 형성하는 기회를 포착할 수도 있었을 것으로 본다.

따라서 오해를 받을 수 있는 현재의 중앙심사 과정의 문제점을 점검하고 외부로부터 자유스러운 심사가 이루어질 수 있는 환경을 조성해야 한다. 이러한 문제점은 비단 중앙의 문제만은 아니다. 기초와 광역지자체의 심사과정에서도 똑같이 적용되는 내용이다.

2. 마을기업 전담부서 확대

3대 사회적경제기업의 주무부처는 마을기업은 행정안전부, 사회적기업은 고용노동부, 협동조합은 기획재정부다. 사회적기업은 2007년 7월 시행, 마을기업은 2010년 9월 시행, 협동조합은 2012년 12월 시행되었다. 사회적기업과 마을기업은 정부의 보조금 사업이며, 협동조합은 법인격을 설립해주는 정책이다. 고용노동부의 사회적기업 업무를 전담하는 산하기관은 한국사회적기업진흥원이다. 기획재정부의 협동조합 업무는 한국사회적기업진흥원에 위탁하여 처리하고 있다. 협동조합의 경우 정부의 보조금을 지원하는 정책이 아니고 교육과 컨설팅 수준의 업무이기 때문에 별도의 기관을 둘 상황까지는 아니다. 반면 마을기업은 사회적기업처럼 지정업무가 있다. 전국 1,500개의 마을기업들은 관리감독하고 정책을 이끌어나가는 중요한 업무를 하는 입장에서 지정된 산하기관이 없다.

2015년과 2016년에 유관기관인 한국지역진흥재단에 마을공동체발전센터를 만들고 잠시 업무를 위탁한 적은 있다. 하지만 마을기업 관련 중요한 정책을 결정하고 집행하는 일보다는 행정안전부 마을기업팀의 보조지원 업무수준에 머물렀다.

해당 사회적경제기업을 대하는 각 부처의 관심과 정책적 중요성은 해당 조직의 구성과 깊은 연관성이 있다. 법인격을 승인해주는 업무조차 광역지자체 또는 서울과 경기도의 경우는 기초지자체에서 대행하고 있는 기획재정부의 협동조합은 국 단위의 조직을 가지고 있다. 기획재정부 제2차관실 정책조정국 성장전략정책관(협동조합법 관련 업무) 산하에 협동조합 정책과(7명), 협동조합 운영과(9명)를 두고 있다. 2017년 봄에 성장전략정책관을 했던 A씨가 국장 승진을 하더니 문재인 정부에서 B수석실의 비서관으로 발탁되어 근무하고 있다. 협동조합은 조직구조상 1국과 2과를 운영하고 있다. 한국사회적기업진흥원에 협동조합 업무를 위탁하고 있다. 동 진흥원 조직구조상 협동조합본부 산하에 설립지원팀(7명)과 협력운영팀(9명) 등 총 17명의 인력이 지원업무를 하고 있다. 기획재정부와 위탁기관을 포함하면 약 35명에 가까운 인력이 협동조합 업무를 보고 있는 셈이다.

고용노동부의 경우는 고용정책실 산하에 사회적기업과를 형성하고 있다. 총 12명의 인력이 근무하고 있다. 사회적기업 업무를 전담하고 있는 한국사회적기업진흥원은 고용노동부 산하기관이며 기타 공공기관이다. 기획관리본부(16명) 산하에 기획홍보팀과 교육관리팀, 창업육성본부(22명) 산하에 인증지원팀, 성과평가팀, 창업지원팀을 운영하고 있다. 판로지원본부(17명) 산하에 판로지원팀과 자원연계팀으로 구성되어 있다. 고용노동부와 산하기관 등 총 70여 명이 사회적기업 업무를 보고 있다.

반면 마을기업은 초라하기 그지없다. 행정안전부 지역발전정책관 지역공동체과 마을기업팀(3명), 그것도 주무관의 경우는 지자체에서 파견인원으로 운영하는 수준이다. 단순 숫자로만 본다면 말이 안 되는 상황이다. 마을기업팀이 가장 많은 인원을 확보할 때에도 4명이 넘어가지 않았다. 마을기업팀 4명과 담당과장으로 이어지는 마을기업 업무의 구조는 열악한 상황이다. 그나마 마을기업이 버틸 수 있었던 것은 초기부터 필자가 속해 있는 조직과 다양한 전문가들의 협조가 있었기에 가능하다고 판단한다. 물론 17개 광역시도의 네트워크로 이어지는 전달체계의 공고함도 뒷받침을 하고 있다. 그러나 기획재정부가 국 단위 조직을 구성하고 고용노동부가 과 단위 조직을 형성하는 상황에서 행정안전부의 경우는 간신히 팀을 꾸려나가는 형편이다. 조직의 구성만 보더라도 해당 부처에서 해당 사업을 바라보는 위치가 어떤 것인지 가늠할 수 있다.

이러한 열악한 상황을 극복하고자 유관기관인 한국지역진흥재단의 인력을 활용하기도 했으나 내부사정으로 중단된 상태다. 지방재정법 제18조(출자 또는 출자의 제한)의 변경으로 지역재단 출연금 지급 근거조항을 위한 조례제정 등의 문제가 나타나면서 어렵게 되었다. 현재 마을기업의 경우는 근거법 부재로 인하여 조직의 확장과 재정마련이 쉽지 않다. 마을기업 육성관련 법안이 제정되지 않는 한 현재의 악순환적인 조직과 재정의 어려움은 지속될 것이다. 마을기업의 지휘부가 견고하지 못한 상황에서 마을기업의 지속적인 발전과 미래의 보장은 불투명하다 할 수 있다. 마을기업 기본법 육성이 절실하다.

사회적경제 분야에서 사회적기업, 마을기업, 협동조합을 3대 사회적경제기업이라 일컫고 있다. 팀 단위 조직을 운영하고 있는 마을기업이지만 현장에서 활동은 왕성하다. 매년 국비 100억에도 미치지 못하는 재정으로 수천억을 쏟아 붇는 사회적기업 정책에 결코 밀리지 않는 운영을 하고 있다. 열악한 재정상황과 협소한 조직의 구성은 핵심적으로 일을 하는 사람을 간혹 독주하게 만드는 경우가 있다. 소위 중앙심사 등의 과정에서 발생되는 권력층과의 밀접한 인연이 독단적인 판단을 내리는 오류를 범하기도 한다.

일예로 마을기업 육성사업 시행지침에 들어갈 사업내용 및 문구 하나에도 담당 사무관, 팀장, 과장, 국장, 실장, 심지어 차관까지 의견이 다른 경우가 있다. 각자 자기의 생각과 주장을 담아야 직성이 풀리는 경우라는 궁색한 상황이 연출되는 경우가 있다. 매번 새로운 내용으로 승부해야 하는 조직의 생리를 이해 못 하는 것은 아니지만 실적에 내몰리면서 무리수를 두는 경우가 발생한다. 팀원의 숫자가 부족하고 운용의 재정이 부족한 상황에서 실적과 성과를 요구당하는 입장에서 때로는 본인도 모르는 권력을 휘두르는 경우도 있다. 일종의 '갑질'이라고 느껴질 정도의 느낌은 필자만의 생각을 넘어서 업무과정에서 경험을 통한 광역지자체의 공통된 인식이기도 하다.

중앙부처와 지방자치단체의 조직과 인사를 중심으로 하는 행정안전부에서 마을기업 업무는 조직 내에서는 미미한 구조다. 반면 현장에서 직접 국민을 상대함으로써 얻어지는 친밀감과 마을기업을 통해서 얻어진 이미지는 장점으로 해석할 수 있다. 마을기업은 행정안전부 입장에서 투입대비 산출에 있어서 소위 '가성비'가 최고로 높은 상품이다. 마을기업을 통해 얻어진 긍정적인 조직의 이미지의 보상으로써 열악한 마을기업의 업무는 팀 단위가 아닌 최소한 과 단위의 조직으로 거듭나야 한다.

3. 지속가능성을 위한 법제정

마을기업은 근거법률이 없다. 사회적기업, 마을기업, 협동조합, 자활기업, 농촌공동체회사 등 소위 사회적경제기업이라 불리는 중에서 유일하게 기본법을 갖추지 못하고 있다. 하지만 19대 국회에 이어 20대 국회에서 법안으로 올라온 '사회적경제 기본법안'[1]에서는 마을기업이 근거법률이 있는 것으로 포장되어 있다.

2016년 8월 17일 윤호중 의원이 대표발의한 '사회적경제 기본법안' 제1장제3호다항에는 "다. 「도시재생 활성화 및 지원에 관한 특별법(약칭: 도시재생법)」 제2조제1항제9호에 따른 마을기업"이라 되어 있다. 이 문구는 유승민 의원이 발의한 법안뿐만 아니라 사회적경제 기본법안을 발의한 19대 의원들의 법안에도 똑같이 표시되어 있다. 이에 대한 문제제기는 필자의 『생산과 소비의 플랫폼 협동조합』 저서에서도 이미 밝힌 바 있다.

국토교통부의 「도시재생 활성화 및 지원에 관한 특별법」 제1장제2조제9호[2]에서 말하는 마을기업은 생활환경을 개선하는 마을기업에 국한하고 있다. 즉, 구도심 활성화를 위한 정책수단으로써 활동하는 주택 리모델링, 환경개선사업 등 도시재생사업 영역이 정해져 있다. 동법 제26조 도시재생사업의 시행자[3]로 사회적경제기업 중에

---

1) 한경경제용어사전(2015.5)에 사회적경제 기본법안이란 "마을기업, 사회적기업, 협동조합 등을 사회적경제조직으로 규정하고, 정부가 이들 조직을 육성·지원하는 내용을 담은 법안이다. 국회에서 제정 여부가 논의되고 있다. 하지만 사회적경제 기본법안이 자유시장경제 체제를 부정하고, 국가의 기본원리를 자유와 창의에서 협동과 연대로 전환하자는 것이라는 비판이 일고 있다"고 되어 있다.

2) 9. "마을기업"이란 지역주민 또는 단체가 해당 지역의 인력, 향토, 문화, 자연자원 등 각종 자원을 활용하여 생활환경을 개선하고 지역공동체를 활성화하며 소득 및 일자리를 창출하기 위하여 운영하는 기업을 말한다.

서는 마을기업, 사회적기업, 사회적협동조합이 사업시행자로 지정받을 수 있게 되어 있다.

행정안전부의 마을기업의 정의와 국토교통부의 마을기업의 정의에서 차이는 무엇일까? 두 곳 모두 지역주민이 지역의 다양한 인적, 물적 자원을 활용하고 지역공동체를 활성화하며, 소득 및 일자리를 제공하거나 창출하는 기업을 지칭하고 있다. 표현의 차이는 "생활환경을 개선"하는지에 달려 있다. 큰 틀에서는 도시재생사업의 시행자로 선정되려면 마을기업으로 지정받아야 한다는 것이다. 국토교통부가 별도로 마을기업을 지정하는 행위는 하지 않는다. 사회적기업과 사회적협동조합을 같은 선상에서 논하고 있는 상황에서 마을기업은 행정안전부에서 시행하는 마을기업을 지목하고 있다.

따라서 도시재생법에서 말하는 마을기업은 행정안전부의 약 1,500개 마을기업에서 '생활환경을 개선'하는 사업목적을 가지고 실천하고 있는 마을기업에 국한하고 있다. 전국에서 총 10개도 미치지 못하는 도시재생사업에 참여하고 있는 마을기업만을 위한 법률이라 할 수 있다. 나머지 1,490여 개의 마을기업은 법률에 의한 사업이 아닌 부처의 시행지침에 의해 진행되고 있다. 사업은 7년차를 넘어가고 3대 사회적경제기업의 한 축으로 성장하고, 사회적경제기본법에 당당하게 표시되어 있는 마을기업임에도 불구하고 기본법 없이 진행되고 있다. 울지도 못하고 웃지도 못하는 애매모호(曖昧模糊)한 상황이다.

---

3) 1. 지방자치단체, 2. 대통령령으로 정하는 공공기관, 3. 「지방공기업법」에 따라 설립된 지방공기업, 4. 도시재생활성화지역 내의 토지 소유자, 5. 마을기업 「사회적기업 육성법」 제2조제1호에 따른 사회적기업, 「협동조합 기본법」 제2조제3호에 따른 사회적협동조합 등 지역주민 단체.

마을기업(행정안전부) 마을기업 육성사업 시행지침(2013년) 2010년 9월 자립형 지역공동체사업 실시 2011년 1월 마을기업 명칭변경 시행	마을주민이 주도적으로 지역의 각종 자원을 활용한 수익사업을 통해 지역공동체를 활성화하고 지역주민에게 소득 및 일자리를 제공하여 지역발전에 기여하는 마을단위의 기업
마을기업(국토교통부) 도시재생 활성화 및 지원에 관한 특별법 2013년 6월 4일 법 제정 2013년 12월 5일 법 시행	지역주민 또는 단체가 해당 지역의 인력, 향토, 문화, 자연자원 등 각종 자원을 활용하여 생활환경을 개선하고 지역공동체를 활성화하며 소득 및 일자리를 창출하기 위하여 운영하는 기업을 말함

필자는 2010년 하반기 시범사업을 실시할 때부터 마을기업 법안 제정을 위해 동분서주(東奔西走)했다. 야당과 여당의원을 번갈아가며 법안을 상정할 수 있도록 기획하고 참여했다. 하지만 번번이 실패했다. 이유는 다양하다. 첫째는 담당부처에서 부서책임자가 변경될 때마다 마을기업 법안도 같이 바뀌는 환경에 따라 집중하지 못했다. 어느 해는 마을기업 육성법안으로 진행하다가 어느 해에는 지역공동체법안에 포함시켜서 본질을 흐려놓다가, 다시 마을기업 기본법안으로 또 다시 지역공동체법안으로 진행하는 갈지자 행보를 보이는 것이 가장 큰 문제라 할 수 있다. 순환보직과 새로운 부서장의 실적 욕심이 가져오는 폐해의 일부분이다. 또한 국회를 상대로 법안을 통과시키려는 노력의 흔적이 매번 달라지는 모습을 보여주고 있다. 담당자가 누구냐에 따라서 적극적 자세와 소극적 태도를 보인다. 내부적으로 마을기업 기본법안에 대한 충분한 공유가 되어 있지 못하다는 반증이다.

둘째는 마을기업을 바라보는 옹호그룹이 미약하여 동력을 발휘하지 못하고 있다. 마을기업의 옹호그룹은 중앙협회를 중심으로 마을기업을 연구하는 학자, 지원기관의 활동가, 마을기업을 운영하는 대표와 구성원, 마을기업을 담당하는 광역과 기초의 지방자치단체의 담당 공무원 등이 있다. 지자체의 공무원의 경우는 순환보직으로 마을기업 업무에 오랫동안 집중할 수 없는 단점이 있다. 순간 집중하여 지원할 수 있는 시스템이지만 장기적인 활동에는 한계가 있다. 마을기업을 운영하는 종사자의 경우는 법안제정까지 신경을 쓸 여력이 부족하다. 지원기관의 경우는 일부 활동가를 제외하고는 마을기업 법안제정에 관심은 있되, 현실적인 상황에서 적극적으로 나서기 어렵다. 사회적기업과 협동조합까지 통합으로 사업을 위탁받아 운영하는 경우 더욱 그러하다. 마을기업을 연구하는 학자그룹은 소수다. 관련된 학자들을 끌어낼 동력이 부족하다. 즉, 연구할 비용도 마련하지 못하는 상황에서 도와달라고 하는 것은 무리수가 있다. 사회적기업과 협동조합이 수많은 예산으로 다양한 연구를 통해 각종 보고서를 생성해내는 현실을 비교하면 마을기업을 둘러싼 환경은 대단히 열악하다.

마을기업 육성법 제정을 위해 누가 가장 적극적으로 움직여야 하는가? 이런 화두를 던졌을 때 누군가 필자에게 "목마른 사람이 우물을 파야 한다"는 말을 던진 적이 있다. 그렇다면 누가 목마른 사람인가? 행정안전부, 지방자치단체, 마을기업, 지원기관, 학자그룹과 활동가 등에서 누가 가장 목이 타는지 분석할 필요가 있다. 일단 행정은 그리 목말라하지 않는다. 그때마다의 실적과 성적을 보여줌으로써 넘어가면 되기 때문이다. 지원기관 또한 마을기업의 지원조직으로써 작년에 진행한 업무, 올해도 무사히 마무리하면 된다. 다만 일부 활동가들의 미래가 보이지 않는다는 점에서 목이 타기 시작한다. 학자그룹과 활동가 또한 마을기업의 활동무대가 사라진다 해서 규모가 작아진다 해서 크게 실망하지 않는다. 마을만들기란 주제가 있고, 문재인 정부 시대에 도시재생사업에 발을 내딛는 상황이고 마을만들기사업에 활동무대를 옮겨가면 된다. 지역기반으로 지역의 문제를 해결한다는 차원에서 크게 다르게 보이지 않기 때문이다.

마을기업이 가장 목이 마르다. 사막에 비가 내리지 않아 가뭄이 들면 지도자 그룹이 오아시스를 찾아 먼 길을 떠나게 된다. 길을 인도하여 많은 사람들이 가뭄에 쓰러지지 않도록 노력하는 그룹이 존재한다. 그러한 그룹이 지역별 마을기업협회의 임직원이고 중앙단위의 한국마을기업협회 임직원이라 생각한다. 하지만 리더그룹은 현재의 상황을 그리 심각하게 생각하는 것 같지 않다. 한시적으로 지원받는 정책 프로그램에 매몰된 환경 때문인지 지속가능성을 기획하기보다는 다른 사회적일자리 프로그램으로 바꿔 타는 꿈을 꾸고 있다. 그러한 내면적 바람이 「2017년 마을기업 육성사업 시행지침」에서 나타났다.

2017 마을기업 육성사업 시행지침

□ **중복지원 제한 (p.5)**

ㅇ 마을기업 육성사업 보조금이 지원되는 당해년도에는 정보화마을(행자부), 사회적기업(고용부), 농촌공동체회사(농림부) 등 정부의 유사 지원사업과 보조금 중복지원 불가함
ㅇ 지자체는 마을기업 추천 시 기존 지원여부를 사전에 파악하여야 함
ㅇ 마을기업의 정체성, 자립성 강화 등을 위해 보조금 지원 종료 후(1차년 또는 1·2차년 최종지원 종료) 2년 경과 시 타 부처 정부지원 보조사업 등으로 지원신청 가능
※ 지자체에서는 마을기업 설립 전 교육 신청자 공모 및 사업신청 공모 시 공고내용에 동 사항을 반영, '16년 이전에 지정된 마을기업도 포함됨

'한번 마을기업은 영원한 마을기업'을 외쳤던 마을기업이 자립성 강화를 위해 지원금 종료 2년이 지나면 사회적기업 등 타 부처 정부 지원 보조사업으로 지원신청이 가능하도록 문을 열어놓은 것이다. 전국 각지의 리더그룹들이 보조금 지원이 종료된 지 2년 이상 된 마을기업들이 많다는 점에서 자유스럽지 못한 지침이라 할 수 있다. 2013년 마을기업 정체성을 확보하고 자주적으로 독립적으로 생존하기 위해 노력했던 시간들의 결과로 3대 사회적경제기업의 한 축으로 우뚝 서 있음을 망각한 것 같다.

마을기업의 시작과 끝이 '마을기업다운 마을기업'으로 성장해야 일관된 정책의 평가를 받을 수 있다. 마을기업이 타 부처의 정부지원금을 받기 위해 걸쳐가는 길목에 서 있는 프로그램이라면 빨리 종료하는 것이 나을 수 있다. 지역주민의 자립심을 육성하기 위한 마을기업이 타 부처 사업을 전전하며 정부지원금에 목매게 만드는 사업이라면 문을 닫는 것이 맞다. 정부 지원금에 매몰되게 만드는 '의존성 심화' 정책은 자립해야 하는 지역주민과 마을기업인들에게 지속적으로 '모르핀'을 놓으면서 숫자세기를 하는 돌팔이처럼 비쳐질 수 있다.

마을기업의 리더그룹인 한국마을기업협회와 지역마을기업협회 임직원이 이를 개선해야 한다. 마을기업의 정체성을 지켜내고, 마을기업을 통한 지역공동체 회복을 위해서라도 마을기업의 참모습을 찾아야 한다. '마을기업 바로 세우기'가 선행되어야 「마을기업 육성법」 등 마을기업을 위한 제도적, 행정적 미약한 점에 대한 불편함을 이야기할 수 있다. 타 사회적경제기업인들의 입장에서도 선명한 색상을 보여주는 마을기업에게 지지의 한 표를 던져줄 수 있다. 조금 있으면 우리 쪽으로 오게 될 사업에 굳이 적극적으로 나서서 옹호해야 할 이유는 없기 때문이다. 이런 문제를 근원적으로 해결할 수 있는 동력은 마을기업 리더그룹이 힘을 합하고 장기전에 대비한 계획을 수립하고 실천하는 모습을 보여야 한다. 마을기업이 주체가 되어야 행정과 지원기관과 지역의 일반기업과 주민이 손을 내밀 수 있다.

▌ 맺음말

정부 및 지자체 산하기관들은 매년 기관평가를 받는다. 해당 기관의 사업성과 등 운용실적에 따라 S등급부터 D등급까지 5단계로 분류한다. 이를 통해 지원금액이 달라지는 것은 기본이고 결과에 따라서는 기관장이 연임될 수도 있고 교체되기도 한다. 이 기관들의 평가의 핵심은 수익성과 공공성의 균형을 이룬 운용전략이다. 정부와 지자체로부터 지원받는 운영자금은 세금이다. 따라서 일정의 수익구조를 가지고 생산적인 활동을 해야 한다. 동시에 일반기업의 생존전략과는 달리 공공의 이익을 위한 일을 해야 한다. 공익추구를 실행한 실적을 바탕으로 평가를 받는다. 두 마리 토끼를 쫓아야 하는 구조를 갖고 있다.

마을기업 육성사업도 공익성과 수익성 추구라는 두 개의 목표를 동시에 실천해야 하는 방식이다. 행정 산하기관은 아니지만 행정으로부터 세금을 보조받는 조직이기 때문이다. 일정의 수익구조를 가지고 이익을 내야 한다. 동시에 지역사회공헌이라는 의무사항을 지켜야 한다. 사업제안서 작성 시 요구하는 내용, 평가 시 반드시 필요한 기준이다. 1년차, 2년차 사업은 물론 우수마을기업 선정 시에도 판단의 기준이 된다. 수익성과 함께 지역사회에 얼마나 많은 공헌을 했는지를 평가한다.

현장의 화두는 마을기업들이 수익성과 공익성의 균형을 잘 유지하고 있느냐다. 사업 아이템에 따라서는 수익성을 추구하다 보니 공익성이 부족하고, 공익성에 집중하다 보면 수익성이 열악한 구조로 나타날 수 있다. 아이템만의 문제는 아니다. 근본적으로 조직구성원과 마을기업 리더의 생각이 어디에 방점을 두고 있는지에 따라서 불균형이 일어난다. 마을기업은 생산적 활동을 통해 돈을 벌어야 한다고 주장하는 그룹이 있다. 반면 공동체 회복활동을 하는 수단으로 활용하기 때문에 공익성에 무게를 두어야 한다고 주장하는 그룹으로 나눠진다. 이런 현상이 나타나는 것은 마을기업을 바라보는 시각의 차이에 있다. 마을기업을 접하기 전에 근본적으로 가지고 있는 생각의 다양성도 이유가 된다.

마을기업을 접하는 다양한 시각과 그에 따른 견해가 다르다. 획일적이지 않고 다양성 추구차원에서는 존중받아야 된다. 다만 간과해서는 안 되는 것이 있다. 마을기업 육성사업 시행초기에는 정책방향의 일관성이 부족했다고 변명할 수 있다. 시범사업 기간을 제외하더라도 사업 시행 7년차에 접어든 마을기업 정책방향은 명확하다. 2013년 하반기에 마을기업 설립 전 교육이 시범적으로 시행되었다. 2014년부터는 설립 전 교육을 의무적으로 이수해야 서류를 제출할 수 있다. 24시간 이상의 현장교육을 받아야 한다.

이러한 마을기업 교육시간에 「마을기업 육성사업 시행지침」은 기본교재로 활용된다. 지침의 내용을 정확히 알고 있어야 심사에서 선정될 수 있기 때문이다. 마을기업의 목적과 의의, 평가항목, 평가기준까지 자세히 설명하고 있다. 따라서 마을기업이 추구하는 두 가지 핵심전략에 대해서는 사전에 학습을 통해 체득할 수 있다. 마을기업 육성사업이 어떻게 가야 하는지에 대한 기본적인 방향설정은 정해져 있다. 그 정책목표에 따라 집행이 이루어지고 결과에 대한 평가 단계를 거쳐 개선을 통한 새로운 대안이 마련된다.

마을기업의 방향성에 대한 논의는 자유롭게 의견을 개진할 수 있다. 다양한 현장의 의견을 수렴하여 매년 사업실적 평가 시 수익성과 공익성의 평가점수가 조금씩 달라진다. 문제는 사업실적에서의 부진과 열악한 결과에 대한 책임감을 피하고자 하는 발언들이다. 정책목표에 부합하는 사업계획서를 제출하여 심사받고 지정받은 마을기업이다. 그런데 상황이 불리하다 싶으면 다른 목소리를 낸다. "마을기업의 가치는 지역공동체 회복인데, 왜 돈을 벌라고 강요하느냐"고 항변하는 억지스러운 발언을 하는 사람들이 나타나면 당혹스럽다.

마을기업이 어떤 평가를 하는지를 알고 시작했음에도 불구하고 실적이 초라하다 싶으면 다른 소리를 낸다. 이런 유형일수록 목소리도 크고 정치적 네트워크도 많다. 이런 볼멘소리가 왜곡되어 마을기업 정책에 영향을 미치게 되는 경우가 있다. 담당자에 따라서는 흔들리는 행정의 모습을 보여준다. 이런 현상으로 일관성 있는 정책을 구현하지 못한다는 비판도 받는다. 마을기업을 공급하는 행정의 정책목표와 시행의 의지가 명확해야 한다. 단체장은 물론 새로 부임한 상사의 생각과 담당자의 판단에 따라서 갈지자 행보를 보인다. 매년 들쑥날쑥 하는 시행지침이 현장에 전달되는 파급은 상상 이상이다. 이 모든 것이 기본법이 없고 원칙의 변형적 시행에 있다고 봐도 무관할 정도다.

마을기업의 제1의 가치추구는 무엇일까? 마을의 잊혀져간 공동체를 회복하는 것인가? 무너진 지역의 경제를 살리는 정책수단의 역할인가?

필자가 바라보는 마을기업의 핵심가치는 지역공동체를 회복하는 것이다. 따라서 정책목표는 지역공동체 회복이며, 정책수단으로 마을기업을 활용하는 것이다. 행정의 입장에서 마을기업은 지역의 일자리를 창출하고 지역의 경제를 살리는 유효한 수단이다. 지역공동체를 회복했다는 정성적 평가보다는 몇 명의 일자리가 증가하고 전체 매출액을 평가하는 정량적 결과에 치중하는 모습을 보인다. 세금 투입이라는 정책집행에는 반드시 정책에 대한 평가와 성과를 요구하기 때문이다. 결론적으로는 견해가 다르지 않다. 어느 쪽에 더 무게를 두고 판단하느냐의 차이만 있을 뿐이다.

지역공동체로 불리든 마을공동체로 표현하든 인적 자원의 공동체 회복을 위한 정책수단으로의 마을기업 성과는 명확히 드러나고 있다. 농어촌과 재화 중심의 마을기업이 시간이 흐를수록 도심지역의 서비스형 마을기업으로 그 영역을 넓혀가고 있다. 우수한 마을기업 선정에 머무르지 않고 기술기반형 마을기업, 유통형 마을기업, 신유형 마을기업 등 다양한 콘텐츠 개발에 나서고 있다. 지자체에서 먼저 시행한 (예비)마을기업제도가 2017년부터는 행정안전부에서도 본격적으로 시행되었다. 1차년도 탐색을 통해 가능성을 확인하고 마을기업 진입을 결정하려는 의지의 산물이다.

사회적기업 대비 10%에도 미치지 못하는 예산으로도 설립숫자의 대등함에서 밀리지 않는다. 전체 매출액과 고용인 수에서의 약세는 공동체 회복이라는 정성적 성과로 대체 가능하다. 마을기업 사업시행 전후의 협동과 협업을 통한 지역주민들의 의지는 극명하게 차이가 난다. 사회적 자산, 경제적 자산, 주민참여도, 관계망 형성, 지역공헌 등 사회경제적 성과가 분명하다.

마을기업 참여를 통해 규칙적 생활태도, 상대방을 이해하려는 마음가짐, 생산적 활동을 통해 욕구충족이 해소된다. 지역주민과 함께 함으로써 우울증이 치료되고, 불면증이 해소되고 심지어 암 치료에 큰 도움이 되었다고 주장하시는 분들이 많으시다. 기업운영과 지역 공헌활동이 적절하게 이루어질 때 가장 큰 효과를 드러내고 있다. 어려운 일이지만 참여자의 협력수준과 조직의 규모에 부합하려는 노력이 선행되어야 한다. 과하게 욕심을 내지 않고 상대를 배려하는 마음자세만 있다면 가능한 마을기업이다. 조그만 동네에서 마을단위를 넘어 지역이라는 행정단위에 이르기까지 영향력을 미칠 수 있는 시스템이다. 마을기업이 지역 내 공동체 회복수단의 핵심으로 등장하고 실험되고 검증되어 성과를 보이고 있는 것은 분명하다. 다만 지속가능한 정책으로 유지할 수 있느냐의 문제가 있다. 지난 문민정부에서부터 현 정부에 이르기까지 일자리 고용정책은 핵심공약이다. 공공과 민간영역의 협치 방식의 일자리 창출역할을 하는 마을기업은 유지될 것으로 보인다. 매년 예산이 축소되고 지자체의 포괄예산으로 편입되었지만 사업방식은 이어질 것으로 판단된다. 지자체 예산으로 (예비)마을기업을 운영하는 광역과 기초지자체가 증가하는 현상이 이를 입증하고 있다. 지역에 따라서 예산편성과 집중도의 차이가 있겠지만 사회적경제기업 한 축으로 성장하고 있음은 분명하다.

마을기업은 사회적경제 기본법안에서 제시되는 기업유형 중 유일하게 기본법 근거 없이 포함되었다. 타 법의 근거를 드는 궁색함을 보이고 있지만, 마을기업은 사회적경제기업 3대 축의 하나로 자리 잡고 있다. 2017년 8월말 기준 1,500여 개에 가까운 마을기업의 작은 움직임이 지역의 공동체를 회복시키고 골목경제를 꿈틀거리게 만드는 동력으로 작용하고 있다. 다만 마을기업 육성사업 시행정책이 초기 정책목표를 유지하고 내·외부 환경에 흔들리지 않고 성장하려면 기본법이 제정되어야 한다. 지역공동체 활성화 기본법에 포함되든 마을기업 육성법으로 진행하든 근거마련이 절대적으로 필요하다. 마을기업 몇 개 더 지정하여 몇 명 고용했는지, 전체 매출액은 얼마나 증가했는지 등 보고서 작성을 위한 일보다 더 중요하다. 행정과 마을기업 관계자들이 가장 고민하고 추진해야 할 일이 마을기업 육성 관련 기본법 제정이다. 법률제정으로부터 마을기업의 지속가능한 미래가 보장되기 때문이다.

2017년 8월
마을기업의 미래를 걱정하는 마을기업인

양세훈

저자 양세훈은 행정학박사 학위취득 이후 행정기구에 대한 직무진단과 성과관리, 사업평가 등 공공서비스 중심의 연구를 하였다. 특히 마을기업, 사회적기업, 협동조합 등 사회적경제기업에 대한 직무교육과 컨설팅 경험이 풍부하다.

사회적경제 분야에서는 행정안전부 지역일자리 코칭그룹 전문위원, 마을기업 중앙컨설팅단 위원, 경기도 사회적경제위원회 위원, 협동조합 멘토, 사회적경제기업 멘토, 사회적경제자문단 위원, 제주도 사회적경제실무위원회 위원, 동대문구 사회적경제협의회 회장, 한국마을기업협회 정책위원장과 사업감사 등을 맡았다.

관련 활동으로는 행정안전부 지방행정혁신단 위원, 주민생활환경개선자문단 위원, 서울시 원전하나줄이기 실행위원회 위원, 맑은하늘만들기 시민운동본부 위원, 서울특별시의회 정책연구위원회 위원, 동대문구 마을공동체위원회 위원, 환경보전위원회 위원, 마을넷 감사 등이 있다. 2007년부터 현재까지 한국외국어대학교 외래교수, 한국정책분석평가원 대표로 활동하고 있다.

저서로는 『(사회적 일자리 정책의 불편한 진실) 마을기업과 사회적기업의 거버넌스』 (2012), 『(1만 개 설립 숫자의 허상과 진실 찾기) 생산과 소비의 플랫폼 협동조합』 (2017)이 있다.

E-Mail: kbc8927@naver.com

지역공동체 회복 정책수단

마을기업

초판인쇄 2017년 11월 6일
초판발행 2017년 11월 6일

지은이 양세훈
펴낸이 채종준
펴낸곳 한국학술정보㈜
주소 경기도 파주시 회동길 230(문발동)
전화 031) 908-3181(대표)
팩스 031) 908-3189
홈페이지 http://ebook.kstudy.com
전자우편 출판사업부 publish@kstudy.com
등록 제일산-115호(2000. 6. 19)

ISBN 978-89-268-8160-6 93350